KB029723

길
위의
향기
上

장현근의 역사현장 답사기

길 위의 향기 上

2021년 10월 30일 초판 발행
2022년 10월 20일 제2판 발행

지은이   장현근
교정교열   정난진
펴낸이   이찬규
펴낸곳   북코리아
등록번호   제03-01240호
주소   13209 경기도 성남시 중원구 사기막골로 45번길 14
            우림라이온스밸리2차 A동 1007호
전화   02-704-7840
팩스   02-704-7848
이메일   ibookorea@naver.com
홈페이지   www.북코리아.kr
ISBN   978-89-6324-967-4 (04910)
            978-89-6324-966-7 (세트)

값 23,000원

2판

장현근의 역사현장 답사기

장현근 지음

길 위의 향기

上

리더십 함양을 위한 교양서

북코
리아

『길 위의 향기』 초판을 세상에 내놓은지 1년이 되어간다. 책을 발간하고 나서 아쉬움과 부끄러움이 밀려왔다. 반드시 포함시켜야 할 이야기가 빠져서 그랬고, 어떤 영역에서는 글이 결론을 맺지 못하고 끝나기도 했기 때문이었다. 역사 현장의 답사 후기 형태 글이라 어쩔 수 없는 부분도 있었지만 내용이 중복되는 경우도 있었다.

나는 이 책이 리더십 함양을 위한 교양서가 되어주기를 바라면서 썼다. 책 속에는 중등학교 과학교사였던 내가 역사 강사가 되어 셀 수 없이 많은 연수를 진행하게 된 배경이 담겨 있다. 역사의 현장에서 안내자로 서왔던 17년, 그 시간 동안 전국을 누비며 답사지를 발로 뛰면서 열망해온 일이 있었다. 잠들어 있던 역사를 깨어 살아 숨쉬게 하고 눈앞에서 전하듯 생생한 음성으로 그 소리를 들을 수 있게 하고 싶었던 것이다.

내가 학교를 내려놓으면서까지 역사의 현장에 서 있고자 했던 분명한 이유가 있었다. '지식인', 이 세 글자가 지니고 있는 엄중한 책임감 때문이었다. 역사를 알면 알수록 무겁게 눌러오는 지식인의 책무와 역할은 깨어나 앞을 보고 오늘을 부단히 준비하며 실천하라는 것이었다. 128년 전 동학농민혁명 당시 대부분의 지식인들은 혁명에 참여하지 않았고 오히려 일본군과 관군의 연합 토벌군에 가담하여 혁명군을 공격하기도 하였다. 그 짧은 앞도 내다보지 못했던 지식인들을 우리는 신랄하게 비판한다. 일본 군대를 몰아내려 했던 동학농민혁명군과 그 뒤 16년간 이어진 항일의병 구국투쟁이 처절하고도 강인하게 전개되었지만 대한제국은 끝내 멸망하였다. 그리고 기나긴 35년의 치욕적인 식민지 시대를 살아야 했다. 우리 민족은 끝까지 저항했다. 독립을 향한 불굴의 정신은 시들지 않았고 해방을 위해 온몸을 불살랐다.

　오늘 우리는 분단의 시대에 살고 있다. 단군이 나라를 세운 이래 4355년 의 장구한 역사 속에서 일제강점기 35년과 해방 후 한국전쟁을 치르고 휴전을 맺은 뒤로 70년이 되어가는 분단의 역사는 그리 긴 시간이 아니다. 그러나 지금 이 처참함을 끊어내지 않으면 안 된다. 분단은 또다른 전쟁을 불러오기 때문이다. 우리가 128년 전의 지식인들의 무능과 우매함을 비판하듯이 100년 뒤 후손들은 오늘 이 시대를 살아가는 남과 북의 지식인들을 역사의 심판대에 세울 것이다.

　『길 위의 향기』는 미래를 예측하고 자신을 희생하여 강포한 외적의 무리들을 이 땅에서 몰아내고자 순절했던 수많은 의인들의 향기를 좇는 여정이다. 오늘 남북의 분단과 민족의 상처는 근대사의 결과이다. 미래 우리들 자식들이 살아내야 하는 세상은 오늘 우리들 사회상의 결과가 될 것이다.

　「김포·강화도」와 「남한산성」은 병자호란으로 연결하여 국란극복의 지혜를 얻고자 하였다. 근대화 시기 강화도의 피울음은 침략과 약탈의 인류문명 앞에 맨몸으로 막아선 조선 수군들의 처절한 절규의 소리였음을 전하고자 했다. 「여주·영릉」을 포함한 것은 강화도와 남한산성에서의 병자호란의 아픈 역사를 세종의 자주와 효종의 북벌로 승화시키고자 하는 의도였다. 「세종의 향기 천문에 담다」 영역을 자세하게 다룬 것은 자주 군주 세종의 가치를 천문의기 속에 담긴 제작 배경과 원리에서 찾아내고 분단의 현실에서 세종의 자주정신을 어떻게 계승해가야 하는지 그 방향을 제시하고 싶었기 때문이다. 효종의 북벌이 이 시대에 어떻게 작용해야 하는지도 짚어보았다. 「남양주·양평·춘천」, 「충청권」, 「영남권」, 「호남권」 등 4개 권역은 각각 화서학파, 남당학파, 혁신유림, 노사학파 등의 학파를 중심으로 전개된 의병항쟁과 이어지는 독립운동을 중심소재로 다루었다. 「제주권」은 산업혁명과 제국주의라는 인류문화사의 한 파고가 거의 끝나게 되는 시점을 배경으로 태평양전쟁과 해방 후 전개된 4.3광풍의 처참함을 그리고자 했다. 이상 앞에서 언급한 우리나라 전역의 역사 현장에서 피흘리며 숨겨간 의인들의 절규는 우리에게 분단을 극복하고 남북통일을 이룩하는 것만이 민족의 살길임을 호소하고 있다.

이 외에도 「동학을 넘어 통일까지」, 「한민족문화의 꽃을 피우는 사람들」에서는 분단 극복을 위하여 동학정신을 계승하고, 통일 이후 한국과 압록강·두만강 너머의 만주에 있는 우리 동포사회와의 미래관계를 위하여 우리가 동포사회에 어떠한 전략으로 투자하고 지원해야 하는지 하나의 예를 제시하고자 했다. 이러한 미래의 길을 선봉에 서서 이끌고 가야 할 사람들이 바로 지식인들이다. 지식인들이 현실에 안주하고 침묵하면서 분단 상황에 붙어 역사를 뒤로 가게 한다면 그 책임을 어떻게 감당할 수 있겠는가?

이번 제2판에는 기존 초판을 유지한 채 일부 내용을 보완하고 또 새롭게 추가한 부분이 있다. 상권의 경우 「김포·강화도」에서는 처음 시작 부분에 '문명의 차이 그 벽 앞에 선 강화도'를, 「남양주·양평·춘천」은 '만수로 망명한 윤희순 의사'를, 「충청권」에서는 '우금치 너머 모덕사의 면암 최익현 앞에 서다'와 '의병의 꽃 홍주의병의 넋을 기리며'

를 추가했다. 「동학을 넘어 통일까지」에서는 '김개남 장군을 따라가는 동학농민혁명'을, 「한민족문화의 꽃을 피우는 사람들」에서는 '구소련 동포 한민족문화역사체험학습'과 '한민족문화공동체후원회 후원자들을 위한 역사기행(소설 『아리랑』 따라가는 인문학기행)' 등을 추가했다. 반면 하권의 경우 「제주권」에 '여러분 제주도 하면 떠오르는 것은?', '화산섬 제주는 내게 선물이었다', '「화산섬 제주」 교과통합체험학습프로그램' 등 세 가지를 추가하였다.

초판을 접한 많은 독자들이 용기와 격려를 보내주었다. 감동적이었다는 말과 때로 울컥울컥했다는 소감, 다 읽고 아내에게 반드시 읽어보라고 전했다는 뜨거움도 전해왔다. 그리고 마음이 담긴 선물을 보내준 독자들도 많았다. 아울러 잘못된 부분을 지적해준 독자들 덕분에 오류도 바로잡을 수 있었다. 이번에 발간되는 제2판은 기존보다 200여 쪽이 늘어났다. 제2판을 낼 수 있도록 힘든 과정을 진행해준 북코리아 이찬규 사장님과 김수진 편집장께 감사드린다. 이 책이 리더십 함양을 위한 교양서가 되어주기를 바란다. 아울러 자주통일을 향한 길 위에서 더 많은 통일독립군들을 만나기를 소망한다.

2022년 10월
가을이 익어가는 남원 산동 태미원에서
북원태학 장현근 씀

책머리에 띄우는 글

소현세자가 청나라의 볼모가 되어 끌려다닌 길을 쫓아가며 병자호란
을 다시 돌아보게 한 길, 담헌 홍대용과 초정 박제가 그리고 연암 박지
원이 연행 길을 걸으며 남긴『을병연행록(乙丙燕行錄)』,『북학의(北學議)』
그리고『열하일기(熱河日記)』를 따라가며 오늘의 실학 정신에 대해 고뇌
한 길, 그리고 단군조선과 고구려의 흔적을 찾아 현요하와 대능하를 건
너고 갈석산을 지나 난하를 찾으며 고대사를 되짚어본 길들을 걷다가
불현듯 국내로 눈을 돌려 강화도를 찾아간 2010년 4월 10일, 나는 무주
중학교에서 근무하고 있었다. 그날 학교 수업을 마치고 무주에서 강화
도로 달려갔다.

　　중국 발해만요하기행(渤海灣遼河紀行) 현장답사 프로그램 개발의
출발을 강화도 마니산의 참성단에 두고자 함이었다. 그렇게 다가간 강
화도에서 훗날 효종이 되는 봉림대군을 만나고 병자호란의 엉킨 실타
래를 풀기 위해 2011년 남한산성에 첫발을 디뎠다. 청나라에 항복하고
삼전도의 수항단을 향하여 남한산성 서문을 나서는 인조와 소현세자를
바라보았다. 그리고 소현세자를 쫓아 압록강에서 출발하여 통원보를
지나 청석령 고개를 넘었다. 요양을 거쳐 혼하를 건넌 뒤 심양의 조선
세자관에서, 명나라와 청나라의 전장인 금주와 송산에서, 산해관과 자

9

금성의 문연각에서 소현세자를 만났다.

내가 소현세자와 봉림대군에게 관심을 가지고 그들의 뒤를 쫓다가 남한산성에서 우연히 만난 인물이 있다. 을미사변과 단발령에 저항하여 창의의 깃발을 들어 올린 김하락 의병장이었다. 1896년 1월 이천의 병을 시작으로 1896년 7월까지 줄기차게 일본군대와 싸우다가 끝내 총상을 입은 그는 일본군에 치욕을 당하지 않기 위해 스스로 강물에 투신하여 자결했다.

2005년부터 연구회 교원들과 전국을 찾아다니며 답사를 하고 있던 내게 김하락 의병장과의 만남은 의병들에게 관심을 둔 계기가 되었다. 그 뒤로 어느 지역을 답사할 때마다 그 지역 내에 있는 항일의병투쟁의 현장을 포함하게 되었다. 그러면서 나의 시야는 의병항쟁보다 앞서 일어난 동학농민혁명에 관심을 두게 되었고, 자연스럽게 의병항쟁 뒤로 연결되는 독립운동사를 연구하게 되었다.

『길 위의 향기』는 이들 동학, 의병, 독립운동의 세 가지 영역을 중심으로 하여 지난 12년 동안 각종 연수를 기획하고 현장에서 진행한 답사 후기의 성격을 띠는 글이다. 이 책은 상·하 두 권으로 구성했는데 상권은 「김포·강화도」, 「남한산성」, 「여주·영릉」, 「남양주·양평·춘천」, 「충청권」, 「동학 넘어 통일까지」 등으로 구성했다. 하권은 「영남권」, 「호남권 전남」, 「호남권 전북」, 「제주도」, 「강 따라 떠나는 인문학 기행」, 「우리의 삶터 전라도 역사탐방」, 「문학으로 만나는 인문학」 등으로 구성되어 있다.

역사의 현장에서 만난 셀 수 없이 많은 혁명군 지도자들, 항일의병장들, 그리고 독립지사들은 자신들의 시대를 앞서 살다간 선각자들이었고 진정한 선비들이었다. 그들의 애환과 마지막 숨결을 담고 있는 역사 현장에서 한 명 또 한 명의 삶의 여정을 되돌아보면서 느낀 것은 그들의 향기가 사라지지 않고 연연히 피어나고 있다는 것이다. 그들의 삶에 관심이 없었을 때는 그들을 몰랐고, 그들의 향기를 맡을 수도 없었다.

동학농민혁명의 길, 항일의병투쟁의 길 그리고 독립운동의 길에서 흘린 그들의 피는 분명코 향기로 피어났다. 의로운 향기, 의향(義香)이다. 의향은 도도하게 흐르는 강물이 되었고, 이 산하의 등줄기가 되었고, 역사가 되었다. 의향은 유방백세(流芳百世)의 길로 절대 없어지지 않으며, 길이 되어 뒤따르는 사람들에게 또 다른 길을 찾게 했다. 역사의 길에서 의인들이 남긴 의로운 향기는 오늘 우리가 가야 할 길을 분명하게 말해주고 있다. 분단을 극복하고 자주 통일로 가야 한다고 말이다.

내가 12년의 역사 현장답사를 정리하고자 한 것은 나와 함께 이 길을 동행한 사람들의 삶의 여정을 어딘가에 기록으로 남겨두고 싶어서였다. 1차적으로는 내가 살아온 지난날을 돌아보며 앞으로 나아가야 할 길을 잃지 않고자 하는 바람이 자리한다. 2005년부터 나와 함께 전국을 찾아다니며 자체 연수를 시행하고 또한 교과통합 체험 연수를 진행해온 '대한민국자연생태체험연구회' 소속 교원들, 2013년 중국 발해만요하기행을 다녀온 뒤 조직된 '전북교과통합체험학습연구회' 소속 교원들, 그리고 2016년 교사 혁신마인드 제고 연수를 마치고 결성된 '남원교과통합체험학습연구회'와 2015년 강화도 연수부터 인연이 된 부안 지역 독서모임 교사들로 구성된 '책따라길따라연구회' 소속 교원들은 나의 답사여행 동지다. 이들 동지 덕분에 답사는 계속될 수 있었다. 각 연구회 회원 한 명 한 명의 존재가 결국 나의 답사 여정의 길이 되어준 것이나 다름없다. 이 글을 빌려 그동안 함께해준 선생님들께 고마움을 전하며, 앞으로도 작은 실전을 하는 진실학운동에 계속 동행해주실 것을 부탁드린다.

나의 작은 삶의 흔적들을 책으로 낼 수 있게 흔쾌히 도와주신 북코리아 이찬규 사장님, 여러 가지로 부족한 글을 가다듬고 편집해준 김수진 편집장님께 감사를 드린다. 오십견으로 고생하면서도 초고를 다듬어 글을 정리해준 아내에게도 깊은 고마움을 전한다. 아울러 아버지의 길을 늘 응원해주고 때로는 함께 참여해준 두 아들 준혁이와 준형이에게도 고맙다는 말을 전하고 싶다.

끝으로 이 책이 독자들의 내면에 내재해 있는 향기를 톡 하고 터뜨려줄 수 있는 꽃망울이 되기를 소망해본다.

2021년 3월
봄이 오는 太微垣에서
장현근 씀

추천의 글

이 책은 교과통합체험학습을 선도한 필자의 행적이 녹아 있는 현대판 『열하일기』라 불릴 만하다. 자연과 지리, 역사, 천문학 등 다양한 분야의 고대에서 현대까지 우리나라와 중국 땅에 걸친 민족 활동 무대를 오가며 조사·연구, 현장 증언의 채록, 답사안내 등 필자의 비판적 시각과 민족애가 녹아 있는 결과물이다. 필자만의 명쾌한 화법으로 생생하게 전하는 울림이 읽는 이의 감성을 자극하고 감동을 준다. 이 책은 살아있는 교육을 추구하는 이 시대에 현장체험학습의 훌륭한 길라잡이가 되어줄 것이다.

최경용 남원여고 역사교사, 전 대한민국자연생태체험연구회 회장

2020년 군산교육지원청에서 교원 역사연수를 여러 차례 진행하면서 실천하는 지식인, 아직 끝나지 않은 독립운동을 펼쳐나가는 독립운동가로서의 장현근 선생님을 보았다. 이 책은 선생님의 역사적인 소신이 낳은 참 지식인의 산물이라고 생각한다. 선생님의 글을 읽으면 남녀노소 불문하고 누구나 지금 우리가 해야 할 일이 무엇인지 깨닫게 될 것임을 확신한다.

은명숙 전라북도교육연수원 연구사

저자의 땀과 눈물, 고뇌, 시대정신의 결정판!! 이 시대 진정한 선비정신과 신실학 정신을 깨우치는 계기가 될 수 있기를 바란다. 『길 위의 향기』는 전국 각지와 중국의 동북 3성, 내몽골지역을 직접 찾아다니며 선사시대부터 근현대사까지를 총망라한 우리의 역사뿐만 아니라 지질, 지리, 천문 등을 함께 연결하여 통합적으로 바라볼 수 있는 교과통합체험학습의 결정판이라 해도 과언이 아니다.

　　연암 박지원과 초정 박제가의 연행 길을 걸으며 오늘의 실학정신은 무엇이어야 하는지 고민하는 시간이었다. 강화도와 남한산성을 거쳐 중국 요녕성 심양에서 소현세자와 봉림대군을 따라가며 병자호란 속에서 조선의 자주를 되새겼고, 현재 한반도의 분단과 통일의 비전을 생각하는 시간이었다. 동학농민혁명군, 항일의병과 의병장들, 일제강점기 독립지사들의 행적을 따라가며 시대를 앞서간 선각자들의 삶의 여정과 시대정신, 애환과 숨결을 느끼고 배우는 시간이었다. 강 따라 떠나는 인문학 기행(만경강, 동진강, 섬진강), 소설 『아리랑』 따라가는 역사기행, 최익현 · 김정희 등 유배인들을 통해 형성된 제주도의 독특한 유배문화, 일제강점기 태평양전쟁의 방어기지로 구축된 제주의 군사시설과 수탈의 현장, 해방 후 현대사에서 저질러진 4.3의 아픈 상흔들을 가슴으로 전달해주는 진정한 역사교육의 현장을 총정리한 안내서다.

김희영 전 전주공고 역사교사, 전 전북교과통합체험학습연구회 회장

장현근 선생님은 젊은 시절, 별자리 관측하는 선생님으로 알고 지내며 함께 활동했다. 세월이 흐른 어느 날 교과통합체험학습 전문 강사로 강의하는 선생님과의 재회는 놀라움이었다. 강의를 들은 '책따라 길따라'

14

회원들은 홀린 듯 강화도 기행을 약속했고, 처음 함께한 선생님과의 체험학습은 새로운 발견, 깨달음과 감동의 연속이었다.

이번에 800여 쪽의 답사기록 책을 먼저 읽어보는 행운을 맛본 뒤 첫 기행 후 남겨놓은 소감문을 다시 찾아봤다. "일정은 빡빡했고, 장현근 선생님은 무궁무진한 지식과 정보, 역사적 혼을 온몸과 마음으로 소통하고자 이틀을 맹렬히 불태웠다. 지도 읽는 법과 돌의 종류, 별자리와 방위, 시간 재는 법까지 신기하고 재미있는 시간의 연속이었다. 그리고 무엇보다 강화도라는 지역이 갖는 역사적 의미가, 그때 그날의 모습이 머리에 그려지며 마음이 아려왔다."라고 앞머리에 적혀 있었다.

이 책에 있는 모든 기행에 어김없이 반복되는, 장현근 선생님의 그 어마어마한 인문학적 지식과 끊임없이 솟아나는 열정의 핵심은 "역사를 바로 알고 두 눈 부릅떠 민족의 자주적 평화통일의 대업을 이루는 데 앞장서 노력하자"라는 것이다. 첫 기행 소감문의 가운데 내용은 이렇다. "곧바로 학생들을 인솔하고 기행할 자신은? 물론 없다. 그래서 여럿이 다니는 게지. 함께 지도할 내용과 방법을 마련하고 누군가 용기 있게 학생들을 먼저 인솔하고 떠나면 그다음은 쉬울 거라는 믿음이 남는다. 우리가 해야 할 일이 무궁무진하다는 걸 깨달았다는 것도 값진 일이고." 이 대목이 장현근 선생님이 늘 바라는 내용일 터다. 그 뒤로 이어진 여주, 남한산성, 제주도, 섬진강 시리즈, 동진강 시리즈, 금강 시리즈에 이르기까지 첫 기행 후 적은 소감문의 생각과 느낌은 세월이 흐르며 점점 더해져가고 있다. 아직 가보지 못한 국내 답사지를 이번에 책으로 먼저 가보는 호사를 누렸다. 맨 마지막 소설 『아리랑』 따라가는 역사 기행도 감탄사를 연발하며 흥미진진하게 읽었다. 꼭 가봐야지!!!

마지막으로 첫 기행 소감문의 마지막 내용은 "새벽부터 직접 차를 몰고 와주신 장현근 선생님께 뒤늦게 죄송함과 고마움이 밀려든다. 오직 일찍 깨달은 죄로 후학양성에 온몸을 바쳐버린 선생님께 못할 짓을 했다."이다. 대한민국의 오직 한 분, 교과통합체험학습 전문가 장현근 선생님께 늘 가지고 있는 내 마음이고 우리 마음이다. 앞으로도 선생님과 함께 못다 한 공부도 하고 배운 것을 실천하는 교사가 되는 것이 작은 보답이고 도리라고 생각한다. 민족의 역사적 책무를 온몸으로 안고 살아가는 장현근 선생님이 앞으로도 건강하고 가뿐하게 이 책무를 지고 가길 바라고, 그 길에 함께하기 바라며, 그 길 끝에 반드시 조국의 평화통일을 함께 맞이하는 날이 오리라 믿는다.

김명희 계화중 국어교사, 전 책따라 길따라 연구회 회장

———

이 책은 그동안 잠들어 있던 역사와 선현들을 다시 살려내고, 지역사를 넘어 민족사까지 아우르는 방대한 역사를 물 흐르듯 연결하여 독자들에게 진한 여운으로 가슴을 울린다. 저자는 과학교사로 시작해서 지금까지 30여 년 동안 머리가 아닌 가슴으로 현장의 역사와 이야기들을 풀어내고 담아내며 다시 토해내는 교과통합안내 전문가로서 자리했다. 또한 저자는 현장에 선 우리에게 위대하고도 처절했던 역사 속의 인물들을 살려내어 존경과 자부심을 갖게 했으며, 울분과 가슴앓이, 그리고 깊은 고뇌로 이끌어내며 '교육자의 길' 그 이상을 뛰어넘게 했다. 결국 그것은 자신이 경험했던 것을 끊임없이 전하는 것이었고, 우리가 앞으로 나아갈 방향과 과제를 제시하며 우리 후손들에게 부끄럽지 않은 유산으로 넘겨주는 것에 목표를 삼았다. 더구나 자연, 과학, 지리, 역사, 문화, 철학, 예술을 망라하여 엮어내는 저자의 현장답사 안내는 모든 참여자를 빨아들이는 블랙홀이 된다. 따라서 이 책은 여느 답사 책과는 전혀 다른 구성과 강렬하고도 깊은 울림을 주는 답사 안내서이며, 역사

16

뿐만 아니라 다양한 분야가 융합된 종합 안내서가 될 것이다.

서신종 전 성원고 지리교사, 대한민국자연생태체험연구회장

———

한반도의 남쪽 제주도에서 강화도 그리고 만주에 이르기까지 저자의 발길이 닿지 않은 곳이 없다. 전국을 권역별로 나누어 우리가 꼭 가봐야 할 곳들을 생생한 기록으로 남겼다. 한 장 한 장 읽을 때마다 조상의 우수성과 강인한 삶을 경험할 수 있고 책을 덮는 순간 가슴 가득 나라 사랑과 통일된 한반도를 꿈꾸게 한다. 파편화된 지식이 아닌 폭넓은 인문, 자연과학적 지식을 통합하고 두 발로 걸으며 얻은 살아있는 기록은 배우는 학생들과 가르치는 선생님 모두에게 우리가 가야 할 길을 안내해준다.

이금호 순창중앙초 교장, 전북교과통합체험학습연구회 회장

———

삶의 길 위에서 가르치고 배우는 소중한 인연을 만나는 일은 누구에게나 있을 것이다. 어린 날, 아름다운 삶을 가꾸고자 하는 의욕은 있으나 설익어 어디로 어떻게 가야 할지 길을 찾지 못하고 있을 때, 온몸으로 세상의 편견과 싸우며 뜨거운 열정으로 앞서서 당당하게 향기로운 길을 열어주는 선각자들과의 만남은 언제나 든든한 삶의 버팀목이 된다.

'공간스토리텔러'인 북원태학 장현근 선생님은 바로 그런 선각자이다. 그를 만나서 비로소 나의 삶의 터전으로 삼고 있는 남원지역의 자연과 역사 문화에 대해 제대로 이해할 수 있었다. 그뿐만 아니라 그 외 함께한 생태주의에 기반한 '교과통합체험학습연구회' 활동, 섬진강과 금강을 배경으로 한 '강 따라 떠나는 인문학 기행', 그리고 우리 민족

의 시원과 정체성을 밝히고 광활한 만주벌판을 달리던 독립군의 기상을 배웠던 3차에 걸친 '북만주 역사 답사', 동학과 3.1혁명을 넘어 분단의 현실을 극복하고 자주통일과 한민족의 번영을 꿈꾸는 '한민족문화공동체후원회' 활동 등은 현재의 삶에 안주하지 않고 끊임없이 더 나은 세상을 향해 새로운 길을 열어가는 선각자의 길이었다. 늘 그렇듯이 선각자들이 '깨어나서 외치는 뜨거운 함성'은 비록 그 시대에는 알아주는 이가 적을지라도 시간이 흘러 수많은 후배에게 아름다운 삶의 이정표가 될 것이다.

비록 일상을 조여야 하는 수고로움은 있었지만 장현근 선생님과 함께한 그동안의 향기로운 여정에서 늘 행복했음을 고백한다. 새롭게 출간하는 선생님의 답사기록 『길 위의 향기』가 식민의 잔재를 청산하지 못하고 겹겹이 쌓인 우리 사회의 수많은 적폐를 걷어내고, 분단의 아픔으로 신음하는 안타까운 민족의 현실을 극복하고 자기 삶의 주인으로 자주통일을 이루어낼 미래세대에게 향기로운 희망의 길을 열어줄 것을 확신한다.

김종길 운봉초 교사, 남원교과통합체험학습연구회 회장

『길 위의 향기』 책 출간을 진심으로 축하드린다. 책을 보자마자 바로 서산대사의 '답설가'가 생각났다. "눈길을 걸어갈 때 어지러이 걷지 말라. 오늘 내가 걸어간 길이 훗날 다른 사람의 이정표가 되리니." 20여 년간의 장현근 선생님은 꼭 이런 각오로 한걸음 한걸음 걸어왔다. 당신이 딛는 첫 발걸음이 얼마나 중요하고 의미 있는 일인지 잘 알았기에 섣불리 걷지 않았으며, 엄청난 정성과 노력의 산물인 현장답사 교육으로 많은 이들에게 크나큰 이정표를 남겼다.

10여 년 동안 북원태학 장현근 선생님과 함께하면서 자연을 바탕으로 한 지리적 사고와 사회, 문화 그리고 역사 등 다양한 영역의 지식을 아우르는 교과통합교육을 배웠다. 이 현장교육을 통해 현 교육이 신실학의 정신으로 새로이 거듭나길 강조했으며, 학교 현장에 뿌리내리도록 도와주었다. 또 그와 함께한 여정에서 우리는 일제강점기를 거쳐 독립전쟁에 나선 수많은 위인의 이야기를 눈물로 함께했고, 제주의 아픔을 바로 볼 수 있었다. 그는 생태주의적 관점에서 세상과 자연을 바라보고 이해하면서 앞으로의 교육이 가야 할 방향을 제시했다. 우리 고대사를 제대로 알리기 위한 중국의 「발해만요하기행」 현장답사는 그 누구도 함부로 할 수 없는 장현근 선생님만의 열정의 산물이었다. 사라져가는 우리의 고대사를 다시 찾고자 노력했고 우리 민족인 재중동포를 다시금 우리에게 되찾아주었으며, 그들과 함께 우리가 한 민족임을 느끼게 했던 재중동포 모국체험학습과 후원은 당신의 생애에 가장 큰 업적으로 남으리라 장담한다. 선생님의 노력과 뜻을 열렬히 지지하면서 함께했던 아름다운 동행이 진정 나에게는 아름다운 향기가 나는 한 사람으로 거듭나게 해주었다. 앞서 눈밭에 새긴 발자국이 우리 이후 세대에게도 큰 이정표를 남기게 될 『길 위의 향기』의 힘을 믿으며 발간을 진심으로 축하드린다.

김혜숙 성덕중 과학교사, 대한민국자연생태체험연구회

차례

제1부 김포·강화도

제6부 충청권

제7부 동학을 넘어 통일까지

제8부 한민족 문화의 꽃을 피우는 사람들

김포 · 강화도

문명의 차이 그 벽 앞에 선 강화도

　강화도, 군산, 제주도 세 지역은 근대로 접어드는 시기와 근대가 끝나는 시기에 우리의 역사에서 어떤 위치에 있었을까. 유럽에서 시작된 산업혁명과 그에 따른 제국주의의 출현은 바다로 둘러싸인 대륙들의 자연경계를 너무나도 손쉽게 허물어버렸다. 오늘 되돌아보면 증기기관으로 대표되는 산업혁명은 인류의 역사에서 분명 한 페이지를 장식하고 있다. 그러나 인류문화사 측면이 아닌 우리나라의 역사에서 이 땅에서 살아간 민초들의 입장에서 바라보면 산업혁명은 우리에게는 일본제국주의의 식민지에서 신음하며 짓밟히고 노예적 삶을 살아야 했던 처참함을 불러온 것이었다.

　강화도는 그 산업혁명의 무시무시한 파괴력을 맨몸으로 막아선 곳이었다. 단지 섬 아닌 섬 속에 갇혀 살고 있던 조선이라는 나라(서울)로 들어가는 초입에 위치한 지리적인 이유였다. 자연에서의 높이차 즉 지형에 의한 차이는 강이라는 소통로를 통해 물이라는 실체가 이동하면서 바다로 흘러 들어가며 평형을 이루어간다. 이 평형은 파괴적이지 않고 자연스럽게 그리고 오랜 세월에 걸쳐 이루어진다. 반면에 문명의 차이는 어떨까. 과학을 바탕으로 하는 선진무기로 무장한 무력의 높이차는 침략과 약탈이라는 파괴적이고 야만적인 방식을 동원하여 평형이

마니산에서 바라본 강화해협 2020-11-04

아닌 지배와 피지배의 관계로 위치 매김을 한다. 침략의 통로는 고대로부터 대륙 간의 연결고리인 수평의 바다로부터이다. 제국주의를 싣고 오는 증기선의 파괴력은 전근대적인 무기와 군사체계를 가지고 있었던 조선에게는 처음부터 상대가 될 수 없었다.

물이 액체에서 기체로 변하면서 수반되는 부피팽창 그것은 내가 중등학교 과학교사로 재직할 때 학생들에게 가르쳤던 평범한 과학적 현상에 불과한 것이었다. 1776년 제임스 와트가 물의 상태 변화에 의한 부피 팽창을 활용하여 회전동력의 장치를 얻어냈다.

물을 끓여 생기는 고압 수증기로 기계를 작동시키려는 착상은 2000년의 오랜 역사를 가지고 있지만, 초기 장치들은 실용성이 없었다. 1710년경 뉴코멘(Thomas Newcomen, 1664-1729)이 피스톤을 사용하여 5마력(3.7kW)을 발생시키는 상용화된 증기기관을

처음 발명하였고, 1776년 와트(James Watt, 1736-1819)가 이를 개
량하여 연속회전운동으로 10마력(7.5kW)의 일을 하는 증기기관
을 상업화하였다. 18세기 초부터 증기기관은 실생활에 많이 썼
으며, 18세기 말 회전식 엔진을 가진 증기기관으로 공장의 기계
장치를 작동시키기 시작하였다. 증기기관의 발명이 산업혁명의
원동력이 되었다고 할 수 있다. 19세기에 들어서는 해상 및 육상
수송에 증기기관을 쓰기 시작하였다.[1]

당시 과학시간에는 액체에서 기체로 변화하는 이 현상이 무엇이냐
는 용어, 기화가 더 중심에 있었다. 이 증기를 이용하여 증기기관이 발
명되었고, 그 증기기관이 산업혁명의 핵심이 되어 바다를 누비는 증기
선을 만들어냈으며 대륙을 달리는 증기기관차를 가능하게 해서 식민
지 확장에 첨병이 되었다는 것은 인식하지 못했다. 제임스 와트의 회전
식 엔진의 증기기관이 발명될 당시 조선은 정조 임금이 즉위하던 때였
다. 이때 조선의 하늘 아래를 지배하던 사상은 무엇이었는가. 이때 우리

강화도를 침략했던 미군의
모노카시호. 증기기관의
연통이 선명하다.
출처: 『수자기』, 45쪽

---

1   한국물리학회, 『물리학백과』, http://www.kps.or.kr(검색일: 2022. 7. 1).

의 군사체계와 무기 수준은 어떤 상태였을까. 정조 즉위 후 90년 즉 제임스 와트의 증기기관이 발명된 후 90년이 흐른 1866년 프랑스 함대가 그 증기선으로 조선을 침략해왔다.

수평의 소통로인 바다에서 육지의 강으로 진입하여 수도 서울을 점령하려면 한강을 통해 들어가야 했다. 그 문명의 차이를 처음으로 만나게 된 곳이 강화도와 김포반도 사이의 강화해협이었다. 그곳에 프랑스와 미국의 함대가 침략해왔고 일본의 운요호가 계략을 세워놓고 쳐들어왔다. 강화도 남쪽으로부터 강화해협을 따라 북쪽으로 이어서 설치한 초지진, 덕진진, 광성보, 갑곶 등지에서 조선군은 그동안 한 번도 경험해보지 못한 서구 근대의 무기들에 대항하여 구식의 대포와 화승총 그리고 창과 활 심지어는 돌멩이와 흙까지 동원하며 처절하게 저항하였다.

> 조선군 몇몇은 불에 새까맣게 타버린 채, 그 주위에 떨어진 9인치 포탄의 폭파로 산산조각이 나버렸다. 좁은 지면 위에 쌓인 조선군 시체만도 40구가 되었고 머리에 총탄을 맞아 죽은 자가 대부분이다. 그들이 입은 옷은 모두 흰옷이었고 흰옷에 붉은 피가 물들여져서 적백색이 더욱 두드러진 대조를 이루었다.
> – 틸톤의 『1871년 해병대의 한국상륙작전』(1966) 중에서[2]

우리는 근대와 전근대의 문명의 차이가 어땠는지를 강화도 곳곳에서 명확하게 확인할 수 있다. 위에 인용한 글은 1871년 6월 강화도를 침략해온 미 해군과의 전투를 벌였던 아니 전투가 아닌 일방적인 학살

---

2   국립고궁박물관, 『수자기(帥字旗)』(서울: 신하기획, 2008), 33쪽.

1871년 6월 11일 미군과 전투 중 전사한 조선군. 광성보의 손돌목 돈대. 출처:『수자기』 54쪽

을 당했던 조선군들의 처참한 모습을 기록하고 있다. 그리피스의『은자의 나라: 한국, 1882』에 실린 글을 보면 조선군들은 난간에 올라서서 용맹스럽게 싸웠으며, 미군에게 돌멩이를 던지기도 하였고 창과 칼로써 미군을 대적하였다. 돈대가 함락되어 미군이 들이닥치자 심지어 흙가루를 집어 침략자들에게 던져 앞을 보지 못하게 하기까지 했다. 조선군은 순결한 정신으로 침략자들에게 끝까지 저항하였다. 그러나 그토록 고귀한 순절마저도 문명의 차이 앞에서는 어쩔 수 없었다. 일부 포로를 제외하고는 모두 전사하였다.

2018년 넷플릭스를 통해 세계 여러 나라에 방영되며 큰 반응을 일으켰던 드라마 〈미스터 선샤인〉의 첫 편에 바로 이 강화도 광성보 일대에서 벌어진 신미양요의 전투장면이 포함되었다. 5분 이상 편성된 전투 장면에는 미군의 근대 소총과 조선의 구식 총의 차이가 극명하게 대비되게 그려졌고 함포 사격으로 폭파하는 포탄과 우리의 쇳덩어리 포

신미양요의 격전지 광성보 용두돈대를 찾은 전북자연생태체험연구회 교원연수단 2011-05-29

탄의 차이도 보여주었다. 심지어 활을 쏘는 장면과 흙을 집어 던지는 모습 등 기록에 근거한 전투 장면이 실전처럼 영상으로 재현되어 보는 이로 하여금 가슴을 아프게 하였다. 마치 철기로 무장하여 침략해온 철 기군대를 청동기로 맞서고 있는 것처럼 느껴졌다. 조선은 이렇게 인류 문화사의 산업혁명과 제국주의 출현을 강화도에서 맨살로 막아섰다.

'지붕 없는 역사박물관 강화도'에는 근대 이전에도 우리에게 문명의 차이를 경험하게 한 역사가 있었다. 바로 1636년 12월 청나라가 병자호란을 일으키며 압록강을 건너 서울을 점령하고 남한산성을 포위한 채 항복을 요구하고 있을 때인 1637년 1월 22일, 청군은 이곳 강화해협을 수군을 동원하여 배로 건너면서 유럽에서 전래된 홍이포[3]라는 위협

---

3   1626년 명나라 장수 원숭환은 산해관 동쪽에 있는 영원성에서 후금의 누르하치 군대를
     격퇴시킬 때 홍이포를 사용하였다. 이후 청나라는 홍이포 제작기술을 습득하여 명나라를
     공격할 때 이 포를 활용하였고 1637년 1월 22일 강화도 해협을 건너오며 홍이포를 배에

적인 대포로 포격하며 갑곶을 점령하고 곧바로 강화성을 함락시켰다. 강화성의 함락으로 남한산성의 인조는 항복할 수밖에 없었다.

강화도는 우리에게 살아있는 역사 교과서이다. 우리나라에서 단군에 관한 이야기가 가장 많이 전해지는 곳도 강화도이며 고대 삼국의 치열한 각축장이 되었던 곳이기도 하다. 몽골의 침략에 개성에서 이곳 강화도로 천도하여 수십 년을 저항한 곳도 강화도였다.

유럽에서 산업혁명이 일어나고 제국주의가 태동하며 자본과 노동이라는 개념을 바탕으로 공산주의 사상이 나타나고 있을 때 조선은 어떠했는지 돌아보아야 한다. 오직 하나 성리학만을 붙들고 신분제 사회를 유지한 채 그들만의 세상으로 섬 아닌 섬이 되어 스스로 고립을 자초한 결과가 가져온 것이 무엇이었는지 말이다. 그 문명의 차이 앞에 조선은 강대국들의 사냥감이 되어 이리 뜯기고 저리 뜯기다가 끝내 역사 속으로 사라졌다.

내가 강화도에 이어 군산과 제주도를 주목하는 이유가 있다. 대한제국이 사라진 뒤 이 땅은 일본의 식민지로 전락되어 수탈의 한복판이 되었다. 그 상징성이 국내 최대 곡창지대 호남평야였고 그곳에서 조선인들에 의해 생산된 쌀이 모여들어 도시를 형성한 것이 금강 하구의 군산이었다. 군산은 일제강점기 나라 없는 민초들의 35년을 대표하는 공간이다. 일제 35년의 치욕의 세월이 끝나갈 무렵 또다시 인류의 역사는 급변했다. 제2차 세계대전이 발발하였고 그 전개과정에서 일본제국주의는 태평양 전쟁을 일으켰다. 태평양전쟁은 침략자 일본의 몰락으로 귀결되었지만 제국주의 시대의 종말을 의미하는 것이기도 했다. 그 끝에 극한의 위기로 몰렸던 화산섬 제주가 있었다. 나는 우리의 근대사를

실고 와서 사용하였다.

말할 때 이 세 지역을 학교 밖의 교과서로 삼아서 살아있는 역사학교로 활용하고 있다. 강화도, 군산, 제주도는 위도상으로 고위도에서 저위도로 내려오며 역사의 시간 흐름에 맞게 상중하로 연결되어 있다.

다시 강화도 광성보에 있는 신미의총으로 돌아가 본다. 이곳 7개의 무덤은 신미양요 때 미국과의 전투로 순절한 가엾은 영혼들이 잠들어 있는 곳이다. 외적으로 세상의 흐름과 변화에 벽을 쌓고 살았던 조선, 내적으로 경직된 자세로 오직 하나의 사상만을 고집하며 자기혁신을 꾀하지 못하고 명분에 갇히어 전쟁을 불러들인 조선이었다. 신미의총에 잠들어 있는 무명병사들은 그 조선의 우매함에 희생된 힘없는 민초들이었다.

근대사에서 강대국에 끌려다니다 패망에 이른 뒤 해방을 맞이하고 또다시 동족상잔의 비극인 한국전쟁을 겪어야 했던 대한민국은 오늘 세계가 부러워하는 눈부신 성장을 하였다. 세계 다섯 번째로 이지스함을 보유하였고, 2021년 9월 15일 세계 일곱 번째로 우리가 독자 개발한 잠수함 발사 탄도미사일(SLBM) 시험 발사에 성공한 나라가 되었다. 그 7개국은 미국, 러시아, 중국, 영국, 프랑스, 인도 그리고 우리나라다.[4] 앞의 6개국 중 인도를 제외한 5개국은 근대 시기 모두 우리나라를 침략했거나 지배하려고 했던 나라들이었다. 1875년 운요호 사건 때부터 일제강점기에 이르는 동안 우세한 무기로 우리를 무참히 짓밟았던 일본은 아직 이 기술이 없다. 프랑스와 미국 그리고 일제가 강화도를 침략한 이래로 기울었던 문명의 차이를 실로 156년 만에 따라잡은 것이다. 하지만 우리는 이 기간 동안의 역사 속에서 강화도 해협에서 숨져간 조

4　국방부 보도자료, 「국과연(ADD) 잠수함발사탄도미사일(SLBM)잠수함 최초발사시험 성공」, 2021. 9. 15.

선군, 수십 만의 동학농민혁명군, 순절의 꽃이었던 의병 그리고 독립지사들이 있었음을 기억해야 한다.

2022년 6월 21일, 우리나라는 세계 일곱 번째로 자체 개발한 위성발사체(누리호, KSLV-II)로 1,500kg급 실용위성을 지구 저궤도(600-800km)에 쏘아 올리는 데 성공하였다. 우리나라를 포함하여 러시아, 미국, 유럽연합, 중국, 일본, 인도, 이스라엘, 이란, 북한 등 10개의 국가가 자력발사 능력을 보유하고 있다. 이중 1톤 이상의 실용급 위성 발사가 가능한 국가는 이스라엘, 이란, 북한을 제외한 7개국이다. 나는 약 150여 년의 우리의 근현대사의 교훈이 오늘의 대한민국을 이렇게 만드는 데 큰 역할을 했다고 생각한다.

지붕 없는 역사 박물관 강화도는 우리 미래의 거울이고 종이다. 근대사 속의 강화도는 오늘 우리로 하여금 끊임없는 자기혁신을 요구하

2022년 6월 21일 오후 4시 전라남도 고흥군 봉래면 나로우주센터 발사장에서 누리호가 웅장한 불꽃을 내뿜으며 힘차게 날아오르고 있다. 출처: 한국항공우주연구원

마니산 정상에서 자주통일을 외치고 있는 전북교육연수원 「국토기행을 통한 역사 바르게 알기 교원연수단」 2015-09-19

며 자주국방이 우리의 살길임을 온몸으로 말하고 있다. 나라 밖의 정세와 이웃하고 있는 나라들의 생각과 변화에도 두 눈을 부릅뜨고 살피고 대처해야 함도 말이다. 섬 전체가 역사의 성지인 강화도를 걸으며 곳곳에 서려있는 순절의인들의 넋을 기억해드리고 가슴으로 안아드리기를 바란다.

혈구穴口 강화도를 읽다

설 연휴가 끝난 월요일 새벽 4시
멀리 부안으로 달려가기 위해 짐을 챙긴다.
오늘 예보가 썩 좋지 않다.

4시 40분, 시동을 걸고 새벽을 연다.
5시에 가까워지니 라디오 방송에서 애국가가 흘러나온다.
6시 20분이 넘어서 부안교육지원청에 도착했다.

부안지역 교사 독서모임이 추진하는 강화도 연수를 안내하기 위해 13명
의 기행단이 승용차 3대에 나누어 타고 서해안고속도로를 달린다. 서
울 외곽 100번 순환도로로 갈아타고 김포IC로 빠져나와 김포 시내를
지나 통진을 거쳐 48번 국도를 타다가 강화대교 앞에서 우회전하여 문
수산성 북문을 향해 전진한다. 좌측에는 염하(鹽河)가 북에서 남으로 흘
러가고, 그 흐르는 물 양안에는 철조망이 단단히 세워져 있다.
    병인양요 당시 프랑스의 함포사격으로 붕괴된 해안가 성벽과 서문
은 흔적조차 없어지고 그 자리에 남북분단의 현실을 말해주는 철책선
이 무겁게 내달리고 있다. 국경도시 강화의 위치가 고대로부터 중세와

김포 문수산성 취예루에서 바라본 염하. 강 너머 북쪽으로 북한의 산이 보인다. 2015-09-17

근대로 이어지며 현재에 이르기까지 군사적으로 중요한 자리였음을 말해주고 있다.

　김포반도 북쪽 끝자락 문수산에 자리한 문수산성 취예루에 올랐다. 황사로 뿌옇게 흐려진 염하를 따라 북쪽으로 연결된 아군의 초소들이 아련하고, 멀리 월곶돈대의 연미정 자리가 희미하다. 예성강, 임진강, 한강이 동시에 몰려드는 혈구(穴口) 강화도 주변은 강이 흘러오며 날라다놓은 점토들이 쌓여 갯벌이 발달할 수밖에 없는 환경이다. 군사적으로 금성탕지(金城湯池)가 되어온 이유다.

　백두산에서 지리산까지 북에서 남으로 이어지는 백두대간의 한 지점에서 갈라져나온 해서정맥과 임진북·예성남정맥의 두 산줄기 사이로 예성강이, 북쪽의 임진북·예성남정맥과 남쪽의 한북정맥 사이로 임진강이, 북쪽의 한북정맥과 남쪽의 한남정맥 사이로 한강이, 그리고 강화도와 김포반도 사이로 흐르는 염하(鹽河)까지 강화도는 바닷물과 강물이 둘러싸고 있다.

지형과 수계의 종합판이 한 곳으로 집결되는 곳에, 강을 타고 내륙으로 들어가는 초입에 강화도가 위치한다. 그래서 '혈구'라 했나 보다.

음력 초닷새 김포 문수산성에서 강화를 바라보니 염하가 우측에서 좌측으로 제법 빠르게 물살이 속도를 낸다. 서해 쪽으로 빠져나가는 썰물이다. 새롭게 시작되는 한 주의 첫날 찾은 문수산성 북문 취예루의 그늘진 곳에서 찬 기운이 감돈다.

강화도의 지리와 지질을 조사해보니 이곳에 중생대 백악기 퇴적암이 분포하고 있다. 산성 북문이 위치한 문수골의 기반암을 사방으로 살폈으나 노출된 기반암이 쉽게 보이지 않는다. 취예루 성문 안쪽 마을 집 근처의 조경석과 화단을 경계한 돌을 보니 규암과 화강편마암들이다. 다른 지역에서 가져다가 조성한 것이다. 조금 더 안쪽으로 들어가니 예사롭지 않은 바위들이 눈에 들어온다. 돌들이 뒤섞여서 굳어진 역암들이다. 한순간 이곳 어딘가에 모암으로 역암층이 있음을 직감했다. 마을 뒤에 있는 집 뒤안 벽 쪽에 기반암이 노출된 곳이 있어 접근하려 하자 묶인 개가 완강하게 저항한다. 개는 안중에도 없이 조심스레 올라가

문수산성 북문 취예루 남쪽 마을 뒷산에서 찾은 역암. 라이터 옆에 둥근 역들이 보인다.
2015-02-23

마니산 참성단에 오른 부안지역 독서모임 교사들 2015-02-25

확인해보니 역들이 퇴적 입자로 쌓여 굳어진 역암층이 있다. 드디어 퇴적암을 발견한 것이다.

취예루가 있는 김포반도의 김포시 월곶면 성동리 문수골과 염하를 건너 강화군 강화읍 용정리 염주돈대 부근에 분포하는 역암층은 이지역이 과거 지질시대 백악기에 호수 환경이었으며, 역암층이 형성된 이후 융기를 통해 지표 위로 노출되었고, 다시 침강과 침식작용을 거쳐 염하가 형성되었음을 알려주는 증거가 된다.

세계사의 흐름 속에서 미래를 읽지 못해 엮여간 과거 역사의 한 장소인 문수산성에서 오늘의 미국, 중국, 일본, 러시아 등 주변 나라들과의 관계 속에서 또다시 엮여가지 말고 남과 북이 자주적으로 저 나라들을 끌고 가는 역사를 만들자고 했다.

과거 조선의 수도 한양을 지키는 관문의 초입이 강화도였던 것처럼 오늘 세계 패권 다툼의 최전방에 한반도가 자리하고 있다. 우리도 모르게 전장으로 변하는 상황을 막는 일이 핵심이다. 자신을 지키고 당당히 설 수 있는 자주적인 대한민국이 되는 길은 무엇일까. 고대사로부터 분단의 현실까지 모든 해결책을 가지고 있는 강화에서 그 답을 찾을 수 있다고 본다. 지붕 없는 역사박물관 강화도의 자연과 문화·역사 기행을 통합적 관점으로 살펴보는 시간을 진지하게 가질 때 강화는 그 답을 보여줄 것이다.

강화도의 자연과 문화역사 기행　　2박 3일 여정 경로

1일차
❶김포 문수산성 → ❷갑곶돈대 → ❸연미정 → ❹강화성 동문 → ❺제적봉 평화전망대 → ❻강화충렬사

2일차
❶외포리 망양돈대와 삼별초항쟁유허비 → ❷교동대교 → ❸고구리 연산군유배지 → ❹교동향교 → ❺교동읍성 → ❻교동도호부와 삼도수군통어영 터 → ❼부근당 → ❽남산의 사신당과 조선수군 군선계류석 → ❾부근리 고인돌 → ❿강화서문 및 연무당터 → ⓫고려궁지와 외규장각 → ⓬더러미 항일의병순국지 → ⓭광성보와 신미의총

3일차
❶마니산 참성단과 개천각 → ❷이건창 생가 → ❸정족산성과 정족산 사고 → ❹덕진진경고비 → ❺초지진과 운요호 사건

강화도 국토 기행 1
- 문수산성, 갑곶돈대, 연미정, 제적봉 평화전망대, 강화 충렬사

작년 제주도 국토 기행에 이어 올해는 강화도로 장소를 변경해 2박 3일간의 연수를 진행했다. 전북교육연수원이 추진하는 도덕 · 사회 · 지리 · 역사과 교사들을 위한 국토 기행 연수다.

2010년부터 강화도를 찾아 골목골목 역사의 현장을 누볐고, 수차례의 안내를 통해 강화도가 내 안에 실천의 공간으로 자리매김해온 지 어느덧 6년째가 되어간다. 과거의 사실에서 오늘 현재를 바라보며 미래의 상황을 예측하여 오늘과 내일을 준비하는 현명한 지식인이 되어보자는 것이 나의 신실학운동의 핵심이다. 성리학과 양명학 그리고 실학을 교과서 속의 박제화된 흘러간 역사로 배우는 것이 아니라 오늘을 살아가는 우리의 세상, 우리의 주변 환경, 우리의 사회상에서 우리가 실천해나가야 할 것이 무엇인지를 찾아가자는 것이다.

강화에 오기 일주일 전 연수 효과를 높이기 위해 전북교육연수원에 모여 강화도 일대의 지질 환경과 신산경도를 통한 강화도의 지형과 수계의 특징에 대해 사전연수를 진행했다. 자연생태와 지리적 사고를 바탕으로 하는 사회 · 문화 · 역사 교과통합 체험학습을 위해서는 자연생태와 지리적 사고가 바탕이 되어야 하기 때문이다.

김포반도 문수산성에서 시작한 현장 연수는 염하의 조류 흐름과 물때를 이해하는 것에서 출발했다. 저 멀리 북한 땅을 바라보며 옛 성벽 대신 현재의 철조망을 코앞에 두고 분단의 현실을 안은 채 병인양요를 이해하기 위해 저 멀리 중국 땅에서 벌어진 아편전쟁(1839)과 난징조약(1842), 애로호 사건(1856)과 북경조약(1860)으로부터 흑룡강 너머 스타노보이산맥에서 시작되는 네르친스크조약(1689)[5]과 아이훈조약(1858), 그리고 홍개호조약(1861)에 이르기까지 긴 이야기를 풀어나갔다.

문수산성에서 프랑스 군대와 전투를 벌이게 된 배경은 무엇일까. 러시아는 북경조약 결과로 두만강 너머 우수리강 우측의 연해주를 확보하며 꿈에 그리던 부동항을 얻고 그 여세를 몰아 두만강을 넘더니 조선 땅에 들어와 통상을 요구했다. 대원군을 비롯한 정부 고관들은 이에 당황했고 위기의식을 느끼게 되었다. 남종삼 등이 대원군을 만나 영국과 프랑스 양국과 우호관계를 맺어 러시아를 방어할 것을 권유했다.[6] 하지만 이 제안은 실패로 돌아갔고 대원군을 상징하는 운현궁(雲峴宮)에 천주교가 침투했다는 소문이 퍼져 조대비(趙大妃)마저 천주교를 비난하기에 이르자 대원군은 천주교 탄압을 결심하고 박해령을 선포했다.[7] 조선이 세계사의 흐름과 그 와중에 형성된 소용돌이 속으로 엮여 들어가면서 병인년 1월 천주교인에 대한 대학살이 시작되었다. 그리고 그해 9월 병인박해 때 프랑스 신부 살해에 대한 보복으로 프랑스 군대가 조선을 침략했다. 문수산성은 바로 그 병인년에 프랑스 해군과 조선군이 전투다운 전투를 벌인 곳이다.

---

5   1689년 네르친스크에서 청나라와 러시아가 맺은 조약으로 청과 러시아는 스타노보이산맥과 아르군강으로 국경을 확정하였다.

6   정교(조광 편, 변주승 역주), 『대한계년사 1』(서울: 소명출판, 2004), 59쪽.

7   한민족문화대백과, https://terms.naver.com/(검색일: 2021. 2. 5).

프랑스 측 기록에 의하면 갑곶에서 염하를 건너 문수산성을 공격하던 프랑스 해군은 조선군의 사격으로 저들의 군인 3명의 사망자가 발생[8]한 대단한 전투였다. 오늘날 중대장에 해당하는 초관 한성근 부대와의 전투를 통해 프랑스군은 처음으로 조선군에 대해 경계심을 갖게 되었다.

문수산성에 오기 전 올림픽대로를 타고 48번 국도로 이어지며 한강을 바라보았고, 피난길에 오른 인조의 뒤를 바라보기도 하고 한강 건너 행주산성이 바라보이는 곳, 행주나루에서 망명길에 오르고 있는 단재 신채호와 도산 안창호[9]를 만나기도 했다.

점심을 먹고 찾은 정묘화약의 체결장소로 전해지는 연미정[10]에서는 임진왜란 이후 급성장한 후금과 광해군의 중립 외교를 돌아보고 인조반정 이후 집권한 서인 세력과 인조가 행한 국제외교 난맥상의 연장선에서 정묘호란에 접근했다. 갑곶을 건너와 행궁에 피난 온 인조를 만나는 강홍립을 광해군과 함께 살려냈다. 인조에 의해 강화도로 유배 온 광해군은 이때 강화성 동문 안에서 급히 교동도 고읍리로 옮겨진다.

1627년 2월 금성탕지 강화도에 광해군과 인조 사이에 만주의 강자 후금에서 보낸 강홍립이 함께하는 장면에서 역사의 아이러니가 바로 이런 것을 두고 하는 말이라는 것을 실감할 수 있었다. 광해군을 폐위하고 왕이 된 인조, 그에 의해 강화도에 유배된 광해군, 광해군의 명으로 후금으로 파견된 강홍립이 적군과 함께 다시 조선의 땅으로 돌아

---

8 박병선, 『병인년 프랑스가 조선을 침노하다』(파주: 태학사, 2008), 199-200쪽.

8   박병선, 『병인년 프랑스가 조선을 침노하다』(파주: 태학사, 2008), 199-200쪽.
9   임중빈, 『단재 신채호 그 생애와 사상』(서울: 명지사, 1993), 160-161쪽.
10   실제로 연미정에서 정묘화약이 체결되었다. 『인조실록』 15권, 인조 5년 2월 15일 임자 10번째 기사[1627년 명 천계(天啓) 7년], "유해가 연미정에서 조선과 화친했음을 서약하다"라는 기사가 실려 있다.

월곶돈대 안의 연미정에서 바라본 조강과 북녘땅 2015-09-17

와 대치하는 이 상황이야말로 운명의 장난이 아니고 무엇이랴.

연미정 돈대 성벽에서 조강(祖江) 너머 북한 땅을 바라보며 이곳에서 멀지 않은 서해 5도[11]를 찾아 NLL의 실체[12]를 바로 보았고, 어떻게 접근하는 것이 합리적이고 민족 모두가 공생하는 길인지 그 길도 찾아보았다. 강화도 북단 제적봉에서 바라보는 북한 땅은 그야말로 한걸음에 닿을 수 있는 지척이었다. 날이 맑아 멀리 보이는 개성의 송악산이 손을 뻗으면 만질 수 있을 듯 가까운 거리였다. 눈앞에 그림처럼 그려진 분단의 현실은 꿈인 듯 믿기지 않았다. 조강 너머 북녘땅이 눈앞에 펼쳐지는 망배단에서 저 멀리 밝게 들어오는 개성의 송악산을 바라보며 자주통일을 위한 작은 실천을 다짐하며 통일 염원 기원 행사를 했다.

고구려와 백제의 해상전투 현장이던 관미성 위치를 찾아 다양한

---

11   북쪽에서 남으로 내려오며 백령도, 대청도, 소청도, 연평도, 우도 5개 섬을 말한다.

12   미국 존스홉킨스대 서재정 교수가 2012년 10월 26일 「프레시안」에 기고한 "NLL 부정이 영토주권 포기라고" 기사를 참고하기 바란다.

제적봉 강화평화전망대 망배단에서 자주통일을 외치고 있는 전북교육연수원연수단 2015-09-17

주장을 살펴보았다. 그 주장들에는 강화도 내의 화개산, 별립산, 봉천산, 별악봉, 승천부 옆 백마산성, 파주의 오두산 그리고 중국 내에 있다는 주장까지 다양하다. 다시 염하를 찾아 갑곶돈대에서 병자호란 당시 강화도 체찰사였던 김류의 아들 김경징의 망나니 같은 행동과 강화해협 해전[13]을 만났다.

　병자호란이 터지기 40년 전인 1597년 해남 울돌목에서 펼쳐진 이순신의 명량해전과 청나라와 벌인 이곳 강화해협의 해전을 비교하며 지휘관의 중요성이 전쟁의 승패를 가른다는 것을 확인했다. 남한산성이 항복을 선언할 수밖에 없었던 물리적인 원인이 한나절 만에 끝나버린 강화해협 전투에 있었다.

　염하에 둥둥 떠내려가던 조선 여인들의 두건 너머에 수없이 많은

13　청군은 "공유덕과 경중명 두 장수가 당병 7만 명을 거느리고 홍이포 28문을 실어가지고 와서 장차 또 강화도를 공격할 것이라고 했다." 나만갑(서동인 역주), 『병자년 남한산성 항전일기』(서울: 주류성, 2017), 78쪽.

선비의 순절과 포로, 그리고 전쟁 후 사회문제가 된 환향녀들의 애환을 돌아보며 일제강점기 일본군 성노예의 상처가 아직도 진행형인 현실을 놓고 볼 때 평화로운 삶이 얼마나 소중한 것인지를 새삼 느낄 수 있었다.

강화 충렬사는 강화도에 가면 꼭 찾아보아야 할 곳이다. 섬 곳곳이 전쟁의 상처를 갖고 있으며, 나라를 위해 순국한 영혼들이 떠도는 공간이 이곳 강화도다. 강화 충렬사에는 병자호란 당시 강화해협 전투에서 순국한 자, 강화성 내에서 스스로 목숨을 끊은 자, 신미양요 때 순국한 자, 청나라로 끌려가서 순절한 삼학사 등 29명을 모시고 있다. 2010년부터 찾은 강화도 답사에서 이곳 충렬사는 거의 빠짐없이 들러 향을 피우고 순국선열 29명의 성함을 불러드린 다음 참배하고 있다.

김상용을 주향(主享)으로 하여 동벽위(東壁位)에 이상길(李尙吉), 홍명형(洪命亨), 이시직(李時稷), 윤계(尹棨), 윤집(尹集), 황선신(黃善身), 권순장(權順長), 김익겸(金益謙), 이돈서(李惇敍), 민성(閔垶), 안몽상(安夢祥), 전기업(全起業), 이삼(李參), 김득남(金得男) 열네 분, 서벽위(西壁位)에는 황일호(黃一皓), 심현(沈諿), 홍익한(洪翼漢), 윤전(尹烇), 김수남(金秀男), 강위빙(姜渭聘), 이돈오(李惇五), 송시영(宋時榮), 구원일(具元一), 강홍업(姜興業), 황대곤(黃大坤), 차명세(車命世), 어재연(魚在淵), 어재순(魚在淳) 등 열네 분으로 총 29명을 배향하고 있다.

강화도는 나라가 위태로운 시기를 맞았을 때 온몸으로 막아서며 희생된 분들이 많은 성지다. 그 값진 희생이 퇴색하지 않게 역사의 현장을 찾아 전개 과정을 공부하고 당시에 희생당했거나 순국한 분들이 모셔져 있는 사당을 찾아 그분들을 만나야 한다. 그리고 정성으로 마음 안에 모셔오는 것이야말로 오늘을 사는 후손이 가져야 할 최소한의 예의가 아닐까. 문수산성에서 프랑스 군대와 전투, 연미정·갑곶에서 정묘호란과 병자호란, 광성보에서 신미양요, 초지진에서 운요호 사건 등

강화충렬사. 29명의 의인들이 넋을 기리며 참배하는 김제교육지원청 교원연수단 2013-05-17

을 접하고 충렬사에서 참배 의식을 하는 답사를 추천한다.

　　강화도 서남쪽 끝단에 있는 라르고빌을 찾아 쉼터로 가는 길에 땅거미가 내려앉았다. 가을로 가는 길에 밀려드는 밀물 따라 강화가 넉넉하게 차오른다.

2015-09-17

강화도 국토 기행 2

– 외포리 망양돈대, 연산군과 광해군 유배지, 교동읍성

화창한 초가을 날씨 덕에 선명하게 드러난 북한 땅을 계속 바라볼 수 있는 행운을 얻었다. 서해가 바라보이는 석모도 동남쪽, 강화도 남서쪽 끝에 있는 화도면 장화리 라르고빌에도 아침 여명이 밝아온다. 바다 위에 떠 있는 듯한 식당에서 아침 식사를 마치고 강화만을 좌측에 두고 서쪽 해안도로를 타고 능내리를 지나 외포리[14]에서 오늘 첫 연수를 시작했다.

지난 7월에 있었던 백제 역사지구 세계문화유산 등재에 힘을 받아 인천시에서 강화도 해안을 따라 조성된 관방 시설인 53개 돈대를 세계문화유산에 등재할 계획을 발표했다. 제주의 38개 연대와 비슷한 방어체제를 가진 강화의 53개 돈대는 치욕적이고 처참했던 병자호란의 교

---

14   외포리 망양돈대가 있는 곳 바로 아래에 삼별초군호국항몽유허비가 세워져 있다. 2020년 11월 5일 아침 전북교육연수원 행정공무원 강화도 연수 진행 차 이곳에 들렀다가 바로 옆에 있는 서울횟집 사장에게 '정포와 광해군'을 물으니 자신의 식당에서 남쪽으로 연안 여객터미널까지를 '정포마을'이라고 했으며, 본인도 광해군 이야기를 들었다고 했다. 정포는 1627년 정묘호란 당시 강화도에 유배 와 있던 광해군이 교동도로 보내졌다가 후금 군이 물러간 뒤 교동도에서 이배되어 온 곳이다. 오래전부터 찾아온 정포를 드디어 찾아냈다.

훈을 안고 있다. 강화에 피난 온 봉림대군이 훗날 효종이 되어 첫 삽을 뜨기 시작했고, 숙종 대에 49개를 계획하여 48개를 설치했으며, 영조 대에 5개를 추가하여 총 53개의 방어시설을 갖추게 되었다.

이후 1866년 프랑스 함대의 침략인 병인양요, 1871년 미국의 침략인 신미양요, 1875년 일제 침략의 첫 단추였던 운요호 사건, 1907년부터 1908년 항일의병전쟁에 이르기까지 수도 서울을 지키기 위해 돈대는 강화도의 아픔과 함께한 외로운 등대였다. 강화도가 가지고 있는 독특한 돈대 방어시설이 서양과 일제의 침략에 맞선 의로움으로 하루빨리 세계문화유산에 등재되기를 소망해본다.

외포리에는 고려 무신정권과 운명을 같이한 삼별초군호국항몽유허비가 세워져 있다. 1270년 6월 1일 이곳에서 원종의 개경 환도에 반대하며 궐기한 삼별초는 이후 본거지를 진도와 제주도로 옮겨가며 끝까지 고려와 몽골의 여몽연합군에 저항했다. 그것을 기려 진도군과 제주도가 각각 진돗개와 돌하르방을 협찬[15]하여 이곳에 자리하고 있다.

군사독재 시절 자신들의 지배를 견고하게 하기 위해 국사를 국정교과서로 만든 뒤 만들어낸 것이 삼별초의 대몽 자주항쟁이다. 고려 무신정권이 통치 기간 보인 행태와 강화천도 이후 그들의 도피 생활, 그리고 내륙의 백성을 방치한 결과로 볼 때 삼별초는 무신정권을 유지하기 위한 수단의 하나로 봐야 한다. 따라서 이곳 항몽유허비나 제주의 항파두리성 항몽유적지의 성역화는 문제가 많다. 그래서 안내표지판에 적힌 글이 가슴에 와 닿지 않고 보는 이를 씁쓸하게 만든다. 오늘 우리는 또다시 국사 교과서를 국정화하려는 시도를 바라보며 그 폐해를

---

15   제주 돌하르방은 2004년 10월 2일 북제주군수 신철주, 진돗개상은 2005년 10월 1일 진도군수 김경부가 각각 강화군과 자매결연한 기념으로 기증한 것이다.

외포리 삼별초군호국항몽유허비 2016-09-22

염려하지 않을 수 없다. 이미 국정화의 폐단은 삼별초에서 충분히 겪은 바 있기 때문이다.

작년 여름에 완성된 교동대교를 타고 우측으로 북한의 황해남도 배천군을 바라보며 왕족의 유배지이자 교동도호부였던 교동도로 향한다. 이웃에 있는 석모도에 비해 쓸쓸하고 초라한 섬이 되어버린 느낌이다. 광해군과 연산군 두 폐군의 유배지였던 교동도는 광해군의 형 임해군[16]도 이 섬으로 이배(移配)되어 죽었다.

섬 속의 섬인 교동도의 교동향교에 오니 전국적으로 음력 팔월 초정(丁) 자가 들어가는 날에 지낸다는 석전대제(釋奠大祭)가 한창이었다.

공자와 맹자 등에게 제사를 올리기 위해 의관을 갖추고 엄숙하게 진행되는 제례를 보며 만감이 교차한다. 유학 본연의 철학으로 공자

---

16 1608년 선조가 죽자 명나라에서 세자 봉작에 대한 서열 문제가 다시 거론되어 현장실사를 위해 사신이 파견되기에 이르렀다. 광해군을 지지하는 일부 대신의 주청으로 진도에 유배되었다가 다시 강화의 교동으로 이배되었고, 이듬해 죽임을 당했다.

의 인(仁)과 맹자의 의(義)를 향한 행위이기를 바랐다. 행사장에 나온 학생들뿐만 아니라 참석자 대부분 알아듣지 못 하는 말로 진행되는 의식이 무슨 의미가 있을까. 우리말로 쉽게 풀이해 모두 알아듣는 말로 제를 올려야 하고, 그래야 의미를 알아듣고 마음으로 다가갈 수 있지 않을까. 그들만의 형식은 과거에도 질리도록 하지 않았는가. 실질적이지 않은 제는 공감을 받을 수 없다. 주자 성리학으로 조선을 망하게 했던 사상에서 이 시대의 정신적 피폐를 복구할 수 있는 사상으로, 유림만이 아닌 모든 국민이 공감할 수 있는 빛 같은 역할을 해주기를 바라며 향교를 나왔다.

이 지역 사람들이 연산군 부부라 여기며 섬기고 있는 읍성 안 북쪽 성곽 주변에 있는 부근당(扶芹堂) 안에 들어갈 수 있었다. 마을의 안녕을 위해 모셨던 부군당(府君堂)이 이곳에서는 연산군이 대체하고 있고, 이름도 '부근당'으로 바뀌었다. 당집 옆에 사는 민가 아주머니가 친절하게 열쇠를 내주어서 부근당[17] 안으로 들어가 보았는데, 남근목들은 찾을 수 없었다.

이 섬에 도호부가 설치된 것은 교동도의 지정학적 위치 때문이다. 교동현에서 도호부로 승격되고 그곳에 삼도수군통어영이 설치된 교동 읍성은 성벽 흔적과 남문의 홍예만 남아 있을 뿐 폐허가 되었다. 곳곳에 남아 있는 교동도호부 관아 터 유적지들이 훼손되고 있는 모습을 바라보며 안타까움을 금할 수 없었다. 하루빨리 발굴과 복원 및 보전되기를 소망한다.

---

17 원래 부군당은 고읍에 있었으나 교동읍의 중심이 읍내리로 바뀌면서 부군당도 함께 모셔왔다고 한다. 부군당은 본래 관아에서 마을을 지켜주는 인물을 모신 곳이기에 관아가 읍내리로 이전하면서 부군당도 함께 옮긴 것이다(한국민속신앙사전: 마을신앙 편, 2009. 11. 12).

교동읍성 북문 옆 성벽 안에 위치한 부근당 2015-09-18

교동읍성 안에 표시된 연산군 잠저지와 우물 2018-04-10

교동도호부 읍성 안에 연산군 잠저지 또는 적거지로 표시된 곳은 역사적 사실에 비추어 옳지 않다. 연산군 유배지는 구 교동현성이 있던 고읍리 근처의 고구리에 있는 유배지가 맞으며, 이곳은 정묘호란 이후

교동읍성 북문 우측에 있는 부근당 내부 모습 2020-11-05

인 1629년 옮겨온 경기수영과 1633년 삼도수군통어영이 설치된 곳이
므로 1506년 교동도에 유배 와서 두 달 만에 죽은 연산군의 유배지가
될 수 없다.

　광해군은 두 번에 걸쳐 교동도로 유배 왔다. 정묘호란 때는 고읍리
로, 병자호란 때는 신읍인 지금의 교동읍성으로 유배 왔을 것이다. 왜냐
하면 왕이 유배 오면 지역관리의 시야 안에 있어야 하므로 유배지가 성
안에 있어야 하기 때문이다. 현재 성안에 표시해놓은 연산군 잠저지 자
리는 광해군의 유배지로 보는 게 타당하다. 교동도는 하루빨리 연산군
보다 더 큰 비중을 두어 광해군의 유배지를 복원하여 이 시대 우리의
현실에서 반면교사로 삼을 수 있도록 해야 한다. 광해군은 이 시대 우
리가 거울로 삼아야 할 대상이다.

　광해군은 남북분단의 현실과 한반도를 둘러싼 미국, 중국, 일본, 러
시아 등의 주변국들과의 관계 속에서 지금 우리에게 유효한 존재이고

비석과 안내판이 사라진 연산군 잠저지 2020-11-03

재배치 및 추가로 조성한 연산군 유배지 2018-04-10

교훈이다. 그런 측면에서 박근혜 정부의 중국 전승절 및 사열식 참가[18]는 신재조지은(新再造之恩) 풍조에서 이루어진 것으로 평가받을 만하다.

광개토호태왕이 20일 동안 일곱 갈래 길로 공격하여 점령했다는 백제의 관미성으로 추정하는 교동도의 화개산을 배경으로 삼도수군통어영 수군 군선의 정박지가 있던 남산포를 바라보았다. 민통선 지역에 해당하는 교동도를 뒤로하고 교동대교를 타고 하점면 부근리로 향했다.

2015-09-18

---

18   2015년 9월 3일 중국 전승절에 박근혜 대통령이 참석한 것을 말한다.

마니산에서 닻을 올린 발해만요하기행

불혹하고도 여덟이 넘어서야 참성단 앞에 머리를 숙인다.
단군왕검 이후 4343년 흘러오며 하늘에 제를 올린 곳
이곳에 재세이화 강림하라고 한 잔의 강화쑥 막걸리를 올린다.

이제야 오게 됨을 용서하시고 이곳 기운 서린 생기 터에서
내 나라 내 민족의 안위를 위하여 또 한잔의 염원을 올린다.

민족의 시원 北으로부터 발해만 연안에 펼쳤던 대제국들의 웅대했던
기상을 상기하며
西로는 일만 팔천 년경 뭍으로 통했던 산동반도 너머 단군조선과 옛 요
하를 품은 고구려의 역사를 안는다.

南으로 영종도 세계 최고의 공항을 지나 서해를 건너 태평양으로 향했
던 대제국 백제의 웅대함으로 힘찬 동력을 얻고
東으로 초지진을 건너 한반도를 지나 동해에 드리우는 경인년 4월 또
다시 극에 달한 일본의 침략 야욕의 침몰을 염원한다.

마니산 참성단을 향한 기원 2010-04-10

국운의 강대함을 간절히 소망하며 발해만 요하를 항해하고자
이곳 참성단 제단에 그 뜻을 올리오니
부디 환인, 환웅, 단군 삼성조의 보살핌으로
흐트러짐 없이 신시까지 닿을 수 있도록 굳건한 힘을 내려주소서.

그리하여 신시 개천 오천구백팔 년 감동의 역사를 가슴에 새기고
마니산을 떠나 작약도를 지나고 서해를 건너
연암의 길을 따라 고대 요하를 건너
영정하 분하까지 두고두고 미래 만 년의 꽃 피움을 위해
이 한 걸음이 발해만요하기행의 시금석이 되게 하소서.

2011년 5월 28일에 마니산 참성단을 찾았던 발해만요하기행단 교원들이 중국 하북성 난하 근처의
갈석산에 올랐다. 2012-07-24~31

초지진에서 바라본 일본

　　운요호의 강화도 초지진 침략과 이후 맺은 강화도조약이 우리에게 주는 교훈은 분명하다. 1875년 서울로 들어가는 해로의 거점인 초지진에서 벌인 계략과 살육 뒤로 일본은 조선 침략의 첫 단추를 꿰었다. 이보다 앞서 1866년과 1871년 강화도를 침략한 프랑스와 미국은 함대를 이끌고 들어왔다가 물러갔다. 하지만 200톤에 불과한 운요호 뒤에는 일

일본의 운요호가 침략했던 초지진 2020-11-05

본의 정한론이 음모로 자리 잡고 있었다.

　일본과 조일수호조규(朝日修好條規)가 맺어진 이면에 군함 2척과 신식무기를 제공하여 사주한 미국이 있었음[19]을 알았으며, 이토 히로부미가 버티고 있었음도 알았다. 6년 뒤 임오군란이 발생하자 정권을 지키기 위해 어윤중과 김홍집에게 각각 청과 일본에 군대 파견을 요청한 민씨 정권은 권력을 놓치지 않기 위해 발악했고, 결국 자국의 민중을 외국 군대를 동원하여 탄압하는 반민족적 행위도 서슴지 않았다. 결국 청과 일본의 군대는 인천에 각각 상륙했다. 전쟁으로까지 전개될 뻔한 급박한 상황에서 임오군란은 진압되었고, 청나라 군대 3천 명이 용산에 주둔하게 되었다.

　이후 청의 속국이던 베트남에 프랑스가 진출하면서 벌어진 청·프 전쟁에서 용산에 주둔한 청의 군대 절반이 철수하게 되었다. 그러자 서재필이 이끄는 조선 병사 50명과 일본군 150명을 동반하고 창덕궁에 진입하여 고종과 민비를 경우궁으로 피신시키며 정권 장악에 성공했으나 왕비 민씨의 요청으로 출동한 청군의 개입으로 개화당 정권은 사흘 만에 막을 내리고 말았다.

　2년 전 임오군란 뒤에 맺은 조·청상민수륙무역장정과 제물포조약, 갑신정변의 결과 맺은 한성조약과 톈진조약은 조선을 침탈하려는 일본에 더없는 천군만마가 되어가고 있었다. 10년 뒤 동학농민혁명이 시작되었을 때 민씨 정권은 또다시 청군을 불러들였고, 이에 일본은 톈진조약을 자의적으로 해석하여 조선을 침략하기 위해 인천으로 들어왔다.

　1894년 6월 21일 새벽 오시마 요시마사(大島義昌)의 지시를 받은 오토리 게이스케가 군대를 이끌고 광화문과 영추문을 부수고 궁궐을

19　김인기·조왕호, 『한국근현대사』(서울: 두리미디어, 2009), 27-29쪽.

1871년 미국 해군이 침략하여 치열한 전투를 벌인 광성보의 용두돈대와 손돌목 돈대. 사진 좌측에 신미의총이 보인다. 2020-11-14, 김길수 촬영

침략했고,[20] 청 · 일전쟁을 승리로 이끈 일본 군대는 9월부터 시작된 동학농민혁명군의 2차 봉기에 맞서 민중혁명을 짓밟았다.

　1895년 명성황후 살해와 단발령으로 시작된 을미의병과 10년 뒤 을사늑약을 계기로 창의한 을사의병, 그리고 1907년 대한제국 군대해산과 함께 해산군인이 동참하여 전개된 정미의병, 경술국치 1년 전 가을에 전개한 '남한폭도대토벌작전'에 맞선 호남의병들의 처절한 항일전쟁을 뒤로하고 대한제국은 역사 속에서 사라졌다.

　나는 그동안 강화도, 남한산성, 제주도 그리고 우리나라 전역에 퍼져 있는 의병 항쟁지, 선조의 역사가 깃든 만주지역의 독립투쟁 현장들

20　정교(조광 편, 이철성 역주), 『대한계년사 2』(서울: 소명출판, 2004), 55쪽.

을 찾아다니며 선열들의 빛나는 항쟁의 숨결을 가슴으로 담아내고 그 얼을 계승하고자 현장답사단을 안내해왔다.

일제강점기와 태평양전쟁의 종착점에 있던 제주의 근현대사는 우리 민족의 잊고 싶은 역사를 모두 보듬고 있다. 해방 이후 벌어진 4.3사건과 이어진 여수·순천 10.19사건, 그리고 백두대간과 호남정맥의 산줄기를 배경으로 벌어진 토벌대와 빨치산의 전쟁, 2개의 나라로 분단된 민족의 아픔 속에 이어진 한국전쟁과 휴전, 종전이 되지 못하고 휴전상태에서 남북이 총을 겨누고 적으로 살아온 근 70년의 세월 동안 어느 것 하나 해결되지 못하고 분단은 계속되고 있다.

그 기간 1965년 한·일기본조약이 체결되었고, 베트남전쟁 파병, 이라크전쟁 파병, 아프가니스탄 파병 등 우리는 현대사 속에서 국군과 의료진을 전장에 보내야 했다. 1592년 임진왜란 때 조선을 지원한 명나라 군대의 일시적 주둔, 남해안 일대에 성을 쌓고 장기전을 벌인 일본 군대, 이후 명청 교체기에 명나라 장수 모문룡의 철산 앞바다 가도에 주둔했던 역사를 뒤로하며 이 땅에는 끊임없이 외국 군대가 침략해오거나 일시적으로 점령하는 상황이 이어져왔다.

그중에서도 일본 제국주의의 조선 침략과 강점기의 시작은 1875년 이곳 강화도 초지진에서 시작된다. 이곳에서 출발한 일본의 조선 침략은 35년의 세월을 거쳐 1910년 경술국치에 이르렀다. 우리가 일본을 절대로 잊어서는 안 되고, 회피해서는 안 되는 이유가 저들의 침략 근성이 사라지지 않았기 때문이다. 독도를 노리는 저들의 전략은 1875년 이곳 초지진 전투에 들어 있다. 우리가 초지진 전투를 기억하고 있어야 하는 이유다. 독도 침탈도 철저하게 계획되어 전개될 것이며, 이 전략은 초지진 침략과 유사하게 전개될 것이다.

1866년 제너럴셔먼호사건과 1871년 신미양요(辛未洋擾)에 이어

대한민국자연생태체험연구회 소속 교원들이 1871년 신미양요 때 광성보와 용두돈대 일대에서 숨져간 350여 명 조선 수군 희생자의 넋을 기리며 신미의총 앞에서 참배하고 있다. 2011-05-29

조·미수호통상조약이 맺어진 1882년 이후로 138년이 지난 미국과의 관계에서도 분명하게 기억해야 한다. 역사에서는 영원한 우방도 영원한 적도 없다는 것이다. 우리는 138년이라는 한·미관계의 역사 속에서 무슨 일이 벌어졌는지 알고 있기 때문이다.

2020-11-05

제2부

남한산성

남한산성에서 돌아보는 병자년의 겨울

늦가을에 남한산성의 성곽을 따라 걸으면 눈과 가슴에 자연의 경이로움이 가득 들어온다. 2011년부터 남한산성을 밟아왔는데, 10월 말에서 11월 초순경 남한산성의 절경은 절정을 이룬다. 처음 남한산성을 찾았을 때는 성남에서 남문을 통해 올라갔다. 1년 전 강화도를 찾은 뒤에 이어서 남한산성을 찾은 것은 2009년부터 개발하여 실천하고 있던 발해만요하기행의 완성도를 높이기 위해서였다.

발해만요하기행은 발해 연안을 따라 현 요하(遼河) 서쪽 지역에서 고고학적 발굴 결과 나타난 신석기에서 청동기시대에 이르는 유물과 유적 등에 명명하고 있는 요하문명(이형구는 이를 '발해연안문명'이라 일컫는다[1])의 현장을 찾아가는 것을 그 첫 번째 목적으로 하고 있다.

두 번째는 현 요하와 현 난하(灤河) 그리고 북경과 하북성의 승덕 등지를 그 공간적 배경으로 하여 단군조선과 고구려 등 고대사의 흔적을 찾는 것이다. 세 번째는 연암 박지원의 『열하일기』, 담헌 홍대용의 『을병연행록』과 『의산문답(醫山問答)』, 초정 박제가의 『북학의』 등을 배경으로 하는 실학자들의 향기를 좇는 것이다. 이 세 번째 목적 안에는

---

1   이형구, 『한국 고대문화의 비밀』(서울: 새녘출판사, 2012), 52-53쪽.

조선 천주교사의 일부가 포함되어 있다. 마지막으로 명·청 교체기에 청나라의 조선 침략, 즉 병자호란 결과 볼모로 청의 심장부 심양으로 끌려간 소현세자와 봉림대군의 흔적을 찾아가는 것이다. 그들이 머무른 심양의 조선관에서 소현세자를 보필한 시강원(侍講院)[2]이 남긴 『심양일기(瀋陽日記)』를 바탕으로 소현세자와 봉림대군이 북경까지 끌려다니며[3] 겪은 역사의 현장을 밟아 오늘의 교훈으로 삼고자 하는 것이 네 번째 목적이다.

　　병자호란은 역사적 사실이자 오늘날 동북아시아와 세계 패권 전쟁 속에서 남북으로 분단된 한반도에 반면교사이고, 미래 전략 수립의 살아있는 교과서다. 특히 영재교육이라는 중책을 맡아 현장에서 적용하고 있던 나는 영재 학생들에게 「발해만요하기행」을 리더십 프로그램으로 적용하고자 하는 목표를 세우고 외부 지원 없이 사비를 들여 체험학습 프로그램을 개발하여 실천하고 있다. 나는 병자호란을 영재 학생이나 지도자들이 가져야 할 리더십을 함양시킬 수 있는 최고의 가치를 지닌 역사적인 사건이라고 생각한다. 공간적으로는 동아시아를 배경으로 하지만, 유럽에서 도입된 군사 무기인 홍이포를 생각한다면 인류문화사 측면과도 연결할 수 있다.

　　강화도와 남한산성 그리고 여주와 중국 현지에서 진행되는 「발해만요하기행」은 어떻게 서로 연결되어 있을까. 이들을 하나로 엮어 스토리텔링 할 수 있는 주제가 바로 병자호란이다. 병자호란은 정묘호란과 한 세트다. 1627년의 정묘호란은 1619년 광해군 시기 후금을 정벌하기 위해 명나라에 지원군을 보낸 것이 중요한 요인 중의 하나였다. 명과

2　　조선시대 세자시강원, 왕태자시강원, 황태자시강원의 총칭이다.

3　　이석호, 『심양일기』(서울: 대양서적, 1975), 19-21쪽.

후금의 전장이던 만주지역 사르후 전투[4]에 조선군이 참전한 것은 임진왜란 당시 명의 조선 지원과 그에 따른 재조지은(再造之恩)의 결과였으니 결국 임진왜란부터 시간과 역사가 연결되어 있다. 그래서 병자호란은 리더십을 배양하는 데 매우 유용한 교과서가 된다. 내가 2009년 「발해만요하기행」 프로그램 개발을 시작한 후 1년 있다가 2010년 강화도를 찾고 다시 2011년 남한산성을 찾은 이유가 여기에 있다. 또한 남한산성에서 멀지 않은 곳에 있는 여주를 찾아간 것은 세종대왕의 영릉(英陵)에서는 자주를, 효종대왕의 영릉(寧陵)에서는 북벌을 각각 주제로 잡아 남한산성의 병자호란에서 얻은 교훈을 토대로 영녕릉(英寧陵)에서 미래로 가는 방향성을 설정하고자 했기 때문이다.

여주에 있는 세종의 영릉과 효종의 영릉, 그리고 근대화 시기 잘못된 통치의 한 예를 보여준 명성황후의 생가 등 세 가지를 연결하면 현재 우리나라가 가야 할 방향을 스토리텔링 할 수 있다. 이러한 목적의 스토리텔링을 구사하는 데 중요한 것은 열린 사고다. 그 열린 사고를 가능하게 하는 것이 오늘날에도 유효한 실학 정신이다. 실학이 가지는 의미와 가치는 이 글에서 생략하고 다만 담헌, 초정, 연암, 그리고 서학을 받아들인 남인 등 그 시대 실학자들의 앞서간 의식을 오늘 우리가 본받아야 한다. 그들은 스스로를 혁신했고 당시의 관습과 폐쇄적인 성리학 기반 사회에 온몸으로 부딪히며 고뇌하는 지식인으로서 살다 갔다.

나는 실학 정신을 본받기 위해 『열하일기』, 『을병연행록』, 『의산문답』, 『북학의』 등의 책이 태어난 배경인 북경으로의 연행 길을 직접 따라가 보았다. 그 길이 「발해만요하기행」 길이다. 그 길을 걸으며 실학적

---

4   밍과 후름이 1619년 3월 초 시남의 요녕성 소자하(蘇子河) 유역 사르후 지역에서 벌인 전투를 말한다. 이 전투에 광해군이 보낸 강홍립의 1만 3천 조선군이 참전했다. '부차전투'라고도 한다.

사고는 무엇이며, 열린 사고는 무엇이었는지, 그리고 오늘의 실학 정신은 무엇이어야 하는지를 깨달아갈 수 있었다.

초정 박제가가 『북학의』 외편(外編) 「북학변(北學辨)」에서 당대 지식인들에게 일갈(一喝)한 실학적 사고의 단면을 만나보자. 이것은 어느 시대나 관통할 수 있는 고전과도 같으며, 당연히 지금도 유효한 말이다. 편견을 갖지 말고 어린아이가 세상을 받아들이는 것처럼 열린 자세로 삶과 관련된 모든 행위를 행하라는 교훈을 주는 말이다. 오늘 내가 어떤 편견으로 사물과 현상 그리고 세상을 바라보았는지 돌아보라는 의미이기도 하다.

> 오늘날 사람들은 아교로 붙이고 옻칠을 한 속된 각막을 가지고 있어 아무리 노력해도 그것을 떼어낼 수가 없다. 학문에는 학문의 각막이 문장에는 문장의 각막이 단단하게 붙어져 있다.[5]

병자호란에서 강화도와 남한산성은 잇몸과 이의 관계였다. 강화도가 청의 공격을 버텨주고 강화해협에서 벌어진 해전이 40년 전 명량해협에서 이순신 장군이 12척의 배로 130척의 왜군을 격파한 것처럼 승리로 이어졌다면 남한산성의 조선 정부도 그렇게 빨리 항복선언을 하지 않을 수 있었다. 비록 전력에 큰 차이가 있었지만, 전쟁을 승리로 이끌어갈 수도 있었다. 중국 땅에서 청은 명과 전쟁 중이었다. 그러므로 청으로서는 후방의 취약함 때문에 조선 땅에서 장기전으로 끌고 갈 상황이 안 되었다. 명과 조선 양쪽이 협공을 가하는 상황이 되면 청으로서는 진퇴양난에 빠지기 때문이다. 40년 전 조·명연합군이 일본군을

---

5   박제가(안대회 역), 『북학의』(파주: 돌베개, 2008), 193쪽.

남한산성 남문을 나서고 있는 연수단 2018-10-28

물리친 것처럼 말이다. 하지만 강화도가 무너지면서 조선은 패배의 길로 들어섰다.

　병자년 12월과 정축년 1월 사이에 남한산성의 겨울은 봄, 여름, 가을을 허비하고 대책 없이 탁상공론만 벌이다가 맞이한 혹독하고도 참혹한 지옥 그 자체였다. 세계문화유산이 된 남한산성에서 가을 단풍과 함께 거니는 성곽길은 참으로 아름답다. 그 수려한 풍광 뒤편에 낙엽이 되어 쌓여 있는 역사를 돌아보는 것은 또다시 이 화려한 단풍이 핏빛으로 물들어서는 안 되기 때문이다.

남한산성 행궁 안의 인조와 대신들

남한산성은 병자년의 치욕이 남아 있는 공간이다. 그 치욕은 임금 인조와 조선 사대부들이 자초한 것이었다. 조선의 백성에게는 도륙이요 포로요 환향녀의 처절함과 비극을 가져온 가슴을 도려내는 것이었다. 병자년으로부터 203년 후 의병전쟁사에서 가장 치열하고 희생자가 많이 발생한 전투 현장이 남한산성이었고, 다시 11년 뒤 정미년 대한제국 군대가 해산당한 다음 날 일제에 의해 곳곳이 폭파되어 사라져간 가슴 아린 현장이기도 하다.

남한산성 현장 연수 3일 전에 전라북도교육청에서 43명의 연수단이 모여 사전연수를 진행했다. 첫 시간은 남한산성과 여주 일대의 자연환경과 지리를 통해 경기지역의 지질과 암석 그리고 산경표를 이용한 산줄기와 수계 실습이었다. 남한산성이 가지는 전략적 가치를 수도 서울과 한강 그리고 한남정맥에서 갈라져나온 검단지맥 등의 산줄기를 통해 이해하고자 한 것이다. 두 번째 시간에는 여주 영릉의 세종 시대 천문과학유산을 제대로 이해하기 위해 2010년 제작한 천문과학유산 이해학습도의 실습을 진행했다. 10월 27일 오전 7시 30분에 전주에서 출발한 연수단 버스는 11시 20분경 남한산성에 들어섰다. 버스에서 내린 연수단에게 울긋불긋 치장한 얼굴을 보여준 남한산성의 풍광은 탄성을 지르게 하는 선물로 눈으로 가슴으로 안겨왔다. 참 좋은 날 아름다운 곳에 우리가 섰다.

먼저, 유사시 임금이 거처하기 위해 남한산성 안에 조성한 행궁으로 향했다. 동에서 서로 흘러가는 한강의 남쪽에 자리한 남한산성은 조선시대뿐만 아니라 고대 시기부터 전략적 거점이 되었다. 그러한 입지 조건으로 인해 남한산성이 백제의 왕도 중의 하나일 것으로 인식되어 왔지만, 실제 역사 사료에는 신라가 삼국을 통일한 뒤인 672년(문무왕 12) 한산에 주장성을 쌓았는데 둘레가 4,360보라는 기록부터다. 고고학적으로는 2003~2004년 실시한 제6차 발굴조사에서 남한산성 행궁의 하궐지 마당에서 통일신라 시기 주초석이 발굴되었다. 이후 건물지 터 조사를 통해 길이가 53.5m인 16칸, 폭 18m, 6칸의 초대형 건물터가 발굴[6]되어 『삼국사기』의 주장성 기록을 뒷받침해주고 있다.

연수단은 행궁 밖 남쪽 고목 아래에서 한강 주변의 대형 지도를 통해 남한산성과 한양의 위치 및 산성의 역사와 전략적 가치를 살펴본 뒤 행궁 남쪽 벽 외부에 전시해놓은 통일신라 시기 거대 기와를 만났다. 이어 『삼국사기』 기록 속의 주장성과 일치를 보이는 고고학적 발굴 현장을 찾아 발굴 당시의 전체 주춧돌 사진과 보존하여 공개된 곳의 주춧돌을 확인하고 외행전(外行殿) 마루에 올라앉았다.

외행전 마루에서 바라보이는 산성 주변의 풍경이 한 폭의 그림으로 다가섰다. 외행전 건물 내부를 들여다보니 1636년 겨울 이 행궁(行宮) 안에서 벌어진 조선지휘부의 우왕좌왕하는 모습과 그 안에서 어쩔 줄 몰라 불안해하는 인조의 모습이 그려졌다. 9년 전인 1627년에는 강화도로 도피하는 것이 가능했으나 이번에는 달랐다. 후금에서 청으

---

6   경기농림진흥재단, 『숲과 역사가 살아있는 남한산성』(성남: 북코리아, 2008), 28쪽.

행궁 남쪽에서 남한산성의 지리적 특징을 지도를 통해 안내하고 있다. 2018-10-27, 최희경 촬영

행궁 내 외행전 앞마당에서 발굴된 통일신라 시기 건물 주초석 2018-10-27, 최희경 촬영

로 바뀐 만주족의 침략군은 과거의 경험을 적극적으로 활용하여 강화로 가는 길을 차단했고, 조선은 9년 전과 다름없이 오합지졸 상태였다. 1636년 12월 14일 인조가 이경(二更)에 산성의 남문을 통해 입성해서 1637년 1월 30일 삼전도 수항단으로 항복식을 하러 서문을 나설 때까

지 정확하게 48일간 머물렀던 행궁 속의 나날들을 만나보자.

12월 14일 종묘와 사직의 신주는 다행히 강화도로 갔으나 날이 저물 무렵 대가가 숭례문에 도착했을 때 적이 이미 양철평[7]까지 왔다는 소식에 최명길(崔鳴吉)은 죽음을 각오하고 막 무악재를 넘어서는 마부대를 만나 담판을 벌인다. 이사이에 인조 일행은 도성을 간신히 빠져나와 밤 9시가 지나서 남한산성에 도착했다.[8] 인조가 들어와 자리한 곳이 바로 이 외행전 건물 안이다. 12월 14일 밤 이곳에 온 인조는 김류의 건의에 따라 다시 성을 나가 과천과 금천을 경유하여 강화도로 가기로 하고 15일 새벽 외행전을 나섰다가 산길이 얼어붙어 말이 걷지 못하자 내려서 걷다가 결국 되돌아오고 말았다. 이날 인조는 서울에서 뒤쫓아온 훈련대장 신경진에게 망월대, 호위대장 구굉(具宏)에게 남성, 총융사 이서(李曙)[9]에게 북성, 수어사 이시백에게 서성을 맡겨 방어하게 했다.

나만갑의 기록에 의하면 이때 성안에 있던 사람은 서울과 지방의 군사 1만 2천, 문무관 및 산관 200여 명, 종실 및 삼의사(三醫司) 200여 명, 하급관리 100여 명, 호종관이 데려온 노복 300여 명이었다.[10] 한편 12월 18일 나만갑은 양식을 관리하는 관량사에 임명되었는데, 그가 계산해보니 쌀과 잡곡이 겨우 1만 6천여 섬밖에 없었고, 이는 "1만여 명 병사의 한 달 치 양식밖에 안 되는 양이다"[11]라고 기록하고 있다.

---

7   지금의 은평구 녹번동 부근. 나만갑의 『병자록』에는 마부대가 수백 기의 철기를 이끌고 홍제원에 이르렀다고 했다.

8   한명기, 『병자호란 1권』(서울: 푸른역사, 2017), 88-91쪽. 나만갑의 『병자록』에는 양철평이 아닌 홍제원이라고 기술하고 있다(『병자년 남한산성 항전일기』, 34). 『인조실록』 33권 인조 14년 12월 14일 갑신 세 번째 기사에서는 '양철평(良鐵坪)'으로 기록하고 있다.

9   전란 중에 이서가 죽자 어영부사 원두표를 북문에 배치했다. 이때 이완은 도원수 김자점의 별장이었다.

10   나만갑(서동인 역주), 앞의 책, 37쪽.

11   나만갑(유타루 편저), 『남한산성의 눈물』(서울: 알마출판사, 2009), 28쪽.

병자호란 당시 조선지휘부가 국가전략을 논의한 남한산성 행궁 내 외행전 2018-10-27

남한산성 행궁은 병자호란 당시 지휘부가 있던 곳이다. 12월 18일 인조는 성을 순시하고 망월대에 거둥하여 "내가 마땅히 군사를 거느리고 더불어 싸우겠다"라고 하고는 성 밖의 도원수와 부원수에게 유시를 내려 급히 군사를 거느리고 들어와 구원하라고 했다.

해를 넘겨 정축년 1월 3일 청나라의 편지에 답신을 쓰게 했는데, 최명길과 이식 그리고 장유의 글 중에서 최명길의 글이 공손했기에 그의 글을 택한다. 홍타이지가 침략한 이유에 대한 답이었는데, 핵심이 1633년 공유덕과 경중명이 후금으로 수군을 이끌고 망명할 때 조선 수군이 공격한 것과 병자년 봄에 변방 신하에게 유시를 내려 정묘년 화약을 어기고 청과 전쟁을 불사하겠다고 한 내용에 대해 사죄하는 내용을 담고 있다. 이는 청나라가 정묘화약을 깨고 조선을 침략한 배경이 무엇이었는지를 알게 해주는 대목이다.

1월 10일 김상헌을 시켜 온조묘에 제사를 지내게 했고, 1월 18일에는 최명길이 항복하겠다는 답신을 쓰자 김상헌이 찢어버렸다. 1월

26일 홍서봉이 오랑캐 진영으로 가서 세자가 화친을 배척한 자들을 이끌고 성을 나오려고 한다고 하니 반드시 국왕이 성을 나와야 한다고 하면서 거부했다. 그리고 청은 강화도에서 붙잡은 내관 나업과 장릉 수릉관인 종실 진원군을 내보이며 봉림대군이 손수 쓴 서찰과 재신 윤방과 한흥일 등의 장계를 전해주며 자신들이 이미 강화도를 탈취했다는 소식을 전했다. 성안에서 강화도의 함락 사실을 모른 조선지휘부는 봉림대군의 편지를 거짓으로 위협하는 것이라며 의심하자 인조가 "이 편지는 대군이 손수 쓴 글씨이니 속임수가 아니다"라고 했다. 실제로 강화도는 1월 22일 만주에서 끌고 온 배를 강화해협에 띄우고 홍이포를 쏘아대며 공격해온 청군에 의해 한나절 만에 함락되었다. 이 전투가 병자호란의 운명을 결정했다.

청의 홍타이지는 인조의 항복을 받아내기 위해 거세게 몰아붙이고 있었는데, 특히 1월 24일 동쪽의 망월대(望月臺)에 10여 대, 남격대(南格臺) 밖에 7~8대의 홍이포를 설치하고 행궁을 향해 종일토록 쏘아댔다. 그 위력은 사창에 떨어져 기와집 세 채를 꿰뚫고 땅속으로 한 자가량이나 들어박힐 정도였다.[12] 인조는 1월 26일 저녁 자신이 직접 성을 나가기로 결정한다. 세자도 "진실로 군부의 화를 면하게 할 수만 있다면 죽는 것도 피하지 않을 것인데 나아가 인질이 되는 것이야 말해 무엇하겠습니까?"라고 했다.

다음날 예조판서 김상헌은 노끈으로 자결을 시도했는데 나만갑이 살려냈고, 이조참의 정온은 칼로 배를 찔러 자결을 시도했으나 죽지는 않았다. 1월 28일 오달제(吳達濟)와 윤집이 청의 진영으로 척화신(斥和臣)을 대표하여 가게 되자 인조가 이 둘을 인견하고 슬피 울면서 술을

---

12   민족문화추진회, 『연려실기술 VI』(서울: 민족문화간행회, 1982), 211쪽.

병자호란 당시 조선지휘부가 있던 남한산성 행궁 내 외행전에서 국난극복의 지혜를 터득하는
전라북도교육청 교과통합적 역사 교원연수단 2018-10-27

따라주며 "너희들의 부모와 처자는 내가 평생토록 돌보아줄 것이니 이
점은 염려하지 말라"라고 했다. 달제 등도 눈물을 흘리며 하직하고 나
갔다. 1월 30일 인조는 세자와 함께 남색 군복을 입고 서문을 통해 나갔
다. 병자호란은 조선의 항복으로 끝났고, 남한산성 행궁의 조선지휘부
는 해체되었다.

　우리 일행은 숭렬전으로 옮겨 온조왕과 이서를 만나고 북문을 거
쳐 서문을 지나 수어장대를 올라 한숨을 쉰 뒤 남문을 향했다. 그리고
사라진 개원사 터를 밟고 현절사에서 삼학사[13]를 만나는 것으로 병자호
란 당시 남한산성 48일간의 역사를 마무리했다.

2018-10-27

13 　윤집, 오달제, 홍익한 세 사람을 '삼학사'라고 한다.

숭렬전·북문을 따라 병자년을 걷다

행궁으로 진입하는 남한루를 바라보며 우측으로 난 도로를 타고 올라가다 보면 도로를 경계로 좌측에 행궁의 내행전과 외행전이 위치하고 우측에는 좌전이 자리한다. 도성의 배치기준인 좌묘우사(左廟右社)를 이곳 산성에 적용한 것인데, 숙종 37년(1711)에 지어졌다. 좌전은 종묘, 우실은 사직단에 해당한다. 좌전을 지나 북쪽으로 작은 고개를 넘어서면 숭렬전(崇烈殿)이 나타난다.

인조는 병자호란을 지휘하며 1637년 1월 10일 예조판서 김상헌에게 온조묘(溫祚廟)에 제사를 지내게 했다.[14] 당시 온조묘는 천안에 있었는데, 김상헌을 그리 보낸 것인지 아니면 산성 안에 임시로 제단을 만들어서 행했는지는 확실하지 않다. 하지만 온조묘에 제사를 지내게 한 것은 백제 시조 온조왕의 넋을 빌려서라도 청군을 물리치려는 간절함이 아니었을까.

병자호란이 끝나고 1638년 인조는 천안의 온조묘를 산성 안으로 옮겼다. '숭렬'이라는 현판은 1795년 정조 대에 내려졌다. 숭렬전에는

---

14   민족문화추진회, 앞의 책, 199쪽.

좌전의 담을 타고 숭렬전으로 향하는 김제교육지원청 교원연수단 2014-10-03

숭렬전을 찾은 전라북도 김제교육지원청 교원연수단 2014-10-03

온조왕 이외에 이 산성을 쌓는 데 공로가 컸던 이서(李曙)도 함께 모셔
져 있는데, 『병자록』의 기록에 의하면 병자년 당시 산성 안에 비축된 식
량과 식자재는 모두 이서가 마련한 것이다. 임금과 신하가 함께 사당에

모셔져 있는 특이한 경우인데, 이는 병자호란 당시 인조의 꿈에 나타나 도움을 준 온조왕의 부탁 때문이었다고 한다. 백제 시조 온조왕과 이서를 모신 사당에서 참배하고 사당 아래로 이어진 도로를 따라 남한산성 보양거리를 지나 북문으로 향하는 길로 들어섰다. 병자호란 당시 남한산성은 청나라 군대에 함락당하지 않았다. 1만 2천에 달하는 군인이 사력을 다해 청군의 공격을 막아냈기 때문이다. 때로는 선제공격을 감행하기도 해서 작은 승전을 거두기도 했다. 이중환은 『택리지』「팔도총론」경기 편에 "병자호란 때도 성을 끝내 함락시키지 못했다. 그런데도 인조가 성에서 내려온 것은 양식이 부족하고 강화도가 함락되었기 때문이었다"[15]라고 기술한 데서도 이를 확인할 수 있다.

북문은 전쟁 당시 4성문 중에서 전투가 가장 치열했던 곳이다. 인조가 12월 15일 4성문에 군사를 배치했을 때 이곳은 총융사 이서가 맡고 있었다. 그러나 이서가 병이 나자 원두표가 이어받았고, 12월 18일 원두표는 장사들을 모집해서 오랑캐 순찰군 6명을 죽이는 전과를 올렸다. 다음날 인조가 성을 순시하며 북성에서 곡성까지 다녀가기도 했다. 12월 22일 어영군이 다시 적 10여 명을 죽였으며, 12월 23일에는 4영에서 출병하여 각각 적을 공격하여 공을 세웠다. 이때 임금은 또다시 북문에 와서 전투를 독려했다.

그런데 12월 29일 이곳 북문에서 벌어져서는 안 될 일이 발생했다. 영의정 김류가 작전을 지휘한답시고 북문에 와서 청군의 계략인 줄 모르고 군사를 북문 밖으로 내몰아 조선군 300명의 몰살을 불러온 사건이다. 내막을 감지한 군사들이 가지 않으려고 하자 비장 유호가 여럿을

---

15   이중환(이익성 역), 『택리지』(서울: 을유문화사, 2008), 112쪽.

병자호란 당시 가장 치열했던 전투 현장, 북문 2012-05-13

죽이니 어쩔 수 없이 산 아래 평지에 매복하여 유인하고 있는 청군 진영까지 내려갔다가 청군의 협공으로 모두 전사하고 말았다. 김류는 자신이 잘못한 처사를 원두표가 구원하지 못한 탓이라 변명하며 원두표를 사형에 처하려고 하자 홍서봉이 제지하여 중지시켰다. 김류의 아들 김경징이 검찰사로 약 한 달 뒤인 1월 22일 강화도에서 망나니짓을 하여 강화성이 함락되게 한 것[16]을 보면 아버지는 남한산성에서, 아들은 강화도에서 부자가 전쟁을 망치고 있었다.

북문에서 내려다보면 저 멀리 하남시가 보인다. 바로 앞에는 고골, 그 너머로는 하남시 춘궁동이 있는데, 아마도 당시 전투는 고골과 춘궁동 사이에서 벌어졌을 것으로 보인다. 북문에서 성벽 길을 타고 연주봉 옹성으로 오르는 길에서 북쪽을 바라보니 저 멀리 하남시에서 강동구

16 김경징이 검찰사로 강화도를 엉터리로 방어한 내막과 그의 망나니짓은 『연려실기술』 제 26권 인조조 고사본말 '강화도가 함락되다'를 참고하기 바란다.

영화 「남한산성」(2017년 10월 3일 개봉)의 한 장면인 북문 전승문(全勝門)
출처: https://blog.naver.com/pyunga01/221972771391

로 돌아나오는 한강이 아득하다. 연주봉 옹성으로 나가서 제일 높은 곳
에 올라 서울 시가지를 바라보니 아차산과 남산이 다가선다. 그리고 저
멀리 한강을 따라 시선을 김포와 강화도로 옮긴다.

　1637년 1월 22일 강화해협 전투는 검찰사 김경징의 망동(妄動)으
로 참패와 처참함을 불러왔고, 이 소식은 4일 뒤인 1월 26일 남한산성
조선 조정에 전달되었다. 그날 저녁 인조는 청나라가 원하는 대로 항복
하기로 했다.

서문을 통과하는 인조와 소현세자

서울의 송파나루에서 이곳 남한산성에 이르는 가장 **빠른** 길에 있는 성문이 서문이다. 인조가 12월 14일 피난 올 때는 성남 쪽에서 올라오는 남문을 통과했지만, 1월 30일 항복하러 나갈 때는 가장 좁은 문인 서문을 택했다. 연주성 옹성을 나갔다가 다시 성안으로 들어오지 않고 성벽 밖에 나 있는 산책로를 타고 서문을 향해 오다 보면 남한산성 성벽의 정교함을 만날 수 있다. 덩치 큰 바위를 둘러싸고 쌓은 그렝이 공법이나 육합 쌓기, 들여쌓기 같은 축성법이 그것이다.

남한산성은 통일신라 시기인 672년 주장성으로부터 고려시대 몽골침략의 방어, 조선시대 병자호란과 이후 을미의병에 이르기까지 굵직한 역사를 간직하고 있다. 대한제국 시기인 1907년 일제에 의한 군대해산과 함께 이곳 산성 안의 주요 군사 물자를 보관한 사찰들이 폭파되었고, 일제강점기에는 항일 민족운동까지 일어난 파란만장한 역사를 담고서 현재 유네스코 세계유산이 되어 당당하게 서 있다.

병자호란 당시 이곳 서문은 수어사 이시백의 책임하에 있었다. 서문에서도 전투가 벌어졌는데, 12월 21일 어영별장 이기축이 군사를 거느리고 서성을 나가 적 10여 명을 죽이는 전과를 올리자 임금이 상을 내리고 먹을 것을 주었다. 이어 임진왜란 때처럼 군공청을 설치하여 상을 주는 폐단과 신용을 잃어버리는 일이 없도록 했다. 해를 넘겨 1월 23일 삼경에 적이 침범했는데, 수어군관 송의영(宋義榮)이 눈 밟는 소리를 듣고 잠결에 놀라 깨니 적이 사다리를 기어오르고 있으므로 능장(稜杖)을 잡아 쥐고 적을 쳐서 떨어뜨렸다. 이어 이시백이 뛰쳐나가 힘껏 싸워 적은 삼진삼퇴(三進三退)하는 동안 죽고 상한 자가 매우 많았다.

서문은 인조가 홍타이지에게 항복하기 위해 남한산성을 떠난 마지막 성문이 되었다. 인조는 이 서문을 통과하며 어떤 생각을 했을까. 자신이 참여하여 정권을 빼앗아온 인조반정을 돌아보았을까. 1623년 광해군을 몰아내고 임금이 된 인조는 1년 뒤 이괄의 난을 당하여 공주까지 내려가야 했고, 1627년 정묘호란 때는 강화도로 피난하여 강홍립을 만난 뒤 정묘화약을 맺어 후금의 아우가 되었다. 9년 뒤 다시 청나라의 침략을 받아 끝내 항복해야 했다. 좁디좁은 서문의 통로를 남루한 남색 옷을 입고 나서는 인조를 뒤에서 바라본다.[17]

광해군의 중립 외교를 뒤엎고 숭명반청 사상으로 급성장한 후금을 오랑캐로 치부하며 균형감각을 잃은 국제외교를 행한 인조의 통치 행위 결과는 처참함이었다. 앞선 광해군 시기 1619년 사르후전투에 명나라 지원군으로 파병한 행위, 1621년 명나라 장수 모문룡[18]의 철산 앞바다 가도의 불법 점령 주둔과 그들을 대한 방식에서 광해군과 인조의 차이, 1626년 누르하치의 영원성 전투 패배와 사망으로 이어지는 나라 밖

---

17 『인조실록』 34권, 인조 15년 1월 28일 무진 네 번째 기사〔1637년 명 숭정(崇禎) 10년〕에 따르면 이날 용골대가 칙서를 가지고 왔을 때 홍서봉이 임금이 나설 때 의복과 성문을 각각 용포와 남문으로 제안하자 "용포는 아니 되고 죄를 지은 사람은 정문을 통해 올 수 없다"라고 했기 때문이다.

18 요동 경략(經略) 원숭환(袁崇煥)으로 하여금 1629년 그를 뤼순(旅順) 근처의 쌍도(雙島)로 유인하게 하여 죽였다. 이로써 쇠퇴하는 명, 신흥국가 후금, 이를 관망한 조선 사이에 미묘하게 작용한 가도사건은 일단락되었다(두산백과).

북문과 연주봉 옹성 사이의 성곽에서 바라본 우측의 하남시와 좌측의 서울시 전경 2012-07-07

의 상황 등이 맞물려 정묘호란이 발발했다.

그렇다면 병자호란을 불러온 배경에는 어떤 요인들이 있었을까. 강화도 연미정에서의 정묘화약 이후 이어진 명·청 교체기의 중국 내륙에서의 상황 전개에 대한 조선 정부의 무지, 특히 1633년 명나라 수군 장수 공유덕과 경중명이 후금에 투항하는 과정에서 조선군의 개입, 1636년 3월 1일 내린 팔도의 유시문, 그리고 1636년 4월 11일[19] 심양 천단(天壇)에서 행해진 청나라 황제 즉위식에 참여한 나덕헌과 이확의

---

19 한명기, 『병자호란 2』(서울: 푸른역사, 2017), 47쪽. 한편 나만갑의 『병자록』에서는 음력 3월 11일로 기록하고 있다〔나만갑(서동인 역주), 앞의 책, 19쪽〕.

처신 등은 병자호란을 불러오는 결정적인 원인이 되었다.

　정묘호란과 병자호란이 연이어 발생한 당시 동아시아의 정세 속에
서 명과 후금(후의 청)의 관계는 오늘날 한반도 상황에서 미국과 중국의
패권 다툼과 대비해볼 수 있다. 조선 땅 가도에 주둔한 명의 모문룡 군
대는 대한민국에 주둔하고 있는 주한미군을 연상해볼 수 있고, 1633년
명의 수군 장수들이 후금으로 투항하는 과정에서 조선군이 개입한 사
건은 미·중 관계에서 대한민국이 사드 배치[20]를 결정한 것과 연계시켜

20　한국과 미국은 2016년 7월 북한의 핵과 미사일 위협에 대응한다는 명목으로 주한미군에
　　사드를 배치하기로 최종 결정한 데 이어 경북 성주를 사드 배치 지역으로 결정했다. 이에

서문 근처 성벽 밖에서 바라본 석축의 정교함 2018-10-27

남한산성 서문 우익문(右翼門) 2012-05-13

볼 수 있다. 병자호란은 강화도와 남한산성, 인조의 항복 이후는 압록강 너머 요동을 거쳐 산해관과 북경의 자금성으로 이어지는 공간적인 배경으로 명의 멸망과 중원을 정복한 청나라의 부흥으로 이어진다.

나는 강화도에 피난 갔던 봉림대군이 강화성 함락으로 포로가 되어 남한산성 아래 송파로 끌려와서, 수항단에서 항복식을 행한 아버지 인조 옆의 소현세자와 함께 조선의 자존심이 처참하게 짓밟히는 장면을 목격한 심정이 어떠했을지를 상상해보았다. 그리고 수항단에서의 치욕을 안고 소현세자와 봉림대군이 청의 포로가 되어 한양을 떠나 압록강을 건너고 심양 남쪽 혼하를 건너 조선관에 들어간 그들을 쫓아가는 기행을 하기로 마음먹었다. 그들의 여정을 따라 2009년부터 발해만 요하기행을 기획하여 현장을 안내하고 있다. 그래서 병자호란의 강화도와 남한산성은 한 몸으로 이해해야 한다.

사드 배치를 둘러싼 거센 논란이 일었다(시사상식사전, pmg 지식엔진연구소).

서문 우익문右翼門에 깃든 의병의 함성

1637년 1월 30일 인조와 소현세자가 송파 삼전도로 향하기 위해 나섰던 서문은 그 뒤로 142년이 흘러 정조 3년(1779)에 개축되어 '우익문(右翼門)'이라는 이름을 얻었다. 우리는 연주봉 옹성으로 나갔다가 성벽을 타고 성 밖에서 걸어와 서문의 개구부를 통해 성안으로 들어갔다. 병자호란 뒤로 259년이 지난 1896년 이곳 남한산성에서는 전기 항일의병 항쟁에서 가장 치열하고 규모도 컸던 전투가 벌어졌다. 그 한복판에 서

정조에 의해 '우익문'이라는 이름으로 거듭난 남한산성 서문 2012-05-13

문이 존재한다.

내가 의병사에 관심을 두게 된 것은 2011년 이곳 남한산성에 처음 발을 들여놓은 뒤부터다. 이후 전국을 찾아다니면서 문화·역사 답사를 할 때면 빼놓지 않고 해당 지역의 의병 관련 역사를 찾아보았다. 그리고 2014년 화서학파를 따라가는 남양주, 양평, 춘천 지역의 항일의병 전쟁을 기획하여 답사 프로그램을 개발한 뒤 윤희순, 유홍석, 유인석 등을 만났다. 이들의 삶을 좇다 보니 답사지가 만주로까지 확대되어 국내 및 만주 지역을 중심으로 「아직 끝나지 않은 독립운동」 답사 프로그램을 개발하여 지금껏 현장 안내를 하고 있다.

남한산성은 나에게 의병사, 그리고 이어지는 독립운동사를 만나게 해준 은인 같은 공간이다. 남한산성에서 항일투쟁을 전개한 의병진은 이천의병이었다. 이천의병은 단발령이 공포된 다음 날인 1895년 12월 31일(음력 11월 16일)에 봉기했다. 그들은 서울에 있던 김하락(金河洛),[21] 구연영, 신용희, 김태원, 조성학 등 젊은 유생들로 구성되었는데, 1월 1일 경기도 이천으로 내려가서 이천 화포군 도영장 방춘식을 영입하고 포군 100여 명을 포섭하여 이천의병을 결성했다. 그 뒤로 양근, 지평, 광주, 안성, 음죽 등지에서 의병을 모집하고 민승천 안성의병진과 연합하여 이천창의소를 결성했다.

> 이천의병은 3기 9대의 법에 따라 부대를 편성하여 1896년 1월 18일 이천의 백현에서 일본군과의 첫 전투를 승리로 이끌었다. 그러나 2월 12일 일본군은 200여 명을 이끌고 이천으로 공격해 왔는데, 이현에서 다음날 새벽까지 전투가 전개되었고 눈보라가

---

21   1846년 경북 의성 출신으로, 의병창의 때 나이가 50세였다.

심하여 의병은 패산하게 되었다. 김하락은 패한 의병을 수습한 뒤 2월 14일 여주에서 심상희를 찾아가 설득하여 군사 500명을 모집하여 이천으로 돌아왔고 구연영 등도 잔여 병력을 모집하여 총 병력이 2천여 명에 달했다. 박주영을 의병대장으로 추대하고 2월 28일 남한산성으로 근거지를 옮겼다. 남한산성에는 심진원이 이끄는 광주의진이 진을 치고 있었고 이승룡의 양근의병도 합세했다. 이들 연합의진의 남한산성 점령은 일제 침략군과 개화정권에 위협적이었다.[22]

김상기의 『한말전기의병』에 실려 있는 김하락의 『진중일기』에는 남한산성의 당시 상황이 이렇게 그려져 있다.

사방 산이 깎아 지른 듯이 솟고 성첩이 견고하여 한 사람이 관문을 지키면 만 명이라도 들어올 수 없는 곳이었다. 성 중을 두루 살펴보니 쌓인 곡식이 산더미 같고 식염이 수백 석에 달하고 무기도 구비되어 대완기(大琬器)가 수십자루, 천자포(天字砲)·지학포(地學砲)도 역시 수십자루, 천보총(千步銃)이 수백자루였고, 나머지 조총도 수효를 헤아릴 수 없을 정도며 탄약 철환이 산더미 같았다. 여러 장수들은 군용이 유여한데다가 진칠 곳마저 견고하여 몹시 기뻐했다.[23]

정부의 친위대 1개 중대가 남한산성을 포위하여 3월 5일 공격했

---

22   김상기, 『한말전기의병』(서울: 경인문화사, 2009), 123-129쪽.
23   위의 책, 127쪽.

지만, 연합의진은 적 500여 명과 공방전을 벌여 일방적 승리를 거두었다. 의병은 송파 부근까지 추격하여 관군의 대포까지 빼앗았다. 강화도 지방병 300여 명이 증파되었고 다수의 일본군도 파견되었지만, 의병은 며칠간의 전투에서 연이어 승리를 거두었다. 이렇게 의병이 관군과 일본군의 공격을 격퇴시킬 수 있었던 데는 남한산성의 견고함과 사면이 모두 가파른 경사였기에 가능했다. 마치 병자호란 당시 조선군이 청군의 4성문 공격을 모두 격퇴한 상황과 유사하게 전개되었음을 알 수 있다. 그런데 뜻밖의 상황에서 의병에게 전황이 불리하게 전개되기에 이르렀는데, 내부에 배신자가 발생했기 때문이다.

> 의병항쟁 중 관군에게 체포되어 회유된 김귀성이 남한산성 서
> 쪽 성벽이 파손된 사실을 관군에게 알렸고 이곳을 통해 관군이
> 일시에 남한산성을 진격해 들어왔던 것이다. 남한산성이 함락되
> 어 의병은 큰 타격을 입었으나 김하락은 나머지 의병을 인솔하

남한산성 서문 2018-10-27

여 영남지방으로 이동하여 항쟁을 계속했다.[24]

위 내용에서는 김귀성이 서쪽 성벽의 파손된 곳을 관군에게 알려주어 점령되었다고 기술하고 있지만, 다음과 같은 기록도 전한다.

3월 22일 후군장 박준영과 좌군장 김귀성이 관군의 꼬임에 빠져 병사들에게 술을 먹이고 성문을 열어주고 말았다. 의진은 대항하지도 못한 채 패전하고 말았다. 김하락 등은 박준영 3부자를 처단한 후 산성을 탈출했다.[25]

이러한 기록들을 토대로 볼 때 의병진 내부에 배신자가 발생하여 결국 남한산성 의병진은 와해된 것으로 보인다.

남한산성 의병진은 서울 진공계획을 3단계로 수립했다. 1단계로 수원 근방의 의병부대가 수원을 점령한다. 2단계로 남한산성 의병부대와 춘천, 분원, 공주, 청주 및 수원 의병부대가 합세하여 남한산성 주변에 주둔한 관군과 일본군을 협공하여 격파한다. 3단계로 삼남지방의 의병과 합세하여 서울로 진격한 후 일본군을 축출하고 고종을 러시아 공사관에서 환궁시킨다.

남한산성의 의병진 내부에서 배신자가 발생하지 않고 3단계의 서울진공작전이 시도되어 일본군을 몰아냈다면 우리나라 근대사의 전개방향도 크게 달라졌을 것이다. 북쪽 청나라의 침략을 막아선 남한산성 서문은 을미의병 당시 관군과 남쪽의 침략군인 일본군을 격퇴한 역사

24   경기농림진흥재단, 앞의 책, 78쪽.
25   김상기, 앞의 책, 128쪽.

병자호란과 을미의병의 역사를 간직한 서문에 선 익산지원중 교직원 연수단 2015-05-01

남한산성 서문인 우익문의 개구부를 나서는 연수단 2018-10-27

를 가지고 있지만, 결국 그 서문이 열리면서 서울로 진공하려던 계획은 수포가 되고 말았다.

김하락 의병장은 이후 이천의진 창의대장으로 추대되었고 4월 12일 제천에서 유인의석 의진의 환대를 받은 뒤 의암의 휘하 안승우 의진을 도와서 장현(璋峴)전투에서 전과를 올렸다. 4월 20일 안동에 도착 후 예천의 서상렬의진과 합진하여 달성을 공격했고 4월 28일 의성에 도착한 뒤 의흥, 청송 성황산, 비봉산 등에서 승전을 거듭하다가 5월 25일 적의 반격으로 전세가 불리해지자 경주로 이동했다. 6월 17일 조성학이 선봉이 되어 경주성을 공략하여 점령했고, 6월 22일 대구부 파견 군사와 안동진위대 연합공격을 격퇴했지만 다음날 대구 주둔 일본군 수비대의 지원을 받은 적의 공격에 경주성을 내주고 6월 29일 영덕에 도착했다. 영해 의진 및 유시연의 안동 의진과의 합진을 통해 대규모 연합의진을 형성한 김하락 의진은 영덕 관아를 점령하려고 기회를 엿보다 7월 14일 적군의 기습을 받게 되어 의진이 와해 되었고 김하락 의병장은 2발의 탄환을 맞아 중상을 입었다. 이에 선생은 "왜놈들에게 욕을 당하느니 차라리 고기 뱃속에 장사를 지내겠다"고 하면서 강물에 투신하여 순국했다. 경기도에서 충청도로, 그리고 다시 영남으로 이동하면서 약 8개월 동안 줄기찬 투쟁을 벌였던 선생의 의병 활동은 우리 독립운동사에 굵고 큰 이정표를 세웠다.[26]

서문에서 서울진공작전을 시도하다가 실패하고 경기도 동부지역을 거쳐 충청도를 지나 영남에서 줄기차게 의병항쟁을 주도한 김하락 의병장은 영덕에서 못다 한 꿈을 내려놓고 스스로 자결을 택했지만, 그가

---

26 네이버캐스트, 이달의 독립운동가 김하락(검색일: 2020. 12. 11).

국청사 대웅전 2015-05-01

살다간 의병장으로서 삶의 여정은 의로운 선비의 표상이 되어주었다.

　서문 북편 언덕에 앉아 의병의 항쟁을 만난 연수단은 서문 근처 언덕 아래에 있는 국청사로 향했다. 국청사는 인조 2년에 건립된 7개 사찰 중 하나로, 서문 안 50m 지점에 있다, 국청사는 옛터에서 북으로 50m 정도 이전하여 새로운 터에 자리하고 있다.[27] 남한산 국청사 연혁에 의하면 다음과 같다.

　인조 3년 1625년 각성대사에 의해 창건되었는데 인조로부터 팔도총섭총절제종군주장으로 임명을 받아 전국 8도에서 승군을 모아 남한산에 성을 축성하고 9개 사찰을 창건했다. 병자호란으로 인한 수모를 또다시 당하는 것을 방지하기 위하여 승군을 훈련하고 군기며 화약, 군량미를 비축했으니 그중 하나가 국청사

27　경기농림진흥재단, 앞의 책, 249쪽.

였다. 하지만 국청사는 일제 침략 시 일본군에 의하여 방화·소진되었다.[28]

1907년 8월 1일 대한제국의 군대해산[29]과 더불어 이곳 국청사를 포함한 개원사 등 남한산성을 방어하는 데 필요한 군수물자를 보관해 온 사찰들이 일제에 의해 폭파되는 안타까운 일이 벌어졌다.

---

28   국청사 연혁은 1999년 5월 대한불교조계종 국청사에서 안내판에 제시한 것인데, 문안을 작성한 사람은 박복만이다.

29   1907년 일본은 대한제국 정부를 압박해 한일신협약(정미 7조약)을 맺으면서 8월 1일 이완용 등에게 군대를 해산하라는 명령을 내리게 했다. 하지만 군인들은 이 명령을 순순히 받아들이지 않았다. 군인들은 무기고를 부수고 무장한 채 강력히 저항했고, 이로 인해 곳곳에서 전투가 벌어졌다. 서울 시위대 제1대대장이었던 박승환은 군대해산 명령에 항의하며 자결했고, 분노한 서울 시위대 군인들은 일본군과 맞서 싸웠다.

수어장대를 지나 남문 지화문至和門에 서다

서문을 나선 소현세자의 파란만장한 삶, 또 이 서문을 지나간 윤집과 오달제의 심양에서의 절개와 순절을 접하며 안타까움과 아쉬움, 서글픔마저 드는 감정을 추스르고 연수단은 남문을 향해 걷기 시작했다. 수도 서울이 훤히 내려다보이는 곳에 주변의 산들을 표시한 안내판 앞에 멈춰 섰다. 서울의 남쪽에서 북쪽으로 펼쳐진 산들에 이름을 표기했는데 청계산, 관악산, 대모산, 남산, 북악산, 북한산, 아차산, 도봉산 등이었다. 20분쯤 걸으니 수어장대(守禦將臺)가 나타났다. 수어장대를 오르는 길 좌측에는 청량당(淸凉堂)이 있는데, 이곳은 성을 쌓은 팔도도총섭인 벽암(碧巖) 각성대사[30]와 동남쪽 축성의 책임자였던 이회(李晦) 그리고 그의 부인 송 씨의 영혼을 모신 사당이다. 이곳 사람들은 이회 장군을 도당신(都堂神)으로 모시고 있다는데, 이회를 횡수(橫數)대감으로, 청량당을 대감당이라고도 부른다. 청량당에는 무속신인 백마신장, 오방

---

30 1575년(선조 8)~1660년(효종 11). 1624년(인조 2) 14세에 출가하여 부휴(浮休) 문하에서 승려가 됐다. 남한산성 축조 시 팔도도총섭(八道都總攝)으로 이를 감독하고, 공사가 끝나자 보은천교원조국일도대선사(報恩闡敎圓照國一都大禪師)의 법호를 하사받았다. 병자호란 때는 의승 3천을 교집하여 '항마군(降魔軍)'이라 칭하고 호남의 편군과 힘을 합해 싸웠으며, 난이 끝나자 지리산으로 돌아가 후진들을 가르쳤다(인명사전, 2002. 1. 10, 인명사전편찬위원회).

서문에서 수어장대로 가는 길 성곽에서 바라본 서울 2018-10-27

수어장대 좌측에 있는 청량당. 벽암 각성대사와 이회 장군 등이 모셔져 있는 사당이다. 2018-10-27

신장, 군웅장군, 별상장군, 나씨 할머니 그리고 이회 장군의 처첩 유 씨가 함께 모셔져 있다.

사당을 좌측에 두고 돌계단에 올라서면 남한산성 전체가 시야에 들어오는 수어장대의 웅장함이 떡 버티고 선다. 여기가 청량산이다. 수어장대는 지휘와 관측을 위한 군사적 목적에서 지은 누각인데,[31] 남한산성에 있던 5개의 장대 중 유일하게 남아 있다. 인조 2년 축성 당시에는 단층으로 지어 '서장대'라 불리다가 영조 21년(1751) 유수 이기진이 왕명을 받아 2층으로 다시 짓고 '수어장대'라는 편액을 달았다.

수어장대의 편액 좌측으로 '세병신계하하한(歲丙申季夏下澣)'이라고 적혀 있는데, 1836년 음력 6월 하순이라는 의미다. 현재의 수어장대는 1836년 유수 박기룡이 증축한 것이다. 2층을 '무망루(無忘樓)'라고 하는데, 이곳 무망루의 비각 안내문에는 "영조가 병자호란 때 인조가 겪은 시련과 아들 효종이 청나라에 대한 복수로 북벌을 꾀하다가 승하한 비통함을 잊지 말자는 뜻에서 이름을 지었다"라고 적혀 있다. 그리고 비각 옆에는 기념식수 한 그루가 담벼락에 닿을 듯 말 듯 서 있다. 표지석 앞면에는 '리승만대통령각하행차기념식수', 뒷면에는 '단기 4286년 9월'이라고 되어 있다. 1953년 9월인데, 한국전쟁이 휴전으로 멈춘 뒤 한 달여 뒤의 시기다.

수어장대를 등지고 서서 남동 방향으로 바라보면 바위 하나가 눈에 들어온다. 편마암 계통의 암석으로 바위에 매 발톱 자국이 있어 '매바위' 또는 '장군바위'라고 불리는 응암(鷹巖)이다. 이 바위 면에는 '수어

---

31 수어장대에서 지휘하는 수어사는 평상시 도성의 수어청에서 군무를 수행하다가 유사시 남한산성의 수어장대에서 지휘했다. 광주유수가 수어사 일도 함께하면서 산성 방어를 두루 맡기도 했다(경기농림진흥재단, 앞의 책, 268쪽). 병자호란 당시 이곳을 지휘한 장수는 수어사 이시백이었다.

수어장대에서 전라북도 김제교육지원청 교원연수단 2014-10-03

서대'라는 금석문이 새겨져 있다. 매바위는 청량당에 모셔져 있는 이회 장군의 죽음에 관해 전해오는 이야기 속에 등장한다.

수어장대에서 잠시 숨을 돌린 뒤 성곽을 타고 약 25분을 걸어서 남문에 도착했다. 걷는 내내 성곽 너머 우측으로 보이는 수도 서울과 성남의 모습은 가을 단풍에 물들어 한 폭의 그림 같았다. 1637년 정월, 매서운 칼바람이 불어 닥치는 산 정상에서 청군이 언제 기습할지 모르는 죽음의 공포 속에서도 살아남기 위해 극단의 몸부림으로 성가퀴를 방패 삼아 웅크리고 있는 조선 군인을 그려보았다.

정축년 1월 13일 인조와 소현세자는 성을 순시했는데 동성에 이르러 여(輿)에서 내려 장사들을 위로하고 남격대(南格臺)에 이르러서는 총융사 구굉과 장졸들을 불러 위로했다. 또 승지를 보내 성첩(城堞)을 지키는 순사들에게 두루 유시하게 했는데 눈물을 흘리는 자도 있었다. 그리고 1월 14일에는 날씨가 매우 추워

1636년 병자호란 당시 광해군이 강화도 정포에서 이배된 교동도호부가 설치된 교동읍성. 남문 누각은 최근에 복원되었다. 2018-04-19

성 위에 있던 군졸 가운데 얼어 죽은 자도 나타났다.[32]

오색 찬연한 경이로운 단풍을 선물로 내려준 자연에 대한 고마움을 느끼며 세계유산 남한산성의 아름다운 성곽을 따라 남문으로 발길을 옮기는 여정 속에서 동사(凍死)로 쓰러져 있는 조선 병사의 모습이 겹쳐졌다. 한 명의 목숨도 이토록 아리게 다가오는데, 하물며 전쟁 통에 짓밟힌 셀 수 없는 영혼들이야 어떠하겠는가. 무능한 인조와 서인 정권의 위정자들을 다시 쏘아보았다. 그리고 이 시기 교동도로 이배된 광해군[33]을 떠올렸다. 그의 외교가 옳았다. 조선이 명과 후금 사이에서 전략

---

32 『인조실록』 34권, 인조 15년 1월 13일 계축 두 번째 기사; 1월 14일 갑인 두 번째 기사.

33 광해군은 1623년 인조반정 뒤에 강화도 동문 안으로 유배되었다가 1624년 이괄의 난이 발생하자 충청도 태안으로 이배되었고, 난 진압 후 다시 강화도로 옮겨졌다. 1627년 정묘호란 때는 교동도 구읍이던 고읍리로, 다시 정묘화약 이후 강화도 내가면 정포(외포리)로 이배되었다. 병자호란이 일어나자 교동도 신읍인 교동도호부 터 안으로 옮겨진 뒤 병

적으로 택해야 했을 외교는 바로 만주와 중원의 정세를 꿰뚫고 있던 광해군의 중립 실리 외교였다.

남문은 성에서 중요한 자리를 차지하며, 남쪽에는 태양이 지나간다. 병자호란 당시 항복한 인조는 수항단으로 향하면서 이곳 남문을 통과할 수 없었다. 청에서 죄인은 남문을 사용해서는 안 된다고 했기 때문이다. 『연려실기술(燃藜室記述)』의 인조조 고사본말에 실린, 남한산성의 남문으로 행차하는 인조의 상황을 만나본다.

> 12월 14일 최명길과 이경직이 사현(沙峴)에서 적의 군사를 만나 말을 머물게 하는 사이 임금은 구리개 길을 경유하여 수구문(水口門)을 나가서 유시(酉時)에 신천(新川)과 송파(松坡)의 두 나루를 건넜는데 강물은 얼어있었다. 산 밑에 이르자 날은 이미 캄캄하고 이경(二更)에야 비로소 남한에 들어갔는데 임금 앞에서 인도하는 자는 다만 5, 6명에 불과했다.
>
> 산성의 남문에 다 왔을 때 노루가 있어 가로질러 달아나 길을 건너니 한 환관(宦官)이 "이것은 길한 징조이니 전하께서는 미구에 환도하시겠습니다" 했다. 이어 "전에 공주에 파천하실 때에도 이런 일이 있었습니다" 했다.[34]

남문을 통해 산성의 행궁에 도착한 조선지휘부 내의 김류와 이성구가 임금에게 새벽에 틈을 타서 몰래 강화도로 들어가도록 청하고, 이식은 인천으로 가서 해로로 강화도에 들어갈 것을 청하자 15일 새벽에

자호란이 끝나고 1637년 6월 16일 제주도에 도착하여 1641년 7월 1일 제주성 안에서 사망했다.

34   민족문화추진회, 『연려실기술 VI』(서울: 민족문화문고간행회, 1982), 176-177쪽.

남한산성의 남문(지화문). 병자호란 당시 인조 피난 시 출입문 2011-03-23

임금이 성에서 나왔지만 눈이 온 뒤라 산언덕에 얼음이 얼어서 임금이 탄 말이 미끄러져 말에서 내려 걸었는데, 여러 차례 엎어져 몸이 편안하지 못하여 도로 성으로 들어왔다고 한다.

한편 『병자록』에는 "임금의 수레가 강화도를 향해 산성을 나가 2리쯤 갔으며, 첫닭이 울 때 임금이 길을 떠났다"라고 기록했다. 5리쯤 갔을 때 다시 산성으로 들어갔다고 했다.

청나라 군대는 인조가 산성에 들어간 이틀 뒤인 12월 16일 남한산성을 포위했다. 『인조실록』 12월 19일자 기록에는 "적병이 진격하여 남성에 육박했는데 아군이 화포로 공격하여 물리쳤으며 이에 임금은 장사를 위로하고 이어 전사한 장졸에게 휼전(恤典)을 베풀 것과 그 자손을 녹용(錄用)할 것을 명했다"라고 적혀 있다.

또한 『병자록』에는 "12월 19일 총융사 구굉이 군사를 모아가지고 나가 싸워서 적 20명을 죽였고 군관 이성익이 나가 싸워서 공이 있었다"라고 했는데, 구굉은 당시 호위대장으로 남문을 수비하고 있었다.

12월 19일 청이 군대를 보내 남문을 공격했고 하루 뒤인 20일에는 역관을 보내 화친을 논하게 했는데, 이때 한편으로는 공격으로 위협하면서 다른 한편으로는 화친의 전략을 편 이면에 저들의 다급함이 깔려 있음을 보여준다.

20일 오랑캐의 역관 정명수(鄭命壽)[35]가 남문 밖에 와서 화친을 의논하고자 하니, 김류가 문을 열고 중신을 보내어 청하려 하므로 나만갑이 "성을 지킬 때는 문을 열어서는 안 됩니다. 만일 임금께서 화친을 의논하면 반드시 사기가 꺾일 것입니다" 하여 마침내 성 위에서 문답하도록 명하셨다.[36]

남문에서는 해를 넘겨 정축년 1월 18일 적이 남문 밖에 와서 "화친을 하고자 하거든 속히 나오고 하고자 하지 않는다면 19일과 21일에 마땅히 결전하자" 했다. 1월 24일 아침에 또 남성을 침범하고 지난 저녁에도 또 곡성(曲城)을 침범했는데, 구굉이 모두 물리쳐 죽인 적의 수가 또한 많았다.

『인조실록』, 『병자록』, 『연려실기술』의 인조조 고사본말 등을 토대로 종합해보면 청나라 군대의 남한산성 공격은 시기적으로 병자년

---

35 1619년 강홍립을 따라 부차전투에 참전했다가 포로가 되었고, 1620년 조선 포로들이 석방되었을 때 심양에 남았다. 청나라에 살면서 청국어를 배우고 청나라에 우리나라 사정을 자세히 밀고해 청나라 황제의 신임을 얻었다. 또한 1636년 병자호란 때 청나라 장수 용골대(龍骨大)·마부대(馬夫大)의 통역으로 입국해 청나라의 조선 침략에 앞잡이 노릇을 했다. 그 뒤 청나라의 세력을 믿고 조정에 압력을 가해 영중추부사 자리에까지 올랐다. 심양 조선관의 시강원서리(侍講院書吏) 강효원(姜孝元), 시강원 필선 정뇌경(鄭雷卿) 등이 그를 제거하려다가 오히려 죽임을 당했다. 그곳에서도 왕을 모독하고 갖은 행패를 부렸으며, 청나라로 보내는 세폐(歲幣)를 노략질했다. 1653년(효종 4) 심양(瀋陽)에서 성주포수(星州砲手) 이사용(李士用)에게 모살(謀殺)되었다(한민족문화대백과). 이사용에 관한 내용은 『현종실록』 15권, 현종 9년 10월 11일 병자 여섯 번째 기사[1668년 청 강희(康熙) 7년]에 나와 있다.

36 민족문화추진회, 앞의 책, 185쪽.

남한산성 남문 앞에서 자주와 통일을 외치는 전라북도교육청 교원연수단 2018-10-27

12월 18일부터 22일, 그리고 해를 넘겨 정축년 1월 23일부터 25일 등
3~4일간 집중적으로 이루어졌다. 반면 조선에서 선제적으로 공격을
감행한 것은 12월 23일 사영(四營)[37]에서 동시에 출병하여 공격을 감행
하여 성과를 거두었고, 12월 29일 북문 밖에서 적의 유인작전에 넘어가
아군 300명이 몰살당하는 뼈아픈 패배를 겪기도 했다. 이 전투는 영의
정이자 체찰사였던 김류가 무리하게 작전을 감행하여 빚어진 비극이
었다.

---

37   훈련도감, 총융청, 수어청, 금위영 등을 말한다.

남쪽 옹성을 지나 개원사에 이르다

전날 밤에 산성으로 피난 와서 하루도 지나지 않아 새벽에 다시 강화도를 향해 떠났다가 되돌아오고 말았던 인조의 당시 상황을 떠올리며 연수단은 남문을 통과하여 성벽을 타고 남쪽 옹성이 있는 곳으로 향했다. 이곳은 남쪽 성벽을 따라 세 곳에 옹성을 두었다. 1872년 광주부 지방지도를 보면 남문을 지나 3개의 옹성이 나타나고, 그 남쪽으로 남격대(南格臺)가 표시되어 있음을 알 수 있다. 실제로 이곳에는 세 곳의 옹성이 자리하는데, 기록에 의하면 제2 남옹성 바로 안쪽에 남장대가 있었다.

적이 대포(大砲)를 남격대(南格臺), 망월봉(望月峯) 아래에서 발사했는데, 포탄이 행궁(行宮)으로 날아와 떨어지자 사람들이 모두 두려워하며 피했다. 적병이 남성(南城)에 육박했는데, 우리 군사가 격퇴시켰다.[38] 또한 『인조실록』 기록을 볼 때 청군은 동쪽의 벌봉과 한봉 그리고 남쪽의 남격대에 홍이포를 설치하고 행궁을 향해 사격을 가했음을 알 수 있다.

이처럼 동쪽과 남쪽의 산 정상이 적의 수중에 들어가 포사격을 당하자 병자호란 이후 남한산성 외부에 추가로 성벽을 조성했다. 남격대

---

38 『인조실록』 34권, 인조 15년 1월 24일 갑자 첫 번째 기사[1637년 명 숭정(崇禎) 10년].

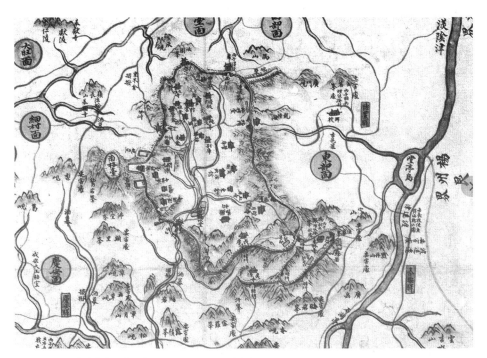

1872년 지방지도 광주전도 출처: 규장각원문검색서비스

남쪽 성벽 밖으로 조성된 제1 남옹성 2016-07-28

에 대한 기사는 병자호란 이후 83년이 흐른 1710년 『숙종실록』에서 보이는데, 제조(提調) 민진후(閔鎭厚)가 이렇게 아뢨다.

> 신이 남한산성(南漢山城)의 남격대(南格臺)를 살펴보았더니, 남격대가 남장대(南將臺)와 서로 마주 보고 있는데, 세 산봉우리가 성중(城中)을 내리누르기 때문에 전부터 성을 쌓고 돈대(墩臺)를 쌓자는 의논이 있었습니다. … 그러나 삼전도(三田渡)의 비(碑)가 있는 곳에서는 거리가 약간 멀어 눈에 띄지는 않을 듯합니다. 더욱이 돈대를 쌓고 나무를 심으면, 결코 염려할 만한 일은 없을 것입니다.[39]

민진후가 올린 글에서 "삼전도비에서 거리가 멀어 눈에 띄지 않을 듯하다"라고 하고 "나무를 심으면 결코 염려할 만한 일은 없을 것"이라고 한 것은 그럴만한 이유가 있었다. 인조가 항복하기 전 1월 28일 밤에 용골대와 마부대가 청 태종의 답서를 가져왔는데, "관온인성황제(寬溫仁聖皇帝)[40]는 조선 국왕에게 조서로 알린다"로 시작되는 답서의 내용 중에 아래와 같은 조건이 있었다.

> 신구(新舊)의 성벽은 수리하거나 신축하는 것을 허락하지 않는다.[41]

---

39 『숙종실록』48권, 숙종 36년 3월 21일 병술 첫 번째 기사〔1710년 청 강희(康熙) 49년〕.

40 내가 처음으로 '관온인성황제'라는 용어를 만나게 된 것은 발해만요하기행 제3부 '요하와 평양을 품은 사람들' 프로그램을 개발하던 2011년 5월 7일 심양의 서북쪽 영안석교 다리 옆에 세워진 비석이었다.

41 『인조실록』34권, 인조 15년 1월 28일 무진 네 번째 기사;『연려실기술』제25권, 인조조 고사본말, 219쪽.

영안석교. '관온인성황제'라는 용어를 처음으로 만나게 된 다리로, 심양 북서쪽에 있다. 청이 자금성에 입성하기 전 서정(西征)을 나설 때 통과한 다리로 소현세자가 볼모로 전쟁터에 끌려간 1641년 8월 15일 이 다리를 건넜다(이석호 역, 『심양일기』). 2011-05-07

　　1872년 광주부 고지도에 3개의 옹성 중 동쪽에 있는 것의 북편으로 사직단(社稷壇)이 자리하고 있다. 이는 좌묘우사의 도성 배치법에 의한 것으로, 남한산성에서는 '좌전'과 '우실'[42]이라고 표현하고 있다. 이곳 옹성 부근에 우실 터가 자리하고 있는데 안내판에 광여도, 여지도, 지승 등 광주부 고지도에 모두 사직이라고 적힌 건물이 표시되어 있음을 고지도와 함께 소개하고 있다.

　　제1 남옹성 바로 근처에 차량이 통행할 수 있는 암문을 성벽 위에서 지나쳐 제2 남옹성에 도착하기 전 좌측으로 산길이 나 있는데, 이 길을 타고 내려가면 개원사(開元寺)로 갈 수 있다. 국청사처럼 개원사도 터

42　　우실은 행궁에서 남동쪽으로 500m 떨어진 지점에 터만 남아 있다. 단(壇) 없이 단지 위판을 모실 실(室)만 두었기 때문에 '우실'이라 했고, 숙종 37년(1711)에 건립했다.

만 남아 있었는데, 그 터에 새로 지은 것이 현 개원사다. 남한산성 안에는 총 9개의 사찰이 있었는데, 다른 지역 사찰들과 달리 이 사찰들은 산성을 방어하기 위해 설치된 것이다.[43] 산성 안에는 1624년 의승군(義僧軍)으로 이루어진 군영인 남한치영(南漢緇營)이 있었고, 이들은 수어청에 소속되어 팔도도총섭 각성(覺性)의 지휘 아래 산성을 수비했다. '개원사지(開元寺址)'라는 이름의 안내판을 통해 이곳 개원사의 연혁을 알수 있다.

> 개원사는 조선 인조 2년(1624) 임진왜란으로 파손된 남한산성을 보수하고 이를 지키기 위해 전국에서 모인 승도들을 총지휘하는 본영 사찰로 건립되었다. 그 후 고종 31년(1894) 갑오경장으로 의승방번(義僧防番)[44]이 폐지될 때까지 370여 년간 번창했으며 전국 사원들의 승풍을 규찰하는 규정소가 설치되어 명실상부한 조선 불교의 총본산 역할도 담당하게 되었다. 이곳에는 인조 15년(1637) 이래 대장경이 보관되어왔는데 1970년 화재 때 법당·누각 등의 건물과 함께 전소되었다.

1624년 인조 때 수축한 남한산성은 1894년 갑오개혁 때까지 의승들이 방어했다. 90년이 흐른 1714년 의승방번제(義僧防番制)가 도입되

43　성안에는 9사(九寺)가 있어 의승군의 막사로 사용되었다. 망월사(望月寺)와 옥정사(玉井寺)는 예부터 있던 절이고, 개원사(開元寺)·한흥사(漢興寺)·국청사(國淸寺)·장경사(長慶寺)·천주사(天柱寺)·동림사(東林寺)·영원사(靈源寺) 등은 새롭게 창건한 절이다. 9사에는 무기와 화약이 비치되어 있었고, 개원사는 도총섭이 머무는 본부였으며, 나머지 절은 전국에서 온 승군의 숙소로 사용되었다(한민족문화대백과, 검색일: 2020. 12. 14).

44　경기도 14인, 충청도 28인, 강원도 14인, 황해도 4인, 전라도 136인, 경상도 160인 등 총 356인의 의승군을 파견하도록 규정했다.

어 전국 6개 도의 사찰에 할당된 인원이 파견되어 근무했다. 이후 다시 1756년 의승방번전제(義僧防番錢制)[45]가 도입되어 산성에 상주하는 의승으로 방어하기에 이른다. 한편 정축년 1월 22일 전쟁이 한창이던 시기 산성 안에 땔감 사정이 여의치 않자 궁여지책으로 건물을 뜯게 되었는데, 승도들을 총지휘하는 본영 사찰이던 개원사도 예외가 될 수 없었다.

> 개원사의 행랑채와 주(州)의 옥(獄)을 뜯어서 밥 짓는 데 땔감으로 썼다.[46]

개원사 부근에는 남단사 터가 있는데, 그곳으로 가는 길에 남한산성의 수호신을 모신 성황당(城隍堂)이 자리하고 있다. 1637년 1월 10일 김상헌은 임금의 명을 받들어 온조묘에 제사를 지냈다. 실록에는 이렇게 간단하게만 기술하고 있는데, 김상헌의 연보에는 그 내막이 자세하게 나와 있다.

> 명을 받들어 성황묘(城隍廟)와 백제시조묘(百濟始祖廟)에 기도했다. 당시에 남한산성이 포위된 지 오래되어 시행해볼 만한 계책이 없었으므로 성황묘 및 백제시조묘에 기도하여 묵묵한 가운데에서 도와주기를 빈 것이다. 선생께서는 명을 받들어 두 차례 제사를 지냈으며, "하루는 큰바람이 불면서 비가 오려고 하다가

---

45 의승방번전제는 전국의 사찰에서 2개월마다 윤번으로 수집되던 의승 대신에 돈을 내도록 하고, 국가에서는 번전(番錢)으로 산성에 상주할 의승을 고용하여 수비하게 하는 제도다.

46 민족문화추진회, 앞의 책, 209쪽.

선생께서 성황묘에 제사를 지냄에 미쳐서 바람이 곧바로 그치면서 비가 내리지 않았다." 이어 아뢰기를, "사람이 궁하게 되면 근본으로 돌아가는 법이라서 애통하거나 슬픈 일이 있을 경우에는 반드시 부모에게 하소연하는 법입니다. 지금 원종대왕(元宗大王)[47]의 영정이 바야흐로 개원사(開元寺)에 모셔져 있으니 청컨대 상께서 친히 제사 지내어 고하소서" 하니, 곧바로 윤허했다.[48]

『인조실록』에 의하면 실제로 인조는 1637년 1월 11일 해가 뜰 무렵 원종대왕 영정에 제사를 지냈다. 제사를 지낸 곳은 물론 개원사였다. 이곳 개원사는 물론이거니와 인접해 있는 성황묘는 병자호란 당시 한 치 앞을 내다볼 수 없는 급박한 상황에 처한 조선의 위기를 극복하게 해달라고 간절하게 기원한 인조와 조선 사대부들의 안타까운 심정이 고스란히 배어 있는 곳이다.

---

47 원종대왕은 인조의 아버지로 인조반정 이후 대원군이 되었으며, 사후 1632년(인조 10) '원종경덕인헌정목장효대왕(元宗敬德仁憲靖穆章孝大王, 약칭 원종)'이라는 묘호를 정했다.

48 〔한국고전종합DB〕, 『청음집』 「청음연보」 제2권.

현절사에서 다시 보는 삼학사와 척화파

남한산성 119안전센터 근방으로 빠져나와 큰길을 건너서 산성보건진료소를 지나면 남한산성 답사의 마지막 장소인 현절사(顯節祠)에 이른다. 현절사에서 남한산성 답사를 마무리하고자 하는 의도는 병자호란 당시 척화신의 대표로 지목되어 청나라 심장부 심양까지 끌려가서 그곳에서 절의를 보이며 순절한 삼학사(三學士)를 만나고 그들로부터 오늘의 지식인들이 나아가야 할 방향을 잡아보고자 함이다. 당시 홍익한은 52세, 윤집은 32세, 오달제는 29세였다. 『인조실록』에는 윤집과 오달제의 남한산성 행궁에서 인조와 마지막 만남의 내용이 기록되어 있다.

"그대들의 식견이 얕다고 하지만 그 원래의 의도를 살펴보면 본래 나라를 그르치게 하려는 것이 아니었는데 오늘날 마침내 이 지경에까지 이르고 말았다. 고금 천하에 어찌 이런 일이 있겠는가" 하고, 인하여 눈물을 흘리며 오열(嗚咽)했다. 윤집이 아뢰기를, "이러한 시기를 당하여 진실로 국가에 이익이 된다면 만 번 죽더라도 아까울 것이 없습니다. 전하께서는 어찌하여 이렇게 구구한 말씀을 하십니까." 오달제가 아뢰기를, "신은 자결하지 못한 것이 한스러웠는데, 이제 죽을 곳을 얻었으니 무슨 유감이 있겠습니까?"

오달제가 아뢰기를, "신들이 죽는 것이야 애석할 것이 없지만, 단지 전하께서 성에서 나가시게 된 것을 망극하게 여깁니다. 신하 된 자들이 이런 때에 죽지 않고 장차 어느 때를 기다리겠습니까?"

"그대들의 뜻은 군상(君上)으로 하여금 정도(正道)를 지키게 하려고 한 것인데, 일이 여기에 이르렀다. 그대들에게 부모와 처자가 있는가?" 했다. 윤집이 아뢰기를, "신은 아들 셋이 있는데, 모두 남양(南陽)에 갔습니다. 그런데 지금 듣건대 부사(府使)가 적을 만나 몰락했다고 하니 생사를 알 수 없습니다" 하고, 오달제가 아뢰기를, "신은 단지 70세 된 노모가 있고 아직 자녀는 없으며 임신 중인 아이가 있을 뿐입니다" 하니, 임금이 이르기를, "참혹하고 참혹하다" 했다. 상이 눈물을 흘리며 이르기를, "나라를 위하여 몸을 소중히 하도록 하라. 혹시라도 다행히 살아서 돌아온다면 그 기쁨이 어떠하겠는가" 하자, 오달제가 아뢰기를, "신이 나라를 위하여 죽을 곳으로 나아가니 조금도 유감이 없습니다" 했다.[49]

마지막 인사를 나누는 동안에도 사신이 문에서 재촉하고 있었다. 내관에게 명해 술을 대접하자 두 신하가 술을 마신 뒤 하직을 고하고 떠났다. 인조보다 하루 먼저 남한산성의 서문을 나선 것이다. 이곳 현절사에는 삼학사 외에도 동계 정온과 청음 김상헌의 위패가 함께 모셔져 있다. 1637년 1월 28일 이조참판 정온은 차고 있던 칼을 빼들어 스스로

49 『인조실록』 34권, 인조 15년(1637) 1월 29일 첫 번째 기사.

현절사에 모셔져 있는 삼학사와 정온 그리고 김상헌 2015-10-09

배를 찔렀는데 중상만 입고 죽지는 않았으며, 예조판서 김상헌도 여러
날 동안 음식을 끊고 있다가 이때 이르러 스스로 목을 맸는데 자손들이
구조하여 죽지 않았다.[50] 삼학사와 정온 그리고 김상헌은 당대 지식인
이자 위정자였다. 그들은 성리학적 명분론과 재조지은을 들어 화친을
반대하고 척화를 주장했다. 척화를 주장한 신하들이 대부분이었지만,
청이 요구한 척화신의 대표가 되어 삼학사는 심양까지 끌려가서 그곳
에서 마지막까지 절의를 굽히지 않고 자신들의 신념을 지키며 목숨을
내놓았다.

　하루 일정으로 남한산성을 한 바퀴 돈 연수단은 이곳 현절사에서
경건한 마음으로 70세의 노모와 임신 중인 부인을 두고 29세의 젊은 나

50　나만갑의 기록에 의하면 김상헌이 목을 매어 자결을 시도했는데 소식을 듣고 달려간 나
　　만갑이 끈을 풀어 살려내자 다시 얼마 후 가죽 허리띠로 목을 매었다. 다시 돌아서서 그
　　를 구해냈다. 『병자년 남한산성 항전일기』, 107쪽.

이에 이역만리 심양 땅에서 신념을 지키며 순절한 오달제를 떠올리며, 윤집과 홍익한 등 삼학사의 의로운 넋을 추모했다. 삼학사는 셋이었으나 그 셋은 조선이나 다름없었다. 초정 박제가가 말한 아교와 옻칠을 한 눈으로 세상을 바라보았고, 그 눈을 통해 들어오는 세상을 인식했다.

임진왜란은 조선이 건국된 후 200년이 흐른 뒤 문약(文弱)했던 데다 사화·당쟁으로 국론이 하나로 집약되지 않은 상황에서 맞이한 7년의 전쟁이었고, 그 결과는 처참함 자체였다. 그리고 1598년 전쟁이 끝나고 다시 30년이 흐른 뒤 광해군을 몰아낸 서인 정권은 정묘호란을 자초했다. 중립 외교를 표방한 광해군을 몰아낸 인조와 서인은 자신들이 채택한 국제외교 전략이 급성장한 후금의 존재를 명분론(名分論)인 화이론(華夷論)을 들이대며 오랑캐라 깔아뭉갰고, 명나라와 후금 사이에서 균형감각을 잃고 방황하다가 1627년 정묘년에 침략을 받았다.

조선의 현실은 후금을 대적할 수 있는 상태가 아니었음에도 숭명반청(崇明反淸)을 고집한 고착화된 사대부들의 경직성이 유연한 중립 외교를 밀어내고 또다시 전쟁을 불러오고 있었다. 거대한 빈 깡통인 '주전파'라는 배를 몰고 철갑을 두른 청나라에 돌진하면서 의리와 명분을 내세웠다. 정묘년 화약 이후 9년의 세월 동안 인조와 서인 집권 세력이 한 일이 무엇이었는가. 삼학사의 의로운 절개는 높이 쳐주어야겠지만 그들이 택한 노선의 결과는 조선 백성의 죽음과 처절함, 그리고 수십만의 포로와 환향녀 등 깊고도 깊은 상처를 박아놓았다. 이들의 죽음은 누가 위무하는가. 누가 그 영혼들을 달래줄 수 있는가. 조선을 상징한 삼학사를 비롯한 사대부와 집권 세력은 역사의 평가를 혹독하게 받아야 한다.

반면 현절사에서 우리가 꼭 기억해야 할 것이 있다. 현절사의 주인공은 삼학사와 정온 및 김상헌 등이지만, 당시 죽음을 무릅쓰고 화친에

현절사에서 삼학사를 참배하고 나선 전라북도부안교육지원청 교원연수단 2015-10-09

앞장서서 더 큰 비극을 막아내는 데 공헌한 주화파를 잊어서는 안 된다. 병자호란 당시 대표적인 주화파였던 최명길은 압록강을 건넌 청군이 홍제역까지 다다르고 임금이 강화도는 물론이거니와 남한산성으로도 피난할 수 없는 급박한 상황에서 본인이 죽을지도 모를 청의 선봉대 앞으로 나아가 적의 진격을 멈춰 세웠다. 그가 잠시의 시간을 벌어주게 되자 비로소 인조가 남한산성으로 피난을 갈 수 있게 되었다. 전쟁이 벌어지기 몇 달 전에 최명길이 화친의 사신을 보낼 것을 청하자, 교리 오달제와 이조 정랑 윤집이 최명길을 벨 것을 청하기도 했고, 또한 최명길이 금한(金汗)을 청한(青汗)으로 부르자고 하자 간관들은 삭탈관직을 요구하기도 했다. 우리가 아는 최명길은 무조건 화친을 주장한 사람이 아니었다. 대부분 척화를 주장하며 싸우자고 한 주전파는 동계 정온을 제외하고는 뚜렷한 대책이나 전략이 없었다. 반면 화친을 주장한 최명길은 오히려 주전파보다 앞서가는 전략을 제시하며 청나라와 싸울 것을 주장하기도 했다.

싸워서 지킬 계책도 결정하지 못하고 또 화를 완화시킬 책략도 하지 않고 하루아침에 오랑캐의 기병이 달려 들어오면 체찰사는 강화도로 들어가 지키고 원수(元帥)는 물러가서 정방(正方) 황주산성(黃州山城)을 지키고, 백성들은 어육(魚肉)이 되고 종묘와 사직은 파천할 뿐일 것이니, 이런 지경에 이르면 누가 장차 그 허물을 책임질 것입니까. 신의 어리석은 의견으로는, 체찰사와 원수는 모두 마땅히 부(府)를 평안도에 개설하고 병사(兵使)들은 또한 마땅히 의주에 들어가 있되 모든 장수를 단속하여 전진이 있을 뿐 후퇴는 없게 하고, 또 심양에 글을 보내어 군신(君臣)의 대의를 갖추어 말하고 이어서 추신사(秋信使)를 보내지 않은 이유를 말하고 한편으로는 오랑캐의 정세를 살피고 한편으로는 저들의 답변을 그대로 보아서 만일 다른 마음이 없이 형제의 예를 그대로 지키면 송나라 호씨(胡氏)가 논한 바와 같이 우선 이전의 약속을 지키고 안으로는 정사를 닦아서 후일을 도모하도록 하여 석진(石晉)의 전철을 밟지 않도록 힘쓸 것이며, 만일 그렇지 않다면 의주를 굳게 지키며 성을 등지고 한번 싸워 국경에서 안위를 결정해야 할 것입니다. 이것이 비록 만전의 계책은 아니라 할지라도 속수무책으로 망하기를 기다리는 것보다 오히려 낮지 않겠습니까.[51]

최명길의 전략을 분명하게 읽을 수 있는 대목이다. "정묘호란 때처럼 강화도로 들어가지 말고 평안도에 지휘부를 두고 의주 국경에서 안위를 결정해야 한다. 싸워서 지킬 계책도 결정하지 못하고 또 화를 완

---

51   민족문화추진회, 국역 『연려실기술 VI』(서울: 민족문화문고간행회, 1982), 164쪽.

화시킬 책략도 하지 않고 하루아침에 오랑캐의 기병이 달려 들어오면 9년 전처럼 도망가기 바빠서는 안 된다"라며 자기 나름의 전략을 제시했다.

병자호란이 터지기 3개월 전 명나라 황제는 조선이 청의 위협에 대해 원수를 갚겠다고 한 의리에 가상하다는 칙서를 내렸는데, 이를 감군(監軍) 황손무(黃孫茂)가 들고 왔다. 이때 임금은 모화관에 나가서 사신을 영접하고 인정전에서 칙서에 절을 했다.

> 요즈음 변신(邊臣)의 주문(奏聞)에 의거하면, 저 도적이 감히 다시 교활한 꾀를 부려 해국(該國)을 위협했는데, 국왕이 능히 준엄한 말로 거절하고 함께 원수를 갚겠다는 의리가 간절하여 충직하고 양순한 마음을 변치 않았다 하니, 몹시 가상하다. … 국왕은 더욱 충직하고 양순한 마음을 돈독히 하고 무략(武略)을 크게 드날리어 함께 꾀하고 협력하여 큰 공을 세워서 영원토록 요해(遼海)의 파도를 맑게 하고 힘써 번병(藩屛)의 공렬을 세워 여러 대를 지켜온 나라를 빛내고 훌륭한 포상이 내려지기를 기다리라.[52]

감군 황손무는 1636년 9월 1일 왔다가 9월 15일 떠났는데, 섬으로 돌아가서 국경 수비 문제와 어진 신하가 없다는 내용의 회첩을 하게 된다. 이때 그가 보낸 편지글에는 당시 조선의 신하들을 신랄하게 비판하는 기사를 볼 수 있다.

---

52 『인조실록』 33권, 인조 14년(1636) 9월 1일 임인 첫 번째 기사.

대체로 경학(經學)을 연구하는 것은 장차 이용(利用)을 제공하기 위한 것인데 정사를 맡겨도 통달하지 못하면 시 3백 편을 외워도 소용이 없는 것이오. 저는 귀국의 학사·대부가 송독(誦讀)하는 것이 무슨 책이며 경제(經濟)하는 것이 무슨 일인지 이해할 수가 없었소. 뜻도 모르고 응얼거리고 의관(衣冠)이나 갖추고 영화를 누리고 있으니 국도(國都)를 건설하고 군현(郡縣)을 구획하며 군대를 강하게 만들고 세금을 경리하는 것을 왕의 신하 중 누가 처리할 수 있겠소. 임금은 있으나 신하가 없으니 몹시 탄식스럽소. 왕에게 지우(知遇)를 받았으므로 변변치 못한 견해를 대략 진달하오니, 왕은 살피소서.[53]

학문을 하는 이유는 이용과 경제를 위한 것인데, 조선의 학사와 대부라는 자들이 뜻도 모르고 응얼거리고 의관이나 갖추고 영화를 누리고 있다며 비판하고 있다. 지금 읽어도 얼굴이 화끈거리고 창피할 정도다. 사실 이와 비슷한 질타는 조선을 침략한 청나라 홍타이지가 한 적이 있다. 남한산성에서 한창 대치 중인 1637년 1월 17일 청나라 홍타이지가 보낸 편지에는 조선 군대의 실상을 조롱하는 대목이 나온다.

기미(己未)년에 까닭 없이 우리를 침노했을 때[54] 짐은 생각하기를 너희 나라가 반드시 싸울 줄을 아는가 했고 이제 또 싸움의 실마리를 열기에 너희의 군사가 반드시 다시 정예하게 단련된 줄 알았지 누가 아직도 오히려 군사가 연습되지 못했을 줄 생각

---

53 『인조실록』 33권, 인조 14년(1636) 10월 24일 을미 두 번째 기사.
54 1619년 명나라와 후금의 사르후전투에 강홍립을 주장으로 1만 3천 명의 지원군을 보낸 것을 말하고 있다.

했겠는가. 너희 나라의 환난을 구할 자는 다만 명나라뿐이니 천
하의 모든 나라의 군사가 어찌 모두 다 이를 것인가.[55]

조선 내부가 아닌 명나라 황손무의 충고나 청나라 홍타이지가 조
롱한 것에서 볼 수 있듯이 당시 조선은 군사적으로 청나라의 상대가 되
지 못했음을 알 수 있다. 외부에서 바라본 객관적인 전력에서 조선은
당시의 기준으로 보았을 때도 주전파가 아닌 주화파의 주장대로 화친
의 길을 갔어야 했다. 임진왜란을 겪고 나서 40년의 세월이 흘렀는데도
조선 정부, 특히 당시의 위정자들은 전혀 혁신이라는 것을 찾아볼 수
없었다. 불과 9년 전 후금과 맺은 정묘화약을 거부하고 척화의 길을 걸
어간 인조의 선택 결과는 병자호란이었다.

황제의 칙서를 들고 와서 조선의 핵심을 파악한 명나라 사신 감군
황손무의 지적은 3개월 뒤 압록강을 건너는 청나라의 침략 앞에 우왕
좌왕 속수무책으로 무너지는 조선지휘부의 모습을 예견하고 있었다.
명나라를 위해서라도 강력하게 싸우라고 격려하고 강압적으로 몰아붙
여야 할 사신의 위치에 있었음에도 감군 황손무는 조선에 진심으로 충
고했다.

귀국 사람들의 인심과 기계(機械)를 보건대, 결코 저 강한 외
적을 대적하지 못할 것이니, 중국 조정의 일시의 장려하는 말로
말미암아 저들과의 화친을 단절하지는 말도록 하시오 했다(병자
록).[56]

---

55   민족문화추진회, 앞의 책, 203쪽.
56   위의 책, 161-162쪽.

소현세자와 봉림대군이 볼모생활했던 중국 요녕성 심양의 조선세자관 터. 「발해만요하기행」 2부에
참가한 전북교과통합체험학습연구회 교원들 2017- 08-13

　　현절사에서 척화파인 삼학사와 정온과 김상헌을 추모하는 일도 중
요하지만, 그보다 더 중요한 것은 최명길 같은 주화파를 기억하고 그들
의 공을 평가해줄 수 있어야 한다. 나아가 오늘 우리가 가야 할 방향을
잡는 것이 핵심이 되어야 한다.

　　나는 2010년 강화도에 이어 2011년 남한산성을 찾았고, 그 뒤로
이들 삼학사가 순절한 요녕성 심양의 서문 밖을 찾아갔다. 그들의 넋을
기리기 위해 삼한산두비(三韓山斗碑)가 세워져 있는 혼하 남쪽 발해요녕
전수학원을 찾아가 그들의 절의(節義)를 위무(慰撫)하기도 했다. 그러나
그들의 넋을 위로하고자 하는 것이 주목적은 아니었다. 추모(追慕) 너머
우리가 교훈으로 삼아야 할 일이 있었기 때문이다. 오늘 우리는 어떤
지식인으로 서 있어야 하는가. 주전파인가 주화파인가를 뛰어넘어 과
거의 역사 속에서 교훈을 얻고 미래를 읽어 오늘을 준비하는 현명한 지
식인이 되어야 한다. 자신만의 욕구에 만족하는 지식인, 현실에 안주하

소현세자와 삼학사가 끌려간 요녕성 청석령고개에 오른 발해만요하기행 교원연수단 2011-07-28

중국 요녕성 심양 삼한산두비에서 삼학사를 만나고 있는 발해만요하기행 교원연수단 2017-08-13

는 지식인, 미래를 읽는 지식인 등 삼학사는 우리에게 현실을 통찰하고
시대를 앞서가는 혜안으로 미래를 읽는 지식인이 되어야 한다는 교훈
을 던지고 있다. 명나라 황손무가 지적했듯이 뜻도 모른 채 웅얼거리고

의관(衣冠)이나 갖추고 영화를 누리는 지식인이나 위정자가 되어서는
안 된다.

　미국과 중국의 세계 패권 전쟁 하에 일본과 러시아 등 주변국 관계
까지 복잡다양하게 얽힌 우리의 현실. 게다가 남과 북으로 쪼개진 한민
족의 위기 상황 속에서 전쟁을 막고 평화로운 통일로 가기 위해서는 어
떤 철학과 사상을 가지고 오늘을 살아가야 하는지, 또 내일의 통일 과
업을 위해 오늘 우리가 준비해야 할 것이 무엇인지를 병자호란에서 그
방향성을 찾을 수 있어야 한다. 광해군의 외교로 갈 것인지, 인조의 외
교로 갈 것인지 삼학사와 척화파의 교훈에서 이 시대의 지식인과 위정
자가 가져야 할 눈은 아교를 붙이고 거기에 옻칠까지 한 눈이 되어서는
안 될 것이다.

남한산성에서 돌아보는 병자호란과 국난극복의 지혜

❶남한산성 행궁 내 통일신라 건물터 → ❷외행전과 내행전 → ❸좌전 → ❹숭렬사 →
❺전승문(북문) → ❻연주봉옹성 → ❼우익문(서문) → ❽국청사 → ❾수어장대와 청량당 →
❿지화문(남문) → ⓫남옹성(남장대 터) → ⓬우실 터 → ⓭개원사 → ⓮현절사

제3부

여주 · 영릉

남한강 여주 한 바퀴

남한강이 아침 안개에 잠들었다. 새벽 6시 안개를 가르며 34명의 연수단이 산책 겸 신륵사를 찾았다. 여강(驪江)의 아름다움이 안개 뒤로 숨었다. 나옹선사의 다비식이 거행된 강변의 화강암 암반 위에 삼층석탑이 강월헌(江月軒)[1]과 한 폭 그림으로 그려져 있다.

신륵사 강월헌 옆 삼층석탑 2016-01-31

---

1   나옹(懶翁)스님을 말한다. 나옹스님의 법명은 혜근(惠勤), 호는 강월헌이다. 우왕의 명으

여주 이인영 의병장 생가, 김제교육지원청 교원연수단 2014-10-04

　　세종의 원찰 극락보전 앞의 대리석으로 쌓은 다층석탑에 새긴 용 조각과 5개의 발가락이 세종을 대신하고 있다. 극락보전 뒤로 나지막 한 언덕에 연이어 서 있는 승탑, 석등, 기록비 등 세 점의 보물 속에 담 긴 나옹스님의 삶이 안겨온다.

　　고달사지의 국보 승탑을 산속에서 감상하고 1907년부터 1908년 까지 13도 총의병장을 맡아 서울진공작전을 지휘한 이인영 의병장 생 가를 찾아서 의병전쟁사 전체의 줄거리를 익혔다.

　　남한강 세종대교를 건너 세종대왕 영릉에서 세종의 자주정신과 함 께 조선의 천문과학유산을 깊이 있게 공부하며 자긍심을 가졌다. 영릉 앞 정자각에서 세종을 기리며 함께 목례를 올렸고, 능침에 올라 석물들 을 바라보며 세종과 눈을 마주쳤다.

　　명성황후 생가에서 근대화 시기 그녀의 역할에 대한 평가를 함께

<hr>

　　로 밀성(密城: 밀양) 영원사(瑩源寺)로 옮겨가던 중 1376년(우왕 2) 5월 15일 여주 신륵 사에서 입적했다. 당시 나이 56세, 법랍 37세였다.

명성황후 생가. 명성황후의 역할에 대한 토론을 벌이고 있는 김제교육지원청 교원연수단 2014-11-04

토의하는 시간을 갖고, 일본의 집단자위권에 대한 경각심을 가쓰라-태프트조약에 대비하여 접근했다.

　남한산성, 여주의 자연과 문화 · 역사 신실학교육 교과통합체험 교원연수를 무사히 마치고 돌아간다. 미호천 강변의 들꽃과 굽이치며 유유히 가을을 즐기며 내려가는 강물이 퍽이나 아름답다.

2014-10-04

신륵사神勒寺 강월헌江月軒

온 나라가 어디나 가을인 날
비 오는 여강(驪江) 조포나루

이른 아침 비바람에 홀라당 벗어내는
가을 단풍 사태(沙汰)를 온몸으로 맞으며
강월헌(江月軒) 넓은 품에 어깨를 푼다.

나옹(懶翁)선사의 다비식(茶毘式) 터에
남한강 살결이 숨을 토해놓은 안개 그윽하고
선사(禪師)의 영험으로 뭉친 화강암반 위의 삼층석탑이
용마를 제압하여 신륵(神勒)을 여태껏 가두고 있다.

그 언제 적부터 남한강의 굽이도는 물길에 우뚝 섰나
봉미산 끝자락이 강에 내려와 닿는 언덕 위에 등대로 서서
신륵사 수호해온 다층전탑(多層塼塔)은 말이 없다.

남한강변에 세워진 강월헌에서 나옹스님의 일대기를 듣고 있는 남원용성중학교 학생·학부모·교원
연수단 2012-07-07

전탑 북편의 아늑한 터에 세종대왕의 원찰(願刹) 극락보전이 장중하고
석탑에 새긴 용의 발톱이 선명하게 돋아나 살아있는 듯 꿈틀댄다.

대리석 석탑을 한 바퀴 돌며 두 손 모아
대왕의 극락왕생 바라옵고 기려온 지 수백 년
그 정성 흐트러질라 조용조용 걷는다.

아침이 덜 깬 시간 불자의 예불 드리는 모습이 성스럽다.
신륵사의 아침은 가을 속 동화다.

남한강을 거슬러 강월헌 건너편 조포 나루터에 와닿는 황포 돛단배
수십 척의 노 젓는 사공늘 박자 소리가
아홉 용이 승천한 연못 터에 세워진 구룡정(九龍亭)을 타고

신륵사 극락보전과 다층석탑. 대리석으로 만든 석탑 하단부에 용의 발톱이 새겨져 있다. 2018-10-28

넘실대며 귀에 쟁쟁하다.

신륵모종(神勒暮鍾) 청명한 소리
강월헌 한 바퀴 돌아 나더니
여강 물결 타고 영릉(英陵)으로 주인 찾아간다.

서울진공작전 이인영 의병장

대한인(大韓人)의 특성 의병 정신
갑오년으로부터 경술년까지 16년의 의병사와
34년 11개월의 독립전쟁사를 통해 구한말과 일제강점기를

우리 민족 불굴의 독립정신과 자주정신으로
새롭게 자긍심으로 승화해내며
이젠 패배가 아닌 당당함으로
후손들에게 물려주자

남한산성에서 김하락 의병장이 서울진공작전 시도한 뒤 12년
다시 양주에서 서울진공작전 벌인 13도 창의군(十三道倡義軍) 총대장 이
인영 의병장 생가에서
간이 의병학교를 열고 힘차게 독립 통일을 외치는 소리

총대장 이인영
군사장 허위(許蔿)
관동의병대장 민긍호(閔肯鎬)

호서의병대장 이강년(李康秊)

교남(嶠南)의병대장 박정빈(朴正斌)

경기 · 황해 · 진동의병대장 권중희(權重熙)

관서의병대장 방인관(方仁寬)

관북의병대장 정봉준(鄭鳳俊)

호남의병대장 문태수(文泰洙)

13도 창의군의 본진은 천천히 서울을 향해 진격하고
군사장 허위는 선발대 300을 이끌고
동대문 밖 30리 지점까지 진격했으나
후발 의병부대가 도착하기 전에 일본군의 공격을 받아
치열한 격전 끝에 퇴각하고 말았던[2]
서울진공작전은 그렇게 깃발을 내려야 했다.

1908년 1월 동대문 앞에서 좌절된 서울진공작전
그 꿈을 이루지 못하고 순국한
수많은 의병을 마음으로 모셔온다.

가을이 수북하게 쌓인 의병장 생가에
빨갛게 익은 산수유 열매가
눈 속에 빛난다.

---

2   홍영기, 『한말후기의병』(서울: 경인문화사, 2009), 49쪽.

이인영 의병장의 생가 2014-11-02

여주 이인영 의병장 생가, 전라북도교육청 찾아가는 교과통합적 역사연수 교원연수단 2018-10-28

왕의 숲길에서 자주와 북벌을 되새기다

갑오년 가을 여행 마지막 날
효종대왕 영릉 앞에 오랜만에 다가선다.

사후(死後)에도 세종 곁에 묻혀
지금까지도 쓸쓸한 효종을
오늘은 따뜻하게 안았다.

자주와 북벌이다.
황제만이 다루는 천문을 비밀리에 목숨을 걸고 다루어
세계 최고의 하늘민족 유전자를 살려낸 대왕 세종

천문과학유산은 세종의 용기와 조선의 자주를 꿈꾼
자주 군주의 철학이었으며
명(明)의 존재와 사대부의 특권인 한문의 장벽마저 뛰어넘고
우뚝 섰다.

조선 하늘 아래 모두의 평등과 인권의 인류 보편적 가치를 품었던

따뜻한 한 인간 세종 이도(李祹)
그가 있었기에 오늘 우리는 한글, 그 문자의 사치라는 극찬을 받는
우리글을 쓰고 있다.

정자각 앞에 머리를 숙이고
세종에 참배하는 겸손의 마음속에
존경하는 마음이 가득하다.

또 다른 영릉 효종의 안타까운 운명을 만나기 위해
산 고개를 타고 가을 고개를 넘어 겨울의 문턱을 밟는다.

연암의『허생전』과 실학자들의 북벌에 대한 비판
효종대왕의 북벌 추진은 허울 좋은 이름뿐이었다는 북벌의 실체를
이덕일의『송시열과 그들의 나라』, 북원태학의「발해만요하기행」속의
봉림과 소현의 북경 포로 길을 토대로 재구성하여 새롭게 다가간다.

효종은 진정한 북벌을 준비했고 꿈을 꿨다.
그러나 서인은 발목을 잡았다.
그리고 효종은 승하했다. 북벌은 물거품 되어 사그라들었다.

오늘의 북벌은
중국 땅에 사는 동포에게 관심을 가지고
민족의 동질감을 회복하는 것이다.
오늘의 북벌은 만구지역에 남겨신 복딥군들의
피의 흔적을 밟는 것이다.

왕의 숲길 2014-11-02

오늘의 북벌은
요동과 간도를 잊지 않고 다시 찾는 것이다.
오늘의 북벌은
대마도를 찾는 것이다.
오늘의 북벌은
독도와 이어도를 지켜내는 것이다.

오늘 북벌의 출발은
우리 민족의 원대한 고대사를 회복하는 것이다.
그리고 오늘 북벌의 완성은 남북의 평화적 통일이다.

효종과 송시열의 기해독대를 통해
효종의 진정한 북벌전략이 새롭게 피어나고
송시열의 발목잡기가 만천하에 드러난다.

140

효종이 잠들어 있는 영릉. 인선왕후의 능이 효종 앞쪽에 조성되어 있다. 동원상하릉 형태이다.
2018-10-28

고독했던 효종
서인 산림과의 사투를 벌이며 못다 이룬 북벌
오늘 우리는 어떤 북벌을 완성해야 하는가.

효종의 북벌은
아직 끝나지 않았음을
그리고 결코 지금 그가 외롭지 않음을
다 함께 목례로 동행한다.

세종의 영릉과 천문과학유산을 바라보며

남한강이 흐르는 여주, 왠지 이곳은 정겨운 나의 고향 같다. 10년 전 겨울, 세종의 영릉 앞에서 엎드려 절했던 그때부터 영릉 앞에 전시된 세종대의 천문과학기기들을 자세하게 살피고 연구하며 그 기기 하나하나에 깃든 조상의 숨결과 민족과학 정신을 읽어내어 자긍심을 갖게 되는데 근 10년의 세월이 걸렸다.

그동안 여주와 영릉에서 여주지역의 교직원들과 문화관광해설사

세종대왕의 영릉. 소현왕후 심씨와 합장릉이다. 2012-05-11

그리고 일반 시민을 대상으로 세종 시대 천문과학과 자주정신, 감성 단체 '여민'과 함께한 영릉 별빛음악회, 천문의기(天文儀器) 해설 지역강사 양성 등의 문화행사와 강연을 진행해왔다. 영릉을 품고 있는 여주는 내게 그렇게 가까운 곳이 되었다. 천문과학을 배경으로 지금은 이곳에서 세종의 자주와 효종의 북벌을 이야기하고 있다.

강화도에서 남한산성으로 이어진 병자호란, 그리고 소현세자와 봉림대군이 볼모로 끌려다닌 청나라 서정(西征)의 원정길을 따라 산해관을 통과하여 북경 자금성 안의 문연각과 남천주당에서 소현세자를 만났다. 그 긴 여정의 끝에는 답이 쓰여 있었다. 병자호란 전의 임금 중의 하나 세종의 자주와 병자호란 뒤의 포로로 끌려갔다가 돌아와 소현세자의 뒤를 이어 세자가 되었다가 임금이 된 효종의 북벌이었다.

효종은 봉림대군으로 강화도에서 남한산성 아래의 삼전도로, 다시 압록강 너머 심양에서 북경으로 갔다가 조선으로 돌아왔고 왕이 되어 북벌을 추진했다. 그리고 사후에 여주에서 잠들었다.

여주에는 세종과 효종의 2개 영릉이 왕의 숲길로 연결되어 작은 고개를 사이에 두고 나란히 남쪽을 바라보고 있다. 특히 세종의 영릉 앞에는 세종전이 자리하고 있고 세종 시대 천문의기들을 복원하여 야외 공간에 전시해놓았다. 수없이 많은 사람이 찾아오는 위대한 성군 세종이 누워 있는 영릉을 찾아오면 매표소를 지나 통로 좌측에 펼쳐져 있는 세종 시대 빛나는 천문과학의 산물인 천문의기들을 만날 수 있다.

영릉 입구에 설치된 천문과학기기들을 바라보며 그것들이 단순한 조형물의 의미를 뛰어넘지 못하고 있음을 안타깝게 여겼다. 대부분의 관광객은 스쳐 지나가며 바라보는 정도에 그칠 수밖에 없기 때문이다. 그 기기 하나하나에 담겨 있는 탄생의 배경과 원리 및 사용법을 비교적

북벌 군주 효종의 영릉을 찾은 전라북도교육청 역사연수 교원연수단 2018-10-28

자세하게 알 수만 있다면 절로 자긍심이 생겨나고 또한 민족 과학의 우수성을 느낄 수 있다. 그리고 그 이면에 깔린 당시 조선과 명나라의 국제관계 속에서 천문의기들이 내포하고 있는 자주성을 터득할 수 있다면 천문과학을 뛰어넘어 더 중요한 역사의식을 함양할 수도 있다. 역사적으로 세종대왕을 '자주 군주'라고 하는 것은 익히 알고 있지만, 구체적으로 가슴을 울리며 감동으로 다가서는 자주 군주의 실체를 느끼기에는 한계가 있다. 그 한계를 극복하고 눈과 가슴으로 체득할 수 있는 것이 바로 영릉에 설치한 천문의기들이다.

남한산성과 여주를 묶어서 문화 · 역사 기행을 안내하고 있는 것은 바로 이 목적을 달성하기 위해서다. 남한산성에서 병자호란을 통해 국란을 당하지 않으려면 어떻게 해야 하며 만약 국란을 당했다면 지도자들이 어떻게 리더십을 발휘해야 하는지 그 방향을 설정하는 것이라면, 여주에서는 세종의 영릉 앞 천문의기들을 통해 세종의 자주정신과

144

영릉 앞 세종전 북쪽에 있던 천문기상기구. 왼쪽부터 풍기대, 자격루, 수표, 측우기가 놓여 있다.
2017-09-16

애민정신을 제대로 이해하고 오늘의 자주정신과 애민정신이 무엇이 되어야 하는지를 생각해보고자 함이다. 더불어 남한산성의 병자호란에서 여주로 연결하여 북벌 군주였던 효종대왕의 북벌 실체를 역사를 통해 접근해보고 오늘의 관점에서 미래의 북벌이 가야 할 목표를 잡아보는 것 또한 중요한 목적이다.

영릉 앞에 전시된 천문의기들은 태조 때의 천상열차분야지도를 포함하여 간의, 소간의, 앙부일구와 일구대, 규표, 일성정시의, 정남일구, 천평일구, 현주일구, 혼상, 자격루, 혼천의, 적도의, 수표, 측우기, 풍기대 등이다. 이곳에 설치된 천문의기 중 정남일구, 천평일구 그리고 현주일구의 시반은 세종 대의 시법인 백각법(百刻法)을 기준으로 복원되어 있어 효종 대에 도입된 시헌력에 의한 96각법으로 표시된 앙부일구의 시각선과 비교하여 그 차이점을 확인해볼 수 있는 훌륭한 학습장이다.

몇 해 전부터 발굴조사를 시작으로 새롭게 단장해왔는데, 영릉 앞

세종 영릉 앞의 세종전에서 익산지원중 교직원 연수단 2015-05-02

기존의 세종전 남쪽 야외 전시장에 조성된 천문과학기기들 2018-10-10

에 설치된 세종전은 철거되었으며 천문과학기기들을 바로 옆 동편으로 옮겨 2020년 7월 1일 새롭게 문을 열었다. 실로 긴 시간 노력의 결과로 다시 태어난 영릉의 천문과학유산들을 만날 수 있게 되었다.

영릉 앞의 천문의기들을 장소를 이동하여 안치하고 재배치하는 과정은 세종유적관리소에서 내게 의뢰해왔기에 2017년부터 참여하여 의견을 교환했으며, 천문의기 배치 향(向) 결정을 통해 2019년 천문의기 표지판 설명문 보완까지 자문했다. 이러한 진행 과정은 학교 현장체험학습의 스토리텔링을 위해 별도로 글을 남겨 소개하고자 한다.

영릉 천문의기에 담긴 정신

여주대학교 평생교육원에서 진행하는 「세종 리더십 교원양성 심화과정」 연수에서 세종 시대 과학유산 속에 담긴 정신을 안내하기 위해 여주 영릉을 다시 찾았다. 여주는 세종의 극락세계를 염원하며 중창을 통해 거듭난 원찰인 신륵사, 효종과 함께한 원두표, 외교의 모범이 되는 서희, 동학의 2대 교주인 최시형 선생의 묘가 있는 곳이다. 또한 일제에 항거한 의병장 이인영 생가와 독립지사 조성환 생가 등이 있다.

여주대학교 평생교육원의 「세종 리더십 교원양성 심화과정」 연수 천상열차분야지도, 2016-02-02

여주 영릉 앞 세종전시관 앞마당에는 다른 곳에서는 보기 어려운 세종 시대 천문과학유산이 복원되어 있다. 크게 별자리와 천문 그리고 해시계와 측정도구 등 네 가지 영역의 과학기구들로 구성되어 있다. 국보 228호 천상열차분야지도(天象列次分野之圖)를 만나기 위해 먼저 청동기시대 암석에 새긴 성혈에서부터 별자리형 바위 구멍과 한국에서만 나오는 윷판형 암각화 속의 북두칠성을 만났다. 천상열차분야지도는 단순히 하늘의 별들을 그려내고자 하는 의도가 아니라 백성의 농사를 도울 달력의 의미가 더 크다. 28수를 인식하여 각각 남중하는 시기를 관측해서 24절기를 알게 하는 하늘에 새긴 달력이었다.

당대 세계 최고의 천문관측 능력과 관측기구를 갖춘 세종 시대의 유산들을 이해하기 위해 먼저 기본이 되는 한국의 전통 방위체제를 십간십이지와 팔괘를 통해 그 구성을 접하고, 이어서 내가 2년 동안 측정한 그림자 해시계의 접근을 통해 하늘의 움직임을 이해했다.

그리고 세종전 앞뜰에 세워진 자랑스러운 천문관측 도구를 통해 실제로 원리를 터득하고 측정하는 실습을 진행했다. 조선의 하늘과 조선의 시계를 만난다. 천평일구에서 시반의 윗면과 아랫면 2개의 시계 원리와 백각법의 시법을 익히고 간의에서 지평좌표와 적도좌표의 측정법, 규표의 원리와 1년의 시간 측정 방법, 세종 대와 효종 대 그리고 현대의 시간에 맞게 복원한 앙부일구를 가지고 시각 읽어내기, 혼천시계와 혼천의 구조를 숙지한 뒤 마지막으로 천상열차분야지도를 읽고 해석했다.

독자적인 조선만의 천문체계를 완성한 세종의 자주정신, 조선 백성을 위한 언어 한글, 국방, 음악 등 여러 방면에서 업적을 남긴 일은 이 시대 지도자들이 가장 깊게 새겨야 할 대목들이다. 그 정신이 여주 영릉 야외전시장에 펼쳐져 있다.

여주대학교 평생교육원의 「세종 리더십 교원양성 심화과정」 연수 천평일구 사용법, 2016-02-02

여주대학교 평생교육원의 「세종 리더십 교원양성 심화과정」 연수 앙부일구, 2016-02-02

2016-02-02

150

천문에 대한 세종의 집념

우리나라 역사상 천문과학유산을 가장 많이 남긴 시기는 세종 때였다. 그 이전과 이후에는 왜 이 같은 천문과학기기들이 많지 않았을까. 꼬리에 꼬리를 무는 질문이 이어질 수 있다.

우리 민족은 이미 단군조선 시기부터 천문을 관측하고 그 결과를 사서에 남겨놓았다. 대표적인 것이 기원전 1733년 13세 흘달 단군 때의 오성취루 기록이다(戊辰五十年 五星聚婁黃鶴來棲苑松).[3] 이는 기록과 1년의 차이가 나는 B.C. 1734년 해질녘에 태양으로부터 금성, 목성, 토성, 수성, 화성이 늘어서고 초생달도 함께 모여 장관을 이루었던[4] 사실을 기록한 것이다. 5개의 행성이 모이는 이른바 '오위합취(五緯合聚)'는 고구려 차대왕 때도 있었는데, 이때 기록은 『증보문헌비고』에서 엿볼 수 있다. "차대왕 4년(149) 여름 5월에 오성이 동방에 모였다"[5]라는 기록이 그것이다. 이것은 『삼국사기』「고구려본기」[6]에도 그대로 실려 있다.

---

3   임승국 번역 · 주해, 『한단고기』(서울: 정신세계사, 1986), 89쪽.: 대야발(고동영 역주),
     『단기고사』(서울: 한뿌리, 1999), 85쪽.

4   박창범, 『하늘에 새긴 우리 역사』(파주: 김영사, 2009), 29쪽.

5   세종대왕기념사업회, 『국역 증보문헌비고』「상위고」1 (서울: 세종대왕기념사업회,
     1980), 232쪽.

6   김부식(이병도 역주), 『삼국사기 상』(서울: 을유문화사, 2002), 370쪽.

2022년 오위합취 천문현상 관측사진. 2022년 6월 중순부터 7월 초순까지 진행된 오성취 천문현상으로 6월 23일 새벽 04시 24분에 촬영한 것이다. 좌측 아래부터 금성, 달과 화성, 목성 순으로 일렬로 배열되어 있다. 목성 우측으로 토성이 있지만 카메라 시야의 한계로 한 화면에 나타나지 않았다. 금성 좌측 아래로 수성이 있으나 구름으로 보이지 않는다. LG V40 스마트폰, F/1.9, 노출시간 5초, ISO 1200, 남원산동 부절리

　『삼국사기』에는 고구려, 백제, 신라 모두 천문관리를 두고 일식을 관측했고, 낮에도 금성을 관측해 '태백주현(太白晝見)'이라는 기록을 남겨놓기까지 했다. 삼국시대 태백주현은 신라 4회, 고구려 1회, 백제 3회 등 총 8회의 관측기록을 남겼다.[7] 이렇듯 단군조선으로부터 삼국시대를 지나 고려 및 조선으로 이어지는 천문관측 역사는 우리 민족의 자랑이다. 특히 조선시대 세종 때는 간의, 혼천의, 자격루, 앙부일구, 천평일구, 일성정시의 등 수없이 많은 과학기기를 제작했는데, 그 배경은 무엇일까.

　그것은 단연 세종이라는 임금이 있었기에 가능한 일이었다. 다시 말하면 세종의 리더십이 그 배경이다. 조선만의 시계와 역법을 만들고

7　세종대왕기념사업회, 앞의 책, 293쪽. 이 책에서 태백주현은 성주현(星晝見)이라고 했다.

자 한 세종의 철학, 그리고 그 목적을 달성하기 위해 수학자, 천문학자, 기술자 등 수많은 전문가를 양성했고 심지어 해외 파견까지 보내 전문성을 심화시키게 했다. 해당 분야의 전문가는 신분의 고하를 막론하고 실력과 능력을 갖춘 자라면 등용했다. 1425년 천문학자들에게 남극노인성을 관측하라는 임무를 내린 뒤 세종은 약 5년간 포기하지 않고 천문학자를 백두산, 설한점, 한라산 등지로 계속 파견하여 1430년 끝내 관측을 성공시킨 사례[8]에서 볼 수 있듯이 목표 달성을 위한 인내와 신뢰는 무엇보다 세종 시대의 과학, 특히 천문의기 제작의 전성기를 가져오게 한 원동력이 되었다.

흠경각에는 세종의 과학정신이 담겨 있다

조선만의 시계와 역법을 만들고자 한 세종의 집념은 어디서 온 것일까. 그것은 1438년 1월 완성된 '흠경각(欽敬閣)'이라는 건물 이름에서 그 출발을 찾을 수 있다. 흠경각이란 '흠모하고 공경하는 건물'이라는 뜻인데, 무엇을 흠모하고 공경하는 것일까. 세종과 장영실(蔣永實) 그 둘의 만남의 종점에는 옥루와 흠경각이 함께한다. 1432년 간의에서 출발하여 1437년 일성정시의(日星定時儀)를 마무리하고 천문의기 제작이라는 국가사업의 대미를 장식한 장영실은 물시계와 천체의 회전을 통합한 새로운 개념의 천문시설을 만들어낸다. 그것이 바로 옥루(玉漏)다. 1438년 세종은 옥루를 포함한 여러 과학기기를 침전 근처 사정전의 부속 건물인 천추전 서편에 흠경각을 지어 배치하고 직접 그 기기들의 작동을

---

8   민족문화추진회, 『연려실기술 XI』 典故(서울: 민족문화간행회, 1982), 62-63쪽.

살폈다. 세종은 이 천문 관측기기를 설치한 건물 이름을 왜 흠경각이라고 지었을까. '흠경각'이라는 건물 이름은 다름 아닌 삼경(三經) 중의 하나인『서경』의 우서(虞書) 요전(堯典)에 나오는 다음의 글귀 속에서 뽑아내어 지은 것이다.

乃命羲和(내명희화) 欽若昊天(흠약호천)
曆象日月星辰(역상일월성신) 敬授人時(경수인시)
요임금은 이에 희씨와 화씨에게 명하여 광대한 하늘을 공경하고 받들며, 해와 달과 별의 운행을 관찰하여 삼가 사람들에게 때를 알려주도록 했다.[9]

−『서경』우서 요전

위의 글은 '관상수시(觀象授時)' 또는 '역상수시(曆象授時)'라는 말로 나타낼 수 있는데, 쉽게 말하면 "하늘을 관찰하여 시간을 내어준다"라는 의미다. 조선의 건국이념과 통치 철학인 성리학적 사상이 그 뿌리였다. 임금은 하늘이 내고 천명(天命)을 받은 임금만이 백성을 통치할 수 있다는 천명사상은 하늘의 천문과 지상 세계인 땅의 인문을 이어가는 천인합일의 사상이기도 했다. 요순시대는 이후 제왕들의 이상(理想)이었고 롤모델이었다. 천명은 하늘이 내려준 것이었다면, 그 천명을 받은 임금은 백성이 먹고살게 해주어야 할 무거운 책임을 지고 있었다. 그것은 바로 농사를 짓는 때를 알려주는 것이다. 따라서 때, 즉 시간을 내려주는 것은 임금의 절체절명(絶體絶命)한 사명이 되었다. 그 시간을 알리는 것이 해시계였다. 해시계를 쓰려면 역법을 기본으로 하여 시법이 작

---

9   이가원 감수,『書經』(서울: 홍신문화사, 2009), 19-20쪽.

여주 영릉 앞에서 세종 시대 천문의기인 천평일구의 구조와 사용법을 알아보고 있는
전라북도김제교육지원청 교원연수단 2014-10-04

동되어야 한다. 그런데 그 역법은 조선의 하늘을 기준으로 한 것이 아니었다. 다름 아닌 중국의 하늘을 기준으로 한 것이기에 조선에 맞을 리 없었다. 천명을 받은 임금이 가장 먼저 할 일은 하늘을 관찰하여 시간을 내어주는 것인데, 그 첫 번째 사명부터 제대로 완수할 수 없었다.

한양의 첨성대, 조선 천문의 서막을 열다:
전문가 양성과 투자 그리고 기다림

세종은 즉위 2년 뒤인 1420년 이미 첨성대(瞻星臺)를 두고 천문관리를 배치하여 천문을 관측하게 했다.『연려실기술』의 별집 제15권 천문전고(天文典故) 첨성(瞻星)에 실린 세종의 천문에 관한 관심을 연도별로 살펴본다.

세종은 1420년부터 1430년까지 첨성대를 중심으로 천문을 관측했고, 전문적인 연구기관을 설립하여 천문학자를 우대했다.

세종 2년 경자년(1420) 3월에 임금이 내관상감(內觀象監)을 설치하여 첨성대 세우기를 명하고, 또 천문(天文)에 밝고 산수(算數)에 지극히 정밀한 사람을 뽑아 천문을 맡기려 했다. 그런데 전 관상감정(觀象監正) 이무림(李茂林)이 정영국(鄭榮國)·최천구(崔天衢)·박유신(朴惟新)·김흥국(金興國)·이대정(李大禎)·정강(鄭剛) 등의 이름을 뽑아서 들였다. 전 관상감정 윤사웅(尹士雄)이 장흥(長興)으로 물러나 살았는데, 불러서 역마(驛馬)를 타고 올라오게 했다.

임금이 때때로 혼자 미행으로 친히 첨성대에 임하여 사웅에게 명하여 천도를 논란하다가 술을 내려주고 파했다. 10월 보름날 지진이 크게 일어나고, 20일 동쪽에 혜성(彗星)이 나타났다. 곧 임금께 아뢰니, 임금이 크게 놀라 몸소 첨성대에 올라가 관측했다. 정전(正殿)을 피하고 반찬을 줄이며, 음악을 중지하고 형벌을 줄여 옥문을 활짝 열며, 중외에 크게 사면하는 명을 내려 두려워하고 삼가 반성함으로써 하늘의 꾸지람에 답하니, 7일 만에 혜성이 없어졌다.

세종 3년 신축년(1421)에 남양 부사 윤사웅, 부평 부사 최천구, 동래(東萊) 관노(官奴) 장영실을 내감(內監)으로 불러서 선기옥형(璇璣玉衡) 제도를 토론하여 연구하게 하니 임금의 뜻에 합하지 않음이 없었다. 임금이 크게 기뻐하여 이르기를, "영실은 비록 지위가 천하나 재주가 민첩한 것은 따를 자가 없다. 너희들이 중국에 들어가서 각종 천문기계의 모양을 모두 눈에 익혀 와서 빨리 모방하여 만들어라" 하고, 또 이르기를, "이 무리를 중국에 들여보낼 때 예부에 자문을 보내어 '조력학산(造曆學算)'과 각종 천문 서책을 무역(貿易)하고 보루각(報漏閣)·흠경각의 혼천의(渾天儀) 도식을 견양(見樣)하여 가져오게 하라" 하고, 은냥(銀兩)·물산(物産)을 많이 주었다.

세종 4년 임인년(1422)에 사웅 등이 중국에서 돌아오면서 천문에 대한 여러 서책을 사오고, 양각(兩閣) 제도를 알아왔으므로 곧 양각혼의성상도감(兩閣渾儀成象都監)을 설치하여 사웅 등에게 감조(監造)하게 했다.

세종 7년 을사년(1425) 10월에 양각을 준공하여 임금이 친히 내감(內監)에 가서 두루 보고 이르기를, "기이하다. 훌륭한 장영실이 중한 보배를 성취했으니 그 공이 둘도 없다" 했다. 곧 면천(免賤)시키고 가자하며 실첨지(實僉知)를 제수하고 겸하여 보루사(報漏事)를 살피게 하여 서울을 떠나지 않게 하며, 감조관(監造官) 윤사웅 등 세 사람에게 안마(鞍馬)를 하사했다.

5월 7일 밤 임금이 친히 첨성대에 가서 관(管)을 들여다보고 측후하면서 이르기를, "노인성이 어디에 있느냐" 하니, 윤사웅 등이 남쪽 하늘을 가리키며 아뢰기를, "남극노인성이 저기에 있사온데 시력이 모자라 보이지 않습니다. 남극에 가깝고 높이 있사온데 제주(濟州) 한라산과 서북은 백두산·설한점(雪漢岾) 상봉에 올라가면 보인다 하오나 살펴볼 길이 없습니다" 했다. 임금이 사웅에게 명하여 제주도로 가게 하고, 무림과 천구는 백두산과 설한점으로 나누어 보내어 금년 추분부터 명년 춘분까지 남극노인성을 보고 오라 하여 명일 내로 가게 했다.

세종 8년 병오에 한라산에서 후망(候望)하던 윤사웅, 백두산에서 후망하던 이무림, 설한점에서 후망하던 최천구 등이 모두 구

성산 수마포 해안가에서 촬영한 노인성 관측사진. 우측 하단부 수면 위에
표시한 밝은 별이 노인성이다. 상단에 오리온 자리의 일부분이 보인다.
Samsung NX300M, F/3.5, 노출 30초, ISO 1600. 2018-02-17, 19:14

름이 끼어 보지 못했다고 장계를 올리고 헛되이 돌아왔다.

　세종 12년 경술년(1430) 정월에 또 명하여 세 사람을 각각 관
측하러 가게 했다. 10월에 무림·천구는 바다가 어두워 남극성을
바라보지 못하고 돌아왔으나, 12월에 사웅은 춘분에는 보지 못

했으나 추분에 바다가 맑고 하늘이 개어 남극성을 밝히 보고 도형을 올렸다. 임금이 친히 첨성대에 와서 자세히 묻고 술을 주고 그리하여 사옹을 가자했다(『서운등록(書雲謄錄)』).[10]

세종시대 천문과학의 여명을 연 1420년부터 1430년까지는 천문학자와 기술자를 등용하고 첨성대를 세우게 했으며, 천문학자들을 중국으로 보내 보루각과 흠경각 및 혼천의의 도식을 그려오게 했다. 세종은 이 기간에 첨성대를 찾아와 함께 혜성을 관측하고 노인성이 어디에 있는지 물은 뒤 그 노인성을 관측하도록 천문학자를 파견했다. 1430년 추분 때 제주에 내려간 윤사웅이 드디어 노인성을 관측하여 그 모습을 그려 세종에게 올리기도 했다. 1432년 10년의 노력이 결실을 보게 되어 드디어 첫 번째 천문의기인 간의가 태어나게 되는데, 간의 제작을 명한 것도 세종이었고 간의를 제작하여 첫 번째 해야 할 일이 한양 북극고도를 측정하는 것이라고 명확하게 그 목적을 밝힌 것도 세종이었다. 세종 자신이 천문학자였다.

세종 시대의 천문과학유산들을 만나다

세종 2년인 1420년 내관상감을 설치하여 첨성대를 짓게 하고 천문학자들을 불러들여 전문성을 기르게 한 세종은 세종 14년 임자년(1432) 목간의(木簡儀)를 제작한 것을 필두로 하여 천문의기를 다양하게 만들어낸다.

---

10   민족문화추진회, 앞의 책, 60-63쪽.

『세종실록』과 『연려실기술』 속의 천문관측 기구 제작 기사

순서	기록 연도	관측기기 및 내용	관련 문헌
1	세종 2년 경자년(1420) 3월	- 내관상감을 설치하여 첨성대 세우기를 명함	『연려실기술』 별집 제15권 천문전고 첨성
2	세종 3년 신축년(1421)	- 윤사웅, 최천구, 장영실을 내감으로 불러 선기옥형제도 토론	『연려실기술』 별집 제15권 천문전고 첨성
3	세종 4년 임인년(1422)	- 사웅 등이 중국에서 복귀. 양각 제도를 알아와 양각혼의성상도감 설치. 사웅에게 감조	『연려실기술』 별집 제15권 천문전고 의상
4	세종 14년 임자년(1432)	- 정인지와 정초에게 명하여 간의대를 짓게 하고 이천, 장영실에게 일을 감독 - 목간의, 대·소간의, 혼의·혼상, 현주·천평·정남·앙부일구, 일성정시의, 자격루(무오년 준공) 순으로 완성	『연려실기술』 별집 제15권 천문전고 의상 『세종실록』 77권
5	세종 15년 계축년(1433) 6월 9일	- 정초, 박연, 김진 등이 새로 만든 혼천의를 올림	『세종실록』 60권
6	세종 15년 계축년(1433) 8월 11일	- 정초, 이천, 정인지 등이 혼천의를 올림	『세종실록』 61권
7	세종 16년 갑인년(1434) 10월 2일	- 처음으로 앙부일구를 혜정교와 종묘 앞에 설치하여 일영 관측	『세종실록』 66권
8	세종 19년 정사년(1437) 4월 15일	- 주야 측후기인 일성정시의가 이룩됨	『세종실록』 77권
9	세종 20년 무오년(1438) 1월 7일	- 흠경각이 완성되어 김돈에게 기문을 짓게 함. 대호군 장영실이 건설한 것이나 규모와 제도의 묘함은 모두 임금이 마련함. 경복궁 침전 곁에 위치 - 대소간의, 혼의, 혼상, 앙부일구, 일성정시의, 규표, 금루 순으로 기술	『세종실록』 80권

오늘 세종이 우리에게 말하는 것은 무엇인가

조선만의 글자인 훈민정음 창제와 반포, 삼남지방의 선진적 농업기술의 전국적인 보급 노력인 『농사직설』, 조선의 풍토와 조선인에게 맞는 의약학 『향약집성방』을 포함한 음악, 4군 6진 개척, 대마도 정벌 같은 자주국방 등은 세종 시대에 이룬 눈부신 업적들이다. 비록 이 모든 업적이 유교적 이상 국가와 사회를 구현하기 위한 최상위의 목표 아래 작동되었을지라도 말이다. 특히 천문과학의 발전으로 조선 하늘과 조선 땅을 기준으로 돌아가는 조선만의 시계를 만들어낸 것은 조선만의, 조선인을 위한 자주정신의 발로다.

남북 분단이라는 민족적 비애 속에서 이러한 근본 원인이 일제의 침략이었음을 깊게 인식해야 한다. 일제강점기를 지나 해방을 맞이했지만 강대국의 이해에 따라 남과 북으로 쪼개져버린 뒤 동족끼리 총부리를 겨누고 수백만의 희생자를 낸 한국전쟁, 그리고 또다시 2개의 나라로 갈라선 위태로운 우리 민족의 역사 앞에서 오늘 우리에게 절실한 것이 바로 세종 시대에 만날 수 있었던 자주정신이다. 남과 북이 만나 자주적으로 우리 민족의 미래를 논하고 우리 땅의 운명을 우리가 결정할 수 있도록 해야 한다. 또다시 강대국들에 질질 끌려다녀서는 안 된다.

세종 시대에 명나라와의 사대관계 속에서 천문을 연구하고 천문의기들을 제작하여 역서를 만들어내는 일은 쉬운 일이 아니었다. 자칫 잘못하면 왕의 목숨마저 위태로운 상황으로 전개될 수 있었던 것이 바로 천문을 다루는 일이었다. 왜냐하면 천문은 천명을 받은 천자만이 다룰 수 있는 고유 특권이었기 때문이다. 그런 와중에도 세종은 자신이 진두지휘하면서 천문연구를 이어갔고, 드디어 조선만의 천문을 완성했다.

오늘날 국제관계의 역학구도에서 우리가 가야 할 길은 세종의 천문연구에 들어 있다.

천문의기 재배치 과정과 그 속에 담긴
세종의 향기

2017년 봄과 가을에 걸쳐 세 번을 여주에 가야 했다. 영릉 앞에서 세종과 관련된 문화재청 생생문화재 사업으로 문화예술단체 '감성'이 진행하는 음악회에 세종 이야기꾼으로 세종 시대 천문이야기를 풀어달라는 부탁이 있었기 때문이다. 그 행사를 마무리하고 난 뒤 11월 중순 여주의 영릉유적관리소에서 전화가 왔다. 문화재청 소속인 이소연 씨로부터였다. 영·녕릉 유적 종합정비사업의 일환으로 세종대왕 동상과 천문과학기구를 현 주차장 위치로 이전하여 쉼터와 왕릉의 완충공간으로 활용하고자 하는데, 천문의기들의 이전에 필요한 자문을 해달라는 것이었다. 그러면서 세종대왕의 과학적인 업적을 충분히 체험할 수 있는 야외 박물관 기능을 할 수 있도록 도와달라고 했다. 통화가 끝난 뒤 11월 15일 보내온 메일에는 전체 조감도, 현재의 과학기구 배치도, 계획도면 및 관련 자료 등이 있었다.

이 초안의 우측 하단에 있는 범례를 보니 설계도면은 2013년 8월에 제작된 것이다. 설계도면을 보면 좌측 하단의 한 영역 안에 천문의기를 몰아서 배치하게 되어 있음을 알 수 있다. 이는 기존 배치도와 유사한 구조였다. 이소연 씨는 도면을 보내면서 천문의기 배치와 동선

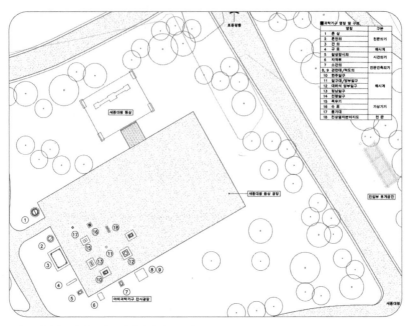

영릉유적관리소에서 보내온 재배치 설계도 초안 영릉유적관리소 제공, 2017-11-15

은 전면 재검토할 예정이라고 했다. 만약 이 설계도면대로 재배치한다
면 기존의 배치 한계를 뛰어넘을 수 없었을 것이다.

영릉 천문의기 재배치에 대한 의견 제안

1998년 학교에 과학교사로 재직할 때 해 그림자 측정 활동을 필두로 앙
부일구에 대한 연구를 시작했다. 그 뒤로 천상열차분야지도에 빠지면
서 우리의 고천문에 대한 관심을 두게 된 것이 출발점이 되어 여주의
영릉을 자주 찾게 되었다. 세종전 앞에 전시된 우리의 천문의기들을 접
하고 수년에 걸쳐 교원연수를 진행해온 경험이 조심스러웠지만, 그래

풍기대　자격루　수표　측우기

훈민문

세종전

잔디

혼천의　일구대　천상열차분야지도

관천대
적도의　구표　일성정시의　간의

소간의

앙부일구

정남일구　천평일구

현주일구

정 문

기존의 천문의기 배치도 영릉유적관리소 제공

도 영릉유적관리소의 자문 요청을 받아들일 수 있는 용기를 내게 해주었다.

　자문에 응하면서 재배치되는 천문의기들을 통해 세종대왕의 자주정신과 애민정신을 찾아내고 우리 민족의 우수성을 발견하여 자긍심을 갖게 하고자 했으며, 세종에 대해 진정으로 가슴에서 우러나오는 존경심을 느낄 수 있도록 하고자 했다.

　보름이 지난 11월 30일 영릉 천문의기 재배치에 대한 의견을 정리하여 보냈다. 영릉유적관리소에서 보내온 18개 천문과학기기의 제작 시기, 용도에 따른 영역 구분, 재배치 부각사항과 사료의 근거 등을 종합한 현황표 1부와 재배치 도안을 직접 그려서 함께 보냈다. 그때 내가 제안한 재배치에 대한 의견은 다음과 같다.

1. 18건의 천문의기는 각각 설치 위치에 따라 진북(북극성 방향)을 향하도록 배치한다.
2. 전시 공간의 지형과 태양의 이동 경로를 고려해야 한다(즉, 북쪽은 터지고 남쪽의 시야가 확보되어야 한다).
3. 각 기기의 기능과 의미를 살려 영역별로 모아서 배치한다.
4. 천문의기들을 다음 네 가지 영역으로 분류한다.
   가. 기초과학 측정용 천문의기
   나. 시간 측정용 천문의기
   다. 관상수시(하늘을 살펴 농사의 때와 시간을 알림) 천문의기-경세치용
   라. 응용과학(수리와 기상) 기기-경세치용
5. 관천대의 공간은 언덕처럼 처리하여 관측소 분위기를 자아냈으면 한다.
6. 관람 동선 진행 방향에 따라 천문의기는 체계적으로 제작 시기와 기능 및 응용단계로 전개될 수 있도록 배치한다.
7. 대국민 홍보와 학교 현장의 체험학습을 고려하여 자문자가 여러 차례 천문의기들의 야외전시장에서 안내해본 경험을 토대로 배치안을 구상했다(스토리텔링).

기존 천문의기들의 배치를 돌아보면 특징이 한눈에 들어오지 않았다. 세종전 남쪽과 북쪽에 분산 배치되었는데, 스토리텔링이 되어 있는 구성이 아니었다. 앞에서 재배치 의견으로 제안한 네 가지 영역, 즉 기초과학 측정용 천문의기, 시간 측정용 천문의기, 관상수시(觀象授時: 하늘을 살펴 농사의 때와 시간을 알림) 천문의기, 응용과학 등으로 영역화한 뒤 각 영역 공간을 분리하여 배치한다면 야외 박물관의 기능을 제공할 수 있

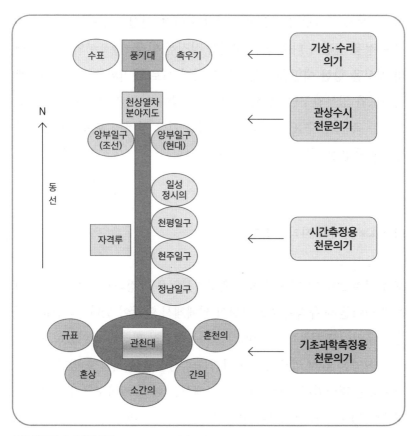

수표 풍기대 측우기	← **기상·수리 의기**
천상열차 분야지도	← **관상수시 천문의기**
앙부일구(조선) 앙부일구(현대)	
일성정시의 천평일구 현주일구 정남일구	← **시간측정용 천문의기**
자격루	
규표 관천대 혼천의 혼상 소간의 간의	← **기초과학측정용 천문의기**

N

동선

영릉 천문의기 재배치 도안 2017-11-30, 장현근 작도

다고 생각했다.

　기초과학 측정용 공간에는 관천대를 중심으로 간의, 소간의, 혼천의, 규표, 혼상 등으로 구성했다. 시간 측정용 공간에는 조선시대 표준 시계 역할을 한 자격루를 중심에 두고 그 주변에 천평일구, 현주일구, 정남일구, 일성정시의 등을 배치했다. 기존의 배치에서는 자격루는 측우기, 수표 등과 함께 세종전 북편에 나란히 배치되어 있었다. 관상수시 공간은 백성에게 때와 시를 내려주어 농사를 짓고 일상생활을 하는 데

절대적으로 필요한 달력을 배치하고자 했다. 관상수시 공간이 앞의 시간 측정용 공간과 다른 점은 천명을 상징한 임금(천문학자)의 달력과 땅의 백성을 향한 애민을 상징하는 달력이 서로 대비되도록 천상열차분야지도와 앙부일구만 대상으로 했다는 점이다. 마지막 응용과학 공간으로는 측우기, 수표, 풍기대 등 수리와 기상 영역을 포함하여 농사와 생활에 응용한 기기들로 구성했다.

이전移轉 재배치 자리向 작업

해를 넘겨 2018년 영릉 유적 종합정비사업은 예정대로 진행되었고, 가을에 접어들자 유적관리소 박찬이 씨에게서 연락이 왔다. 곧 천문의기들을 옮기려고 하는데, 이전배치를 자문해달라고 하는 것이었다. 향(向) 설정 작업은 쉽게 말해서 천문의기들의 중심축을 북극성 방향을 향해 안치하는 것이었다. 세팅 작업을 위해서는 여러 과학도구가 필요하고 함께할 전문가도 필요하여 최봉규 선생을 추천하여 함께 작업하기로 했다. 10월 10일부터 11일까지 이틀 동안 작업을 진행했다. 나는 먼저 영릉에 도착하여 박찬이 씨를 안내하여 일일이 클리노미터(나침반)를 이용해가며 기존 배치된 천문의기들의 문제점을 찾아 설명하면서 재배치의 중요성을 설명했고, 이어서 이곳 정비사업소 이근균 소장을 만나 또 한 번 천문의기들마다 특징을 설명하고 재배치 시 고려해야 할 점들을 세세하게 안내했다. 직접 녹음을 하게도 했다.

최봉규 선생과 나는 천문의기를 안치할 때 중심방향인 진북방향을 설정하기 위해 2단계로 진행하기도 했다. 첫날 저녁에는 북극성을 관측하여 북점을 표기하고, 그 북점을 향하는 기준선을 설정한 다음 편각

하늘의 북극을 찾기 위해 사용한 가대
2018-10-10

을 측정하기로 했다. 두 번째 날에는 해그림자를 측정하여 남중이 되는 때의 그림자 선을 찾아 바닥에 표시하고, 그 선을 기준으로 다시 편각을 측정하기로 했다. 다행히 첫날 하늘이 맑아 북극성 관측은 쉽게 진행되었다. 극축망원경이 내장된 천체망원경의 가대를 이용했다. 가대에는 레이저 지시기를 부착하여 관측지점에서 지상에 북점을 표기하는데 활용했다. 극축망원경 자리에서 레이저 빔을 쏘아 북점을 표시하여 노끈으로 기준선을 표시했다. 그리고 편각을 측정하니 약 8.5°W[11]였다.

10월 11일 두 번째 작업을 위해 남한강변의 숙소를 나와 다시 영릉으로 향했다. 날이 흐리거나 비가 오면 진행할 수 없는 작업이었는데, 다행히 이틀 내내 모두 맑은 하늘이었다. 전날 설치해놓은 기준선

---

11   영릉에 복원된 앙부일구 측면에 제시하고 있는 편각은 6.5°W이다.

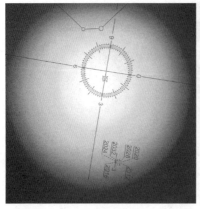

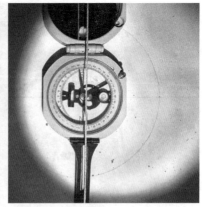

극축망원경 시야. 북극성을 2020년의 위치에 맞춘다. 2018-10-10

북점 기준선에 대한 편각 측정 약 8.5°W
2018-10-10, 19:06:03

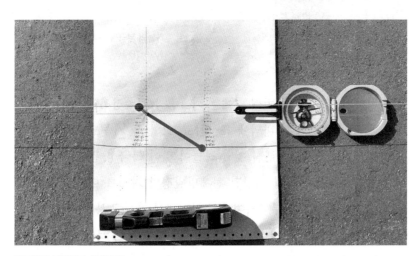

해그림자 측정판과 측정도구 2018-10-11

을 중심으로 해그림자 측정판을 설치했다. 바닥면의 수평을 고르고 난 다음 대못을 박아 사면에서 수직이 되게 세운 다음 10시 36분 해그림자 길이 측정을 시작하여 10시 50분부터 10분 간격으로 14시까지 마무리했다. 북점을 향하는 기준선을 통과한 시각은 12시 24분경이었다. 그

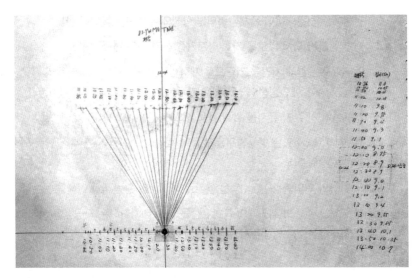

영릉 천문의기 재배치 지역의 북점 기준선 설정 일영곡선 2018-10-11

림자 길이도 12시 20분에 8.9cm, 12시 30분에 8.9cm로 두 시각 사이에 남중이 이루어졌음을 확인할 수 있었다. 이로써 전날 저녁에 작업한 북극성 관측을 통한 북점의 기준선은 해그림자 측정을 통해 신뢰할 수 있게 되었다.

현장의 이근균 소장에게 북점 기준선을 활용하여 천문의기를 배치하라고 안내한 뒤 내가 가지고 있던 클리노미터를 넘겨주고 편각을 대략 8.5°W를 유지하여 기기들을 안치하라고 했다. 즉, 두 가지 방법을 제시해주었다. 작업이 완료된 후 유적관리소 박찬이 씨가 정비공사(2단계) 이전과 과학기구별 향(向) 검토 자문의견서를 요청하여 다음과 같이 제시했다.

1. 기존 위치에서 이전 배치 정북(TN)을 설정한다.
2. 과학기기의 기초 좌대부터 정북향을 잡는다.

3. 관천대는 천문대이니 동서남북의 방향성에 주의를 기울여야 한다.

4. 지반 침하가 되지 않도록 기초 다지기를 신경 써야 한다.

5. 앙부일구는 현대 시간을 기준으로 제작한 것이 공공성, 시간 사용의 평등권 부여, 애민정신의 상징성을 가지므로 정밀성을 기해서 설치한다.

6. 기구설치 시 수평 유지를 위해 물을 채워서 진행해야 한다.

7. 일구대에 놓여 있는 앙부일구는 초등학생 등 어린이들이 볼 수 있도록 계단을 세워준다.

8. 각 기기의 의의와 읽는 법 등을 추가로 설치하여 관람객의 이해를 돕는다.

9. 세계 최고 수준의 세종대의 과학유산을 이전 배치한다는 자긍심을 가지고 최선의 마음으로 임해주시기를 바란다.

천문의기 배치도를 결정하다

2018년 11월 11일 영릉 현장사무소 이근균 소장에게서 받은 천문의기 배치도는 내가 제안한 배치도 안을 반영한 것이었지만, 공간배치에서 다소 차이점이 있어 다시 설득작업을 했다. 다음 페이지의 설계도에서 좌측 끝에 배치된 기초과학 측정용 천문의기 중심에 관천대를 포함하고 전체를 처음에 내가 제안한 배치도처럼 설계도의 가장 우측으로 이동시켜 관람객이 처음 만나는 공간이 되도록 조언했다. 그래야만 세종대왕이 1420년 3월 내관상감을 설치하여 첨성대를 세우라[12]고 명하는 순간부터 접근할 수 있다.

그리고 13년 뒤인 1432년 첫 작품으로 나타난 것이 간의였고, 1년 뒤 혼천의가 세상에 선보인다. 1437년 『세종실록』에는 경회루 북쪽에

---

12   민족문화추진회, 『연려실기술 XI』(서울: 민족문화문고간행회, 1982), 60쪽.

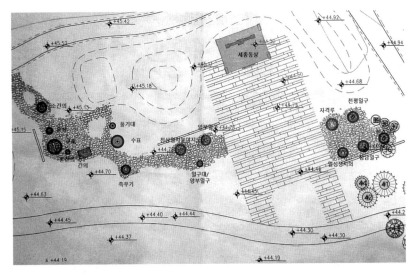

제안이 반영된 천문의기 배치설계도 수정안 영릉현장사무소 제공, 2018-10-11

대를 쌓고 간의를 올려놓았으며, 남쪽에 정방안을 두고, 서쪽에 규표를 두었다고 했다. 그리고 규표 서편에 건물을 두어 혼의는 동편에, 혼상은 서편에 두었다는 기록을 토대로 관천대를 중심으로 천문의기를 배치하고자 했다.

여주에서 돌아온 뒤에 문태모 설계사의 전화를 받았다. 나는 다시 처음 제시한 배치안대로 해줄 것을 요청했다. 설계사는 충분히 알아들었다고 했다. 해를 넘겨 2019년 1월 영릉유적관리소에서 다시 연락이 왔다. 천문의기 앞에 제시할 기기별 설명문에 대한 자문 요청이었다. 기존에 있던 설명문에 측우기, 수표, 자격루, 혼천의 등의 설명문에는 자구를 추가했고, 천평일구, 소간의, 일성정시의 등은 일부 글자를 수정했으며, 앙부일구와 천상열차분야지도는 그 의의와 가치를 담아내는 내용을 추가하여 보완했다. 이제 여주 영릉에서 나의 작은 소임은 마무리되었다. 이곳이 전국에서 찾아오는 학생들과 국민의 교육 공간으로 활용되어 인문학의 장이 되어주기를 바란다.

　세종대왕의 영릉은 많은 국민이 찾는 관광명소다. 우리 민족의 자랑이고 세계인에게도 우리의 한글로 알려진 위대한 성군 세종에 대하여 제대로 이해하고 진정으로 마음에서 우러나오는 존경심을 갖는 것은 자신의 바른 인성 함양을 위해서나 민족의 자긍심을 갖게 하는 데매우 중요하다. 그 계기를 이곳 야외에 전시한 천문의기들을 통해 얻었으면 한다. 천문과학에서 과학기술을 넘어 역사까지 교과통합적으로 접근할 수 있다면 얼마나 좋은 일인가. 태조의 하늘 '천명'과 세종의 땅 '애민' 그리고 그 너머의 '자주'를 만날 수 있어야 한다.

　2020년 7월 1일 개관을 앞둔 5일 전인 6월 26일, 여주에 지역 천문 강사 양성을 위한 강의를 하러 갔다가 아침 이른 시간에 영릉을 찾았다. 개관을 위한 마무리 손질이 한창이었는데, 내가 수정하여 다시 보낸 제안대로 4개 영역으로 나뉘어 공간배치가 완료되었음을 확인했다.

제4부

세종의 향기 천문에 담다:
천문의기 스토리텔링

천문의 대가大家인 세종은 천문학자

> 위로는 천시(天時)를 받들고 아래로는 민사(民事)에 부지런하시니 우리 전하께서 물건을 만들어 일에 힘쓰게 하는 지극한 어지심과, 농사에 힘쓰고 근본을 중히 여기는 지극한 뜻은 실로 우리 동방에 일찍이 없었던 거룩한 일이니, 장차 높은 대와 더불어 무궁토록 함께 전할 것이다.[1]

예전에 영릉을 찾은 경험이 있는 사람들이 다시 영릉을 찾는다면 그 이전과는 확연하게 달라진 모습을 만나게 될 것이다. 일단 주차장이 영릉에서 동쪽으로 상당히 물러나 있고, 주차장 옆에는 세종대왕 역사문화관이 새롭게 들어서 있다. 역사문화관은 제1실 민족의 성군 세종대왕, 제2실 북벌의 기상 효종대왕, 그리고 세계유산 조선왕릉 등 3개의 전시 공간으로 이루어져 있다. 이곳에서 세종대왕의 업적을 통해 역사 속에서 그의 위치에 접근하는 것으로부터 영릉 답사를 시작하기 바란다. 역사문화관을 나서서 영릉의 천문의기들을 새롭게 이전 배치한 야외 전시장으로 발길을 돌려본다. 대왕 세종의 영릉으로 가기 위해서

---

1   『세종실록』 77권, 세종 19년 4월 15일 갑술 세 번째 기사[1437년 명 정통(正統) 2년].

세종영릉 주차장 쪽으로 옮겨온 세종대왕상 2022-05-28

는 역사문화관에서 서쪽으로 진행하여 천문의기 배치공간을 통과하도록 동선이 기획되어 있다.

앞에서 『세종실록』 기록을 인용했는데 짧은 글 속에 이곳에 조성해놓은 천문의기들의 탄생 이면에 들어 있는 세종의 철학과 실학정신, 그리고 백성을 향한 애민의 따뜻함이 배어 있음을 알 수 있었다. 위로는 천시(天時)를 받들고 아래로는 민사(民事)에 부지런했다는 의미는 임금이 가져야 할 여러 덕목 중에서 가장 중요한 것이 관상수시(觀象授時)를 통한 백성 돌봄이기 때문이다. 세종은 그런 가장 기본적인 덕목을 실천하기 위해 겉치레뿐인 말이 아닌 직접 행동으로 실천했다. 경세치용을 위해 실사구시(實事求是)를 통해 이용후생(利用厚生)을 행한 것이다. 그것이 "물건을 만들어 일에 힘쓰게 하는 지극한 어지심"이라는 표현에 들어 있다. 사농공상의 위계적 관념의 차별적 접근을 당연시하던 사회에서 세종은 그러한 관습과 고착화된 사고를 깨고 뛰어넘었다. 세종은 농사에 힘쓰고 근본을 중히 여기는 지극한 뜻을 이루기 위해 조선의 하늘에 맞는 시계를 만드는 일부터 시작했다.

이곳 천문의기 야외 전시 공간은 총 네 곳으로 영역화하여 분산 배치했는데, 천문의기의 기능별 영역과 제작 시기 그리고 사서 기록 속의 배치구조 등을 고려했다.

천문에서 세종의 향기를 좇아가다 보면 당대에 천문학의 발전은 세종 자신에서 출발했음을 알 수 있다. 즉위 초기에 첨성대를 지으라 명하고 전문가를 불러들여 혼천의에 대해 논하며, 첨성대를 찾아와 노인성이 어디에 있느냐고 묻고, 또 그 노인성을 관측하려고 5년의 노력을 기울이기도 했다. 또한 뒤이어 만나게 될 천문과학의 시작인 간의 제작을 명하면서 그 핵심이 서울의 북극고도를 측정하는 것이라고 언급한 것을 보면 세종 자신이 천문학자였다. 다음 글에서 세종을 천문학자라고 보아도 과하지 않다는 것을 확인할 수 있다.

제왕(帝王)의 정치에 있어서 천체의 운행을 관측하여 정확한 때를 알려주는 것보다 중요한 것은 없다. 그러나 우리 동국(東國)의 일관(日官)은 역술에 서투른 지가 오래되었다. 선덕(宣德: 명(明)나라 선종(宣宗)의 연호) 계축년(1433, 세종 15) 가을에 우리 전하(殿下: 세종(世宗))께서는 신충(宸衷: 임금의 마음이나 고충)에서 우러나시어 의상(儀象)과 귀루(晷漏)에 관한 의기(儀器)와 천문(天文)과 역법(曆法)에 관한 문헌을 두루 살피고 연구하셨고, 모두에 아주 정통하셨다.[2]

---

2 〔한국고전종합DB〕, 『제가역상집』「의상」.

이순지가 편찬한 『제가역상집』의 발문에 나와 있는 대로 세종은 의기와 천문 그리고 역법에 관한 문헌을 연구했고, 모두에 아주 정통했다. 실례로 주야 시간 측정기인 일성정시의 제작을 명하고 다 만들어진 뒤에는 세종이 직접 일성정시의를 통해 시간을 측정하는 법을 지었는데, 김돈이 명(銘)을 지으면서 남긴 다음 글을 보면 세종이 천문에 조예가 깊었음을 알 수 있다.

> 임금이 시각을 정하는 제도를 서술한 글이 간이(簡易)하고 상세하여 손바닥을 가리킴과 같이 명백하기 때문에 돈 등이 능히 한 글자도 바꾸지 못하고 그 글의 머리와 끝만 보태어 그대로 명을 지었다고 한다.[3]

우리나라 역사상 왕 중에서 특정 전문영역인 천문에 대해 세종만큼 정통했던 군주가 또 있었을까. 세종은 자신이 천문을 연구하여 통달하면 전문가를 불러 그것에 대해 논했고, 그런 다음 제작을 명했다. 왜 그랬을까. 그 속에 세종의 철학이 있었고, 그 끝에 백성이 있었다. 백성을 향한 세종의 애민은 천문영역의 연구와 개발 과정에서 명나라와 외교 문제도 뛰어넘는 자주조선을 가능하게 했다. 이제 대왕 세종의 향기를 천문의기 속에서 만날 마음의 준비가 되었다.

---

3   『세종실록』 77권, 세종 19년(1437) 4월 15일 갑술 세 번째 기사.

180

기초과학 측정 천문의기
- 관천대, 간의, 소간의, 혼의, 혼상, 규표

기초과학 측정용 천문의기 영역. 관천대를 시작으로 시계방향으로 혼천의, 간의, 소간의, 규표, 혼상
2022-05-28

관천대

첫 번째 기초과학 측정용 천문의기 영역 중에서 중심에 있는 관천대는
세종 시대 천문연구의 상징성이 있는 천문대다. 사실 관천대는 세종 이

전인 태종 시기에 이미 설치를 시도했다. 『태종실록』에서 그 같은 내용을 확인할 수 있다.

> 관천대(觀天臺)를 쌓으라고 명했다. 예조(禮曹)에서 서운관(書雲觀)[4]의 정문(呈文)에 의거하여 아뢰기를, "예전에 천자(天子)는 영대(靈臺)가 있어 천지를 측후(測候)했고, 제후(諸侯)는 시대(時臺)가 있어 사시(四時)를 측후하고 요사한 기운을 관측했으니, 마땅히 예전 제도에 따라 대(臺)를 쌓아 천문(天文)을 측후하소서" 하니 그대로 따랐으나, 마침내 시행하지 아니했다.[5]

앞의 『태종실록』에 보듯이 세종 즉위 1년 전인 1417년 태종은 예조에서 관천대를 쌓으라고 요구하자 그대로 따랐지만, 어쩐 일인지 실행에 옮기지 않았다고 했다. 그리고 『세종실록』에는 '첨성대'라는 용어는 기록에 보이지 않지만, '간의대(簡儀臺)'라는 이름으로 기술되어 있다. 한편 『연려실기술』 별집 제15권 천문 전고(典故)의 첨성에는 세종 2년 경자년 3월에 임금이 내관상감을 설치해 첨성대를 세우기를 명[6]했다는 기록이 나온다. 그리고 1437년 세종 19년 4월 15일자 『세종실록』 기록에 간의와 간의대 제작에 관한 기사가 등장하는 것으로 보아 '간의대'라는 천문대는 1432년 건축된 것으로 기록하고 있다. 『연려실기술』과 『세종실록』을 종합해보면 1420년 '첨성대'라는 천문대가 있었고, 12년 뒤인 1432년 오늘날 천체망원경인 간의를 올려놓은 간의대를 세

---

4   서운관은 1466년 (세조 12년)에 관상감으로 개칭된다. 연산군 때 사력서로 변경되었다가 중종 때 관상감으로 환원되고 1894년 관상감은 폐지되고 관상국이 설치되었다.

5   『태종실록』 34권, 태종 17년(1417) 9월 5일 정사 첫 번째 기사[명 영락(永樂) 15년].

6   민족문화추진회, 『연려실기술 XI』(서울: 민족문화문고간행회, 1982), 60쪽.

관천대와 적도의 2017-05-06

윘음을 알 수 있다.

> 호조 판서 안순(安純)에게 명하여 후원(後苑) 경회루 북쪽에 돌
> 을 쌓아 대를 만드니 높이는 31척이고, 길이는 47척, 넓이는 32척
> 인데, 돌로 난간을 두르고 간의를 엎드려 놓았다.[7]

이때 건립된 간의대의 규모는 주척(20.7cm 기준)[8]으로 했을 때 길이
9.73m, 가로 6.62m, 높이는 대략 6.42m였을 것으로 보인다. 현재 이곳
의 관천대는 숙종 14년(1688)에 세운 창경궁 소재의 것을 그대로 본떠
만든 것이다. 세종대에는 간의대 위에 간의가 올려져 있었으나 현재 이
곳에는 적도의가 올려져 있다.

---

7   『세종실록』 77권, 세종 19년(1437) 4월 15일 갑술 세 번째 기사[명 성통(正統) 2년].

8   『천문학 작은사전』에서는 주척의 길이를 20.7cm로 제시하고 있는데, 전상운은 세종 때
     의 1척 길이를 21.27cm로 제시했다(『조선의 서운관』, 150쪽).

북경 고관상대 자미전 앞 정방안(正方案) 2009-08-25

　　이후 간의대는 1433년 8월 혼천의가 만들어지자 임금과 세자가 매일 간의대에 이르러서 정초 등과 그 제도를 의논했다고 했다.[9] 이 간의대는 1438년 3월 4일 이후에는 서운관에서 주장하여 밤마다 다섯 사람이 관측을 맡아보게 했다. 1442년 12월 26일 별궁을 짓는다는 이유로 간의대를 북쪽으로 옮기게 했고, 1443년 1월 3일에는 간의대 옛터에 궁을 세우려고 했다. 그런데 1월 14일자 실록에는 윤사윤이 간의대를 헐고 후궁을 세우려고 하는 것에 그 완급은 알 수 없지만 정지해달라고 청하는 기사가 있어 아직 그때까지 헐리지 않았던 것 같다. 이에 세종이 다음과 같이 이야기했다.

　　이 간의대가 경회루에 세워져 있어 중국 사신으로 하여금 보게 하는 것이 불가하므로 내 본래부터 옮겨 지으려 했다.

9　　『세종실록』 61권, 세종 15년(1433) 8월 11일 신묘 네 번째 기사〔명 선덕(宣德) 8년〕.

그리고 "이 간의대 앞 남쪽에는 정방안(正方案)을 두었고 대의 서쪽에는 동표를 세웠는데 높이는 5배이고 8척의 얼(臬)이다"라는 기록이 있다. 이 해석은 다소 어색한데, 이때 세운 동표가 기존의 것 8척의 5배였다는 의미가 맞을 듯하다.

1443년 실록에 기록된 세종의 말 중에서 "중국 사신으로 하여금 보게 하는 것이 불가하므로"라는 구절은 당시 천문연구가 외교 문제와 관련이 있었음을 보여주는 증거가 된다. 즉 천문은 황제의 영역이었는데, 명나라에 사대하는 조선에서 천문을 연구하고 또 성과물들을 이룩한 것이 문제의 소지가 있음을 의미한다. 따라서 세종의 천문연구와 업적은 당시 중국과의 외교관계를 고려할 때 자주정신이 깃들어 있음을 알 수 있다.

간의와 소간의

간의가 태어나는 배경에는 세종의 뜻이 함께했다. 1432년 7월 임금이 경연에서 역상(曆象)의 이치를 논하다가 예문관 제학 정인지에게 간의를 만들어 올리라는 주문을 하게 된다. 세종은 이날 경연에서 정인지에게 정초와 더불어 고전을 강구하고 의표(儀表)를 참작해서 측험하는 일을 갖추게 하라고 했고, "핵심은 북극이 땅 위에 나온 높낮이를 정하는 데 있으니 간의를 만들라"라고 했다. 이에 정초와 정인지가 옛 제도를 상고하는 일을 맡고, 이천은 공역을 감독하는 일을 맡아서 먼저 나무로 모양을 만들고 '북극이 땅에서 38도가 나온 것'을 정했다. 『원사』의 측

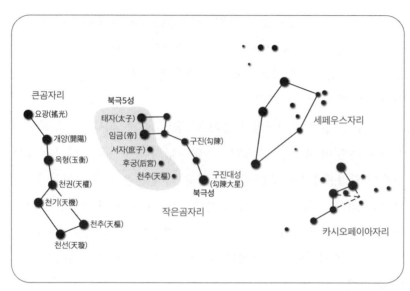

큰곰자리
요광(搖光)
개양(開陽)
옥형(玉衡)
천권(天權)
천기(天機)
천추(天樞)
천선(天璇)

북극5성
태자(太子)
임금〔帝〕
서자(庶子)
후궁(后宮)
천추(天樞)

구진(勾陳)
구진대성(勾陳大星)
북극성

작은곰자리

세페우스자리

카시오페이아자리

조선시대 하늘의 북극은 북극 5성의 천추(天樞) 아래쪽에 있었다. 안상현의 『우리 별자리』 70쪽 그림을, 이순지의 『천문류초』 283쪽 신법보천가의 별자리 이름을 가져다가 재편집했다. 2020-12-18

정값과 조금 합하므로 구리로 간의를 만들게 되었다.[10]

『조선왕조실록』의 기록 중 한양의 북극고도에 관한 내용은 "先製木樣(선제목양), 以定北極出地三十八度(이정북극출지삼십팔도), 少與(소여) 『元史(원사)』 所測合符(소측합부), 遂鑄銅爲儀(수주동위의)"라는 기록을 해석한 것인데, 국사편찬위원회의 『조선왕조실록』에서는 '38도',[11] 전상운의 『한국과학사』에는 '38도 소(少), 즉 38도 1/4',[12] 조지프 니덤의

---

10   『세종실록』 77권, 세종 19년(1437) 4월 15일 갑술 세 번째 기사〔명 정통(正統) 2년〕. 북극성의 고도를 말하는 것으로, 서울의 위도를 정하는 것이 간의를 만드는 데 핵심이 되었음을 알 수 있다. 오늘날 서울의 위도와 차이가 나는 것은 각도를 표현하는 방식의 차이가 있기 때문이다.

11   국사편찬위원회, 『조선왕조실록』(http://sillok.history.go.kr).

12   전상운, 『한국과학사』(서울: 사이언스북스, 2007), 83쪽.

『조선의 서운관』에서는 '38.25도',[13] 서호수의 『국조역상고(國朝曆象考)』
에서는 "38도 소(少) 남짓이라고 하고 주석에서 1/4을 말한다"[14]라고 부
연했다. 이상과 같은 여러 연구자의 해석을 종합할 때 세종 시기 한양
의 북극고도는 38.25도였다.

　세종 시대 천문과학의 빛나는 업적의 출발은 세종이 경연에서 간
의를 만들라고 명을 내린 뒤부터이고, 그 첫 사업이 수도 서울에서 북
극의 고도를 측정하는 것이었다. 천문연구를 하려면 천체관측 기기들
이 필요한데 그 기기의 핵심은 천구의 중심축인 북극의 위치를 알아내
어 그 축에 기기들을 일치시켜야 한다.

　오늘날 2020년 기준으로 하늘의 북극은 북극성 위쪽으로 약간 떨
어진 위치에 자리한다. 그곳에는 별이 없는 공간이다. 약 600여 년 전인
세종 시기에 북극은 동양 별자리 북극 오성의 다섯 번째 끝별인 '천추
(天樞)'라는 별 아래에 있었다. 따라서 북극을 찾는 일은 쉬운 일이 아니
었다. 하늘에 있는 모든 천체가 지구 자전에 의해 일주(日周)운동을 하
여 회전하는데, 그 중심축을 알아야 천체 운행을 과학적으로 연구할 수
있었다. 세종은 먼저 서울에서의 북극을 찾고 그것을 축으로 하는 천체
관측기구인 간의를 제작하라고 명했으니 천문학에 대한 이해가 어느
정도였는지를 가늠해볼 수 있다. 북극고도의 값이 왜 그렇게 중요했는
지는 다음 기록에서도 확인할 수 있다.

　한양의 북극고도는 37°39′15″이다. 북극은 하늘의 지도리(극)
로서 그곳에 매여 있어서 옮기지 않는다. ··· 대개 역법은 태양 위

13　조지프 니덤(이성규 역), 『조선의 서운관』(파주: 살림출판사, 2010), 113쪽.
14　서호수 · 성주덕 · 김영 편저(이은희 · 문중양 역주), 『국조역상고』(서울: 소명출판, 2006),
　　117쪽.

간의 2018-10-10

치의 적도로부터 남북으로의 도수를 가지고 모든 절기를 정하는 것인데 북극의 고도, 즉 적도 천정(天頂)으로부터의 도수가 정밀하지 못해서 고도의 차이가 1'에 이른다면 춘분과 추분은 반드시 한 시간의 차이가 생기고 동지와 하지는 반드시 하루나 이틀의 차이가 생긴다. 태양의 위치에 오차가 생기면 달의 운행과 오성의 위도·경도도 틀지지 않을 수가 없다. 그러므로 북극의 고도는 가장 정밀해야 한 것이며 간략한 값은 허용할 수가 없는 것이다.[15]

북극고도의 중요성을 역설한 이 기사는 『증보문헌비고』 제2권 상위고에 기록된 것이다. 이 책은 서호수가 편찬한 것이다. 그리고 당시

---

15   세종대왕기념사업회, 앞의책, 119-120쪽.

한양의 북극고도는 37°39′15″라고 기록하고 있는데, 세종 시대의 38°1/4과 차이가 나는 것은 서양의 도수인 360도 법으로 기록했기 때문이다. 또한 이 측정값은 1713년 청나라 목극등(穆克登)이 서울에 와서 실측했다고 했다.

소간의 2017-05-06

간의는 세종 천문의기 중 제일 먼저 완성된 기초과학 측정용 의기다. 간의에는 원형 각도기가 4개 들어 있다. 북쪽에 2개, 남쪽 공중에 2개가 있는데 오늘날 기준으로 북쪽의 것은 지평좌표계로 지평환(地平環)과 입운환(立運環) 2개다. 남쪽의 것은 적도좌표계의 구조인데, 규형(窺衡)을 가지고 있는 사유환(四游環)과 계형(界衡)을 가지고 있는 적도환(赤道環)이 있으며, 백각환(百刻環)은 적도환 안에 들어 있다.

사유환의 규를 통해 북쪽 끝에 있는 후극환으로 천추성을 향하여 극축을 맞춘 뒤 지평좌표계의 것으로는 하늘에 있는 천체의 방위각(지평환)과 고도(입운환)를 측정한다. 또 적도좌표계의 구조로는 천체의 입수도(적도환의 계형, 적경)와 거극도(사유환의 규형, 적위)를 측정한다. 따라서 간의는 천체의 위치를 정하는 데 사용한 천문관측의 가장 기본이 되는 천문의기다.

이순지의 『제가역상집』 의상 부분에서 『원사(元史)』의 간의 기능을 기술하고 있는데, 입운환의 규형을 통해 해·달·별 출지(出地)의 도수를 살피게 했고 사유환은 동·서·남·북으로 움직이며 칠정(七政)·열사(列舍)·중외관(中外官)의 거극도(去極度)를 관측한다. 적도환은 회전하며 열사와 거성을 만나면 계형을 돌려서 두 선이 대치하게 한 뒤 해·달·오성과 중외관 입수(入宿)의 도수를 측정한다. 백각환의 계형을 돌려서 두 선이 해와 마주하면 아래에 해당하는 시각이 곧 주각(晝刻)이다. 야각의 경우는 별을 이용하여 정한다.[16]

간의는 비록 혼의보다 간략하나, 옮겨서 쓰기가 어려워 작은 간의[17] 둘을 만들었으니 대개 모양은 극히 간단하다. 사용하는 것은 간의와 같은 것이다. 하나는 천추전 서쪽에 놓고, 하나는 서운관에 주었다고 했다.

> 적도환(赤道環)의 전면에는 하늘 둘레의 도·분을 나누어 동서로 운전(運轉)하여 칠정(七政)과 중외관(中外官)의 입숙(入宿)하는 도·분을 헤아린다. '백각환'은 '적도환'의 안에 있는데, 면에는 12시와 1백 각을 나누어 낮에는 햇볕으로 알고 밤에는 중성(中星)으로 정한다. 사유환(四游環)이 규형(窺衡)을 가지고 동서로 운전하여 남북을 내렸다 올렸다[低昂] 하고 규측(窺測)하기를 기다린다. 기둥을 세워 세 환을 꿰었는데, 비스듬히 기대면 사유환은 북극에 준하고, 적도환은 천복(天腹)에 준한다. 곧게 세우면 사유(四維)가 입운(立運)이 되고 백각이 음위(陰緯)가 된다.[18]

---

16 〔한국고전종합DB〕, 『제가역상집』 「의상」.

17 소간의(小簡儀)를 말한다.

18 『세종실록』 77권, 세종 19년(1437) 4월 15일 갑술 세 번째 기사〔명 정통(正統) 2년〕.

영릉에 설치된 소간의 설명문에는 "세종 시대에 독창적으로 창제된 세계 유일의 천체관측기이나 현존하는 유물이 없어 『세종실록』에 근거하여 국내 최초로 복원하게 된 것이다"라고 소개하고 있다. 실제로 2009년 북경 고관상대[19]를 찾았을 때 평지와 옥상에 설치된 천문의기 중에서 이와 비슷한 천문의기를 발견하지 못했다.

혼의

세종 시대 천문의기 제작에서 두 번째 등장하는 것이 혼천의다. 『세종실록』에 나타나는 혼의에 대한 내용은 짧다. 구조에 대한 설명도 없다. 따라서 이때 제작된 혼의를 정확하게 알 수 없지만, 제작 시기는 다음 기록에서 분명하게 확인할 수 있다.

정초·박연·김진 등이 새로 만든 혼천의를 올리다.[20]

그리고 1437년 4월의 실록에는 여러 천문의기에 대한 특징을 소개하고 있다.

표(表) 서쪽에 작은 집을 세우고 혼의와 혼상을 놓았는데, 혼
의는 동쪽에 있고 혼상은 서쪽에 있었다. 혼의의 제도는 역대에

19　고관상대는 원(元)대에 처음 설립되었고, 명(明) 초에는 '사천대(司天台)'로 불렸으나 전란으로 소실되었으며, 남아 있던 천문의기(天文儀器)는 남경으로 옮겨져 보존되었다가 명 정통(正統) 7년(1442) 이곳에 다시 중건되었다.

20　『세종실록』 60권, 세종 15년(1433) 6월 9일 경인 세 번째 기사〔명 선덕(宣德) 8년〕.

북경 고관상대 자미전 앞 혼의(渾儀). 명 정통(正統) 4년(1439)에 제작되었다. 북경에 있었으나 1933년 남경 자금산 천문대로 옮겨졌다. 2012-01-09

혼천시계 중 혼천의 부분 2017-05-06

같지 아니하나, 이제 『오씨서찬(吳氏書纂)』에 실린 글에 의해 나무에 칠을 하여 혼의를 만들었다.[21]

이 부분에서도 혼의에 대한 구체적인 기술은 보이지 않는다. 『연려실기술』에 의하면 세종 3년(1421)에 남양 부사 윤사웅, 부평 부사 최천구, 동래 관노 장영실을 내감으로 불러서 선기옥형에 대한 토론을 벌였으며, 중국으로 들어가서 천문 서책을 무역하고 보루각·흠경각의 혼천의 도식을 견양하여 가져오라고 지시하는 내용[22]이 있다. 이를 통해 볼 때 혼천의는 중국의 것과 크게 다르지 않았을 것이다. 이때 장영실 등이 중국에 갔을 때는 남경천문대였을 것으로 보인다. 명나라가 남경에서 북경으로 천도한 것이 1421년이었기 때문이다.

영릉에 설치된 혼의는 세종 대의 것이 아니고 현종 10년(1669)에 제작된 혼천시계 중 혼천의 부분만 복원한 것으로, 1만 원권 지폐 뒷면에 실려 있다. 세종 대에 만든 혼의에는 중앙에 지구가 아니라 규가 들어 있다.

혼천의 구조는 눈금이 새겨진 둥근 고리 모양의 환(環), 즉 지평환(地平環), 황도환(黃道環), 적도환(赤道環), 백도환(白道環), 받침대 등으로 구성되어 있다.

이곳에 설치된 혼천의의 구조를 보면 적도와 황도 그리고 백도도 나타나 있고, 24절기와 자오선상에 태양이 남중할 때의 위치가 표시되어 있다.

이 시계는 서양의 기계시계와 전통시계 제작기술이 결합된 것으

---

21 『세종실록』 77권, 세종 19년(1437) 4월 15일 갑술 세 번째 기사〔명 정통(正統) 2년〕.
22 민족문화추진위, 『연려실기술 XI』(서울: 민족문화문고간행회, 1982), 61-62쪽.

국보 230호 혼천시계 출처: 한국학중앙연구원

국립중앙박물관 소장 혼천의, 서울특별시
유형문화재 제199호, 국립전주박물관
「선비」전시물 촬영. 2021-03-23

로, 과학사적 의미가 크다. 저명한 과학사가 니덤(Joseph Needham)은 세계
유명 과학박물관들이 반드시 이 시계의 복제품을 소장해야 한다고 극
찬한 바 있다.[23] 영릉의 혼천의 안내문에는 아래와 같이 소개하고 있다.

> 혼천의(渾天儀)는 오래전부터 천문관측에 사용하여왔으나, 문
> 헌상으로는 『세종실록』(세종 15년, 1433)에 정초(鄭招), 박연(朴堧),
> 김진(金鎭) 등에 의하여 만들어진 것이 처음이다. 그 후 개량을
> 거듭하여 물레바퀴를 동력으로 하는 시계와 연결하여 혼천시계
> 로 사용했다. 임진왜란과 병자호란 때 불타버린 것을 이민철(李
> 敏哲), 송이영(宋以穎) 등이 이를 개량하여 경희궁에 설치했으나
> 대부분 소실되었다. 이 혼천의는 현종 10년(1669)에 제작된 국보
> 제230호 혼천시계(고려대학교박물관 소장) 중 혼천의 부분을 2.5배

---

23   김인덕 외, 『한국 미의 재발견 2: 과학문화』(서울: 솔출판사, 2004), 178쪽.

정도 확대하여 복원한 것이다.

혼상

혼상에 관한『세종실록』의 기록을 먼저 살펴본다.

> 혼상의 제도는 베〔布〕에 칠을 하여 몸통을 만들되 둥글기는 탄환(彈丸) 같고 둘레는 10척 8촌 6분이다. 종횡으로 하늘 둘레의 도·분을 그렸는데, 적도는 중간에 있고 황도는 적도의 안팎에 나들되 각각 24도가 약하다. 중외관성(中外官星)이 두루 벌여 있어 하루에 한 바퀴를 돌고 1도를 더 지나간다. 노끈으로 해를 얽어 황도에 매고, 매일 1도씩 물러나서 행하여 하늘의 행함과 합했다. 물을 이용하여 기계가 움직이는 공교로움은 숨겨져서 보이지 아니한다.

혼상 2017-09-16

혼상은 오늘날의 천구의(天球儀)와 비슷한 천문의기다. 둥근 구의 표면에 별자리를 새겼고, 천구의 북극과 남극을 연결한 중심축이 있다. 북극에서 적도를 지나 지평환을 통과하는 자오선을 가지고 있다. 받침대 부분에는 십자로 교차하도록 두 축을 두고 사이에 물을 담아 수평을 맞출 수 있게 했다.

지평환에는 24방위를 표시했고, 한 방위당 10칸의 등 간격선으로 구분하여 전체를 240칸으로 나누었다. 작은 칸 하나는 1.5도에 해당하고, 시간으로 환산하면 6분에 해당한다. 『세종실록』 기록에 의하면 물의 힘을 이용해서 혼상이 회전하게 했는데, 이곳의 복원품에는 그런 구조를 찾을 수 없어 아쉬움으로 남는다.

규표圭表

규표는 평면에 수직으로 막대
기를 세워서 해그림자(日影) 길
이를 측정하는 천문관측기구다.
오랜 옛날부터 인간은 땅바닥에
막대기를 세워 해그림자를 이용
하여 낮 동안의 시간을 측정해
왔다. 규표는 해그림자를 만드
는 막대기 부분에 해당하는 '표
(表)'와 표에 생긴 그림자가 나타
나는 부분인 '규(圭)'로 이루어져
있다.

나일성과 정장해가 고증·설계·감수하고
한국과학사물연구소가 1995년 10월 제작한 규표
2017-09-16

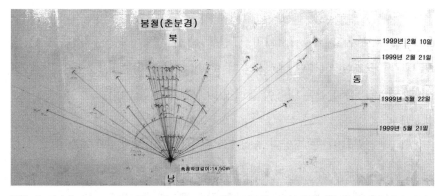

봄철 해그림자 측정판. 1999년 2월 10일, 2월 21일, 3월 22일, 5월 21일 4회 측정한 자료이다. 측정자: 장현근.

위의 봄철에 측정한 해그림자 측정판에서 보면 1999년 2월 10일, 2월 21일, 3월 22일, 5월 21일 4회에 걸쳐 측정된 각각 하루 동안의 해 그림자 길이를 볼 수 있다. 각각의 날에서 남중이 이루어지는 대략적인 시각은 12시부터 13시 사이인데, 이때 그림자 길이가 가장 짧아진다. 이와 같은 해그림자 측정판의 원리가 규표에도 적용된다. 규표에서 표 는 해그림자 측정판에서 측정막대에 해당한다. 표에 의해 생긴 그림자 선이 규에 나타나게 된다. 규표는 1년 중 그림자의 길이가 가장 길 때와 짧을 때를 이용해 1년의 길이를 알아낼 수 있다.

대의 서쪽에는 동표(銅表)를 세웠는데 높이는 5배(倍)이고, 8척 의 얼(臬)이다. 청석(靑石)을 깎아 규(圭)를 만들고 규의 면에는 장·척·촌·분을 새겼다. 그림자[影]를 일중(日中)의 그림자와 맞 추어서 음양의 차[盈]고 주[縮]는 이치를 미루어 알도록 되었다.[24]

---

24   『세종실록』 77권, 세종 19년(1437) 4월 15일 갑술 세 번째 기사[명 정통(正統) 2년].

『세종실록』기록을 보면 관천대 서쪽에 규표를 두었고, 기존 방식의 규표보다 5배 큰 규모이며, 규면에 장·척·촌·분을 새겼다고 했다. 이 규표는 1437년 완성되었다. 한편 조지프 니덤의『조선의 서운관』에는 다음과 같은 내용이 실려 있다.

> 영부(影符)는 태양의 중심으로부터 던져진 그림자에 초점을 맞추기 위하여 사용되는데, 표가 만드는 그림자의 길이를 정확하게 재어서 겨울과 여름에 가장 길고 짧음을 측정한다.[25]

위와 같은 설명이 앞의『세종실록』권77을 인용하여 추가로 기술하고 있는데, 4월 15일자『세종실록』에는 그와 같은 기록이 보이지 않는다. 영릉에 복원된 것은 세종 당시 제작한 규표의 규와 표를 각각 1/10로 축소했으나 규의 너비는 50cm, 두께는 40cm로 하고 규에 새긴 글자는 모두 한글로 바꾸었다고 했다. 나일성(羅逸星)과 정장해(鄭長海)가 고증·설계·감수하고 한국과학사물연구소가 1995년 10월 제작했다. 측면에는 이순지가 쓴『제가역상집』에 기록된 규표의 내용 일부를 옮겨적었다.

> 규표가 짧으면 분(分)과 촌(寸)을 표시한 것이 짧고 급해진다. 따라서 척(尺)과 촌(寸) 이하의 분(分)과 초(秒)의 태반(太半)이니 소(少)이니 하는 숫자를 분별하기 쉽지 않다. 표가 길면 분과 촌이 좀 길어져서 그림자가 희미하여 뚜렷한 그림자를 얻기 어렵다는 점이 불편하다. 예전 사람들은 희미한 그림자를 가지고 뚜

25　조지프 니덤(이성규 역), 앞의 책, 121쪽.

렷한 그림자를 얻으려고 망통(望筒)을 설치하거나, 소표(小表)를 설치하거나, 나무로 규(規)를 만들어 표 끝의 햇빛을 취하여 아래의 규면에 비치게 했다. 지금은 구리로 표를 만드는데 높이는 36척이며, 끝에는 용(龍) 두 마리를 끼워 넣어 횡량을 들어 올리고 아래로는 규면(圭面)에 이르러 모두 40척이다. 이것은 8척의 규표 다섯 개에 해당된다. … 구멍으로 들어온 햇빛은 겨우 쌀알만 하여 또렷하지는 않지만, 그 가운데서 횡량을 보인다. 옛날 관측법에서는 한 표의 끝에서 해를 관측했으니, 해의 몸체 위쪽의 그림자를 구해낸 것이다. 지금은 횡량을 사용하여 구해내기 때문에 사실상의 중영(中景: 가운데 그림자)을 구하는 것으로 사소한 차이도 허용되지 않는다.[26]

영릉의 복원품은 원래 규모의 1/10로 축소한 것으로 규에는 장·척·촌·분의 표시는 없지만 규의 중앙에 길이를 표시하고 있다. 1척의 길이를 대략 20cm 정도로 나타낸 것으로 미루어 주척 기준 20.7cm를 사용한 것으로 보인다. 중앙의 길이 척도를 기준으로 위아래에 24절기가 표시되어 있는데 위쪽에는 하지, 소서, 대서, 입추, 처서, 백로, 추분이 보이고 아래쪽에는 대칭적으로 하지, 망종, 소만, 입하, 곡우, 청명, 춘분까지 적혀 있다.

다음의 규표 사진은 2017년 9월 16일 12시 57분 20초경의 규면에 투영된 그림자의 모습이다. 규의 표면에 새겨진 24절기 간격을 주의 깊게 바라보면 절기 사이의 간격이 일정하지 않음을 알 수 있다. 즉 규표 안에 표시된 절기별 간격이 하지 근방에서는 좁고 춘분과 추분 부근에

---

26   〔한국고전종합DB〕, 『제가역상집』 「의상」.

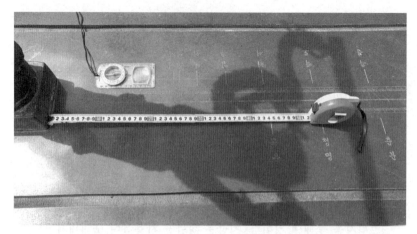

규에 드리운 표의 그림자. 규에 표시한 24절기의 위치(절기별 간격)를 보면 규표 안에도 앙부일구가 들어 있음을 알 수 있다. 2017-09-16, 12:57:20

서는 넓은 것을 확인할 수 있는데, 이를 통해 규표 안에 앙부일구 구조가 들어 있음을 알 수 있다.

시간 측정 천문의기

– 자격루, 현주일구, 천평일구, 정남일구, 일성정시의

관천대에서 세종대왕이 천문의기를 만들고자 한 목적과 간의 및 규표 등의 천문의기를 만났는데, 이제 두 번째 공간인 시간 측정 천문의기들을 만나본다.

해시계인 일구나 의상 등의 천문의기들에 사용되는 방위나 시간 그리고 그의 구조에서 인용되는 용어들은 십간·십이지와 팔괘 등에서

시간 측정용 천문의기 영역. 국가표준시계 자격루를 시작으로 시계방향으로 천평일구, 현주일구, 정남일구, 일성정시의 2022-05-28

가져왔다. 아래의 '전통방위 시간 체계와 과학유산 이해 학습도'는 우리의 천문의기들의 구조를 이해하는 데 미리 익혀두면 유용하게 쓸 수 있다. 간단한 실습을 통해 24방위와 24절기의 배치를 이해해본다.

24방위는 하루 24시간을 표현하는 데도 쓰이고, 24절기를 나타낼 때도 활용할 수 있다. 다음 학습도의 외곽 테두리 안의 도형에서 사각형은 십이지를 의미하는데, 시계방향으로 회전하면서 배치한다. 원형은 십간을 배당하는데 십이지의 자(子)·오(午)와 묘(卯)·유(酉) 4방위의 각각 앞뒤로 2개씩 갑(甲)·을(乙), 병(丙)·정(丁), 경(庚)·신(辛), 임(壬)·계(癸) 등 8개를 배치한다. 십간 중 무기(戊己)는 중앙에 해당하므로 24방위에는 포함되지 않는다. 마지막으로 팔괘 중에서 건(乾)은 북

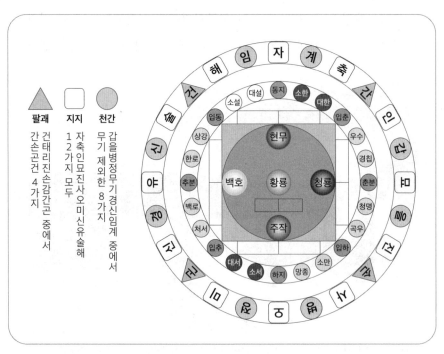

전통방위 시간 체계와 과학유산 이해 학습도 2010, 장현근 작도

12지	자(子)	축(丑)	인(寅)	묘(卯)	진(辰)	사(巳)
시간	23~01	01~03	03~05	05~07	07~09	09~11
12지	오(午)	미(未)	신(申)	유(酉)	술(戌)	해(亥)
시간	11~13	13~15	15~17	17~19	19~21	21~23

서, 간(艮)은 북동, 손(巽)은 남동, 그리고 곤(坤)은 남서 방향에 배치하면 24방위가 완성된다.

다음으로 앙부일구에서 핵심요소로 활용되는 24절기를 학습도에 배치해본다. 출발은 하지와 동지다. 1년 중 해가 가장 높을 때 해그림자는 가장 짧아진다. 이때가 하지다. 반대로 해가 가장 낮을 때 해그림자는 길어진다. 이때가 동지다. 그래서 하지는 아래쪽에 동지는 위쪽에 배치하고, 춘분과 추분은 이들과 90도 각을 이루게 하여 좌우에 대칭적으로 배치하면 된다. 24절기 중에서 각 계절의 초입에 해당하는 것이 입춘, 입하, 입추, 입동이다. 이들 4절기는 춘·하·추·동의 2분점과 2지점에 대해 각각 45도 각을 이루게 하여 배치한다. 위치는 학습도의 가장 외곽에 배치된 24방위에서 팔괘의 간·손·곤·건에 해당한다. 이렇게 해서 8개의 절기가 배치되었다. 나머지 절기들은 이들 8개의 절기 사이에 15도 간격으로 16개의 절기를 배당하면 24절기 배치가 완성된다. 특히 소한과 소서, 대한과 대서는 각각 중심을 기준으로 서로 대칭적으로 배치되는 특징을 보인다.

자격루 自擊漏

세종 16년(1434) 7월 1일부터 새 누기를 사용했다는 기록을 볼 때 이전에 누기가 있었음을 알 수 있다.

> 이날부터 비로소 새 누기(漏器)를 썼다. 임금이 예전 누기가 정밀하지 못한 까닭으로 누기를 고쳐 만들기를 명했다.[27]

『조선왕조실록』에서 '보루각'을 검색하면 태종 17년(1417)에 그와 관련된 기록이 등장한다.

> 지금 각사(各司)의 원리(員吏)가 상직(上直)함에 있어 친히 고찰하지 않고 하전(下典)을 시켜 좌경(坐更)하게 하므로 아무것도 알지 못하는 하전이 마음을 쓰지 않습니다. 금후로는 각사의 관리가 해가 지는 때에 입직(入直)하여 이전(吏典)과 하전을 거느리고 마음을 써서 좌경(坐更)하게 하고[28]

좌경(坐更)은 "궁중의 보루각(報漏閣)에서 밤에 징과 북을 쳐서 경점(更點)을 알리는 일로 초경 삼점(初更三點)에서 시작하여 오경 삼점(五更三點)으로 마치며, 서울 각처의 경점 군사(更點軍士)가 보루각의 징과 북소리를 받아 다시 쳐서 차례로 알리는 것"이라고 주석을 달고 있다. 이를 통해 세종 이전에도 보루각과 누기가 있었다는 것을 확인할 수 있다.

---

27 『세종실록』 65권, 세종 16년(1434) 7월 1일 병자 네 번째 기사.

28 『태종실록』 34권, 태종 17년(1417) 11월 10일 신유 첫 번째 기사.

경회루 남쪽에 집 3간〔楹〕을 세워서 누기(漏器)를 놓고 이름을 '보루각(報漏閣)'이라 했다. 동쪽 간〔東楹〕 사이에 자리를 두 층으로 마련하고 3신이 위에 있어 시(時)를 맡은 자는 종을 치고, 경(更)을 맡은 자는 북을 치며, 점(點)을 맡은 자는 징〔鉦〕을 친다. 12신은 아래에 각각 신패(辰牌)를 잡고, 사람이 하지 아니하여도 때에 따라 시각을 보(報)한다.[29]

자격루 일부 구조물 2017-05-06

경복궁 고궁박물관 지하에 전시된 자격루 복원품의 안내문에는 다음과 같이 소개하고 있다.

조선 세종 때에는 예로부터 이용하던 물시계에 시각 알림 장치를 자동화한 스스로 치는 시계라는 뜻의 자격루를 제작했다. 세종 임금의 명으로 장영실이 완성했으며 1434년 경회루 남쪽 보루각이라는 전각에 설치하여 국가의 표준시계로 삼았다. 이 시계는 도성의 성문을 열고 닫는 인정(人定: 통행금지 시각, 밤 10시경)과 파루(罷漏: 통금해제 시각, 새벽 4시경), 오정(午正)을 알려주는 데 사용했을 뿐만 아니라 서울 사람들에게 아침, 점심, 저녁때를 알려주어 생활의 리듬을 잡아주는 등 조선시대 사람들의 표준시

---

29 『세종실록』 77권, 세종 19년(1437) 4월 15일 갑술 세 번째 기사.

계가 되었다. 자격루의 시각을 알려주는 인형이 치는 종소리와 북소리를 듣고 이를 신호로 광화문과 종루에서 북과 종을 쳐서 시각을 알렸으며 이에 따라 궁궐의 문과 남대문, 동대문, 서대문이 열리고 닫혔다. 자격루는 보루각에 설치했기 때문에 보루각루(報漏閣漏), 임금이 거처하는 대궐에 있다고 하여 금루(禁漏), 스스로 시간을 알리는 궁궐시계라 하여 자격궁루(自擊宮漏)라는 여러 가지 이름으로 불리었다. 세종대 자격루는 그대로 보존되지 못하고 1536년(중종 31)에 다시 만들어졌는데 그 일부가 현재 덕수궁에 남아 있다.

이곳 영릉에 있는 자격루는 3개의 파수호와 2개의 수수통만 남아 있는데 덕수궁(德壽宮)에 보존(국보 제229호)되어 있는 것을 본떠 제작한 것이다. 세종은 한 치의 오차도 없는 자격루의 완성에 자부심을 느끼고 1437년 7월 1일부터 국가의 표준시계로 사용할 것을 지시했다.[30]
남문현은 자격루를 다음과 같이 평가하고 있다.

자격루는 15세기 중국과 아랍의 시계 제작기술이 결합해 꽃피운 것으로 먼저 자격루의 루기(漏器)는 중국의 역대 물시계 중 최고의 수준인 송대 연숙(燕肅)의 연화루(蓮花漏)와 심괄(沈括)의 부루(浮漏)를 참고해서 제작되었다고 할 수 있다. 뿐만 아니라 부전(浮箭)을 활용하여 12시와 경점 시각을 아날로그에서 디지털로 바꾸는 방식은 아랍의 알자자리(al-Jazari, 1206년경)로부터 영향받은 것이며 지렛대 모양의 숟가락을 이용해 동력을 전달하는

---

30 서호수 · 성주덕 · 김영 편저(이은희 · 문중양 역주), 앞의 책, 184쪽.

경복궁 고궁박물관 내 지하전시관에 복원된 자격루 2012-01-22

방식은 일찍이 비잔틴 지역에서 행해졌던 방식이었다. 결국 동·서양의 시계제작 기술이 폭넓게 적용되어 얻어진 탁월한 시계였다.[31]

1434년 조선시대 국가표준시계인 자격루가 완성됨에 따라 밤과 낮 할 것 없이 균일한 시간으로 째깍거리는 오늘날의 손목시계 같은 역할을 담당했으니 이제 규표에서 1년의 길이가 정확하게 어느 정도인지를 측정할 수 있고, 오늘 남중에서 내일 다시 남중시까지 걸리는 시간은 물론 각 시와 경점에 밤하늘의 별들이 어디에 위치하는지 등을 알아낼 수 있게 되었다.

---

31   위의 책, 187쪽.

현주일구懸珠日晷

> 현주일구를 만들었으니, 밑바탕을 네모나게 했는데 길이는 6촌 3분이다. 밑바탕 북쪽에는 기둥을 세우고 남쪽에는 못을 팠으며, 북쪽에는 십자를 그리고 기둥머리에 추(錘)를 달아서 십자와 서로 닿게 했으니, 수준(水準)을 보지 아니하여도 자연히 평하고 바르다. 1백 각을 작은 바퀴에 그렸는데, 바퀴의 지름은 3촌 2분이고 자루가 있어 비스듬히 기둥을 꿰었다. 바퀴 중심에 구멍이 있어 한 가닥 가는 실을 꿰어서 위에는 기둥 끝에 매고 아래에는 밑바탕 남쪽에 매어 실 그림자가 있는 것을 보고 곧 시각을 안다.[32]

위의 실록에서 현주일구 크기는 길이가 6촌 3분이면 주척 20.7cm로 할 때 13.041cm다. 손바닥에 들어가는 정도의 크기다. 1백각을 바퀴에 그렸다고 했는데, 바퀴는 시반이다. 시반의 지름이 3촌 2분이므로 6.624cm 크기다. 따라서 이 해시계는 휴대용이었음을 알 수 있다. 구조는 크게 용주, 시반, 받침의 세 부분으로 이루어져 있다. 받침에는 수평을 잡을 수 있는 못이 있다. 시반은 윗면과 아랫면 양쪽에 시계 눈금이 새겨져 있다. 용주와 시반 그리고 받침으로 이어지는 끈이 연결되어 있는데, 이 실의 방향이 극축을 향하고 있고 시반 면은 이 실과 직각을 이루고 있다. 이곳 영릉의 현주일구는 문헌기록 치수의 7배로 확대하여 복원한 것이다.

시반 윗면은 태양이 천구의 적도기준선 위에 존재하는 시기인 춘분 이후부터 추분까지 사용하고, 시반 아랫면은 추분 이후부터 춘분 전

---

32 『세종실록』 77권, 세종 19(1437) 4월 15일 갑술 세 번째 기사.

현주일구 2016-01-31

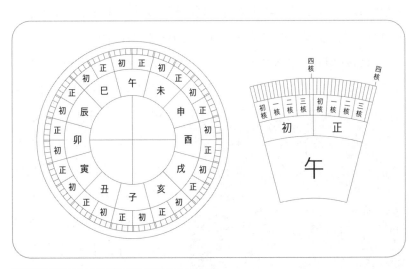

백각법과 12지시(十二支時) 자료: 『국조역상고』 111쪽

날까지 사용한다. 시반 윗면은 관측자가 바라볼 때 12지신의 진행이 시
계방향으로 회전하며, 시반 아랫면은 관측자가 위로 바라볼 때 12지신

이 반시계방향으로 회전하며 진행한다.

현주일구를 통해 시각을 읽으려면 세종 대의 시법인 백각법을 이해해야 한다. 백각법이란 하루 24시간 1,440분을 100등분하여 1각이 14.4분이 되게 한 것이다. 14.4분은 14분 24초를 의미한다. 그런데 시반에 백각법을 나타낼 때 둥근 시반을 100칸으로 균등하게 나눈 것이 아니라 대각과 소각 두 가지로 나타냈다. 앞에서 살펴본 '전통방위 시간 체계와 과학유산 이해 학습도'에서 시간은 12지시(支時)로 나타내는데, 자 · 축 · 인 · 묘 · 진 · 사 · 오 · 미 · 신 · 유 · 술 · 해의 12지로 나눠지며 한 지시는 오늘날 120분에 해당한다. 한 지시는 대각 8개와 소각 2개가 합해져서 120분〔=115.2분(대각 8개×14.4분)+4.8분(소각 2개×2.4분)〕이 된다. 한 지시(支時)는 초(初)와 정(正)으로 60분씩 나누며, 초는 대각 4개와 소각 1개로 구성되어 있다. 이를 초각, 1각, 2각, 3각, 4각(소각)으로, 다시 정은 초각, 1각, 2각, 3각, 4각(소각)으로 세분된다.

아래의 현주일구 시반은 12지신이 반시계방향으로 진행되므로 태양이 천구의 적도 아래에 있을 때 나타난 그림자 선이다. 현재 실의 그림자 선은 오(午)시 안에 있는데 첫 번째 칸, 즉 오초에 들어 있다. 비례식으로 계산하면 사진상에 나타난 것을 확대하여 1대각의 길이를 11.5cm 기준으로 할 때 11.5cm : 14.4분=9.0cm : x분이 성립하여 그림자가

현주일구 시반의 실 그림자 시각 2016-01-31, 11:54:15

있는 오(午) 초각(初刻)에서 9.0cm 위치는 시간으로 11.27분에 해당한다. 따라서 현주일구에 나타난 그림자 위치의 시각은 약 11시 11분 16초에 해당한다.

세종 시대의 시간으로 표현하면 오시 초각으로 11시 11분 16초다. 그런데 오늘날 기준으로 한다면 우리 시계가 동경 135도 일본 상공을 기준으로 하는 지방표준시를 사용하므로 관측지 영릉의 경도인 127도 36분으로 환산해주어야 한다. 지방표준시와 7도 24분의 경도 차가 나타난다. 이 경도 차를 시간으로 환산하면 15도 : 60분=7.4도 : x분이라는 식이 성립하여 29.6분이 되고, 이는 약 29분 36초에 해당한다.

앞의 현주일구에 나타난 시각 11시 11분 16초의 경도 차에 의한 시간 29분 36초를 더하면 11시 40분 52초가 된다. 만약 경도 차 값이 아닌 시차표[33] 곡선에서 1월 31일의 값 42분 30초를 더하면 11시 53분 46초가 된다.

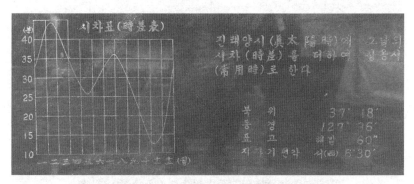

앙부일구 시각 측정 후 보정할 때 적용할 시차표. 북위 37°18′, 동경 127°36′, 표고 60m, 지자기편각 6°30′, 여주 영릉

---

33 시차표는 균시차와 경도 차 두 가지를 적용한 그래프다. 영릉 야외 전시장에서 시차표가 제시된 곳은 세 번째 관상수시 공간에 있는 현대 시간으로 재현한 앙부일구의 측면에 있다.

천평일구 天平日晷

> 말을 타고 가면서도 시각을 알지 않을 수 없으므로 천평일구
> (天平日晷)를 만드니, 그 제도는 현주일구와 대개는 같으나, 오직
> 남쪽과 북쪽에 못을 파고 중심에 기둥을 세워 노끈을 기둥머리
> 에 꿰고, 들어서 남쪽을 가리키는 것이 다르다.[34]

천평일구는 세종 19년(1437)에 제작된 해시계 중의 하나다. 현주일
구처럼 휴대용이어서 크기가 작다. 현주일구와 원리는 같은데 사진에
서 보는 것처럼 못이 남과 북에 2개 있는 것이 다른 점이다. 천평일구의
구조는 시반, 용주, 남북을 잇는 가는 줄, 받침대, 남·북 쪽의 못 등으
로 구성되어 있다.

천평일구 2017-05-06

---

34 『세종실록』 77권, 세종 19년(1437) 4월 15일 갑술 세 번째 기사.

　이곳에 복원된 현주일구 시반과 천평일구 시반이 세종 대의 백각법으로 표현된 것은 동일하나 현주일구에서는 한 지시 안에 대각과 소각의 배치에서 소각을 대각 끝에 두었는데, 천평일구에서는 소각을 맨 앞에 두고 그 뒤로 대각 4개를 배치했다는 점이 서로 다르다. 이는 복원상 착오가 아닌가 한다. 『국조역상고』에서 제시한 백각법과 12지시 그림에 의하면, 소각은 대각 뒷부분에 배치되어 있다. 따라서 앞의 현주일구 시반의 시각선 표시가 맞는 듯하다.

　위의 천평일구 시반에 투영된 실의 그림자가 나타내는 시각이 얼마인지 측정해보자. 현주일구에서와 같이 12지시가 반시계방향으로 진행되는 것으로 보아 시반은 아래에 있음을 알 수 있다. 실 그림자는 12지시 중에서 오시에 들어 있다. 대각의 한 칸은 14.4분이고, 소각 한 칸은 2.4분이다.

정남일구 定南日晷

영릉에 복원된 천문의기 중에서 독특한 기능을 하는 것이 있다. 바로 정남일구다. 한자 뜻대로 풀이하면 '남쪽을 정하는 해시계'라는 의미다. 나침반이 없어도 정남 방향을 찾아낼 수 있다는 것이다. 사실 이곳 영릉에 올 때마다 정남일구는 나의 한계를 느끼게 한다. 대체 어떻게 스스로 남북방향을 찾아낸다는 것인가 하는 의문을 품게 하기 때문이다. 안내문에도 구체적으로 어떻게 남북방향을 설정하는 것인가에 대한 설명은 없다.

정남일구 구조에서 가장 하단부에 받침대가 있는데, 그 안에는 물도랑〔水渠〕이 있다. 물도랑 위로 북쪽과 남쪽에 각각 기둥이 있는데, 두 기둥에 회전할 수 있는 사유환(四游環)이 연결된다. 사유환의 중심축은 북극을 향하고 있다. 24방위와 24절기를 표시한 수평의 고리가 지평환이다. 지평환에는 '정남일구'라는 이름과 북극출지삼십팔도소약(北極出

영릉 복원 정남일구 2017-05-06

214

地三十八度小弱)의 한양 북극고도를 표시하고 있는데, 시헌력이 도입되기 전 세종 시대의 각도법으로 표시한 것이다. 정남일구의 크기는 밑바탕 길이가 1척 2촌 5분이고, 북쪽 기둥이 1척 1촌, 남쪽 기둥이 5촌 9분이라고 했다. 주척 20.7cm를 적용하면 밑바탕은 약 26cm, 북쪽 기둥은 약 23cm, 남쪽 기둥은 약 12cm다. 세종 당시에 제작된 정남일구는 남아 있지 않으며, 여기에 복원한 것은 『세종실록』에 기록된 치수를 3배로 확대한 것이다.

> 사유환이 동서로 운전하여 1각 반에 하늘을 한 바퀴 돈다. 도는 4분으로 만들고, 북쪽의 16도로부터 1백 67도에 이르기까지 중간이 비어서 쌍환의 모양과 같고, 나머지는 전환(全環)으로 되었다. 안에는 한 획을 중심에다 새기고 밑에는 네모난 구멍이 있는데, 직거(直距)를 가로 설치하고 거 가운데 6촌 7분을 비워서 규형(窺衡)을 가지게 했다. 규형은 위로는 쌍환을 꿰고, 아래로는 전환에 다달았다. 남쪽과 북쪽을 낮추고 올려서 지평환(地平環)을 평평하게 설치하되, 남쪽 기둥의 머리와 같게 하고, 하지(夏至)날 해가 뜨고 지는 시각에 준하여 반환(半環)을 지평 아래에 가로 설치한다. 안에는 낮 시각을 나누어서 네모난 구멍의 밑바탕에 닿게 하고, 북쪽에는 십자를 그리고, 북쪽 축 끝에 추를 달아 십자와 서로 닿게 하니, 또한 수평을 취하게 한 것이다.[35]

동서로 회전할 수 있는 사유환의 일정 구간이 터져 있는데, 그것은 그 속에 규형이 상하로 회전할 수 있도록 한 것이다. 비어 있는 구간이

---

35   『세종실록』 77권, 세종 19년(1437) 4월 15일 갑술 세 번째 기사.

정남일구에서 사유환의 구조. 상단 일정 구간의 가운데가 터져 있어 쌍환의 구조를 보이고 그 안에 규형이 들어 있다. 2017-05-06

북으로부터 16~167도에 이른다고 한 것은 하늘의 북극으로부터 거극분도를 의미하는 것으로 보인다. 정남일구의 구조에서 시각선과 계절을 나타내는 절기선을 표시한 둥근 반원은 반환이다. 이 반환의 시각선은 1년 중 낮의 길이가 가장 긴 하지를 기준으로 했다. 북쪽 축 끝에 추를 달아 십자와 서로 닿게 했는데, 이는 수평을 취하게 한 것이다. 그런데 영릉에 복원된 정남일구에는 추가 보이지 않는다. 정남일구를 제작하게 된 배경과 그 사용법을 실록 기록 속에서 찾아본다.

> 하늘을 징험하여 시각을 알고자 하는 자는 반드시 정남침(定南針)을 쓰나, 사람이 만든 것을 면치 못하여 정남일구를 만드니, 대개 정남침을 쓰지 아니하여도 남북이 스스로 정하는 것이다.[36]

---

36   『세종실록』 77권, 위의 기사.

『세종실록』에는 "정남침을 쓰지 아니하여도 남북이 스스로 정하는 것"이라고 언급되어 있다. 조선시대로 돌아가서 해시계를 이용하여 시각을 측정한다고 해보자. 낮에 해시계(앙부일구, 현주일구, 천평일구 등)로 시각을 알고자 할 때 정남침을 써서 해시계를 남북으로 맞추는 작업을 먼저 해야 한다. 정남침으로 남북방향을 맞추었다고 하더라도 이 방향이 하늘 회전의 축인 정북방향이 아니므로 한 단계 더 보정작업을 해야 한다. 이러한 불편을 없애기 위해 만들어진 것이 정남일구가 아닐까 한다. 매일매일 태양의 거극분도 측정값이 준비되었을 때 그 고도값을 정남일구의 사유환 측면에 새겨진 각도기에 맞춘 다음 사유환을 회전시켜 태양이 있는 쪽으로 맞춘 뒤 규형의 구멍 속에 태양이 들어오도록 일치시킨다. 그때 규형의 구멍 속에 들어온 태양의 상이 하단부에 맺힐 때 상의 모습이 정원(正圓)이 되게 정남일구를 움직여놓으면 그때 방향이 하늘의 회전 중심축인 남북방향으로 자리를 잡게 된다. 여기서 중요한 것이 사전에 측정된 태양의 거극분도 값이 존재해야 한다는 것이다. 영릉에 복원된 정남일구의 구조를 통해 볼 때 태양을 관측하는 사유환의 구조가 동서방향으로 회전할 수 있게 되어 있다는 것은 태양이 어느 위치에 있어도 정남방향을 설정할 수 있다는 의미가 된다.

규형(窺衡)을 쓰는 법은 매일 태양이 극도분(極度分)에 갈 때를 당하여 햇볕을 통해 넣어서 정원(正圓)이 되게 하고, 곧 네모난 구멍으로 반환의 각을 굽어보면, 자연히 남쪽의 위치가 정해지고 시각을 알 것이다. 그릇이 무릇 열다섯인데, 구리로 만든 것이 열이다.[37]

---

37 『세종실록』 77권, 위의 기사.

실록 기록에서 "매일 태양이 극도분(極度分)에 갈 때를 당하여"라고
한 부분이 정남일구의 규형을 쓰는 법의 핵심이다. 번역이 다소 매끄럽
지 못한데, 『국조역상고』에서는 "매일매일의 태양 거극도수에 따라"[38]
로 해석했고 『국역증보문헌비고』에서는 "규형을 써서 매일매일 태양의
북극거리에 따라 태양 그림자의 정원을 투입하게 하고"[39]라고 해석했
다. 한편 『조선의 서운관』에서는 "규형은 매일 태양의 북극거리에 따라
재설정된다"라고 해석했다. 위의 문헌들을 종합해볼 때 정남일구는 간
의나 다른 천체관측도구를 이용하여 측정한 태양의 거극분도, 즉 북극
으로부터의 각거리를 알고 있어야 정남방향을 잡을 수 있다.

영릉에 복원된 정남일구의 반환(半環)에는 시각선 외에도 앙부일
구에서 나타나는 13줄의 계절
선이 나타나는데, 니덤의 정
남일구 복원도[40]에는 계절선
없이 시각선만 나타나 있다.
다만 니덤의 복원도에서 지평
환 부분에 24절기의 절기선들
이 표시되어 있는 것을 보면
정남일구가 앙부일구처럼 계
절선을 포함하고 있었을 것으
로 보인다.

정남일구는 주목적이 "대

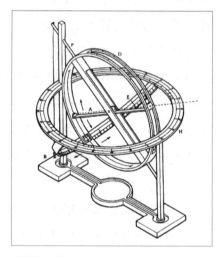

정남일구 복원도 자료: 『조선의 서운관』 151쪽

---

38   서호수 · 성주덕 · 김영 편저(이은희 · 문중양 역주), 앞의 책, 158쪽.

39   세종대왕기념사업회, 『국역 증보문헌비고』(서울: 세종대왕기념사업회, 1980), 137쪽.

40   조지프 니덤(이성규 역), 앞의 책, 151쪽.

개 정남침을 쓰지 아니하여도 남북이 스스로 정하는 것이다"라는 데서 알 수 있듯이 시계를 정확하게 남북방향으로 설치하기 위함이다. 하지만 정남일구는 앙부일구보다 한 단계 더 상향된 천문의기로 보인다. 자체적으로 남북방향을 설정한 다음에는 시계 기능을 할 수 있기 때문이다. 이러한 기능을 고려할 때 절기선을 포함하여 달력 기능까지 할 수 있게 하는 것은 어려운 일이 아니므로 영릉에 복원된 정남일구의 반환에 표시된 절기선은 가능한 것이라고 보인다.

일성정시의 日星定時儀

영릉에 설치된 시간 측정 천문의기 중에서 낮과 밤, 즉 주야 동시에 시각을 측정할 수 있는 기기는 자격루와 일성정시의다. 당시 하루의 시간을 백각으로 하여 낮에는 앙부일구 같은 그릇을 만들어 시각을 알아냈으나 "밤에는 『주례』에 별을 보고 밤 시각을 구분하는 글이 있고 『원사』에도 그런 말은 있었지만, 측정하는 방법이 없었기에 세종은 밤낮 시각을 알리는 기기를 만들라"라고 명을 내리고 이름까지 지어 '일성정시의'라고 했다. 영릉에 복원 전시된 일성정시의를 보면 제일 높은 곳에 원형 바퀴가 있고, 바퀴 위에 작은 용 두 마리가 작은 원형 고리를 양쪽에서 물고 있다. 이 원형 바퀴를 물고 있는 용이 기둥 역할을 하고 바닥에는 수평을 잡기 위해 못이 조성되어 있다.

그 제도는 구리〔銅〕를 써서 만들었는데, 먼저 바퀴를 만들어 세(勢)를 적도(赤道)에 준하여 자루〔柄〕가 있고, 바퀴의 지름〔徑〕은 2척, 두께는 4분, 넓이는 3촌이다. 가운데 십자거(十字距)가 있는데, 넓이는 1촌 5분, 두께는 바퀴와 같다. 십자 가운데는 축이 있는데, 길이는 5분반이고 지름은 2척이다. … 바퀴의 윗면에 세 고리〔環〕를 놓았는데, 이름을 주천도분환(周天度分環)·일구백각 환(日晷百刻環)·성구백각환(星晷百刻環)이라 한다. 그 '주천도분환' 은 밖에 있으면서 움직이고 돌며, 밖에 두 귀〔耳〕가 있는데 지름 은 두 자, 두께는 3분, 넓이는 8분이다. '일구백각환'은 가운데에 있어 돌지 아니하고, 지름은 1척 8촌 4분이고, 넓이와 두께는 밖 의 것과 같다. '성구백각환'은 안에 있어 움직이고 돌며, 안에 두 귀가 있는데, 지름은 1척 6촌 8분이고, 넓이와 두께는 안팎 고리 와 같다. 귀가 있는 것은 움직이게 하는 것이다. '정극환'이 둘이 있는데, 바깥 고리와 안 고리의 사이에는 구진대성(句陳大星)[41]이 나타나고, 안 고리의 안에는 천추성(天樞星)[42]이 나타나니, 남북의 적도를 바르게 하는 것이다. 가는 노끈으로 여섯 구멍〔六穴〕을 통 해 꿰어서 '계형'의 두 끝에 매었는데, 위로는 해와 별을 살피고 아래로는 시각을 알게 한 것이다. '주천환(周天丸)'에는 주천도(周 天度)를 새기되 매도(每度)를 4분으로 하고, '일구환(日晷環)'은 1백 각을 새기되, 매각(每刻)을 6분으로 했다.[43]

일성정시의는 다음 그림처럼 상단에 있는 지름이 2척(대략 41cm) 정 도 되는 시간 측정 눈금이 새겨진 큰 바퀴와 그 위에 해와 별을 관측할 수 있는 계형이 핵심요소다. 바퀴에는 3개의 고리가 들어 있는데, 고정

---

41 동양 별자리 구진에서 으뜸별로, 오늘날의 북극성을 말한다.
42 동양 별자리 북극오성 중의 다섯 번째 별이다.
43 『세종실록』 77권, 세종 19년(1437) 4월 15일 갑술 세 번째 기사.

되어 움직이지 않는 일구백각환이 가운데 있고 바깥쪽으로 주천도분환이, 가장 안쪽으로 성구백각환이 각각 회전하며, 회전 손잡이인 귀가 달려 있다. 특히 밤에 시각을 측정하기 위해서는 하늘의 북극, 즉 회전 중심축에 계형을 일치시켜야 한다. 영릉에 복원된 일성정시의 바퀴 위의 정극환은 실록의 기록과는 차이를 보인다. 정극환은 2개의 고리로 구성되고 두 고리 사이에 공간이 있는 구조다. "바깥 고리와 안 고리 사이에는 구진대성(句陳大星)이 나타나고, 안 고리 안에는 천추성(天樞星)이 나타나니, 남북의 적도를 바

일성정시의 2017-05-06

르게 하는 것이다"라는 실록 기록의 이 표현이 하늘의 북극을 맞추는 방법이다. 구진대성은 오늘날의 북극성을 말하고 천추성은 당시 세종 시기에 하늘의 북극 근처에 있던 북극오성 중 맨 끝에 있는 별이다.[44] 정극환으로 극축을 맞추었다면 극축 주변에 있는 비교적 밝은 별들을 찾아서 그들의 일주운동 각을 측정하면 시각이 결정된다. 지구 자전에 의해 하늘의 북극을 중심으로 별들이 시간의 경과에 따라 원운동의 궤적을 보이므로 그때의 위치를 맞춘 뒤 성구백각환의 눈금과 정극환 계형

44   이순지(김수길 · 윤상철 역), 『천문류초』(서울: 대유학당, 2006), 283쪽.

일성정시의 상부의 구조.
주천도분환, 일구백각환,
성구백각환, 정극환
등으로 구성되어 있다.
2017-05-06

의 축이 만나는 곳을 읽으면 시각을 알아낼 수 있었을 것으로 보인다. 실제로 실록 기록에서는 측후(測候)했던 별을 '북극 둘째 별[帝星]'이라고 기록하고 있다.

> 북극 둘째별[45]은 북극에서 가깝고 가장 붉고 밝아서 여러 사람
> 들이 보기 쉽기 때문에 이것으로 측후한다.

정극환의 중심이 하늘의 북극에 일치되어 오늘날 시계 시침의 중심이 되어주고 그 옆 북극오성의 두 번째 별이 시침의 끝이 되어 일주운동을 하면 시계와 같은 이치가 된다. 참고로 『세종실록』의 기록과 같은 구조로 정극환을 표현한 것이 조지프 니덤의 『조선의 서운관』에 보인다. 일성정시의를 가지고 밤에 북극을 찾거나 북극오성의 두 번째 별을 측후할 때 관측자의 머리와 눈이 위치해야 할 공간은 바퀴 아랫부분

---

45 북극오성은 태자, 제, 서자, 후궁, 천추 등으로 이루어져 있는데, 이 중 두 번째인 제(帝)별
이 가장 밝다.

222

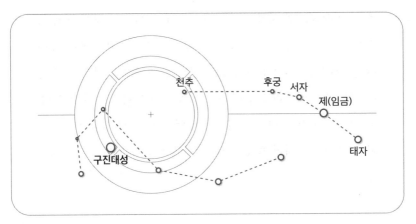

일성정시의 정극환 구조 자료: 『조선의 서운관』 90쪽

이다. 주천도분환의 중심에 뚫려 있는 구멍을 통해 정극환을 바라보아
야 한다. 영릉에 복원된 일성정시의는 정극환 고리가 이중 고리가 아닌
1개의 고리로만 복원된 것이 아쉬움으로 남는다.

　『조선의 서운관』에서 제시하고 있는 정극환의 구조에서 고리의 중
심은 하늘의 중심이다. 좌측 아래 고리와 고리 사이에 들어 있는 큰 별
은 구진의 구진대성이고 우측의 5개로 이루어진 별자리는 북극오성인
데, 좌측 끝에 있는 다섯 번째 별이 천추다. 하늘의 북극을 정할 때 바로
구진의 구진대성과 북극오성의 천추가 정극환의 고리 안에 들어와야
한다. 그다음에 북극오성의 제(帝)성이 중심으로부터 이루는 각을 측정
하면 시각을 결정할 수 있게 된다. 오른쪽 북극오성에서 가장 큰 두 번
째 별이 시간 측정에 사용되는 제성이다.

　　측후법(測候法)은 어떠한고. 실〔線〕을 써서 살펴본다. 고리〔環〕
　　위에 곧게 걸고 계형 끝에 내려 꿰어 '일구'에는 둘을 쓰고 '성
　　구'에는 하나 쓴다. 제좌(帝座)가 붉고 밝아 북극에 가까우니, 실

을 써서 살펴보면 시각을 알 수 있다. 누수(漏水)를 먼저 내려 자정을 알아보고, 윤환(輪環)에 표지(標識)하여 주천환의 도는 것을 여기에서 일으킨다. 밤마다 도는 것이 한 도를 지나가니 도와 분이 나뉘어서 비롯하고 끝맺는다. 그릇은 정밀하고 두루 쓰인다. 선철(先哲)이 많았으나 이 제도가 없었는데, 우리 임금 처음으로 이 의상을 만드시어 희(羲)·화(和)에게 내리시니 만세의 국보일세.[46]

『세종실록』에 기록된 일성정시의의 측후법에 따르면 자격루가 이용되었으며, 시각을 정하는 출발점은 자정을 기준으로 하고 있음을 알 수 있다. 또한 일성정시의가 기존에 없었던 것을 처음으로 만들어낸 독창적인 발명품임을 알 수 있게 해주며, 더불어 세종이 이 의상을 만들었다고 하면서 만세의 국보라고 소개하고 있다. "천문시계의 일종인 일성정시의는 독창적인 것으로 당시의 과학기술을 세계적으로 대표할 수 있는 것이라고 했다."[47]

『세종실록』의 기록처럼 만세의 국보인 일성정시의를 복원하여 설치할 때 주의할 점이 있다. 관람자가 제대로 구조를 이해하고 측정하는 방법을 체험하게 하기 위해서는 두 곳에 계단을 설치해줘야 한다. 일성정시의가 작동하려면 먼저 하늘의 북극을 찾아야 한다. 이때 하늘의 북극 정렬은 정극환의 구멍을 통해 이루어진다. 그러므로 정극환의 구멍을 통해 북쪽 하늘을 볼 수 있는 계단이 필요하다. 다음으로 주천도분환과 성구백각환, 일구백각환 등 세 개의 고리로 구성된 시계 부분을

---

46 『세종실록』 77권, 세종 19년(1437) 4월 15일 갑술 세 번째 기사.

47 김상혁 외, 『천문을 담은 그릇』(서울: 한국학술정보, 2014), 98쪽.

전라북도교육청과학교육원 일성정시의. 하늘의 북극을 찾는 데 필요한 계단(앞쪽)과 시각을 측정할 수 있는 계단(우측)이 조성되어 있다. 2022-08-05

위에서 아래로 내려다볼 수 있도록 측면에도 계단이 있어야 한다. 아쉽게도 여주 영릉의 일성정시의는 측면 계단이 조성되어 있지 않다. 반면 전라북도 익산에 있는 전라북도교육청과학교육원 야외 전시마당에 설치되어 있는 일성정시의는 두 개의 돌계단을 설치해놓아 일성정시의의 구조와 사용법을 제대로 관찰할 수 있다.

관상수시觀象授時 천문의기 :
임금의 달력과 백성의 달력

- 천상열차분야지도, 앙부일구

천상열차분야지도와 앙부일구를 다른 천문의기들과 따로 구분하여 관상수시 공간에 배치한 의도는 이 두 천문기기가 백성의 삶과 밀접한 관련이 있기 때문이다. 영릉의 천문의기는 모두 관상수시에 필요한 것이지만, 그중에서도 천상열차분야지도와 앙부일구는 달력 역할을 하고

관상수시 천문의기 영역. 천상열차분야지도(임금의 달력), 앙부일구(백성의 달력) 2022-05-28

있다. 일종의 역서(曆書) 기능을 하고 있다고도 할 수 있다.

천상열차분야지도와 앙부일구에서 태조 이성계의 천명(天命)과 세종 이도의 애민(愛民)을, 하늘과 땅, 즉 위와 아래로 각각 향하는 지향점의 차이를 느낄 수 있다. 그래서 나는 천상열차분야지도와 앙부일구를 천명과 애민(물론 애민 속에는 자주가 들어 있다), 하늘과 땅, 할아버지와 손자, 임금과 백성 등 서로 견주어볼 만한 용어들을 동원하여 만나게 하고 싶다. '임금의 달력' 천상열차분야지도와 '백성의 달력' 앙부일구, 할아버지 태조의 천상열차분야지도와 손자 세종의 앙부일구에 담긴 하늘과 땅의 뜻은 무엇일까.

세종 이도의 아버지는 태종 이방원이고, 태종의 아버지는 태조 이성계다. 다시 말하면 세종대왕의 할아버지가 바로 태조 이성계다. 고려왕조를 무너뜨리고 선양(禪讓)의 형식을 빌려 새로운 왕조인 조선왕조를 창업한 태조 이성계에게는 새 왕조의 당위성을 대변해줄 천명, 즉 하늘이 임금을 내렸다는 상징성을 가지는 어떤 것이 있어야 했다. 천명의 의미인 하늘을 상징하는 것이 바로 천상열차분야지도였다.

우리나라 국보 제228호인 천상열차분야지도는 바로 하늘의 모습을 담아놓은 천문 역서다. 고구려 천문도를 그 출발로 보고 있는 천문도의 출현은 조선왕조 창업의 당위성과 권위를 내려주는 상징성의 의미를 부여해주는 것이다. 천문도는 하늘이고 천명이었다. 천상열차분야지도는 단순한 별자리 그림이 아니다. 전천천문도(全天天文圖)인 이것은 바로 고도의 관측과 규칙성을 바탕으로 하는 달력이었다. 백성이 24절기에 맞게 농사를 지을 수 있는 때, 즉 시간을 내려주는 관상수시(觀象授時)였다.

할아버지 태조와 아버지 태종에 의해 왕권이 안정적으로 자리 잡게 되고 왕 주변의 위협 요소까지 제거된 상황에서 세종은 성리학의 통치이념을 바탕으로 확실하게 자리매김을 할 수 있었다. 할아버지 태조 이성계가 하늘에서 그 권위를 내려받아, 즉 천명을 받아 천상열차분야 지도를 통해 땅으로 그 권위를 내려주었다면 손자 세종은 땅으로 내려온 권위를 백성에게 나누어주었다. 아니, 백성이 관상수시를 스스로 할 수 있게 환경을 만들어주었다. 그 증거가 앙부일구(仰釜日晷)다.

세계에서도 유례가 없는[48] 앙부일구를 누구나 만들 수 있게 했고, 대로변에 설치하여 일반 백성도 시간을 읽어 시간을 조절하며 살아갈 수 있도록 했다. 세종은 하늘의 권위이자 임금의 특권인 시간의 권력을 백성에게 나누어준 것이다. 이것은 가히 혁명적인 사건이라 할 수 있다. 하늘에서 내려준 할아버지의 천명과 백성을 향한 손자의 애민정신, 다시 말해 태조의 하늘과 세종의 땅은 조선 천문과학이 당대 세계 최고 수준을 가지게 된 배경이었다.

천상열차분야지도

임금의 달력 천상열차분야지도를 만나기 전에 먼저 세종 대에도 석각 천문도를 제작했다는 기록을 문헌을 통해 접근해본다.

세종 15년(1433)

신법천문도를 새겼다. 임금께서 고금의 천문도를 헤아려보셨는데 그중에 28수 거도(距度)와 12차(十二次) 교궁수도(交宮宿度)[49]

---

48 앙부일구가 원나라 곽수경의 앙의를 모방했다고 하나 그 형태인 오목한 솥 모양을 취한 것이지 내부의 구조와 기능은 다르다.

49 『증보문헌비고』「상위고」1(115-116쪽)에 황적수도와 황적궁계에서 교궁수도 예를 볼

는 한결같이 수시력으로 측정한 것에 의존했음을 알고 새 천문
도를 돌에 새기도록 했다.[50]

『국조역상고』에서는 세종 때 천문도를 새긴 것이 세종 15년인
1433년으로 기록하고 있다. 한편 이순지의 『제가역상집』 발문에서는
다음과 같이 기록하고 있는데, 천문도를 새긴 연도는 나타나지 않고 이
기사를 다룬 연도가 세종 27년인 1445년으로 기록하고 있다.

> 천문에는 칠정(七政)에 본받아 중외(中外)의 관아에 별의 자리
> 를 배열하여, 들어가는 별의 북극에 대한 몇 도(度) 몇 분(分)을 다
> 측정하게 하고, 또 고금(古今)의 천문도(天文圖)를 가지고 같고 다
> 름을 참고하여서 측정하여 바른 것을 취하게 하고, 그 28수(宿)
> 의 도수(度數)·분수(分數)와 12차서의 별의 도수를 일체로 『수시
> 력(授時曆)』에 따라 수정해 고쳐서 석본(石本)[51]으로 간행하고, 역
> 법에는 『대명력(大明曆)』·『수시력(授時曆)』·『회회력(回回曆)』과
> 『통궤(通軌)』·『통경(通徑)』 여러 책에 본받아 모두 비교하여 교정
> 하고, 또 『칠정산내외편(七政算內外編)』을 편찬했는데…[52]

『국조역상고』와 『세종실록』 또는 『제가역상집』 발문 등에 세종 시
대에 천문도를 제작했다는 기록이 있는 것으로 보아 새로운 법에 의한
석각천문도가 있었음을 알 수 있다. 반면 『연려실기술』 천문전고 의상

수 있다.

50 서호수·성주덕·김영 편저(이은희·문중양 역주), 앞의 책, 191쪽.

51 돌에 새긴 천문도를 의미하는 것으로, 신법천문도다.

52 『세종실록』 107권, 세종 27년(1445) 3월 30일 계묘 네 번째 기사.

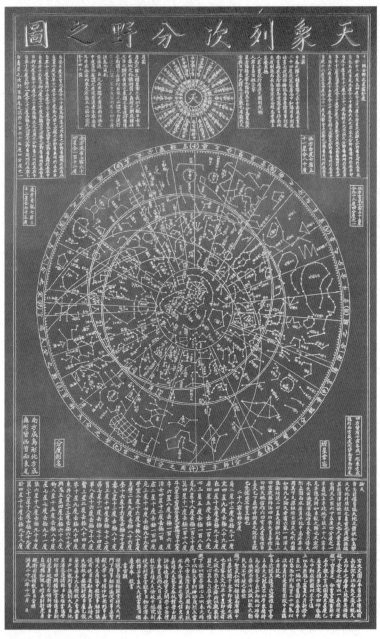

영릉 천상열차분야지도 2017-05-06

(儀像)에는 다음과 같은 글이 실려 있다.

> 15년에 새 제도의 천문도(天文圖)를 새기었다. 임금이 고금의
> 천문도를 참작하여 28수의 거리·도수 및 12부위(部位)의 궁(宮)
> 에 드나드는 별의 도수를 일일이 『수시력(授時曆)』으로 측후한 바
> 에 의하여 부지런히 새 천문도를 만들어 돌에 새기고, 또 이순지
> (李純之)에게 명하여 선유(先儒)의 의논과 역대의 제도를 모아 의상
> (儀象)·해시계·물시계·천문·역법 등 모든 글을 편찬하게 했다.[53]

『연려실기술』[54]에 기록된 새 천문도 제작 시기인 세종 15년은
1433년에 해당한다. 『연려실기술』은 『한민족문화대백과』에 "나는 사
실에 의거하여 수록하기만 할 뿐 그 옳고 그름은 후세 사람들의 판단에
미룬다"라고 기술하고 있듯이 이 책은 더욱 객관적이고 체계적이며 합
리적인 관점에서 편찬했다는 것을 전제로 할 때 세종 시기 천문도 제작
이 분명해 보인다.

> 세종 15년(1433)에 신법천문도를 새겼다. 임금이 고금의 천문
> 도를 살펴보니 그 28수의 거도(距度) 12차(十二次)의 교궁수도(交
> 宮宿度)는 하나같이 수시력에서 측정한 바에 의했으므로 이들을
> 정리하여 새 천문도를 만들어 돌에 새겼다.[55]

---

53 민족문화추진회, 『연려실기술 XI』(서울: 민족문화문고간행회, 1982), 75쪽.

54 조선 후기 실학자 이긍익이 조선시대의 정치·사회·문화를 기사본말체로 서술한 역사
서. 이 책의 찬술 연대는 저자의 연보가 구체적으로 전해오지 않아 확실하지는 않으나,
41세 되던 1776년(영조 52) 이전에 일단 완성된 듯하다(한민족문화대백과).

55 세종대왕기념사업회, 앞의 책, 150쪽.

이 기록은『국역증보문헌비고』「상위고」의 의상에 실린 것인데, 「상위고」는 영조 46년(1770) 윤5월 14일 서호수에 의해 완성된 것이다. 이보다 26년 늦게 1796년 서호수 등에 의해 편찬된『국조역상고』[56]의 기록이 이를 뒷받침한다. 반면에『조선의 서운관』의 저자 조지프 니덤은 "태조의 평면 천체도 외에는 세종 때 왕립 천문기상대를 재장비했을 때를 포함해 그 후 17세기 후반에 이르기까지 한국에서 새로운 평면 천체도가 만들어졌다는 기록에 대해서는 아는 바 없다"[57]라고 했다. 현재 세종 대의 신법천문도는 전하지 않고 있다. 그러나 여러 문헌의 기록을 통해 세종 시기에 새로운 천문도를 제작했다는 것을 확인할 수 있었다. 반면 세종 15년에 천문도를 석각한 것이라기보다는『천문(天文)』이라는 책[書]을 석본(石本)으로 간행(刊行)했을 가능성이 매우 크다[58]고 보는 견해도 있다. 이 견해는『세종실록』의 "『授時曆』修改, 以刊石本矣(이간석본의)"[59] 원문 기록에서 간행의 의미인 '간(刊)'이라고 쓰여 있는 데서 그 근거로 삼고 있다.

이제 태조 때 제작된 천상열차분야지도가 왜 고도의 관측기술과 규칙성을 가진 달력이 되는지 만나본다. 지면 관계상 천상열차분야지도의 구성이나 세세한 내용은 생략하고 그것이 달력이 되는 원리를 안내하고자 한다. 내가 현직 과학 교사였을 때는 달력의 원리를 깨닫지 못하고 학생들에게 가르쳤다. 그런 측면에서 지금 내가 소개하는 천문의

56 1796년(정조 20)에 관상감에서 편찬한 조선시대의 역법과 의상(儀象)의 연혁을 서술한 책. 서호수(徐浩修)가 관상감제조(觀象監提調)로 임명되어 기획·발간한 것으로 동관제조 민종현(閔鍾顯)과 더불어 서문을 썼으며, 실제 편찬은 주로 관상감원(觀象監員) 성주덕(成周悳)·김영(金泳) 등이 했다(한민족문화대백과).

57 조지프 니덤(이성규 역), 앞의 책, 237쪽.

58 이기원, 「세종 석각 천문도에 관한 재고」,『한국천문학회보』34(1), 2009, 49쪽.

59 『세종실록』107권, 세종 27년(1445) 3월 30일 계묘 네 번째 기사.

天 象 列 次 分 野 之 圖

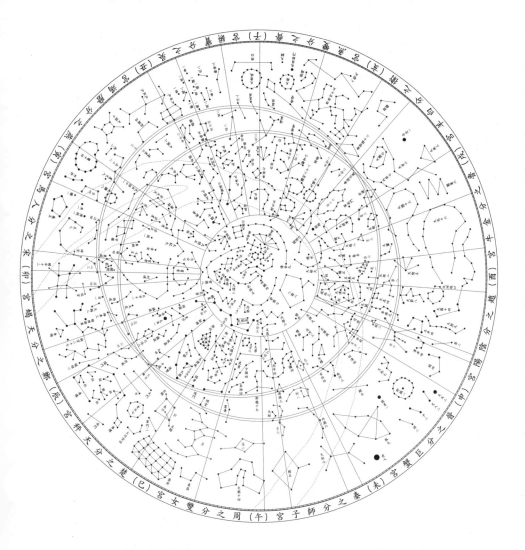

우리나라의 전통 천문과학을 이해하기 위해 세종대의 365.25° 분도로 제작한 자료이며, 작도 과정상
미세한 차이가 있을 수 있습니다. 교육을 목적으로 한 활용은 밀바른시 가능합니다.

제작: 2022.9.13 / 광주광역시 수완고등학교 지구과학 교사 / 한국아마추어천문학회 천문지도사 오순재 / guideosj@gmail.com

기들에 대한 내용은 교사들에게 작은 도움이 될 것으로 기대해본다. 규표, 혼천의, 정남일구, 앙부일구 등에는 24절기가 표시되어 있다. 24절기의 각 시기는 생업인 농업에서 절대적인 요소다. 관상수시도 바로 이절기의 때를 관측하여 백성에게 내려주는 것이다. 천상열차분야지도도 마찬가지다. 이것이 달력인 이유도 그 안에 24절기를 표시하고 있기 때문이다. 천상열차분야지도가 달력이 되는 이유를 간단하게 표현하면 다음과 같다.

> 초저녁 남쪽 하늘에 진수(軫宿)가 남중하고 새벽녘에 여수(女宿)가 남중하면 이때는 24절기로 망종(芒種)에 해당한다.

그럼 망종에는 무엇을 해야 하는가. 망종에는 벼같이 수염이 있는 까끄라기 곡식의 종자를 뿌려야 할 적당한 시기라는 뜻으로, 이 시기는 모내기와 보리 베기에 알맞은 때다. 그러므로 망종 무렵은 보리를 베고 논에 모를 심는 절후라는 것을 알 수 있다. 농사에 절대적인 때를 이렇게 천상열차분야지도에 담아놓았는데, 문제는 하늘이 고정되어 있는 것이 아니라 변하는 데 있다. 즉, 세차운동에 의해 하늘의 중심과 별자리 위치가 변한다. 그러니 임금은 이 변하는 하늘의 천문을 그때그때 파악해서 수정하고, 그것을 다시 백성에게 알려주어야 농사를 제때 지을 수 있으며, 그래야 백성의 굶주림을 해결할 수 있다. 그러니 천문은 임금에게 천명이 될 수밖에 없다.

천상열차분야지도에 있는 별자리 중에서 24절기에 맞게 남중하는 별자리를 선택해야 하는데, 그 기준이 되는 별자리들이 28수(宿)다. 서양에서는 '별자리(constellation)'라고 하지만, 우리는 '수(宿)'를 붙이면 된다. 달의 공전주기와 관련이 있는 이 28수는 전통적으로 동양 천문의

3원 28수 체제에서 그 구성원 중의 하나다. 28수는 하늘의 동서남북에 배치된 4신도에 각각 7수(宿)씩을 배치하고 있다. 이를 위해 아래에 제시한 학습도로 실습해본다면 더욱 쉽게 천상열차분야지도를 이해할 수 있을 것이다.

가장 외곽의 고리에 배치한 네모의 도형 12개는 12지신을 의미한다. 중앙의 사각형과 원형은 천원지방(天圓地方)을 의미하고, 작은 원 5개는 오신도를 배치하는데 좌청룡(左靑龍), 우백호(右白虎), 남주작(南朱雀), 북현무(北玄武), 중앙 황룡(黃龍)이다. 앙부일구와 달리 천문도는 하늘에 올려세워서 바라보는 것이어서 12지의 진행 방향은 반시계 방향으로 전개되며, 자·축·인·묘·진·사·오·미·신·유·술·해를 배치한다. 그러면 북·남·동·서가 정해지는데 자(子), 오(午), 묘(卯), 유(酉)다. 묘(卯)가 있는 곳인 좌측의 동쪽 아래부터 7칸에 각(角), 항(亢), 저(氐), 방(房), 심(心), 미(尾), 기(箕)를 배치하고 자(子)가 있는 북쪽 위

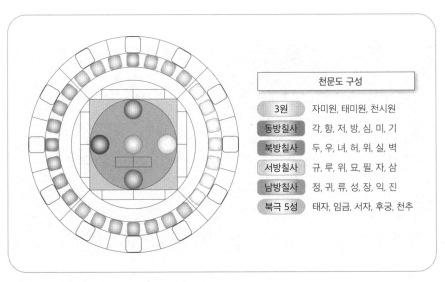

천문도 구성	
3원	자미원, 태미원, 천시원
동방칠사	각, 항, 저, 방, 심, 미, 기
북방칠사	두, 우, 녀, 허, 위, 실, 벽
서방칠사	규, 루, 위, 묘, 필, 자, 삼
남방칠사	정, 귀, 류, 성, 장, 익, 진
북극 5성	태자, 임금, 서자, 후궁, 천추

오신도와 28수 구성 학습도 2010, 장현근 작도

7칸에 좌측부터 두(斗), 우(牛), 여(女), 허(虛), 위(危), 실(室), 벽(壁)을, 다시 유(酉)가 있는 우측의 서쪽 7칸에 위에서 아래로 규(奎), 루(婁), 위(胃), 묘(昴), 필(畢), 자(觜), 삼(參)을, 마지막으로 오(午)가 있는 남쪽 7칸에 우측에서 좌측으로 정(井), 귀(鬼), 류(柳), 성(星), 장(張), 익(翼), 진(軫)을 배치하면 28수의 별자리 모두를 나타낼 수 있다.

실제로 천상열차분야지도에서 28수의 별자리로 나눈 구획을 찾은 다음 각각 동방칠수, 북방칠수, 서방칠수, 남방칠수의 별자리를 찾을 수 있어야 한다. 주의할 점은 앞의 학습도에서는 28수를 등 간격으로 구분했지만, 실제 천문도에서는 등 간격이 아니라 28수마다 각기 다르다는 것을 알아야 한다. 영릉에 복원해놓은 천상열차분야지도의 석각본을 활용하여 실제로 찾아본다.

앞의 영릉에 복원한 천상열차분야지도 속의 좌청룡 동방칠수의 별자리는 우측에서 좌측으로 진행하며 좌각(左角), 항사(亢四), 저사(氐四), 방사(房四), 심삼(心三), 미구(尾九), 기사(箕四) 등으로 표시되어 있음을

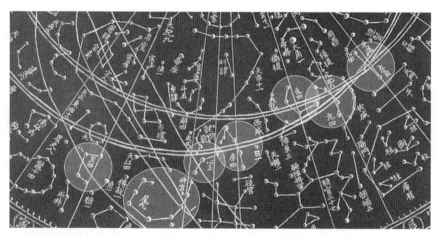

영릉 복원 천상열차분야지도 속의 좌청룡 동방칠수의 7개 별자리. 2017년 5월 6일 영릉에서 촬영한 사진을 2020년 12월 25일 편집함.

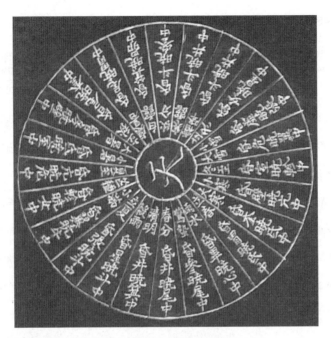

천상열차분야지도 천(天). 1395년 입춘(立春)의 중성은
昏胃曉氐中(혼위효저중)에서 위성(胃星)이고, 옛 천문도에는 입춘에
묘성(昴星)이 중성이었다.

알 수 있다. 별자리 옆 숫자는 그 별자리를 구성하는 별의 개수를 의미
한다. 여기서는 동방칠수만 다루기로 한다.

　이제 천상열차분야지도에 기록된 24절기와 그 절기에 배치한 남
중하는 28수를 나타낸 천(天)에 대해 알아보기로 한다. 천(天)은 천상열
차분야지도의 상단에 작은 원으로 나타나 있다. 천(天)에 나타나는 24
절기에 따른 혼효중성(昏曉中星)은 천상열차분야지도가 달력이 되는 핵
심적인 요소다. 혼효중성은 해가 진 뒤 초저녁과 해뜨기 전 새벽에 남
쪽 하늘에 위치하는, 즉 남중하는 28수의 별자리를 말한다.

천상열차분야지도 천(天)에 나타나는 24절기에 따른 혼효중성(昏曉中星)

- 24절기 날짜는 2021년 천문력을 기준으로 하였음.

24절기	혼효중성(昏曉中星)	24절기	혼효중성(昏曉中星)
입춘(立春) 2.4	昏胃曉氐中(혼위효저중)	입추(立秋) 8.7	昏尾曉奎中(혼미효규중)
우수(雨水) 2.18	昏畢曉心中(혼필효심중)	처서(處暑) 8.23	昏尾曉胃中(혼미효위중)
경칩(驚蟄) 3.5	昏參曉尾中(혼삼효미중)	백로(白露) 9.7	昏箕曉昴中(혼기효묘중)
춘분(春分) 3.20	昏井曉尾中(혼정효미중)	추분(秋分) 9.23	昏斗曉參中(혼두효삼중)
청명(淸明) 4.4	昏井曉箕中(혼정효기중)	한로(寒露) 10.8	昏斗曉井中(혼두효정중)
곡우(穀雨) 4.20	昏星曉斗中(혼성효두중)	상강(霜降) 10.23	昏斗曉井中(혼두효정중)
입하(立夏) 5.5	昏張曉斗中(혼장효두중)	입동(立冬) 11.7	昏女曉星中(혼녀효성중)
소만(小滿) 5.21	昏翼曉牛中(혼익효우중)	소설(小雪) 11.22	昏虛曉張中(혼허효장중)
망종(芒種) 6.5	昏軫曉女中(혼진효녀중)	대설(大雪) 12.7	昏危曉翼中(혼위효익중)
하지(夏至) 6.21	昏亢曉危中(혼항효위중)	동지(冬至) 12.21	昏室曉軫中(혼실효진중)
소서(小暑) 7.7	昏氐曉室中(혼저효실중)	소한(小寒) 1.5	昏壁曉亢中(혼벽효항중)
대서(大暑) 7.22	昏房曉壁中(혼방효벽중)	대한(大寒) 1.20	昏奎曉氐中(혼규효저중)

권근이 천상열차분야지도에 쓴 설명문에 따르면 옛 천문도를 얻었는데, 그때 얻은 천문도의 중성기가 조선시대에 맞지 않으므로 새로운 중성을 측정하여 중성기를 만들었다는 기록이 있다.

"천문도의 석본(石本)은 옛날 평양성(平壤城)에 있었는데, 병란(兵亂)으로 강물에 잠겨 유실되었으며, 세월이 오래되어 그 남아 있던 인본(印本)까지도 없어졌다. 우리 전하께서 즉위하신 처음에 어떤 이가 한 본을 올리므로 전하께서는 이를 보배로 귀중히 여기고 서운관(書雲觀)에 명하여 돌에다 다시 새기게 하매, 본관

(本觀)이 상언(上言)하기를 … 이 그림은 세월이 오래되어 별〔星〕의 도수가 차이가 나니, 마땅히 다시 도수를 측량하여 사중월(四仲月: 음력 2·5·8·11월)의 저녁과 새벽에 나오는 중성(中星)을 측정하여 새 그림을 만들어 후인에게 보이소서" 하니, 상께서 옳게 여기므로 지난 을해년(1395, 태조 4) 6월에 새로 중성기(中星記) 한 편을 지어 올렸다.[60]

태조 임금 시기에 얻은 천문도에 나타난 중성기는 당시 조선의 하늘에서 얼마나 차이가 났을까. 이 차이를 역으로 환산하면 이때 얻은 천문도가 어느 시기에 제작된 것인지 알 수 있다.

옛 그림에는 입춘(立春)에 묘성(昴星)이 저녁의 중성이 되는데, 지금은 위성(胃星)이 되므로 24절기가 차례로 어긋난다. 이에 옛 그림에 의하여 중성을 고쳐서 돌에 새기기가 끝나자 신(臣) 근(近)에게 명하여 그 뒤에다 지(誌)를 붙이라 했다.[61]

조선 태조 때 천상열차분야지도의 천(天)에 나타나는 입춘의 중성은 昏胃曉氐中(혼위효저중)에서 위성(胃星)임을 알 수 있다. 옛 천문도에는 입춘에 묘성(昴星)이 중성이었다.

옛 천문도에서는 입춘 때 묘수가 중성이었는데, 1395년 6월에 수정한 중성기에서는 위수가 중성이었다. 둘의 차이를 천문도 끝부분에 새겨진 각도로 계산해보면 대략 14도가 된다. 세차운동에 의해 춘분

---

60   〔한국고전종합DB〕, 『양촌선생문집 제22권』「발어류(跋語類) 천문도(天文圖)의 지(誌)」.
61   위의 글.

점이 14도 이동하려면 얼마의 시간이 필요할까. 한국천문학회의 『천문백과』에 나타난 관측된 지구의 세차운동 크기는 1년에 50.25각초이며, 주기는 2만 5천 772년이다. 14도를 각도 초로 환산하여 1년 이동 각도 50.25초로 나누면 14도 이동량의 시간이 구해진다. 이때 원을 360도가 아닌 365.25도로 나타냈지만, 여기서는 360도로 설정하고 대략적인 계산을 해보면 다음과 같다.

50,400초(=14도×60분×60초) / 50.25초 = 1,002.985년

즉, 옛 천문도의 중성기 기록을 통해 볼 때 이 천문도는 1395년을 기준으로 그보다 약 1,003년 전에 만들어졌다는 것을 알 수 있다. 대략 392년 무렵이다. 이 시기는 고구려 광개토대왕이 집권하던 때다. 권근의 『양촌집』과 천상열차분야지도에 설명문으로 나타나는 이 중성기 기록은 우리에게 옛 천문도가 고구려의 것임과 더불어 이 시기에도 중성기가 있었다는 놀라운 사실을 전해주고 있다.

한편 한국천문학회의 『천문백과』에서는 천상열차분야지도의 별자리 시기를 다음과 같이 기술

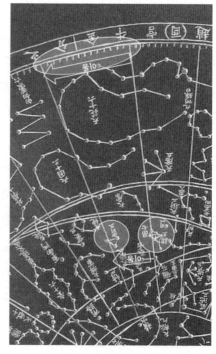

옛 천문도의 입춘 시 중성의 이동. 묘 7에서 위 3
(영릉 복원 천상열차분야지도)

240

하고 있다.

천문도의 중심에 해당하는 북극 주변은 14세기(조선 초기)의
별자리 위치와 일치하며 천문도의 바깥쪽은 1세기(고구려 초기)에
관측한 별들로 확인되었다. 이것은 천상열차분야지도가 고구려
천문도에서 유래했으며 조선 초에 고쳐 그렸다는 천문도의 설명
문과 일치하는 결과이다.

이제 천상열차분야지도에서 지구 공전에 따른 계절별 28수의 회
전을 확인하고, 그에 따른 24절기 변화에 맞는 중성의 위치 이동을 확
인해본다. 천상열차분야지도가 달력이 되는 것은 아래 그림의 천(天)이
라는 혼효중성(昏曉中星)의 기준을 하늘의 별자리와 일치시켜 때를 찾
아내고, 그때를 백성에게 내려주는 역할을 하기 때문이다. 천(天)에서
먼저 양력 5월 21경에 해당하는 소만 때는 昏翼曉牛中(혼익효우중)이 해
당한다. 초저녁 남방칠수에 있
는 익수가, 새벽에는 북방칠수
에 있는 우수가 남중한다는 뜻
이다. 지구 공전으로 15일이
경과하면 천(天)에서는 망종으
로 이동하고, 그때 중성은 昏
軫曉女中(혼진효녀중)이 되어 진
수가 초저녁에 남중한다. 다시
15일이 흐르면 24절기는 망종
에서 하지로 이동하여 이때 중
성은 昏亢曉危中(혼항효위중)이

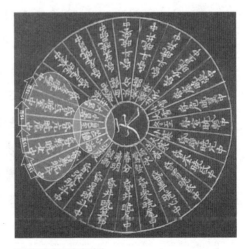

천(天)에서 중성의 변화

되고 동방칠사에 있는 항수가 초저녁에 남중한다. 소만 → 망종 → 하지 → 소서로 24절기가 계절에 따라 변화하는 동안 천상열차분야지도에서 별자리의 변화는 오른쪽 그림에서처럼 익수 → 진수 → 항수 → 방수로 전개되고 있음을 알 수 있다. 이로써 천상열차분야지도는 단순한 동양 별자리가 아닌 계절에 따른 별자리의 변화를 측정해낼 수 있는 달력, 즉 일종의 역서가 된다는 것을 확인할 수 있다.

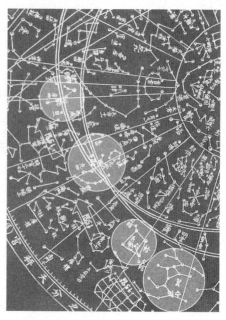

계절 변화에 따른 28수의 이동

　이러한 천문도는 세차운동에 의해 오랜 세월이 흐르면 별자리들의 변화가 생겨서 하늘의 별자리와 실제 계절이 맞지 않게 된다. 이를 계산하고 수정하여 새로운 천문도를 만들어내는 것은 전문 천문학자들이 아니면 불가능하다. 더욱이 천문도에 새긴 한자들은 이 분야에 종사하는 전문가들이 아니면 일반인들은 알 수 없다. 관상수시의 핵심은 바로 하늘을 읽어내는 데 있는데, 그 상징이 천상열차분야지도다. 천상열차분야지도는 역법과 시법을 적용해서 하늘의 법을 옮겨놓은 천명(天命)이다. 그래서 천상열차분야지도를 "하늘을 흠경(欽敬)하는 임금의 달력"이라고 표현한 것이다.

앙부일구仰釜日晷

무지한 남녀들이 시각에 어두우므로 앙부일구(仰釜日晷) 둘을
만들고 안에는 시신(時神)을 그렸으니, 대저 무지한 자로 하여금
보고 시각을 알게 하고자 함이다. 하나는 혜정교(惠政橋) 가에 놓
고, 하나는 종묘 남쪽 거리에 놓았다.[62]

『세종실록』에 실린 이 기록은 앙부일구를 만든 목적을 분명하게
밝히고 있다. 즉, 백성이 시각에 어두우므로 그걸 극복하게 하고자 한
것이다. 그리고 백성을 위한 배려로 시반에 시간을 문자가 아닌 12지신
의 동물을 새겨 넣었으니 앙부일구는 오롯이 백성을 위한 것이다.

앙부(仰釜)는 『원사(元史)』에 기록한 곽수경의 법을 의지했다.[63]
앙부일구는 『원사』에 기재된 곽수경의 법에 따라 만든 것이다.[64]

『연려실기술』과 『국역증보문헌비고』에서 앙부일구는 곽수경의 법
을 의지했다고 했는데, 곽수경의 법은 『원사』의 앙의(仰儀) 부분을 말한
다. 앙의가 어떤 모습을 하고 있는지는 다음 페이지에 그 모형을 제시
했다. 앙부일구의 탄생과정을 만나본다.

1998년 해그림자를 측정하며 태양의 시운동을 연구하던 나는 약

---

62 『세종실록』, 77권, 세종 19년(1437) 4월 15일 갑술 세 번째 기사[명 정통(正統) 2년].
63 민족문화추진위, 『연려실기술 XI』(서울: 민족문화문고간행회, 1982), 65쪽.
64 세종대왕기념사업회, 앞의 책, 138쪽.

2년에 걸친 관찰을 통해 하늘의 회전을 이해했고, 계절에 따른 해그림자의 변화 곡선을 가지고 절기에 따라 태양의 남중고도를 계산했다. 그 결과 앙부일구의 탄생과정을 그려볼 수 있었다. 그리고 10년이 지난 2009년 8월 앙부일구의 위대함을 확인하기 위해 원나라 곽수경이 제작했다는 앙의를 찾아서 북경의 고관상대를 방문했고, 그곳의 천문의기를 살피던 중 앙의 모형을 찾아냈다. 앙의 모형과 비교를 통해 앙부일구의 독창성을 확인한 뒤로 앙부일구를 세계 최고의 발명품이라고 확신했고, 자랑스럽게 앙부일구를 세상에 홍보했다. 북경 고관상대의 앙의 모형은 절기선 재현에서 오류를 보였다. 맨 위와 맨 아래의 절기선 간격은 주변보다 상대적으로 폭이 좁아야 하는데, 오른쪽 첫 번째 사진과 같이 동일한 간격으로 묘사해놓았다.

나의 「발해만요하기행」 프로그램에서 북경 고관상대는 필수 코스다. 조선 세종 대의 천문과학과 중국의 천문과학을 비교해 세종 시대의 우수성을 확인하고 자긍심을 갖게 하기 위해서다. 2009년 이후 20여 차례 답사를 진행했는데, 2018년 7월 26일 현장답사 때 고관상대의 자미전에 있던 앙의 모형이 이전에 내가 지적한 절기선 간격의 오류를 수정하여 새로운 모형을 전시하고 있음을 확인했다. 중국에서도 오류를 찾아낸 것이다.

조선의 앙부일구가 원나라 곽수경의 앙의 법을 따랐다고 했는데, 두 기기의 구조를 보면 확연하게 차이가 남을 알 수 있다. 결론적으로 말한다면 앙부일구는 해시계이지만, 아주 쉽게 읽을 수 있는 달력이기도 하다. 탄생과정 속에 담겨 있는 과학적 원리나 제작과정 못지않게 중요한 것이 앙부일구를 만든 배경이다. 이것이 바로 앙부일구의 위대성이다. 즉 하늘의 법을 담은 임금의 영역이었고, 권위였던 역법을 하늘 아래 땅에서 살아가는 백성에게 나누어주었다는 것이다. 성리학적 질

중국 북경 고관상대에 복원된 앙의 모형. 절기선 간격이 동일하다. 2009-08-25

절기선의 간격을 수정하여 다시 전시한 북경 고관상대의 앙의 모형. 2009년 8월 25일 촬영한 앙의 모형을 수정하여 다시 전시했다. 2018-07-26

서 속에서 임금과 백성은 하늘과 땅 차이가 나는 위계였다. 그런데 우러러보아야 할 그 높은 차이를 세종은 과감하게 헐어버리고 임금과 백성을 같은 땅 위의 수평 공간에서 만나게 한 것이다. 이것은 위대할 뿐만 아니라 가히 혁명적인 일대 사건이 아닐 수 없다.

　자연의 순리에 맞춰 씨를 뿌리고 김을 매고 때가 되어 익으면 수확하여 목숨을 이어가는 농부들에게 어려운 역서와 천상열차분야지도는 만나볼 수 있는 것도 아니었으며, 설령 보여준다 해도 그림책에 불과했을 것이다. 그런데 씨를 뿌릴 망종을 앙부일구를 직접 읽어서 찾아내고 논으로 나가 씨를 뿌리는 조선의 농민들을 그려보라. 이 장엄한 모습을 가능케 한 사람이 누구이던가. 그가 바로 대왕 세종이었다. 땅을 향한 성군 세종이었기에 가능했다. 백성을 향한 세종의 애민 상징인 앙부일구는 하늘을 담아놓은 그릇이다. 그 그릇에는 지구를 비추고 있는 태양의 하루 동안 동서방향의 움직임과 1년의 남북방향 고도 변화가 그대로 담겨 있다.

　1998년 번암중에서 근무할 때 학교 서편의 산 너머로 지고 있는 해를 바라보다가 문득 시도한 해그림자 측정 활동은 이후 앙부일구를 연구하는 출발점이 되었다. 해그림자 측정은 2분점인 춘분과 추분, 2지점인 동지와 하지를 중심으로 24절기 부근의 날을 선정하여 2년 동안 이루어졌다. 그 결과물이 오른쪽 그림에 나타나 있다. 측정판의 그림자를 통해 측정일 하루 동안 해그림자의 일영곡선 형태를 알아냈고, 측정막대 길이와 남중시의 그림자 길이를 구하여 남중고도를 계산했으며, 절기별로 구한 남중고도를 천구 속에 투영하여 태양의 연주운동에 따른 고도 변화를 한눈에 볼 수 있게 했다. 그리고 그 속에서 앙부일구 속의 절기선 13줄의 불균등 간격과 동일한 형태를 확인했을 때 비로소 앙부일구의 제작 원리를 추리해낼 수 있었다.

　2년 동안 해그림자 길이를 측정하고 측정 날의 그림자 길이가 가장 짧았을 때의 시각을 측정하면 다음의 표처럼 남중시각이 일정하지 않음을 확인할 수 있다. 대략 12시 10분에서 12시 50분 사이에 남중시각이 변하고 있음을 알 수 있다.

　24절기 중에서 10개 절기에 대한 남중고도를 구한 뒤 천구상에 고

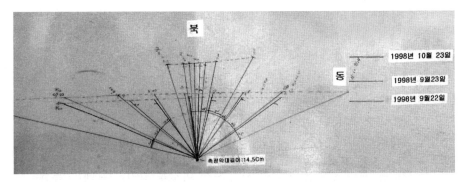

해그림자 측정판. 1998년 측정한 자료 중 일부분이다. 측정장소: 전북장수군 번암중 운동장, 측정자: 장현근.

월별로 측정한 해그림자를 이용한 시간별 태양의 고도 측정값(°)

날짜 / 시간	1999 0121	1999 0221	1998 0321	1998 0420	1999 0521	1998 0622	0721	0821	1998 0923	1998 1023	1998 1123	1998 1222
절기명	대한	우수	춘분	곡우	소만	하지	대서	백로	추분	상강	소설	동지
09:00		20.7	29.0	37.8		43.3			31.9		18.3	14.3
10:00		31.1	39.5	49.0		55.7			41.7		26.9	22.7
11:00		38.9	47.5	58.2	65.4	66.9			49.5		33.2	28.9
12:00	35.3	43.7	53.6	64.6	72.6	76.8				43.7	35.7	32.1
12:10	35.7	44.3	54.1	64.9	73.5	77.9			54.4	43.6	35.9	32.5
12:20	35.9	44.8	54.5	65.4	73.8	78.6				43.8	35.9	32.6
12:30	36.1	44.8	54.9	65.3	73.9	78.7			54.4	43.5	35.8	32.7
12:40	36.1	45.0	54.9	65.2	73.6	78.6				43.1	35.69	32.7
12:50		44.8		64.8	72.8	78.1					35.4	32.5
13:00	35.9	44.7	54.7	64.2	72.3	77.6			53.3	42.6	35.2	32.3
14:00	32.9	41.3	51.1	58.8	64.1	67.9			48.5	38.2		28.7
15:00	26.9		44.0	49.5		55.4			40.1			22.4
16:00	17.8	25.8	33.4	38.1		44.0			29.2			14.0

도를 투영하면 아래 그림처럼 나타나는데, 7월과 8월의 절기는 우천으로 측정값이 없었지만 태양의 연주운동 결과 각각 5월과 4월의 측정값과 같게 나타나므로 그 값을 취했다.

천구상에 투영한 절기별 남중고도는 춘분과 추분에서 변화값이 크게 나타나고, 동지와 하지에서 고도의 변화 폭이 작게 나타남을 알 수 있다. 앙부일구 구조에서 절기선을 나타내는 13줄 선폭의 변화와 동일한 형태를 보이고 있음을 확인했다. 사실 이것을 확인하는 데는 측정 활동을 한 뒤로 수년의 시간이 지난 뒤였다. 수원에 있는 과학영재고 학생들과 남중고도 값을 천구상에 옮기는 활동을 하다가 남중고도의 월별 변화 폭이 일정하지 않음을 발견하고 앙부일구를 떠올렸다.

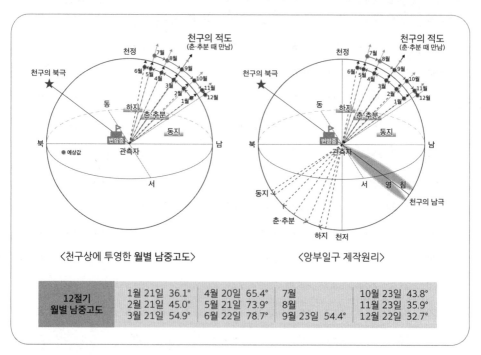

〈천구상에 투영한 월별 남중고도〉　　　〈앙부일구 제작원리〉

12절기 월별 남중고도	1월 21일 36.1°	4월 20일 65.4°	7월	10월 23일 43.8°
	2월 21일 45.0°	5월 21일 73.9°	8월	11월 23일 35.9°
	3월 21일 54.9°	6월 22일 78.7°	9월 23일 54.4°	12월 22일 32.7°

각 절기의 남중고도를 찾아내어 천구상에 투영한 모습

천구상에 투영한 남중고도를 앞 그림의 우측 구조에서처럼 천구의 중심을 통과시켜 반대편 바닥으로 연장하고, 천구의 남북극을 연장하는 일직선상에 영침(影針)을 추가하면 앙부일구가 태어난다.

1434년 앙부일구가 제작되었는데, 이 과정에 동원된 천문의기들은 어떤 것이었을까. 절기별로 태양의 남중고도를 측정하여 평면이 아닌 천구의 구조를 가진 둥근 그릇 면에 절기선을 그으면 되는 것이었다. 내가 판단하기로는 첫 번째로 활용했을 것으로 예상되는 기구는 간의다. 1432년 서울의 북극고도를 알아내고 간의를 제작하여 간의대를 설치했으니 절기별로 태양의 남중고도를 측정하는 것은 어려운 일이 아니었다. 그리고 원나라 때 곽수경이 제작한 앙의(仰儀)를 모방했다고 했으니 구형의 곡면 해시계가 만들어질 수 있었다.

간의가 세상에 나온 1년 후인 1433년 제작된 혼천의 속에 앙부일구 구조가 이미 들어 있다고 보고 있다. 그리고 다시 1년 뒤인 1434년 앙부일구가 태어났다. 나는 해그림자를 측정해서 남중고도를 얻어냈는데, 당시 이와 같은 방식으로 할 수 있는 것으로는 규표가 가장 대표적인 천문의기다. 규표는 공식적으로 1437년 제작되어 앙부일구 제작에 활용되었을 가능성이 시간상으로는 맞지 않지만, 완성품의 규표가 아닌 다른 규표가 활용되었을 개연성도 있다고 보인다.

결론적으로 앙부일구는 24절기마다 태양의 남중고도를 측정하여 천구의 구조 속에 그 값을 투영시켜 제작했을 것으로 판단된다. 앙부일구는 중앙의 춘·추분 시기 절기선 선폭이 넓고, 위와 아래 끝의 동지와 하지 부근에서는 선폭이 아주 좁은 것을 알 수 있다. 태양은 황도상을 따라 이동하지만, 적도와 23.5도를 이루고 있어 적도면과 태양이 이동하는 황도넌이 춘·추분에서는 급한 경사를 이루고, 하지와 동지 부근에서는 두 면이 비교적 나란하게 유지된다. 그런데 동일한 시간 동안

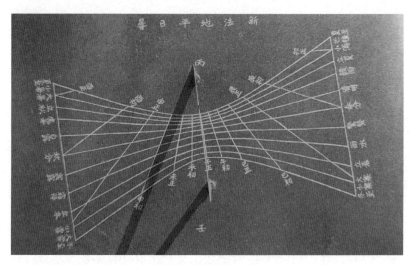

한국천문연구원에서 복원한 신법지평일구. 해그림자 측정판과 같은 원리다. 자료: 『천문을 담은 그릇』, 한국학술정보, 88쪽

두 지점에서 태양이 이동하는 수직 폭의 변화가 앙부일구에 그대로 나타나게 된다.

이제 앙부일구에 나타난 해그림자를 이용하여 달력과 시계 기능을 하고 있음을 확인해본다. 앙부일구의 구조는 둥근 그릇인 시반, 중앙에 북극을 향하고 있는 영침, 물을 채워 수평을 유지하도록 제작된 받침대 등 크게 세 부분으로 이루어져 있다. 눈앞에 복원된 앙부일구가 세종 시대 방식으로 제작된 것인지를 알 수 있는 방법은 세 가지인데, 첫 번째가 시간을 나타내는 세로줄의 시각선이 한 지시(支時) 안에 큰 각 8개와 작은 각 2개 등 10개의 선으로 이루어졌으면 백각법에 의한 것으로 그것은 세종 시대에 제작된 방식이다. 두 번째로 12지신을 나타내는 방법인데, 한자(漢字) 대신 동물의 머리 모양으로 나타낸 경우가 세종 시대 방식이다. 이는 한자를 모르는 백성을 향한 세종의 애민정신이 깃든 배려다. 세 번째로 앙부일구 시반면에 표시한 한양북극고(漢陽北極高)도

값으로 확인할 수 있다. 세종 시기에 한양 북극고도는 38도 1/4이었다. 아쉽게도 영릉에 복원된 앙부일구는 세종 시기의 백각법으로 제작된 것이 없다, 다만 앞에서 다룬 현주일구, 천평일구, 정남일구 등이 세종 시대 백각법으로 복원된 것이니 그것들과 비교해보면 된다.

이곳에 설치한 앙부일구는 효종 대에 도입된 시헌력과 96각법에 의해 제작된 것이다. 효종 4년(1653)에 시헌력(時憲曆)으로 역법이 개정됨에 따라 시제(時制)가 기존의 1일 백각법에서 96각법으로 변경되어 시각 눈금이 달라졌고, 역시 주천도수가 365 1/4도에서 360도로 바뀌면서 한양의 북극고도가 달라졌다. 253쪽 앙부일구 사진의 시반에 한자(漢字)로 쓰인 한양북극고삼십칠도이십분(漢陽北極高三十七度二十分)이 그것을 증명한다.

영릉에 복원된 앙부일구에 나타난 그림자의 시각을 읽기 위해서는 96각법을 알아야 하는데, 하루 24시간 1,440분을 96각으로 나누면 1각은 15분이 된다. 12지시(支時)로 나타내면 1지시는 120분이므로 8각에 해당하며, 앞의 4각은 초(初)에, 뒤의 4각은 정(正)에 해당한다. 253쪽의 영릉 복원 앙부일구 사진에서 영침의 그림자는 미정(未正) 시각선에 거의 닿아 있다. 미시는 13~15시에 해당하는데, 미정(未正)에 닿아 있으므로 14시 근방이 된다. 조선시대 시간으로는 14시 그대로 읽으면 되었다. 현재 시계와 차이가 나는 것은 동경 135도의 지방표준시를 사용하는 데서 발생하는 오차가 있고, 거기에 더해 균시차가 존재하기 때문이다. 바로 옆에 설치된 현대 시간으로 눈금을 매긴 앙부일구 측면에 시차 보정표가 있으니 그 보정표 그래프에서 5월 6일의 보정값을 읽어서 앙부일구 시각선의 값에 더해주면 된다. 5월 6일의 보정값은 대략 26분 정도다. 14시＋26분 → 14시 26분이 된다. 앙부일구에 나타난 그림자는 14시 18분 12초에 촬영한 것이다.

경복궁 국립고궁박물관에
설치된 보물 제845호
앙부일구 실물 2012-01-22

　　다음은 앙부일구의 달력 기능에 대해 알아보자. 1년의 길이 365.
2422를 24절기로 나타내면 1절기의 길이는 대략 15일에 해당한다. 앙
부일구가 달력인 것은 시반에 그려진 가로 13줄의 절기선(節氣線)이 있
기 때문이다. 13줄에서 가장 아래쪽에 있는 것이 하지선이고, 맨 위에
있는 것이 동지선이다. 그리고 나머지 11개의 선은 각각 2개의 절기를
나타낸다. 태양이 하늘에서 1년 동안 오르락내리락하므로 2절기에서
태양의 고도가 같아져 하지와 동지를 제외한 22절기는 11개의 절기선
만 있으면 된다. 예를 들면 망종과 소서, 소만과 대서, 입하와 입추, 곡
우와 처서, 청명과 백로, 춘분과 추분 등 11쌍의 절기선이 같이 쓰이게
된다.

　　다음 영릉 앙부일구 사진에 나타난 영침의 그림자는 아래에서 세
번째 절기선을 조금 넘어선 곳에 위치한다. 이는 앙부일구 시반 우측
에서 읽으면 입하(5.6)와 소만(5.21) 사이에 있고, 좌측에서 읽으면 대서
(7.23)와 입추(8.8) 사이에 있는 때다. 절기선 한 칸은 대략 15일에 해당
하므로 이 한 칸을 눈대중으로 3등분하면 5일 간격이 되고, 더 세분하

영릉에 설치된 앙부일구
2017-05-06, 14:18:12

면 실제 날짜에 근접한 값을 얻을 수 있다. 사진상에서는 소만과 대서 절기선의 위쪽으로 1/3 정도 위치에 있다. 그림자 끝선이 있는 곳의 한 칸을 확대하여 7mm가 되게 한 뒤 그림자 끝선 위치를 측정하니 아래에서 3mm 정도가 되었다. 비례식으로 풀면 다음과 같다.

$$7mm : 15일 = 3mm : x$$

이는 아래에서 6.4일, 위에서는 8.6일에 해당한다. 이날은 다음 둘 중의 하나에 해당한다. 입하가 지난 후 8.6일 정도이거나, 대서가 지난 뒤 6.4일 정도 되는 날이다. 앙부일구를 촬영한 날은 2017년 5월 6일이었다. 측정한 날이 우연하게도 입하에 해당하는 날이었는데, 오차가 8.6일 정도 발생한 것을 알 수 있다.

처음으로 앙부일구를 혜정교와 종묘 앞에 설치하여 일영(日

影)을 관측했다. 집현전 직제학 김돈이 명(銘)을 짓기를, "모든 시설에 시각보다 큰 것이 없는데, 밤에는 경루(更漏)가 있으나 낮에는 알기 어렵다. 구리로 부어서 그릇을 만들었으니 모양이 가마솥과 같고, 지름에는 둥근 톱니를 설치했으니 자방(子方)과 오방(午方)이 상대했다. 구멍이 꺾이는 데 따라서 도니 겨자씨를 점찍은 듯하고, 도수(度數)를 안에 그었으니 주천(周天)의 반이요, 신(神)의 몸을 그렸으니 어리석은 백성을 위한 것이요, 각(刻)과 분(分)이 소소(昭昭)하니 해에 비쳐 밝은 것이요, 길옆에 설치한 것은 보는 사람이 모이기 때문이다. 지금부터 시작하여 백성이 만들 줄을 알 것이다" 했다.[65]

실록의 '置于路傍(치우로방), 觀者聚也(관자취야) 自今伊始(자금이시), 民知作也(민지작야)' 기록의 끝부분인 '自今伊始, 民知作也'는 "지금부터 시작하여 백성이 만들 줄 알 것이다"로 해석했는데, 『연려실기술』에서는 "지금부터 시작하여 백성이 제작(制作)함을 알겠구나"로 번역했고, 『국조역상고』에서는 "이때부터 백성이 이것이 만들어졌다는 사실을 알았다"라고 번역했다.

종합해볼 때 "이후부터 백성이 앙부일구를 제작하는 것을 알게 되었다"라고 해석하는 것이 자연스러울 듯하다. 그만큼 앙부일구는 그 구조가 어렵지 않다는 것을 알 수 있는 대목이다. 시계와 달력을 겸하고 있는 천문의기를 백성이 읽을 줄도 알고 그 기기를 만들 수도 있게 되었다니 이 얼마나 대단한 일인가. 임금의 영역이던 천명의 하늘을 세종대에 와서 일반 백성에게 공평하게 나누어준 것이다. 이제부터 시간은

---

65 『세종실록』66권, 세종 16년(1434) 10월 2일 을사 네 번째 기사[명 선덕(宣德) 9년].

(사)한국아마추어천문학회의 천문지도사 1급 고천문의기 연수 안내를 마치고 여주 영릉, 2021-09-11

권력자들만이 가진 권위와 특혜가 아닌 모든 백성이 누구나 가질 수 있는 평등의 혜택이 된 것이다. 앙부일구는 공공의 장소에 설치한 백성의 달력과 시계가 되었다. 세종은 그래서 위대하다.

수리·기상 의기
– 측우기, 수표, 풍기대

관천대를 중심으로 한 기초과학 천문의기 공간을 지나 세종대왕상을 지나면 자격루를 중심으로 시간 측정용 천문의기들을 만날 수 있다. 관상수시의 천문의기 영역으로 임금의 달력과 백성의 달력을 통해 그 속에 담겨 있는 태조의 천명과 세종의 애민사상을 가슴으로 담아냈다. 이제 영릉의 천문의기 마지막 공간은 수리·기상 의기 영역이다. 측우기,

수리·기상의기 영역. 좌로부터 측우기·수표·풍기대 2022-05-28

수표, 그리고 풍기대 등이 그것이다. 측우기로 강우량을 측정하고, 수표를 하천에 세워 수위를 알아내며, 궁궐 안에 설치된 풍기대로는 풍향과 바람의 세기를 측정했다. 오늘날로 치면 기상과 수리(水理) 영역과 연관된 과학기기들이다. 일상생활에 적용하여 농사는 물론 기상재해로부터 피해를 예방하는 데 사용할 수 있는 유용한 기기들이었다.

측우기 測雨器

세종 23년(1441)에 세계 최초로 발명한 우량계인 측우기 탄생에는 그 이전에 우량을 측정하던 방법을 개선하고자 하는 데서 출발했다. 이전에는 각 도의 관찰사가 우량을 보고하게 되어 있었는데, 그 방법이 비 온 뒤 땅속으로 스며든 깊이를 척량(尺量)하는 것이었다. 지금 생각하면 다소 우스꽝스러운 면도 없지 않은데, 그 정확도가 낮을 것임은 쉽게 짐작할 수 있다.

> 각 도 감사(監司)가 우량(雨量)을 전보(轉報)하도록 이미 성법(成法)이 있사오니, 토성(土性)의 조습(燥濕)이 같지 아니하고, 흙 속으로 스며든 천심(淺深)도 역시 알기 어렵사오니, 청하옵건대 서운관(書雲觀)에 대(臺)를 짓고 쇠로 그릇을 부어 만들되, 길이는 2척이 되게 하고 직경은 8촌이 되게 하여 대(臺) 위에 올려놓고 비를 받아, 본관(本觀) 관원으로 하여금 천심(淺深)을 척량(尺量)하여 보고하게 하고….[66]

---

66 『세종실록』 93권, 세종 23년(1441) 8월 18일 임오 네 번째 기사.

영릉에 복원된 측우기 2018-10-10

　실록의 기록대로 땅의 건조함과 습함 정도에 따라 스며드는 정도
가 달라지는 것은 당연했고, 스며든 깊이의 정도를 파악해내는 것도 쉬
운 일이 아니었을 것이다. 그래서 호조에서는 서운관에서 측우기를 만
들 것을 건의하게 되었다. 측우기 재질은 쇠로 만들었고, 처음의 길이는
대략 41.4cm, 직경은 16.56cm 정도였다. 이 측우기는 서운관에 설치
했다.

　　또 외방(外方) 각 고을에도 경중(京中)의 주기례(鑄器例)에 의하
　여, 혹은 자기(磁器)를 사용하던가, 혹은 와기(瓦器)를 사용하여
　관청 뜰 가운데에 놓고, 수령이 역시 물의 천심을 재어서 감사(監
　司)에게 보고하게 하고, 감사가 전문(傳聞)하게 하소서.

　각 지방에서는 어떠한 방식으로 설치했는지 위 실록 기록에서 확
인할 수 있는데, 서울에서의 측우기 방식대로 하되 자기나 와기로 만들

어 각 고을 목민관이 천심을 재어 관찰사에게 보고하면 관찰사는 서울에 보고하는 방식을 취했다. 1년 뒤인 1442년 5월 8일 다시 호조에서 측우기에 대해 올린 글에서는 쇠를 주조(鑄造)하여 기구(器具)를 만들어 명칭을 '측우기(測雨器)'라 하고 길이가 1척(尺) 5촌(寸)이고 직경(直徑)이 7촌이었다. 주척(周尺)을 사용한다는 일종의 지침을 제시하고 있다. 측우기의 제원이 1년 전과 달라져 있다.

> 외방(外方)에서는 쇠로써 주조(鑄造)한 측우기(測雨器)와 주척(周尺) 매 1건(件)을 각 도(各道)에 보내어 각 고을로 하여금 한결같이 상항(上項)의 측우기 체제(體制)에 의거하여 혹은 자기(磁器)든지 혹은 와기(瓦器)든지 적당한 데에 따라 구워 만들고, 객사(客舍)의 뜰 가운데에 대(臺)를 만들어 측우기를 대(臺) 위에 두도록 하며, 주척(周尺)도 또한 상항(上項)의 체제(體制)에 의거하여 혹은 대나무로 하든지 혹은 나무로 하든지 미리 먼저 만들어 두었다가, 매양 비가 온 후에는 수령(守令)이 친히 비가 내린 상황을 살펴보고는 주척(周尺)으로써 물의 깊고 얕은 것을 측량(測量)하여 비가 내린 것과 비 오고 갠 일시(日時)와 물 깊이의 척·촌·분(尺寸分)의 수(數)를 상세히 써서 뒤따라 계문(啓聞)하고 기록해 두어서 후일의 참고에 전거(典據)로 삼게 하소서.[67]

1년 전과 달리 각 도에 쇠로 만든 측우기와 주척의 자 1매를 보낸 것을 알 수 있다. 따라서 측우기를 제작하고 각 지방에까지 이 제도가 보급·전파되는 데 어느 정도 시간이 필요했다는 것을 확인할 수 있다.

---

67 『세종실록』 96권, 세종 24년(1442) 5월 8일 정묘 첫 번째 기사[명 정통(正統) 7년].

이후 실록에는 중종 37년(1542) 5월 29일 강우량을 측정한 값이 나오는데, "5분(分)이었다"[68]라는 기록이 보이고, 영조 46년(1770) 5월 1일에는 "세종조(世宗朝)의 옛 제도를 모방하여 측우기를 만들어 창덕궁(昌德宮)과 경희궁(慶熙宮)에 설치하라고 명했다"[69]라는 내용으로 보아 계속 유지된 것으로 보인다.

영릉에 설치된 측우기는 현존하는 것 중 가장 오래된 금영측우기(錦營測雨器)를 본뜨고, 대석(臺石)은 기상청에 보관 중인 관상감 측우대를 본떠 제작한 것이다. 측우기 측면에는 '錦營 測雨器 高一尺五寸徑七寸 道光丁酉製 重十一斤'이라고 쓰여 있는데, "금영측우기로 높이 1척 5촌,

錦營 測雨器 高一尺五寸徑七寸 道光丁酉製 重十一斤
(금영 측우기 고일척오촌경칠촌 도광정유제 중십일근)

직경 7촌, 도광 정유년에 제작했고 무게는 11근"이라는 내용이다. 여기에 기록된 측우기의 제원은 세종 대에 수정된 수치와 동일하다. 도광 정유년에서 '도광'은 청나라 8대 황제 도광제 연호를 말하는데, 그의 재위 기간은 1820년에서 1850년까지였으니 이 기간에 정유년에 해당하는 것은 헌종 4년인 1837년이다.

우량계를 제작하여 전국이 동일한 방법으로 강우량을 측정하여 각 고을 수령은 각 도의 관찰사에게 보고하고, 관찰사는 다시 이를 중앙에 보고하게 하는 체계를 갖추고 농사에 강우량 수치와 통계를 적용했을

---

68   5분은 주척으로 13.5mm의 강우량이다.

69   『영조실록』114권, 영조 46년(1770) 5월 1일 정축 두 번째 기사[청 건륭(乾隆) 35년].

것이다. 말하자면 과학영농이 실현된 것이다. 우량계는 농사뿐만 아니라 집중호우 시 하천의 수위와 하천 유역에서 수해를 예방하는 데 절대적으로 필요한 기기가 되었을 것이다. 특히 한강 유역은 북한강과 남한강의 방대한 유역에서 모여든 수량으로 하구 지역이 홍수 피해를 입었을 것인데, 유역 내 각 지역 강우량의 신속한 보고가 중앙으로 이어진다면 사전에 대피하게 하는 조처를 취할 수 있었을 것이다.

전라감영 선화당 앞에 설치한 측우기. 충청감영에서 설치한 측우기를 재현한 것이다. 完營 測雨器 高一尺五寸經七寸 二千十九 己亥 製 重十一斤
2021-02-12

수표水標

세종 23년(1441) 8월 호조에서 측우기를 설치할 것을 아뢰면서 아울러 수표 설치를 건의했다. 마전교와 한강 두 곳에 각각 방목주와 푯말을 세워서 척(尺)·촌(寸)·분수(分數)까지 새기게 했다.

> 또 마전교(馬前橋) 서쪽 수중(水中)에다 박석(薄石)을 놓고, 돌 위를 파고서 부석(趺石) 둘을 세워 가운데에 방목주(方木柱)를 세우고, 쇠갈구리(鐵鉤)로 부석을 고정시켜 척(尺)·촌(寸)·분수(分數)를 기둥 위에 새기고, 본조(本曹) 낭청(郎廳)이 우수(雨水)의 천

심 분수(分數)를 살펴서 보고하게 하고, 또 한강변(漢江邊)의 암석 (巖石) 위에 푯말[標]을 세우고 척·촌·분수를 새겨 도승(渡丞)이 이것으로 물의 천심을 측량하여 본조(本曹)에 보고하여 아뢰게 하며[70]

실록 기록에 의하면 세종 시기에 제작한 수표는 나무였다. 마전교(馬前橋)에 설치한 것은 수중에 설치했고, 한강에는 암반이 노출된 암석 위에 푯말을 세웠다. 마전교는 청계천에 있었는데, 수표를 설치한 이후에는 '수표교(水標橋)'로 변경되었다. 실제로 수표를 이용하여 수위를 측정한 기록이 있는데, 선조 3년(1570) 5월 14일 예조에서 수표교의 수심을 보고한 경우가 그 예다.

이달 14일 비가 내려 수표교(水標橋)의 수심이 6척 4촌입니다.[71]

5월 14일 청계천의 수심은 6척 4촌인데, 주척으로 하면 132.48cm 였다. 또한 비가 내려 수심의 깊이에 따라 행한 조치도 엿볼 수 있는데, 보사제(報謝祭)[72]가 그 예다.

큰비가 내렸다. 예조에서 수표교(水標橋)의 물이 1척임을 아뢰니, 태묘(太廟)에 보사제를 거행하라고 명했다.[73]

---

70 『세종실록』 93권, 세종 23년(1441) 8월 18일 임오 네 번째 기사[명 정통(正統) 6년].

71 『선조실록』 4권, 선조 3년(1570) 5월 14일 신사 세 번째 기사[명 융경(隆慶) 4년].

72 조선시대 국가적인 제사의 하나로, 천지신명의 은혜에 보답하기 위한 제사이다.

73 『영조실록』 58권, 영조 19년(1743) 5월 18일 경자 첫 번째 기사[청 건륭(乾隆) 8년].

영릉에 복원된 수표는 청계천 수표교 옆에 있던 것을 세종대왕기념관에 옮겨 보존하고 있는 보물 제838호 수표를 본떠 제작한 것이다. 비석 형태를 취하고 있는 이 수표는 지대석 위에 기단부가 있고 기단부 위부터 2척(二尺)으로 시작하여 10척까지 나타냈다. 하단부에 적힌 것은 '기사대준(己巳大濬)'으로 "기사년에 강바닥을 크게 준설했다"라는 의미인데, 돌로 만든 수표는 세종 이후에 제작된 것이니 그 뒤로 기사년 중에서 찾아야 한다. 경복궁 안에 세워진 수표의 안내문에는 "영조(1724~1776) 때 다시 제작하여 청계천 수표교 앞에 세운 것이다"[74]라고 소개하고 있다. 영조의 재위 기간 중 기사(己巳)년은 1749년이므로 이

영릉 복원 수표. 기단부에 기사대준(己巳大濬)이라 쓰여 있다. 2018-10-10

수표의 뒷면에 새긴 ○표와 하단부의 계사하준(癸巳夏濬) 2022-05-28

---

74   2012년 1월 22일 경복궁 안에 설치된 수표 옆의 안내문에서 확인한 내용.

때 청계천을 대대적으로 준설한 것으로 보인다. 청계천 수표는『한민족대백과사전』에서 다음과 같이 쓰임새와 의의를 기술하고 있다.

> 돌기둥에는 양면에 주척(周尺) 1척마다 눈금을 1척에서 10척까지 새겼고 3척·6척·9척 되는 곳에는 ○표를 파서 각각 갈수(渴水)·평수(平水)·대수(大水) 등을 헤아리는 표지로 삼았다. 6척 안팎의 물이 흐르는 것이 보통의 수위였으며 9척 이상이 되면 위험 수위를 나타내어 개천의 범람을 예고하는 데 쓰인 것이다. 이 수표는 그 구조를 세종 대의 것과 비교할 때 촌·푼까지 정확히 측정할 수 없다는 것이 부족하지만 갈수와 위험 수위를 분명히 표시했다는 점은 발전적인 것이다. 아무튼 이 수표는 세계 최초의 하천 양수표(量水標)의 전통을 이은 유일한 유물이라는 점에서 기상학 사상 주목할 만한 가치가 있는 것이다.

화강석 재질의 수표가 세계 최초의 하천 양수표(量水標)의 전통을 이은 유일한 유물이라는 가치를 가졌다고 하니 단순하게 보이지만, 우리에게 자긍심을 갖게 하는 자랑스러운 문화재임을 알 수 있다.

풍기대 風旗臺

2012년 1월 22일 천문의기들을 만나기 위해 경복궁의 국립고궁박물관을 찾아간 적이 있다. 고궁박물관 현관에 들어서자 거대한 사진이 나를 압도했는데, 창덕궁과 창경궁을 그린 동궐도(東闕圖)였다. 나중에 내부 전시물 중에서 동궐도 그림 중 관천대와 천문의기를 배치한 건축물

창덕궁 중희당 앞에 설치된 풍기대와 천문의기들 2012-01-22, 고궁박물관 전시물 촬영

부분만 따로 떼어내서 제시한 부분에서 천문의기들과 함께 있는 풍기대를 찾을 수 있었다. 박물관의 설명문에 의하면 동궐도는 1824년에서 1830년 사이에 제작된 것으로 보고 있는데, 이곳에 전시한 것은 고려대학교에서 소장하고 있는 보물 제846호를 사진 촬영한 것이다.

중희당 앞마당에 설치된 천문의기로는 왼쪽부터 풍기대, 기기 없는 받침대, 적도의와 비슷한 기기, 측우기 등이 보인다. 풍기대는 '상풍간(相風竿)'이나 '풍기(風旗)'라는 명칭으로 불리었고, 꼭대기에 나부끼는 깃발은 '상풍기(相風旗)' 또는 '풍기죽(風旗竹)'으로 불리었다. 측우기나 수표는 세종 시대의 제작과 활용이 『조선왕조실록』에 기록되어 있으나 풍기대는 다르게 불리는 이름들과 함께 검색해보아도 나타나지 않는다. 다만 정조가 초계 문신에게 과시를 행했을 때 상풍간(相風竿)을 제목으로 했다는 기록이 보인다.

초계 문신(抄啓文臣)에게 과시(課試)를 행했는데, 상풍간(相風竿)
을 제목으로 삼았다. 경연의 신하에게 이르기를, "상풍간은 진
(晉)나라 때의 고사인데, 우리 조정에서 이를 사용하여 창덕궁·
경희궁의 정전과 정침의 곁에 모두 이 간(竿)을 설치했다. 『문헌
비고(文獻備考)』를 편찬할 때에 측우기(測雨器)만 기록했으므로 이
간에 대한 일은 조정 밖에서 모른 것 같기에 시험 제목의 망단(望
單)에 특별히 써서 내린 것이다" 했다.[75]

또한 '상풍기'라는 용어도 『정조실록』에서 보이는데, 정조 17년
(1793) 주교사가 주교 절목을 올리는 글에서 배에 설치하는 깃발에 대해
언급했으며, 이 깃발이 바로 상풍기였다.

주교사(舟橋司)가 주교 절목(舟橋節目)을 올리다. 배마다의 고물
에도 역시 각기의 깃발을 한 개씩 꽂되, 청·황·적·백·흑의 빛
깔과 깃발의 띠와 기각은 이물의 제도를 그대로 따르고, 깃발의
앞면에는 새매나 물새를 그려 예부터 내려오는 화선(畫船)의 제
도를 상징한다. 배마다에는 또한 각기 바람을 살필 수 있는 깃발
〔相風旗〕 한 개씩을 세워 바람을 점칠 수 있게 한다.[76]

영릉에 복원한 풍기대 안내문에는 세종 시대의 전통을 이어받아
18세기에 만든 보물 제846호인 창경궁 풍기대를 본떠 제작한 것이라고
소개하고 있다. 문화재청의 국가문화유산 포털에서도 세종 시대에 풍

---

75 『정조실록』 14권, 정조 6년(1782) 7월 27일 임술 첫 번째 기사.
76 『정조실록』 37권, 정조 17년(1793) 1월 11일 을사 두 번째 기사.

기대가 제작되었는지에 대해 언급하지
않고 있다.

영릉에 복원된 풍기대 2018-10-10

　　풍기대란 바람의 방향과 세기를 추정하는 깃발을 세운 대(臺)이다. 이 풍기대는 화강암으로 만들었으며 높이 228cm로 아래에 상을 조각한 대를 놓고 그 위에 구름무늬를 양각한 8각 기둥을 세운 모양이다. 8각 기둥 맨 위의 중앙에는 깃대 꽂는 구멍이 있고, 그 아래 기둥 옆으로 배수 구멍이 뚫려 있다. 깃대의 길이는 확실하지 않으며, 깃대 끝에 좁고 긴 깃발을 매어 그것이 날리는 방향으로 풍향을 재고, 나부끼는 정도로 바람의 세기를 잴 수 있었다. 풍향은 24방향으로 표시하고 풍속은 그 강도에 따라 8단계 정도로 분류했을 것으로 생각된다. 풍향의 측정은 농업에 있어 빼놓을 수 없는 중요한 관측 자료로 세종 때부터는 제도화되었으리라 생각된다. 강우량을 측정하는 수표의 경우와 같이 처음에는 풍기대를 절의 당간 지주처럼 만들었으리라 추측된다.[77]

풍기대 상부의 깃발을 꽂는 부분에는 깊이 33cm, 직경 11cm 구멍이 파여 있다. 여기에 긴 깃발을 세워 풍향과 세기를 측정했는데, 우리

77　　문화재청 국가문화유산 포털, http://www.heritage.go.kr(검색일: 2020. 12. 28).

나라는 중위도에 자리하고 있어 편서풍의 영향을 받는다. 보통 바람은 서쪽에서 동쪽으로 분다. 고요한 날씨에 어느 순간부터 동풍이 불어오기 시작하면 긴장한다. 우리가 흔히 쓰는 '태풍전야(颱風前夜)'라는 말이 있다. 태풍이 다가오면 고요하다가 서쪽이 아닌 동쪽에서 바람이 불기 시작한다. 하늘의 구름 흐름도 이에 따른다. 이처럼 바람의 방향은 자연의 변화를 감지해내는 도구가 된다. 궁궐에서 바람의 방향은 여러모로 쓰임새가 있었을 것이다. 일기 속담의 소재이기도 하고, 풍향은 궁궐 내 화재 발생 시에도 그것을 진압하는 데 중요하다. 만약 전쟁이 일어나 궁궐에서 전투가 벌어질 때도 풍향은 전투의 승패를 가름할 수 있는 무기가 되기도 한다.

천문지도사 1급 고천문의기 연수에서 정남일구의 구조와 사용법을 안내하고 있다. 여주 영릉, 2021-09-11

국악과 세종의 만남, 별빛으로 흐르다

문화예술 감성단체 '여민'이 문화재청 생생문화재 사업의 일환으로 「세종과 함께 음악을 즐기다」라는 주제로 세종영릉 별빛음악회를 기획했다. 세종 시대의 천문과학유산에 대한 이야기를 국악과 함께 풀어가자는 제안을 받고, 순간 '와! 이렇게 기발한 생각을 하다니' 하고 깜짝 놀랐다. 영릉, 세종, 별빛음악회 그리고 천체관측행사까지 연계된 문화행사였다. 세종대왕의 영릉과 천문의기 등이 국악과 통합되어 국민에게 가까이 갈 수 있다면 그것은 영릉이 미래로 나아가야 할 하나의 방향을 제시해주는 것이다.

별빛음악회 이야기의 시대적 배경은 조선시대 세종 대이고, 이 행사가 진행되는 공간은 세종이 누워 있는 영릉(英陵)이며, 현대의 국악과 여러 음악을 통해 오늘을 살아가는 우리에게 세종의 생생지락(生生之樂)을 품게 하여 문화적 삶을 영위하게 하고자 하는 의도였다.

2017년 제5회 「세종영릉 별빛음악회」와 「세종과 함께 영릉에서 놀다」, 「세종이야기 풍류방」 등의 사업이 5월 6일, 9월 13일, 9월 16일 세 차례에 걸쳐 은은하고 품격 있게 진행되었으며 성공적으로 마무리되었다. 이 음악회는 세종 이야기꾼 소통전문가 오채원 선생과 함께 세종 시대 천문과학유산 속에 담긴 세종의 정신과 고천문의기 속의 과학

영릉 재실에서 열린 영릉 별빛음악회. 세종과 천문이야기를 세종 이야기꾼 소통전문가 오채원과 공동 진행 2017-05-06

정신을 풀어낸 특별한 음악회였다.

　여민의 국악 팝스 오케스트라와 함께 영릉 제실 마당에서 풀어간 별빛음악회는 세종을 좋아하는 많은 시민과 세종을 존경하는 세종 이야기꾼들이 함께 만들어간 공간이었다. 때마침 밝게 빛나는 목성과 환하게 비춰주는 달빛이 함께해주어 아름다운 국악의 선율을 타고 시간여행을 떠나 세종의 위대함을 만날 수 있었다.

　음악회는 국악실내악단 여민의 「천년만세」, 「세종즉위식」, 「북두칠성」, 「달무리」, 「할아버지 시계」, 「아름다운 나라」, 「포의풍류」, 「아! 세종」 등 우리 음악으로 구성된 공연과 북원태학이 진행하는 세종 시대의 천문과학유산 속에 담긴 세종의 애민정신과 자주정신이 어우러져 신명 나게 진행되었다.

　이날 음악회가 끝나고 영릉 앞 세종전 앞마당 공간에서는 전북지역의 최봉규, 이정우, 광주의 오순재 교사 등 천문지도사들의 안내로 천

영릉 재실에서 열린 영릉 별빛음악회 2017-05-06

체관측이 이어졌는데, 서울과 경기지역에서 찾아온 관객에게 뜨거운 사랑을 받았다. 그리고 9월 13일과 9월 16일 두 번에 걸쳐 「세종이야기 풍류방」이 열렸는데, 지역 주민과 전국에서 신청한 시민을 위한 과학문화체험이 성황리에 펼쳐졌다.

국악의 작은 무대와 더불어 진행된 '세종과 함께 영릉에서 놀다'라는 「세종이야기 풍류방」은 여주 점동초 학생들과 교사들을 위한 1차 풍류방과 부모와 함께하는 2차 풍류방으로 구성되었다. 특히 2차 풍류방은 전국에서 신청한 가족들과 당일 영릉을 찾은 관광객이 즉석에서 합류하여 열기를 뜨겁게 했다.

「세종이야기 풍류방」 프로그램은 3부로 구성하여 진행되었다. 1부는 영릉 입구 세종전 마당에 설치된 천문과학유산들을 직접 만나 천체관측과 시각측성 능의 활농을 했다. 이 체험활동을 통해 참가자들은 조선시대 세계 최고 수준에 이른 우리 민족의 과학 수준에 자긍심을 느끼

「세종이야기 풍류방」 프로그램 1부 천문의기 체험 2017-09-13

는 시간을 가졌다. 2부는 여민의 국악실내악 단원들의 연주와 세종 이
야기꾼 북원태학이 함께 풀어갔다. 이야기 중간중간에 국악을 감상하
면서 조선만의 해시계인 앙부일구 탄생과정을 전해 들으며 세종의 과
학정신과 앙부일구의 우수성을 마음으로 느낄 수 있었다. 마지막 3부는
실제로 발명 특허를 획득한 앙부일구 모형을 참가자들이 직접 제작하
여 측정해보는 활동을 통해 앙부일구의 위대함을 눈과 손으로 체험했
다. 참가자들은 앙부일구 속에 담긴 세종의 자주정신과 애민정신을 읽어
내고 가슴속에서 존경하는 마음이 솟아오름을 느낄 수 있었다.

　문화예술 감성단체 여민의 스태프들과 국악실내악단, 그리고 오채
원 세종이야기꾼, 무엇보다 여민 김영옥 대표의 문화에 대한 깊은 이해
와 헌신, 그리고 시민에게 문화공간을 제공해주려는 따뜻한 배려가 '생
생문화 세종의 숲에서 더불어 생생지락 하기'를 성공적으로 마무리하
게 했다.

「세종이야기 풍류방」 프로그램 2부 중 국악 연주 2017-09-16

「세종이야기 풍류방」 프로그램 2부 중 앙부일구 특강 2017-09-13

　　세종영릉 별빛음악회는 세종의 영릉을 우리가 어떻게 활용해야 하
는시늘 보여수는 하나의 사례가 되었다. 국악과 세종 시대 천문과학을
스토리텔링한 문화행사, 세종 시대에 태어난 천문의기들의 해설, 그리

영릉 천문의기 연수를 마치고, 대한민국자연생태체험연구회 교원연수단 2022-08-27

고 이어진 천체망원경을 통한 천문관측은 약 600년 전 세종이 첨성대와 간의대에 올라 노인성을 논하고 서울의 북극고도를 관측하기 위해 천문학자들과 밤하늘의 별을 보았던 모습과 참으로 흡사한 광경이 아닐 수 없었다.

우리에게 세종은 어떤 존재일까. 세종은 1450년 세상을 떠났고 이곳 영릉에 묻혔다. 세종은 세계가 인정한 아름답고 과학적인 문자인 한글을 창제하여 문화민족의 자긍심을 갖도록 했다. 단순한 글자 창제를 넘어 언어의 권력을 백성에게 공유하게 했고, 임금의 상징인 천문의 권위를 땅의 백성 누구나 가질 수 있도록 시간의 권력을 평등하게 나누었다. 그러한 위대한 성군이 잠들어 있는 여주 영릉에 와서 그의 향기를 맡을 수 있다는 것은 우리에게 행운이다.

나는 여주 영릉이라는 공간이 전 국민이 문화민족의 자긍심을 함양할 수 있는 공간으로, 또한 당대 세계 최고의 수준에 도달했던 천문과학의 우수성을 확인하고 그 얼을 이어갈 수 있는 깨달음의 공간으로 활용되기를 바란다.

　여주의 영릉(英陵)·영릉(寧陵)에는 자주와 북벌을 상징하는 두 임금이 누워 있다. 우리 역사에서 그들의 아름다운 향은 길이길이 피어날 것이다. 영릉 앞 제실에서 펼쳐진 별빛음악회에 흐르는 「천년만세」와 「아! 세종」 음악의 선율이 저 먼 우주 공간을 돌고 있는 '혜성(彗星) 세종'을 향한 빛이 되어 유영(遊泳)을 시작한다.

제5부

남양주·양평·춘천

윤희순 의사 그 길

그 길
온전한 삶과 자식들의 진정한 생의 의미를 위해 나선
그 길
그 머나먼 길은 사람이 가기엔
칠흑 같은 동굴에 놓인 상황 같은 것이었다.

그 길을 나서야만 했던 것은 무엇이었을까.

세 아들을 사랑하는 어미의 마음보다
더 큰 그 무엇이 압록강을 건너고 혼강을 넘어
서간도 깊은 산골 황무지를 개간하게 했을까.

환인에서 노학당을 세우고 교장이 되어 독립군을 양성하고
시아버지의 육촌 동생 의암(毅菴)을 떠나보내고
이어 시아버지 유홍석 의병장과
남편 유제원마서 만주 땅에서 이별해야 했던

윤희순 의사는
무엇으로 독립운동을 유지하게 했을까.
난천자, 팔리전자, 환인, 무순 등지를 전전하다가
봉성(鳳城)을 거쳐 요동반도 서쪽 해성(海城) 묘관둔에 자리를 잡고

무순 일제 감옥에서 고문을 받고
반주검이 되어 옥문을 나서자마자
싸늘한 주검으로 어미의 품에 안긴
큰아들 유돈상을 인근 남산에 묻은 그 길

그리고 해성으로 돌아와
식음을 전폐하고
큰아들 돈상 곁으로 비로소
어미가 되어 돌아간 윤희순

독립운동 그것은 왜 그렇게도
윤희순 의사를 그토록 가슴 에이도록 끌고 갔을까.

해성 묘관둔에 육신과 한을 묻어야만 했던
그는 봉성에서 돈상의 피붙이로 태어난
손자 연익의 손에 의해 해방 후 한 갑자 세월 지나
생전의 터전 춘천 남면으로
그 길을 돌아왔다.

우리는 그 길을 알지 못한다.

280

춘천시립도서관 뒤편에 세워진 윤희순 의사 동상 2014-06-05

그래서
또 그 길을 갈 수밖에 없는 세상을
만들고 있다.

내 살점을 도려내고
가슴 속의 피마저 다 빼내어
미라의 몰골로라도 가야만 했던
그 길

이제는 그를
그 아름다운 굴레에서
놓아주어야 한다.

우리가 그 길 반대로의
식자(識者)의 고난을 십시일반(十匙一飯)할 때

아직 끝나지 않은 독립운동은
멈출 것이며 그 멈춤은 통일이 되어
윤희순 그도 이승에서 끝나지 않고 지금도 떠도는 그 길을
내려놓고
의암(毅菴)도 시아버지 외당(畏堂)도
남편 제원도
그리고 아들 돈상도 다 같이 모여
마음 편히 쉴 수 있다.

그 길

2014년 3월 15일
만주에 들어가기 전 춘천을 향하며

춘천 남면 가정리 독립지사 가족묘역

춘천 남면 가정리
고흥 유씨 묘역[1]에 앉았다.

4대째 독립운동에 몸 바친 분들
의병장 유홍석
독립지사 유제원
여성 의병장 윤희순
8세 때부터 독립운동에 합류한 꼬마 봉준

그 꼬마 봉준이 어른이 된 유연익 선생을 뵈러 왔는데
작년 사월에 이승을 놓았다.

땅거미 내려앉는 시간
빗방울이 참았다가 막걸리 한 잔씩 올리고 나니
떨어지기 시작한다.

---

1 춘천시 남면 가정리 349-4번지.

춘천 남면 애국지사 가족묘. 좌측으로부터 의병장 유홍석과 파평윤씨, 유제원과 윤희순, 유돈상과
남궁씨, 유연익 묘 2014-03-17

의사 고흥유공홍석지묘
배 유인 파평윤씨
지사 고흥유공제원지묘
배 유인 해주윤씨
애국선열 윤희순여사사적비

애국지사 유돈상지묘
배 유인 함열남궁씨
죽산 음씨채봉여사[2] 애모비
다섯 개의 비석에 새겨진 일곱 분과
잠시 대화를 나누었다.

_____

2   유돈상의 두 번째 부인으로, 만주에서 활동한 독립지사 음성국의 딸이다.

춘천시 남면 애국지사 가족묘에 참배하는 교원연수단 2015-05-24

편히 잠드소서
그 희망의 땅
독립을 꿈꾸고 새로 해 뜨는 땅을 갈망했던

그 만주에서 님들이 걸었던 길
그 길에서 다시 만나 뵙겠습니다.

춘천 강원도 보훈회관

열두 시 오십 분 춘천시 근화동에 있는
강원도 보훈회관에 도착하여
점심 식사 후 돌아오는 광복회 강원지부 사무국장을 기다렸다.

미리 건물 외부와 건물 내부를 둘러보다가
건물 외벽에 걸린 현수막을 잠시 물끄러미 바라보았다.

국가전복 내란음모 기도한 이석기를 영원히 격리하라.
-강원도 보훈단체 협의회

나는 조국을 위하여 무엇을 했는가.
-특수임무 유공자회 강원도지부

실내로 들어가니 입구에는 이곳에 사무실을 둔 단체들의 이름들이
눈에 들어왔다.

1층에는 광복회, 대한민국건국회, 태평양전쟁한국인희생자유족회

2층에는 대한민국상이군경회, 대한민국전몰군경유족회, 대한민국전몰군경미망인회

3층에는 월남전참전자회, 대한민국무공순훈자회, 대한민국6·25참전유공자회

4층에는 대한민국특수임무유공자회 강원도지부

대부분 경술국치 이후 우리의 역사 속에서 나라를 되찾기 위해 목숨을 바쳤거나 일제강점기 망국인의 한을 품으며 태평양에 끌려간 우리네 선조들의 아픔을 대변하고 있는 단체들이다.

그런데 이들 단체가 일반 시민의 가슴과 거리를 두고 있는 것은 왜일까. 역사 속에서 희생당한 안타까움이 마음 안에 자리하고 올곧이 그 희생에 감사함을 잊지 말아야 할 텐데 말이다.

서로 다름을 인정하고
상대의 주장이 무엇인지 들으면
목표하는 지향점이 같음을 알 수 있게 된다.

난 이곳에 윤희순 의사와 그의 손자 전 광복회 강원지부장 유연익 선생을 만나러 왔다.
광복회 사무실은 1층에 있었고, 바로 앞에 (사)애국지사윤희순기념사업회가 있다.

독립운동시를 맞이하며
태어나서 처음으로 광복회를 찾아 나섰고 그 사무실에 들어왔다.

광복회 강원지부장, 사무국장 그리고 실무담당 과장까지
한 자리에서 만났다.
잠시 뒤 사단법인애국지사윤희순기념사업회 회장까지 함께했다.

보훈회관에 이렇게 젊은 사람이 찾아오는 것은 보기 드문 일이라고
하면서
다들 남쪽 남원 땅에서 윤희순 의사의 흔적을 쫓아 춘천을 찾아온
이방인에게 살갑게 대해주었다.

분위기가 좋았다.
서로 격의 없는 대화를 나누었다.
민족정기 바로잡는 데 그리고 독립운동이라는 거대한 희생 앞에
모두는 너그러웠다.
전부터 알고 지낸 사이처럼 편안함이 계속된다.

특히 윤희순 의사의 손자 유연익 선생에 관한
가슴 아픈 이야기엔 같이 독립군이 된 느낌이었다.
작년에 돌아가시지 않고 나를 보았다면 뜻이 잘 맞았을 것이고
아마도 나를 따라 만주로 같이 가신다고 했을 것이라는 위로로
나의 애틋함을 달래주었다.

2011년 5월에 북경 못 미쳐 위치한 풍윤 고려포로
마지막 조선인 후예를 찾아간 일이 떠올랐다.
내가 갔을 때 더 이상 조선인 후예는 없었다.

이곳도 풍윤 고려포처럼 내가 너무 늦게 온 것이다.
윤희순 의사의 손자 꼬마 봉준이던 유연익 선생은 나를 기다려주지
않았고 작년에 하늘에 있는 부모와 조부모 곁으로 갔다.

다행히 중국에서 태어난
사촌 누나가 대구에서 살고 있다는 것과
윤희순 의사의 증손자가 춘천에 있다는 기쁜 소식을 전해주었다.

일제가 만주 봉성 거주지를 불 질렀을 때
그 화마(火魔) 속에서 윤희순 의사가 들고 나온 게
큰아들 돈상의 두 번째 부인 음채봉의 아들 봉준이와
동갑내기 사촌 영희였다.[3]

가슴에 한을 안고
천식으로 알았던 기침
일제 잔재 청산의 실패와 독립운동가들의 뒤안길의 삶
그 한 많은 삶 속에서 암 덩어리가 컸다.
그래서 작년에 유명을 달리했다.

요동반도 해성에서
할머니 유해(遺骸)를 중국인 친구들의 도움으로
찾아내어 춘천 남면 가정리에 반장(返葬)을 하고

---

3   김양 · 하동, 『불굴의 항일투사 윤희순』(중국 심양: 료녕민족출판사, 2003), 205-206쪽.

강원도 보훈회관. 광복회와 (사)애국지사윤희순기념사업회 사무실이 1층에 자리한다. 2014-03-17

끝내 숨을 거둔 돈상의 아들 유연익
그도 그렇게 4대째 독립운동을
우리에게 유산으로 남기고
가정리 고향 땅으로 그 길을 돌아갔다.

이제 그 나머지 몫은
우리 지식인들의 몫이다.
아직 끝나지 않은 독립운동은
우리가 끝내야 한다.

법륜스님의 통일의병 창의

법륜스님이 통일의병을 창안해냈다.

얼마나 좋은 말인지 가슴이 뛴다.
기꺼이 통일의병으로 백의종군하고 싶다.
이유는 아주 간단하다.

통일되지 않은 이 땅은
세계의 패권구조상 전쟁을 늘 달고 있어야 하기 때문이다.
박근혜 대통령은 '통일대박'이라는 인식으로
법륜은 '통일의병'으로
나는 '통일 독립군'으로

바로 지식인의 인식변화와 깨달음이 절실한 시기다.
그리고 이들의 사회참여가 절박하다.
신실학운동의 주체는 교사와 교수들이어야 한다.

내가 움직이고 있는

신실학운동의 최종 지향점은 자주기반 민족통일이다.
조선 후기 조선을 이끌어간 사대부들
성리학으로 무장한 그들은 성리학적 명분론의 한계를 극복하지 못하고
급변하는 세계의 흐름을 도외시한 결과 일제강점기라는 결과를 초래
했다.

그로부터 100년도 넘게 흐른 지금 우리 사회는 어떠한가.
세계 이념 갈등의 대결장
세계 열강의 이권 다툼의 집결지
세계 패권전쟁의 대리전 장소
동북아시아 소용돌이의 중심지
신 태평양전쟁의 전략 거점
그곳이 분단된 이 땅이다.

언제든 국제분쟁과 세계 패권 다툼의 전장으로
내어줄 상황으로 끌려갈 수 있는 곳이 한반도다.

우리의 의지와 상관없이 이 땅의 민초로서의 삶은
또다시 바람 앞에 등불 신세로 엮이어 가는
운명이 될 수 있다.

과거 이 땅이 청 · 일 전쟁, 러 · 일 전쟁터였고
그리고 세계 21개국이 이 땅에서 한국전쟁을 치렀다.
그것이 우리가 밟고 있는 이 터전의 역사다.

그렇다면 지금은 어떠한가.
우리는 진정한 자주 국가이고
독립을 이룬 국가인가.
백 년 뒤 이 시대를 사가(史家)들은 어떻게 기술할 것인가.

백여 년 전 동학농민혁명의 전개 과정에서
반봉건·자주를 기치로 반외세를 부르짖으며
일본 군대를 몰아내고자 했던
그 농민군들은 시대를 앞서갔다.
오늘 우리가 사는 시대보다 더 훨씬 앞서 말이다.

지식인들은 외면했고 성리학적 신분질서 체제를
지키고자 한 사대부들은 결국 나라를 넘겼다.

오늘 우리는
자주를 당당히 말하는가.
독립 국가라고 부끄럽지 않게 말할 수 있는가.
반외세를 주장할 수 있는가.

분단된 두 나라의 수반(首班)이
중국과 미국 그리고 유엔을 배제한 채
얼굴을 맞대고 민족의 미래를 염려하고 있는가.
무엇보다 역사를 읽고 있는가.

그러지 못하고 있다.

분단교육의 결과로

또 제대로 인재교육이 되지 못한 결과로 본다.

분단교육을 넘어 자주통일 교육을

지금부터 해야 삼십 년 뒤 통일을 볼 수 있다.

2014-03-19

남양주 여유당에 선 다산茶山[4]

길

오늘 길을 간다.
우리네 각자의 길

가랑비가 내리는 이른 아침 여섯 시 반에
여고생들과 교원 여섯[5]을 태운 버스가 남원을 떠나
남양주 다산 유적지에 도착했다.

한 인간의 멋진 삶
그 삶은 성균관에서 정조와의 만남으로 시작되었고
십 년 연상 정조와 다산의 우정은
국가 개혁의 꿈을 꾸는 데 버팀목이 되었다.

---

4   '화서학파를 따라가는 양평 · 가평 · 춘천지역의 항일의병투쟁' 현장체험학습을 떠나 양
     평으로 가기 전에 남양주 양수리 부근의 여유당에 들렀다.
5   2014년 6월 4~5일 1박 2일로 남원여자고등학교 학생 및 교원들의 '화서학파를 따라가는
     항일의병전쟁'의 현장체험학습은 필자가 진행했다.

여유당 전경 2014-05-17

집요한 노론의 탄압과 음모
결국 조선 개혁의 꿈은 연기로 사라지고
의문에 싸인 정조의 죽음은 환하게 비추던 조선 하늘을
이내 먹구름으로 뒤덮었다.

정조 사후 노론의 탐욕
그들의 비겁한 권력욕은 신유박해의 회오리로
남인을 몰아냈다.

다산의 그리움을
오늘 못내 아쉬워하며 여유당에 맴도는 그의 향기를 느껴본다.
정조와 번암 채제공 그 광채 속에서 다산은 함께 빛났다.
그리고 어느 날 갑자기 빛이 사라졌다.

2014-06-04

296

茶山의 무덤 앞에서

茶山의 일생을 네 단계로 구분하면

고향 남양주군 능내리에서 태어나
자랄 때까지가 첫 번째요

진사시험에 합격하여 성균관에 입교하고
28세 때 대과에 합격하여 11년 동안
정조와 함께한 기간이 두 번째이며

번암 채제공의 사망
그리고 노론의 핍박에 의한 고향 능내리 여유당으로 은퇴
이어지는 정조의 죽음
노론의 남인 숙청에 의한 경북 장기로 귀양과
이어지는 황사영 백서사건과 다시 한양에서의 고문
그리고 강진 유배 18년의 삶이 세 번째이자

1818년 해배(解配)되어 고향 남양주군 능내리로

돌아와 또다시 18년을 살아내며
제자들과의 대역사『여유당전서(與猶堂全書)』492권을 탄생시키고
1836년 다산이 세상을 떠나는 것이 네 번째다.

고향 남양주군 능내리의
다산문화관과 생가인 여유당
그리고 다산의 묘소와 문도사 사당을 둘러보았다.

다산은 유네스코 세계기념 인물에 등재된
우리의 자긍심이자 자랑이다.

좌측 양수리 두물머리
한강이 내려다보이는 곳에
다산이 잠들었다.

그는 우리에게 하고 싶은 이야기가 많다.
그의 사상과 정신에 감사하며
고마움을 담아 추모의 묵념을 했다.

다산의 무덤 앞에서 남원여자고등학교 학생들과 교원들이 묵념을 하고 있다. 2014-06-05

여유당에서 연수 중인 교원연수단 2015-05-23

노문리 청화정사

양평군 서종면 노문리에는 화서 이항로(李恒老)[6] 선생의 생가와
청화정사(靑華精舍), 노산사(蘆山祠), 그리고 벽계강당(蘗溪講堂)이 자리
한다.

칠십육 세 윤희순 의사의 국내 15년
만주에서 서거하기까지 25년
운명할 때까지 사십 년을 불굴의 정신으로
의병투쟁과 독립전쟁을 이끌어간 이 시대 큰 분 윤희순

그의 시아버지 외당 유홍석
외당의 육촌 동생 의암 유인석

바다 건너 일제의 이토 히로부미와
동시대에 침략과 방어라는
대척점에서

---

6   1792년(정조 16)~1868년(고종 5). 조선 후기 『화서집』, 『화동사합편강목』 등을 저술한
     유학자.

양평군 서종면 노문리 청화정사에서 화서학파를 만나고 있는 체험학습단 2014-06-05

화서의 청화정사와
요시다 쇼인의 송하촌숙(松下村塾, 쇼카손주쿠)을
함께 만났다.

양평군 서종면 노문리의 화서(華西)를 찾아간 이유는
위정척사(衛正斥邪) 사상을 만나기 위해서였다.

만주 땅에서 끝내 조국의 독립을 보지 못하고 운명한 그들
외당, 의암, 윤희순 그리고 그녀의 남편 유제원
유제원의 아들 유돈상과 작년에 유명을 달리한 유연익 선생까지
의병투쟁과 독립전쟁의 기나긴 여정을 숭고하리만큼 지탱하게 한
그들에게 같은 혈통의 피가 흐르듯
그 중심에는 양평군 노문리 청화정사가 자리하고
그 안에는 화서의 위정척사 사상이 뿌리 깊게 관통하고 있다.

청화정사에서 화서 이항로와 화서학파의 항일의병투쟁과 독립운동을 만난
대한민국자연생태체험연구회 교원들 2014-08-06

대한제국의 표상이었던 최익현이 화서로부터 15세에 면암이라는 호를
받고 선비정신을 길렀던 청화정사는 위대한 학교였다.

화서 이항로와 그의 제자들은 조선의 자긍심이었고 불굴의 투사들이
었다.
독립운동의 갈래 중 하나의 길로
도도한 저항의 길을 간 그분들을 만나는 것으로 가슴이 뜨거워진다.

청화정사 옛 학교에서
오늘의 아베와 일본의 침략주의에 대해 논했다.
그리고 우리의 오늘의 학교를 돌아보았다.

춘천 남면 윤희순 의사 고택

남양주에서 한강을 거슬러 올라
양평 두물머리를 지나 북한강을 좌측에 두고
서종면 노문리에서 화서를 만난 기행단은
이곳에서 위정척사 사상으로 무장을 하고

의암 유인석의 탄생지와 윤희순 선생의 고택[7]이 있는
춘천 남면 발산리와 가정리로 향했다.

1875년 16세 나이로 서울에서 시집을 와서
1895년 「안사람 의병가」와
「왜놈대장 보거라」 등의 노랫말을 지어 의병활동을 지원하고
1907년 정미의병 당시 여성의병장이 되어
화약을 만들고 항일의병으로 전투에 참여했던 그 현장

---

7   춘천시 남면 충효로 1166-47(발산리 710-1번지).

윤희순 의사 고택과 해주윤씨 사적비 2014-03-17

윤희순 의사 고택 앞에 선 전북교과통합체험학습연구회 소속 교원들. 여기에 참여한 교원들은 이해 7월 필자가 진행한 만주지역 「아직 끝나지 않은 독립운동」에 참가했다. 2015-05-23

윤희순 의사가 1911년 가족들을 이끌고 망명한 중국 요녕성 무순시 평정산진 난천자 고려구,
2015년 교직원연수단이 고려구에 섰다. 2015-07-29

해주윤씨 의적비와 시비 앞에서
현장 참여 교사와 학생 대표가 각각 시비를
읽어 내려갔다.

전쟁에 나간 시아버지의 승리와
무사귀환을 기원하며 정화수 올려놓고 빌었던
그 우물터도 가슴에 들어온다.

경술국치를 당하여
그다음 해 가족들을 데리고
시아버지와 남편이 독립전쟁을 벌이는
만주로 따라갔다.

만주로 망명한 윤희순 의사

1911년 세 아들을 데리고 요녕성 신빈현 평정산진 난천자로 망명한 윤
희순 의사는 다음 해 환인현 팔리전자진 쥐리두로 이사하여 1915년까
지 생활하였다. 윤희순 의사는 1912년 환인현 보락보진 남괴마자에 동
창학교 분교인 노학당을 설립하고 항일독립 인재를 양성했다. 1913년
에 시아버지 외당 유홍석이, 1914년에는 시동생 부부가, 1915년에는
의암 유인석과 남편 유제원이 세상을 떠나자 무순시 포가둔으로 이사
하였다.[8]

    윤희순은 이곳에서 음성국과 음성진 형제들과 손을 잡고 조선독립
단을 결성하였다. 이 조선독립단에는 한국인뿐만 아니라 중국인도 참
여하였다. 조선독립단은 본거지를 무순 포가둔에 두고 창설한 그날부
터 무순, 환인, 홍경, 관전, 봉성 등지에서 항일활동을 전개하였다. 2001
년 음성진의 딸인 음옥순(陰玉順)의 증언에 의하면 조선독립단 가족부
대는 유씨네 가족과 친척들 그리고 음씨네 가족과 친척들로 구성되었
다. 유씨네 가족과 친척들로서는 윤희순, 유돈상 삼형제, 유휘상(柳徽相)
부부, 유효상(柳孝相) 부부 등이었으며, 음씨네 가족과 친척들로서는 음

---

8   의암학회, 『윤희순 의사 자료집』(춘천: 산책, 2008), 191-193쪽.

1911년 윤희순 의사가 망명한 요녕성 신빈현 평정산진 난천자 고려구를 방문한 대한교직원독립단
2015-07-29

1912년 윤희순 의사가 세운 동창학교 분교 노학당터에서 대한교직원독립단 2015-07-29

성국, 음성국의 처 손정숙과 그의 장녀 음채봉(陰彩鳳)[9], 장남 음동화(陰東和), 차녀 음진주(陰珍珠), 음성진 부부와 장남 음동욱(陰東旭), 그의 장녀 음봉래(陰鳳來), 차녀 음옥순 등으로서 남녀노소 모두 20여 명이었다.[10] 포가둔의 현지 주민들의 증언에 의하면 윤희순은 백발을 휘날리며 가족부대 성원들과 함께 무순 포가둔 뒷산에 올라가 땀투성이가 되어 열심히 훈련에 참가하여 모범을 보여주었다.[11] 윤희순과 큰아들 유돈상 그리고 훗날 유돈상의 장인이 되는 음성국 등이 주도하여 조직한 조선독립단은 1932년 3월 조선혁명군 총사령관 양세봉 장군과 요녕민중자위군 총사령관 당취오가 연합하여 결성한 한중연합부대에 가담하여 양세봉 장군 지휘하에 전투에 참여하였다.[12]

윤희순 의사는 75세가 되는 1934년 만주 봉성현 동고촌으로 이사하였는데 이곳을 공격한 일제의 방화로 가옥과 재산을 잃고 해성현 묘관둔으로 이주하여 항일독립투쟁을 계속하였다. 1935년 7월 19일(음) 장남 유돈상이 일경에 체포되어 무순감옥에서 모진 고문으로 사망하자 아들 시신을 무순시 용봉(龍鳳) 남산(南山)에 묻고 해성 묘관둔으로 돌아온 뒤 큰아들의 죽음에 울분을 참지 못하고 식음을 전폐하다 『해주윤씨일생록』을 작성한 다음 아들 곁으로 떠났다.

1860년 서울에서 태어나 16세에 강원도 춘천 남면으로 출가하여 여성의병장으로 활동한 윤희순 의사는 52세 때인 1911년 만주로 망명한 뒤 1935년 서거할 때까지 해외에서 25년간의 독립운동을 전개하였

9   윤희순 의사의 큰아들 유돈상과 동지적 관계였으나 훗날 유돈상의 장인이 되었다. 유돈상이 무순감옥에서 일제의 고문으로 1935년 7월 19일 순국한 뒤, 음성국도 일제의 잔인한 고문으로 그해 9월 7일 순국했다.

10   의암학회, 『윤희순 의사 항일독립투쟁사』(춘천: 산책, 2005), 146쪽.

11   김양 · 하동, 『불굴의 항일투사 윤희순』(심양: 요녕민족출판사, 2003), 139쪽.

12   위의 책, 153-154쪽.

무순시 포가둔에서 북원태학 교원연수단. 1915년 윤희순 의사가 이사한 곳으로, 당시 조선인들이 많이 거주했다. 2019-08-03

요녕성 해성시 묘관둔 윤희순 의사 묘. 연수단은 벌초 후 제물을 차리고 참배를 하였다. 2015-08-04

다. 나는 2014년 3월 여성의병장이자 독립지사인 윤희순 의사를 춘천시 남면에서 처음 접하였다. 그뒤로 만주 지역에 남긴 우리 독립군들의 불굴의 항일독립전쟁 역사를 따라가는 답사 프로그램 「아직 끝나지 않은 독립운동」을 기획하고 개발하였다. 이 답사에서 윤희순 의사의 만주 행적은 중요한 부분을 차지하고 있다. 여성독립운동가를 중점적으로 연구하고 있는 심옥주는 윤희순의 정치사상의 성격을 민족주체의지론, 반외세저항론, 애국인재양성론, 여성구국의지론 등 네 가지로 구분해서 설명하였다. 그리고 윤희순의 정치사상적 의의를 다음과 같이 정리하였다.

> 첫째, 윤희순은 외세에 대한 저항적 차원의 구국운동을 전개하고
> 실천함으로써 민족단결을 통해서 '망해가는 나라의 현실을'[13]
> 극복하고자 하였다.
>
> 둘째, 윤희순은 민족의 자유가 보장되고 평화를 실천할 수 있는
> 자주독립국가를 지향했다.
>
> 셋째, 민족의 독립운동을 실천할 수 있는 정신적 토대가 애국인재양성이라는
> 점을 인식하고 인재양성을 위한 학교를 건립하여 민족의식을
> 고취시켰다.
>
> 넷째, '안사람의병단'과 '가족부대' 등 여성들의 의식변화를 추구하면서
> 여성구국운동의 실천적 모형을 제시하는 정신적 기반이 되었다.[14]

1935년 중국 요녕성 해성시 묘관둔에 묻혔던 윤희순 의사의 유해는 만주 봉성에서 태어난 손자 유연익의 노력으로 1994년 국내로 봉환되어 춘천시 남면 관천리 선영에 안장되었다. 이후 춘천시 남면 가정리 애국지사 묘역으로 이장하였는데, 이곳에 시아버지 유홍석, 남편 유제원, 아들 유돈상 부부, 그리고 손자 유연익의 묘가 같이 조성되어 가족묘역을 이루고 있다.

---

13   이 부분은 원문에 없는 내용인데 내가 추가하여 문맥을 이었다.
14   심옥주, 『윤희순 연구』(부산: 정언, 2013), 346-348쪽.

윤희순 의사 큰아들 윤돈상과 사돈 음성국이 순국한 무순감옥 2015-08-03

안사람의병가

아무리 왜놈들이 강성한들 우리들도 뭉쳐지면 왜놈 잡기 쉬울
세라. 아무리 여자인들 나라사랑 모를쏘냐. 아무리 남녀가 유별
한들 나라 없이 소용 있나. 우리도 나가 의병 하러 나가보세. 의
병대를 도와주세, 금수에게 붙잡히면 왜놈시정 받들쏘냐. 우리
의병 도와주세, 우리나라 성공하면 우리나라 만세로다, 우리 안
사람 만만세로다.[15]

윤희순 의사는 1895년 명성황후가 일제에 의해 살해되자 1895년
12월 19일에 방어장이라는 글을 통해 청년들에게 의병으로 나서라고
촉구하였다. 이왕 죽는 목숨이니 의병하다 죽는 것은 떳떳한 죽음이요,
눈치보고 있다가 죽는 것은 개죽음이라고 하였다. 아낙네도 나와 의병

---

15   의암학회, 『윤희순 의사 자료집』. 130쪽.

무순시 신빈현 향수하향 조선혁명군 사령관 양세봉 장군 흉상 앞에서 대한독립만세를 외치고 있는
북원태학 교원연수단. 윤희순 의사가 조직한 조선독립단원들은 양세봉 부대에서 활동했다.
2019-07-30

을 도우는데 하물며 우리 청년들이 나라를 잃고 가만히 있을쏘냐며 조
선의 의기청년들은 빨리나와 의병하자고 호소하였다. 또한 의병을 하
다가 죽더라도 나가야 한다면서 왜놈들을 잡아다가 살을 갈고 뼈를 갈
아도 한이 안 풀리는데 우리 청년들이 가만히 있어서야 되겠냐며 결연
한 의지를 보여주었다. 윤희순 의사는 2년 뒤 정미의병이 일어나자 여
성의병 30명을 조직하여 의병 뒷바라지, 군자금 모금, 무기와 화약제
조, 의병 훈련 등 의병활동에 적극적으로 참여하였다. 윤희순 의사의 방
어장은 현재도 유효하다. 그녀는 오늘을 살아가는 젊은이들과 지식인
들에게 현실 참여를 독려하고 있다.

조국의 독립을 보지 못하고 이역만리 해성에서 서거한 윤희순 의
사의 넋을 기리고 희생에 감사하며 보답하는 길은 무엇일까. 윤희순 의
사가 국내 15년, 해외 25년 총 40년에 걸쳐 오직 한길을 걸으며 헌신한
것은 조국독립을 위한 것이었다. 큰아들 유돈상의 죽음 뒤 윤희순 의사

는 자신의 길을 멈췄다. 그녀가 세상을 등진 뒤 함께 조선독립단을 세웠던 자신의 동지이자 사돈이었던 음성국도 일제에 의해 잔인하게 살해되었다. 남편을 잃고 아버지마저 잃은 음채봉은 일경에 체포되어 고문을 받고 그 후유증으로 1940년 향년 33세 나이로 생을 마쳤다. 윤희순 의사의 둘째 아들 유민상은 반일활동을 하던 중 1942년 일경에 피살되었다. 윤희순 의사가 그토록 염원했던 조국의 독립은 그녀 사후 10년 뒤에 이루어졌다. 그들이 그토록 원했던 독립된 조국은 현재 남과 북, 두 개의 나라로 두 동강 나있다. 윤희순 의사의 목소리가 들린다. 통일의병이여! 통일독립군이여! 젊은이들이여! 어서 나오라고 말이다.

의열사義烈祠의 향기

이토 히로부미의 조선 침략이 그의 스승
요시다 쇼인(吉田松陰)의 『유수록(幽囚錄)』 속의
정한론(征韓論)[16]의 결과라면

의암(毅菴) 유인석(柳麟錫)의 척양척왜(斥洋斥倭)는
스승 화서 이항로의 주리론적 사상의 결과다.

理가 주인이고 氣는 부수적 개념이어서
기가 리를 넘보면 질서가 무너진다.
일제는 氣이고 조선은 理이다.

16　1870년대를 전후하여 일본 정계에서 강력하게 대두된 조선에 대한 공략론. "무력 준비
를 서둘러 군함과 포대를 갖추고 즉시 홋카이도〔蝦夷〕를 개척하여 제후(諸侯)를 봉건(封
建)하여 캄차카와 오호츠크를 빼앗고, 오키나와〔琉球〕와 조선(朝鮮)을 정벌하여 북으로
는 만주(滿州)를 점령하고, 남으로는 타이완〔臺灣〕과 필리핀 루손〔呂宋〕 일대의 섬들을
노획하여 옛날의 영화를 되찾기 위한 진취적인 기세를 드러내야 한다"라고 밝혔다. 이러
한 그의 사상은 일본의 제국주의적 침략의 배경이 되는 정한론(征韓論)과 대동아공영론
(大東亞共榮論) 등의 형성에 큰 영향을 끼쳤다(네이버 지식백과, 검색일: 2020. 12. 3).

314

의암은 분연히 일어섰고
세 차례 중국 망명과 러시아 연해주 망명
그리고 만주에서 서거할 때까지 자신의 사상을 굽히지 않았다.

무장독립투쟁의 가열찬 삶을 살다간
조선의 자존심이었던 의암
그를 춘천 남면 가정리 의열사에서 마주한다.

교사와 학생 대표가 함께 영정 앞 위패를 모시고
그리고 향을 피워 의암을 오시게 했다.

중국 만주 평정산 난천자에서
그를 만나기 전 미리 모신다.
모두 참배한다.
사당 안에 맴돌던 향이 머리와 가슴을 숙인 체험단에 다가온다.
지금 의암이 우리와 함께하고 있다.
다음 달에 떠날 만주로 가는 기행단을 지켜줄 것을 기도한다.

그는 1896년 8월 압록강변 초산전투를 마지막으로
압록강을 건너 파저강, 지금의 혼강을 통해 중국으로 망명하고
반납초도구(半拉哨渡口)에서 청군에게 무장해제 된 통한의 비통함을
안고서[17]

---

17   의암학회, 『의암 유인석 장군의 삶』(춘천: 산책, 2011), 52-54쪽.

서너 번의 망명 생활과 러시아 연해주에서

십삼도창의군도총재(十三道倡義軍都總裁)가 되어 국내로 진공하려다가

경술국치를 당해 러시아 군대에 또다시 무장해제 되는 비운을 겪었다.

만주 혼강(渾江) 옆 관전현 방취구 고려구(高麗溝)

자신이 무장해제 된 곳이 바라보이는 언덕에

초막을 짓고 최후의 저술서인 『도모편(道冒編)』을 짓고[18]

1915년 독립의 한을 풀지 못하고 떠난 의암

그 호는 화서 이항로가 지어준 것이었다.

毅菴

그가 제창하고 스스로 실천했던

그의 처변삼사(處變三事)[19]의 서슬 퍼런 명령이

당시 유학자들에게 그리고 오늘날 지식인들에게

삶의 길로서 그리고 선비의 향기로

우리 앞에 다가선다.

---

18   오영섭, 『유림의병의 선도자 유인석』(서울: 역사공간, 2008), 220쪽.

19   위의 책, 77-78쪽. 유인석은 선비가 택할 세 가지 방안으로, 의병을 일으키거나(擧義掃
淸) 해외로 망명하거나(去之守舊: 浮海去守) 자결하는 길밖에 없다(自靖致命)는 처변삼
사론(處變三事論)을 설파했다.

의열사에 모셔져 있는 의암 유인석의 위패 2014-06-04

중국 요녕성 평정산진 의암선생기념원. 강원도 춘천의 의열사를 찾았던 남원여고 학생들과 교원이
만주지역 독립운동사 기행에서 의암을 다시 만났다. 2014-07-23

의암 유인석 동상 앞에서 처변삼사處變三事를 읽다

흘러간 가요 「소양강 처녀」의 소양강과 북한강이 합수하는
이곳 춘천 서쪽에는 도심에서 내려오는 공지천이 있다.

공지천이 북한강에 합류하는 곳에 조성된
의암공원
이외수의 소설 『황금비늘』을 조성한
황금비늘 거리가 공원가에 함께한다.

남쪽으로 시립도서관이 있는 나지막한 산이
공지천을 해자 삼아 우뚝 솟아 있다.

이 의암공원에 세 번째로 이사한 유인석 동상이 세워져 있다.
동시대 거의 같이 태어난 이토 히로부미의 침략에 맞서
죽음의 항전으로 맞선
당대 성리학자이자 의병장이던 조선의 자존심 의암

의암 유인석 선생의 삶을 회상한다.

공지천가에 자리한 의암 유인석 장군 동상 2014-06-05

1866년 관직을 모두 사양한 화서는
의암을 데리고 고종을 독대하러 간다.

서양의 침략과 서학, 즉 천주학의 조선 상륙은
화서에 의해 위정척사를 태동하게 했고 그들은
존왕양이(尊王攘夷)와 주리론(主理論)을 강력하게 붙들었다.

고종과 스승 화서의 만남에서
병인양요의 대처방안을 놓고
조정 대신들이 우왕좌왕하는 상황 속에서도
중대사를 단숨에 결정하는 스승을 바라보며
의암은 '바른 것은 지키고 옳지 못한 것은 물리친다'라는

위정척사 사상을 확고히 했다.[20]

1866년 강화도로 침략해온 프랑스의 침략에 맞선 한성근의 문순산성 전투와 이어진 화서의 제자 양헌수 장군의 정족산성 전투의 승리는 프랑스를 물러가게 했다.

삼 년 뒤 화서는 타계하고 그 뒤로 김평묵, 유중교에 이어 의암이 대를 이어갔다. 의병장 유인석 그리고 십삼도총재 의암은 그렇게 장군으로 무관의 삶을 살았다.

그의 처변삼사는 의암의 곧은 절개를 보여준다.
하나. 의병을 일으켜 일본군을 싹 쓸어내던지
둘. 해외로 망명하여 선비의 자존심을 지키던지
셋. 그도 아니면 자결하라.

그는 1915년 만주 혼강변 고려구에서 자신이 말한 처변삼사를 실천하고 그렇게 못다 이룬 조국의 독립을 그리며 조국 조선을 짊어지고 떠났다.

이토 히로부미는 이보다 육 년 전 하얼빈역에서
안중근 의사에게 조선 침략의 죄를 심판받아 처단되었다.

길지 않은 인생을 평화와 공존 그리고 민족 보존과 사상의 가르침으로 일편단심의 길을 간 의암

---

20   의암학회, 앞의 책, 30-31쪽.

의암 유인석 장군의 의병진이 중국 당국에 의해 해산당한 환인현 사첨자진 혼강(渾江)변의 반납초도구. 대한민국자연생태체험연구회와 전북교과통합체험학습연구회 소속 교직원 연수단. 2015-07-29

요시다 쇼인의 침략주의를 물려받은 이토 히로부미는 조선인뿐만 아니라 자국민까지 군국주의 희생양으로 삼아 세계를 전쟁의 아비규환으로 만들어간 장본인이었다.

일제의 욕심은 끝이 없었으나 그들의 침략은 회전하는 역사의 수레바퀴에서 떨어져 나오는 흙 알갱이에 불과했다.

오늘 일본의 군국주의와 되살아난 침략주의 뒤에는 요시다 쇼인을 존경하는 아베의 조선을 침략하고자 하는 변함없는 흑심이 뒤에 있다.

다시 우리는 청화정사의 학교가 진정으로 필요하고 화서와 김평묵, 유중교, 최익현, 유인석 등이 그리워지는 이유다.

애국지사윤희순기념사업회에서
유연경 회장을 만나다

유연경 회장은 춘천시 근화동에 위치한 강원도 보훈회관 건물 한켠에 작은 사무실을 얻어 윤희순 의사를 기리는 사업을 이끌고 있다. 유 회장과의 만남은 독립운동사를 찾아나선 나에게 지평을 넓히는 계기가 되었고, 결연한 의지로 사업회를 끌고 가는 그의 열정과 추진력에 감탄했다. 적지 않은 나이임에도 건강하게 정의로운 길을 가시는 모습에 후배들이 절로 따르게 한다.

체험단을 안내하여 윤희순기념사업회로 향한 것은 사업회를 끌고 가는 유연경 회장이 여고생들에게 특별한 의미가 있을 듯하여 만나고자 함이었다. 유 회장은 올해 칠십하고도 반이 지났는데도 전혀 그렇게 보이지 않는다. 10시에 약속을 해놓아서 서둘러 근화동의 보훈회관으로 향했다. 4층 강당에 우리 체험학습단을 위해 다과는 물론이거니와 윤희순 의사 관련 소책자까지 준비해놓고 있었다. 멀리 남원에서 이곳 춘천까지 달려온 보람이 있었다.

윤희순기념사업회 유연경 회장은 '우리나라 최초의 여성 동장 1호'라는 경력을 가지고 있다. 춘천시 아동상담소 소장을 비롯하여 춘천시의회 7대 의원을 역임한 그는 화려한 경력만큼 활동적인 모습을 보여

남원여고 체험학습단에게 강연하는 유연경 회장 2014-06-05

애국지사윤희순기념사업회 유연경 회장과 만난 대한민국자연생태체험연구회 소속 교원들 2014-08-07

주고 있는데, 어쩌면 윤희순 의사의 일면을 보고 있는 듯한 느낌을 준다.

지난 3월 17일 광복회 사무실에서의 만남 이후 전화로 계속 연락해왔고 오늘 두 번째 만남인데, 극진한 마음의 환대를 받았다. 지난번 만남에서 전해 들은 윤희순 의사 드라마 제작과 관련하여 그 일을 추진

윤희순기념사업회 유연경 회장과의 만남 전북교과통합체험학습연구회, 2015-05-23

하고 있는 춘천 MBC 담당 PD를 만났다. 이승현 PD는 드라마 제작을
위해 중국 현지까지 다녀왔단다. 유연경 회장의 소개로 오늘 만남이 가
능했다. 나와 같은 목적으로 중국을 다녀왔다고 하니 동지애가 느껴졌
다. 윤희순 의사의 삶이 외롭지 않음을 춘천 곳곳에서 만날 수 있었다.
사실 춘천에서 여론조사를 해보니 윤희순 의사를 알고 있다고 응답한
경우가 20%라고 했다. 이제는 많이 알려질 것이다.

　　이어서 고 유연익 선생이 광복회 강원지부장을 할 때 사무국장을
하셨다는 분의 특강을 들었다. 원로임에도 결연한 의지가 육성을 타고
온다. 외모에서 윤희순 의사의 손자 유연익 선생의 모습이 보였다. 춘천
MBC 이승현 PD를 소개하고 남원여고 체험단에게 격려의 말을 부탁
했다. 오늘 우리의 남은 체험학습 일정을 취재한다고 했다. 강원도 보훈
회관 내에 있는 애국지사윤희순기념사업회 유연경 회장과의 만남은 우
리 체험학습 기행단에게 진한 감동을 주었다.

2014-06-05

윤희순 의사 79주기 헌다례獻茶禮

춘천에서 행해진 79주기 윤희순 의사 헌다례에 함께했다. 2014년 7월 22~29일 7박 8일의 여정으로 남원여고 학생과 교원들을 대상으로 「아직 끝나지 않은 독립운동」 만주 대기행 독립운동사 체험학습을 안내하고 돌아온 뒤 한 달쯤 지나서 춘천 윤희순기념사업회 유연경 회장에게서 연락이 왔다. 헌다례에 참석해달라는 요청이었다.

　이번 만주기행에서는 해성 묘관둔을 찾아 윤희순 의사가 잠든 묘소 앞에서 그의 영혼이 편히 쉬실 수 있도록 제를 올리고 함께 위로해드렸다. 서거 79주기 헌다례가 강원도 춘천시 시립도서관 윤희순 의사 동상 앞에서 정성으로 치러졌다. 지난 1990년 동상이 건립된 이후 해마다 실시된 헌다례는 사단법인 애국지사윤희순기념사업회 주관으로 행해졌다. 이번 79주기에는 여군장교 20여 명이 참석하여 예를 표했는데, 이는 여성 의병장이던 윤희순 의사의 가치를 더욱 높여주었다.

　　춘천 MBC 이승현 PD의 사회로 시작된 헌다례는
　　유연경 회장의 헌촉
　　이궁호 광복회 강원시부상의 헌향
　　윤희순기념사업회 박찬옥 이사의 윤희순 의사 약력 소개

초헌관은 강원도 도지사 부인
아헌관은 강원도 교육감 부인
종헌관은 춘천시장 부인
네 번째 잔은 춘천보훈지청장 부인
마지막으로 윤희순 의사 증손자인 유석균 씨가 다섯 번째로 차를
올렸다.

이어서 강원도 도지사, 강원도 교육감, 춘천시장을 시작으로
개인별로 헌화와 헌향했다.
강원도의 각 단체와 기관이 함께했으며
남원에서 올라온 나에게도 기회를 주어 영광스럽게
헌화와 헌향을 할 수 있었다.

춘천과 만주지역을 돌아다니며 가슴으로 모신 윤희순 의사를 생각
하니 만감이 교차했다. 눈을 감았다가 동상 앞으로 향했다. 그분 앞에
이렇게 마음으로 대할 수 있다는 것이 기쁨이었다. 여군 장교들의 단체
헌화와 절도 있는 거수경례에 그곳에 함께한 모든 사람이 느낀 든든함
과 윤희순 의사의 결연한 의지가 눈앞에 겹쳐졌다.
　　마지막 윤희순 의사 거주지인 춘천시 남면 남산초등학교 학생들이
의병 복장을 하고 헌화했다. 의병아리랑보존회 회원들의 「의병가」 합
창과 군무를 통해 윤희순 의사의 의병 가사들이 노래로 가슴에 전달되
었다. 그리고 광복회 주관으로 아베 정권 규탄 집회를 통해 일본의 극
우주의와 역사 왜곡, 독도 침탈 야욕에 대한 결연한 의지를 표현하는
구호 제창으로 79주기 헌다례는 마무리되었다.

79주기 윤희순 의사 헌다례. 춘천시립도서관 뒤편 윤희순 의사 동상 2014-08-29

중국 요녕성 해성시 묘관둔 윤희순 의사 묘역. 예를 올리는 남원여고 독립운동 기행단 2014-07-28

2014-08-29

헌다례를 올리고 나서

칠십육 년의 삶 속에서
국내 15년과 만주 25년을 항일의병투쟁과 독립전쟁에 헌신한 윤희순
의사

그를 기리는 헌다례의 성스럽고 아름다운 행위는 참여자들의 표정에서
도 그대로 나타났다. 춘천시민이 아닌 타지 사람으로 헌화와 헌향을 올
린 나도 가슴에서 형용할 수 없는 뭉클함이 솟아났다.
헌다례 과정은 꽉 찬 감동으로 이어졌지만, 주변을 살펴보며 아쉬움을
갖게 되었다. 그것은 헌다례 참여자 중에서 젊은이들이 보이지 않았다
는 것이고, 사회지도층이 보이지 않았다는 것이다. 참석자들은 취재진
빼고는 대부분 나이 드신 어른들이었고 지역기관장들이 주었다.

왜 이렇게 되었을까.
양분되어버린 이 사회
나라와 민족에 대한 걱정은 다 같이 하는데

헌다례에 가족과 손잡고 오고 젊은 대학생들과 청소년의 자발적 참여

는 그렇게 어려운 것인가.

이분들이 돌아가시고 나면 이 일을 누가 이어갈까.

소중한 이 자리에 춘천지역에서 근무하는 교원들을 찾고 있었다면
지나친 바람이었을까.
우리 교육이 사상과 철학 그리고 정신이 부족한 단적인 예가 아닐까.

윤희순 의사 증손자가 찾아와 고마움을 전한다.
나도 그렇게 만나고 싶었던 윤 의사의 증손 유석균 씨를 만나
목소리가 갈라지고 마음이 떨려왔다.
그가 바로 꼬마 통신원 봉준이 유연익 선생의 아들이다.
서로 연락하기로 했다.

윤희순 의사의 증손 유석균
씨와 함께 2014-08-29

중국 요녕성 해성시 묘관둔 윤희순 의사 묘에서 참배를 마친 교직원연수단이 자주 통일을 외치고 있다. 2015-08-04

송사 기우만의 증손녀는 「의병아리랑」의 단장으로 마지막 공연을 장식해주었다.

곧 장성의 노사 기정진 학파를 찾아가는 항일의병전쟁을 안내할 예정이고, 그 기행에서 노사 기정진과 송사 기우만, 그리고 기삼연 의병장과 기산도를 만날 텐데 송사의 증손녀를 이곳에서 만날 수 있음은 행운이었다.

2014-08-29

제6부

충청권

천안독립기념관에서 유관순 의사 생가까지

만주벌판과 산악지대에서 장렬하게 펼쳐낸 행동하는 지식인들과 독립군들이 써 내려간 벅찬 역사는 독립을 향한 순례 행진이었다. 내년 여름 우리는 그 현장에서 앞서간 선각자들과 함께할 것이다.

통일을 향한 신 독립운동에 행동하는 교사들이 기획하고 준비하여 이론으로 무장하고 천안독립기념관을 찾았다.

만주를 찾아가기 앞서 목숨을 내던지며 싸운 국내 항일의병의 투

천안독립기념관을 찾은 대한민국자연생태체험연구회 소속 교원들 2014-10-18

쟁지와 그들의 순국지를 돌아보고 있다.

　참여자들은 주인공이 되기 위해 의병전쟁사와 독립전쟁사의 큰 줄기에서 40여 개 소주제를 뽑아 각자 발표주제를 선택하여 세 차례의 연찬을 진행했다.

　밤 10시 공식 연찬을 마치고 새벽 2시까지 계속된 토론과 평가회가 이어졌다. 만주지역 독립운동 대장정을 향한 열기가 더욱 뜨거워진다. 이튿날 천안독립기념관 부근의 현장답사로 이동녕 선생 생가와 기념관을 찾아 석오 이동녕 선생의 일대기와 독립운동을 살피고, 독립운동사의 핵심요소인 신흥무관학교와 대종교의 중요성도 인식했다.

　조선의 천재 과학자 담헌 홍대용을 소재로 한 홍대용 과학관을 방문하여 그의 인물균 사상, 무한우주론, 역외춘추론 등을 접하면서 당대 성리학자들의 한계를 뛰어넘어 평등에 바탕을 둔 당당한 자주를 주장한 담헌의 식견에 감탄했다.

　담헌의 실학사상은 2년 전 여름 중국 요녕성 북진의 의무려산에서

중국 요녕성 북진의 의무려산에서 담헌 홍대용의 『의산문답』을 만난 대한민국자연생태체험연구회 교원들 2012-07-25

유관순 열사 생가에서 연수 중인 교원들 2014-10-18

『의산문답』을 통해 만난 적이 있었다. 담헌의 역외춘추론은 한국전쟁 후 고착된 신재조지은(新再造之恩)의 폐해로까지 굳어진 미국에 대한 사고와 인식이 어떻게 변해야 하는지를 교훈으로 남겨준다.

담헌의 역외춘추론은 지구 구형설에서 출발한다. 담헌의 사상과 혁명적 사고로 발전해간 역외춘추론은 통합적 사고와 천문관측의 결과였다.

점심으로 병천 순대와 순대국을 먹고 유관순 열사 생가로 향했다. 그분의 명성만큼 깊이 알지 못하는 실제적 사실과 순국 과정을 역사분과 교사의 안내를 받고서야 더 깊은 감사의 마음을 갖는다.

태극기에 그려진 괘와 전통과학문화유산 속 괘의 차이, 그리고 태극 속에 그려진 음양의 이치에 대한 안내까지 세 명의 교사가 땅바닥 칠판을 활용하여 안내하고 공유한다.

생가 토방 그늘 자리에 자연스레 앉아 이틀간의 연찬회를 모두 돌아가며 평가하고 연수를 마무리했다.

2014-10-19

단재 신채호 백세청풍의 길

- 대전, 청주, 괴산

한 시대를 살며 자신을 둘러싼 현실과 울타리를 회피하지 않고 당당히 맞서며 당대를 뛰어넘어 아(我)와 피아(彼我)의 구조의 본질을 꿰뚫고 억압의 상황을 극복하고자 한 석학(碩學)이 단재(丹齋) 신채호 선생이다.

전북교과통합체험학습연구회가 주관하는「공주 우금치 넘어 만주로 간 충청의 독립지사들」제1부 연수에 전교연 소속 교사와 대자연 소속 교사, 완주교육지원청 소속 교사 등 총 36명의 기행단이 아침 7시 전라북도교육청 주차장을 출발하여 대전으로 향한다.

충청남도 대덕군 산내면 어남리 도리미 산골, 아버지의 진외가인 안동 권씨 마을, 묘막의 가난한 세간살이와 쓰러져가는 움막 같은 환경에서 어린 시절을 가난한 선비인 아버지에게 학문을 배운 단재 신채호는 부친이 38세로 세상을 뜨자 여덟 살에 청원군 낭성면 귀래리 아버지 고향으로 이사를 한다. 낭성의 조부 신성우의 한문사숙에서 학문을 배운 단재는 아홉 살에 이미 중국의 편년체 역사서인『통감』을 해독한다. 이때 이를 기념하여 심은 모과나무가 옛 서당 자리인 그의 묘소 옆에 세월을 이기고 단재와 함께 당당하게 서 있다.

열네 살에 사서삼경을 독파하고 더 이상 읽을 책이 없어 낭성의 종

옛 서당 자리에 위치한 단재의 묘소와 모과나무 2015-07-04

친인 신석헌을 만나고, 그로 인해 개화파 재상이던 천안 목천의 신기선을 통해 만권당의 다양한 서적을 접하게 된다. 신기선의 후원으로 성균관에 입교하여 박사가 된 그는 1905년 고향으로 낙향하여 인차리의 산동학당을 운영했다. 그러던 중 위암 장지연이 찾아와 부탁하자 황성신문 주필이 되고, 다시 양기탁과의 만남을 통해 배설이 사장이던 대한매일신문의 주필로 조선 제일의 논객이 되었다. 그리고 1910년 4월 행주나루에서 배를 타고 강화도 교동도를 거쳐 평북의 정주 이승훈의 오산학교에 들렀다가 5월에 조선의 수많은 지식인이 건넌 압록강을 넘어 안동선을 타고 산동반도 청도로 망명했다.[1]

오늘 충청지역의 기행 속에서 유독 다가가고 싶은 사람, 그동안 겉만 알고 속을 알지 못했는데 비로소 인간에 대한 뜨거운 애민과 민족을

---

1   임중빈, 『단재 신채호 그 생애와 사상』(서울: 명지사, 1993), 295-297쪽.

단재 신채호 선생의 생가 단재정사에서 2015-07-04

청주시 상당구 낭성면 귀래길 단재사당에 세워진 단재 부부의 동상 2015-07-04

사랑했던 위대한 사상을 만나게 되었다.

조선에서 가장 강했던 사람, 그가 있어 조선의 사상이 외롭지 않았고, 그가 있어 한민족의 자긍심을 세계만방에 자랑할 수 있었다. 가난했고 병약했던 단재는 가장 곧았고 당당했다. 자식을 잃은 아버지였고, 아내와 헤어져 살아야 했던 남편이었다. 조국과 결혼했고 조선과 함께 살다간, '너는 나의 사랑'이었고 '나는 너의 사랑'이었던, 오로지 민족의 해방을 위해 자신의 모든 것을 희생한 사람이었다. 위대한 시인이자 문학가요 사상가이자 역사학자였으며, 민족주의자였고 아나키스트였다.

오늘 중국의 고대사 침탈과 일본의 침략주의 현실에 가장 필요한 사람이 단재 선생이다. 그는 일제의 식민사학에 맞서 우리의 고대사 고조선의 영역이 만주와 현 요서 및 중국 내륙의 산동반도까지였음을 밝히며 민족사학으로 홀연히 섰던 거인이었다.

영웅 중심의 애국계몽운동과 한글을 통한 민족의식 고취를 시작으로 경술국치 이후 다시 무장 항일투쟁으로 그리고 3.1독립만세 항쟁에 앞장섰다. 상해임시정부에 대한 실망으로 제국주의에 맞설 주체는 민족이 아닌 민중이며, 사회진화론을 뛰어넘는 아나키즘을 받아들여 국제적인 연대를 통해 조선의 해방을 꾀한 사람이었다.

단재를 이제야 제대로 만난다. 오늘 대전 중구 어남리의 도리미마을을 찾아 그의 탄생과 유년 시절, 어린 시절 뛰어놀았던 유등천의 실개천을 넘어 단재교를 지나 단아하게 가꾸어진 생가의 마루와 토방에 앉아 1880년대의 시대 상황으로 돌아간다. 장독대와 뒤안도 살펴보고, 사방으로 둘러싸인 산세를 훑어보았다. 집 앞에 흐르는 개천은 북쪽으로 흘러가 유등천에 붙고, 다시 대전 시내를 통과하여 갑천과 만나 대청호에서 내려오는 금강의 본류와 합쳐진 뒤 공주를 지나 부여와 강경을 돌아 군산 앞바다로 들어간다.

단재 선생의 생가를 둘러보는 연수단 2015-07-04

대전 동구 문충사 앞 연재 송병선과 심석재 송병순의 동상 2015-07-04

　　대전 동구 문충사에 들러 연재 송병선 선생의 삶과 자결의 절개를
만났다. 연재 송병선 선생은 충남 회덕에서 태어난 선비로 전북지역의
선비들에게 큰 영향을 끼쳤던 우국지사였다. 1885년 무주로 낙향하여

340

서벽정(棲碧亭)을 짓고 은둔하면서 호남·영남의 선비들과 시국을 논하고 후진을 양성하며 도학을 강론하였다. 1888년에는 진안 성수면에 있는 수선루의 중수기를 썼으며, 1900년에는 마이산 용암에 암각서를 남겼고 1901년에는 임피 낙영당에서 면암 최익현과 시국강연회를 열었다. 이해 음력 10월에 순창 동계면 구미리에 있는 구암정의 구암정기를 남겼다.

　　1905년 11월 일제가 무력으로 고종과 대신들을 위협하여 「을사조약」을 강제 체결하고 국권을 박탈하자 이 소식을 들은 송병선은 나라가 위험에 처해 있음을 알고 상경하여 고종을 알현하고 을사 5적의 처단과 을사조약의 파기를 건의하였으며, 을사조약 반대 투쟁을 계속하다가 경무사 윤철규(尹喆奎)에게 인치(引致)되어 강제로 향리에 호송되었다. 이에 국권을 빼앗김에 통분하여 세 차례 다량의 독약을 마시고 황제와 국민과 유생들에게 드리는 유서를 남겨 놓고 자결 순국하였다.[2]

　　연재의 묘소는 군산 임피면 술산에 있다.[3] 진안 마이산 이산묘(駧山廟)의 영광사, 남원 용호서원의 경양사에 위패가 모셔져 있다. 한편 연재의 동생 심석재(心石齋) 송병순(宋秉珣)은 1910년 8월 일제가 한국을 병탄하여 나라가 망하자 통분하여 여러 번 자결을 기도했으나 실패하고 두문불출하며 망국의 슬픔을 시로써 달래었다. 1912년 일제 헌병이 소위 은사금(恩賜金)을 가져왔으나 거절했으며, 같은 해 일제가 회유책

2　　〔공훈전자사료관〕,『독립유공자 공훈록』1권(1986).

3　　군산시 임피면 술산리 383-1.

연재 송병선과 심석재 송병순을 모시고 있는 용동서원의 문충사를 나서는 연수단 2015-07-04

으로 경학원(經學院) 강사로 천거하자 이를 거절한 다음 유서를 남기고 독약을 마시고 순국하였다.[4] 형제가 일제에 항거하며 순국하였으니 그 의로운 희생은 두고두고 향기로 남을 것이다. 대전 동구 문충사 앞마당에 두 형제의 동상이 당당하게 서 있다.

판암으로 나와 경부선을 타고 북상해 옛 청원군 낭성면 귀래리[5] 단재의 성장기 시절을 찾아, 요동반도 여순감옥에서 순국하여 고향에 재가 되어 돌아와 누워 있는 단재의 묘를 둘러보았다.

단재의 기념관을 들어가기 전에 국제정세 변화에 한발 앞서 선구자가 된 단재 사상의 변화 흐름을 듣고 기념관의 전시물 하나하나를 놓치지 않고 꼼꼼하게 살핀 뒤 사당에 들러 모두 머리를 숙였다.

---

4 〔공훈전자사료관〕, 『독립유공자 공훈록』 1권(1986).
5 충청북도 청주시 상당구 낭성면 귀래길 242(귀래리 304번지).

이제 단재는 우리의 마음속에 자리했다. 독립운동가의 한 사람으로서만이 아니라 위대한 석학으로 우리를 흥분하게 했다. 그가 있어 오늘 우리가 행복하고 가슴이 따뜻해지는 새로운 하루다. 묘역을 돌아보는 교사들의 얼굴과 행렬이 힘 있고 당차다.

그런 단재를 이번 여름 아직 끝나지 않은 독립운동 만주 대기행 여정 중 압록강에서 만날 것이고, 환인의 동창학교 터에서 조선사를 쓰고 민족사를 가르치는 단재를 조우하게 될 것이다. 또한 훗날 『조선상고사』를 쓰게 되는 결심을 하게 되는 집안의 고구려 유적지에서도 가슴이 들끓고 있는 그를 또 만나게 될 것이다. 7월 4일 토요일 단재는 그렇게 더 가까이 그리고 존경스럽게 우리에게 들어왔다. 우리는 그를 만나기 위해 준비했다.

그가 간 길을 우리가 갈 수는 없지만, 그의 흔적을 통해 오늘 우리 후손이 가야 할 길, 단재가 그토록 원했던 민족 해방의 길을 민족 통일의 길로 만들어 도도히 걸어 갈 길을 개척해나갈 사명을 띠고 있다.

대련 여순일아감옥 안에 세워진 신채호 흉상
2014-07-29

귀래리를 나와 괴산군 화양리로 향하며 우암 송시열의 묘소를 둘러보고 화양계곡에서 먼저 성리학의 구곡문화(九曲文化)와 화양구곡, 화양서원(華陽書院)과 만동묘(萬東廟) 그리고 복주촌(福酒村)을 집안 뒤 노론의 소굴이 되어 그들만의 권력을 휘둘렀던

괴산 화양동구곡에 세워진 화양서원의 양추문 앞, 전북교과통합체험학습연구회 교원들 2015-07-04

화양묵패(華陽墨牌)의 예를 들어 타락한 지식인들의 실상을 돌아보았다. 노론이 우상화한 우암이 효종 사후에 매일 새벽 엎드려 통곡했다는 읍궁암(泣弓巖) 아래 계곡물에 발을 담갔다. 하루 여정을 질풍노도(疾風怒濤)처럼 달려왔다.

2015-07-04

1부

❶대전 남구 신채호 선생 생가 → ❷연재 송병선 용동서원 → ❸청주 상당 신채호 사당 → ❹우암 송시열 묘 → ❺화양동 구곡과 화양서원 및 만동묘(청주 상당 신채호 사당 → 진천 이상설 생가)

2부

❶공주 우금치 → ❷청양 목면 모덕사 → ❸청양 정산 민종식 고택 → ❹홍주성 → ❺홍주의사총 → ❻백야 김좌진 생가와 기념관 → ❼만해 한용운 생가와 기념관

우금치 너머 모덕사의 면암 최익현 앞에 서다

– 공주, 청양

공주 우금치에서 면암을 떠올리다

가을을 어서 보내고 싶은 듯 늦가을 가랑비가 내리기 시작한다. 해가
점점 짧아지는 가을의 끝 달 초순 이른 아침 7시에 28명의 교원연수단
이 전라북도교육청 주차장에 모여들었다. 이 연수단은 지난 여름 한복
판 칠월 초순에 「공주 우금치 넘어 만주로 간 충청의 독립지사들의 선
비정신」이라는 주제로 충청 지역 선비들을 만나는 답사를 한 바 있다.
단재 신채호 선생을 주인공으로 삼아 단재의 출생지에서부터 그가 성
장한 청주 상당구 낭성면까지 찾아가는 여정이었다. 그 여정 중에 연재
송병선과 심석재 송병순, 그리고 우암 송시열도 만날 수 있었다.

　　가늘게 내리는 비에 가을이 젖어들고 있다. 연수단을 태운 버스는
공주 IC를 빠져나와 우금치를 향했다. 오늘 여정의 공간적 배경은 공주
에서 시작하여 청양 목면, 청양 정산면을 거쳐 홍성에서 끝나게 된다.
시간적으로는 1894년 동학농민혁명으로부터 1895년 을미사변과 단발
령에 이은 을미의병과 1905년 을사늑약에 따른 을사의병까지 이른다.
이 역사 속에서 우리가 꼭 만나야만 하는 선비가 있다. 면암 최익현 선

346

생이 바로 그이다. 우리가 그처럼 살기는 어렵겠지만 그래도 기억은 해야 하고 그의 의로운 순국은 두고 두고 가슴에 새겨주길 바라는 마음이 간절하다. 마지막 답사지 홍성은 옛 홍주 일대에서 전개된 홍주의병의 역사적인 공간이다. 충청 지역에서 항일의병 전쟁을 이끌었던 대표적인 곳이 홍성이다. 구름이 낀데다 가랑비까지 내리고 있어 날이 침침하고 어둑하다. 한 시간을 달려 우금치에 도착한 연수단은 고개 남쪽 우금치 터널 못미쳐서 버스에서 내렸다. 첫 답사지 우금치를 넘어가는 행군을 위해서였다. 그때나 지금이나 변함없이 고개 초입 좌측 산 기슭에 버티고 서 있는 고목을 바라보며 우금치를 넘어간다. 저 고목은 세상이 몇 번씩이나 바뀌었어도 몸의 크기만 달리했을 뿐 그날의 함성과 피울음을 담아두고 있다. 그리고 이 고개를 넘어가는 독립군들에게 그 소리를 들려준다. 그리곤 또 말이 필요 없는 침묵으로 그날의 역사를 보듬는다. 그 역사를 읽어내는 눈과 들을 수 있는 귀를 가진자들에게만 곁

공주 우금치 고목 2015-11-07

을 내주는 우금치 고목을 두 팔을 벌리고 가슴을 열어 어루만진다. 갑오년 음력 11월 9일 이 고개에서 벌어졌던 운명의 전투를 121년 지난 2015년 양력 11월 7일 그 고개를 찾아온 혁명군의 후예들이 대오를 갖추고 진격하고 있다. 미완의 혁명을 이어갈 이 시대 지식인들인 교원연수단 앞길에 간간이 내리는 빗방울들이 가슴속 깊이 숙연함과 장엄함으로 내려앉는다.

면암 최익현을 만나러 가는 길에서 우리가 넘고자 했던 고갯마루가 우금치이다. 이 산줄기는 대둔산에서 계룡산을 지나 부여 부소산에서 끝을 내려놓는 금남정맥이다. 전라북도 장수군에 있는 백두대간 영취산에서 갈라져 나온 금남호남정맥이 진안 마이산을 지나고 전주 동부 진안고원을 가르는 웅치 부근에서 호남정맥과 금남정맥으로 나누어진다. 그 웅치는 임진왜란 당시 관군과 의병 1천여 명이 왜군 1만여 명을 맞이하여 처절하게 전투를 벌였던 역사적인 고개이다. 그 고개에 어려있는 항일정신이 바로 이 산줄기 금남정맥을 타고 이치대첩을 지나 우금치 고개에 도도히 흘러와 갑오년의 피울음으로 이어졌다 할 것이다. 그런 숭고한 정신이 서려있는 우금치는 그러나 혁명군에게는 거대한 장벽이었다. 변해가는 세상을 바라보지 못하고 오직 경직된 사상과 이념으로 신분차별의 고착화된 전근대적인 사회만을 고수하고자 했던 조선을 새로운 세상으로 바꾸고자 했던 동학도들과 민중들에게 우금치는 그냥 고개가 아니었다. 병든 조선의 구부러진 등허리였다. 관군을 꼭두각시로 앞세운 일본군이 선진 총포를 앞세우고 그 등허리를 짓밟고 서있던 고개가 우금치였다.

이 고개를 넘으면서 우리는 당시 고개 너머 유럽의 산업혁명을 생각해야 하고 자본주의와 제국주의를 들여다볼 수 있어야 한다. 증기기관의 괴물덩어리인 거대 함선을 몰고 들어와 대동강을 침략해 들어온

348

공주 우금치에 선 전북교과통합체험학습연구회 교원연수단 2015-11-07

미국의 제너럴셔먼호, 강화도를 침략해온 프랑스 함대, 다시 신미년에 재차 침략해온 미국의 함대 그리고 1875년 일제의 운요호 만행과 1년 뒤 맺은 통한의 조일수호조규(朝日修好條規) 일명 강화도 조약이 이 고개 우금치를 혁명군에게 넘어설 수 없는 장벽이 되게 한 만든 배경이었다. 천주교와 함께 거대한 파고가 되어 덮쳐오는 문명의 침략 앞에 중국은 힘없이 무너져갔고 순망치한의 조선은 바람 앞에 등불이 되어버린 신세였다.

면암 최익현은 이 고개 넘어 금강의 북편 청양 정산으로 1900년 음력 4월에 이사를 했다. 선생은 23세였던 을묘년(1855, 철종 6) 2월 춘도기(春到記)에서 명경과(明經科)에 발탁되고 그해 6월 승무원 부정자에 오르며 관직생활을 시작하였다. 그 뒤로 약 15년의 관직 생활이 가난했던 그의 집안을 다소 일으켜 세우는 데 힘이 되어주었다. 그러나 거기까지였다. 프랑스가 침략했던 병인년이 2년 흐른 1868년 선생이 36세였던 9월에 사헌부 장령에 임명되고 10월에 시폐(時弊) 4조를 상소하면서 그의 삶은 오직 한길로 향했다. 스승 화서 이항로의 가르침대로 실천했다. 이해는 스승 화서가 세상을 떠난 해이기도 했다. 권세가 하늘을 찌르던 대원군을 향한 거침없는 도전이었다. 면암의 일생에서 첫 번째로 올렸던 상소의 내용은 첫째 토목 역사를 정지하는 것이요, 둘째 취렴(聚斂)하는 정사를 그만두는 것이요, 셋째 당백전(當百錢)을 혁파하는 것이요, 넷째 사대문세(四大門稅)를 금지하는 것이었다. 이 상소는 당시 대원군의 권력하에 있던 대부분의 신하들이 면암을 귀양보내야 한다고 집중적으로 공격하는 빌미를 주었지만 반대로 면암은 이를 계기로 명성이 일국에 자자하게 된 출발점이었다. 면암은 관직이 삭직되었으나 고종은 그를 지켜냈다. 2년 뒤인 1870년 동부승지에 관직에 올라 공무를 보았으나 이내 체직당하여 고향으로 낙향하였고 1873년 대원군을 권좌에서 물러나게 한 운명의 상소가 10월, 11월 두 번에 걸쳐서 세상을 발칵 뒤집었다. 이 상소로 면암은 사면초가에 놓이고 죄를 물으라고 빗발쳤지만 아버지 대원군의 그늘에서 벗어나고자 했던 고종은 면암을 지켜냈다. 특히 고종이 경연(經筵)을 열었는데, 강관(講官) 이승보(李承輔)가 누누이 선생을 죄주기를 청하자 고종은 다음과 같이 질타하였다.

"갑자년(1864, 고종 1) 이후로 누가 이 같은 상소를 올린 사람이 있었는가. 한(漢) 나라 급암(汲黯)은 심지어 '폐하가 속으로 욕심이 많다.'는 말까지 하였는데, 최모의 소가 무슨 지나칠 것이 있겠는가." 또, "사람에게 정직함이 있으면 등용하도록 권하는 것이 옳거늘, 도리어 국청(鞫廳)을 열기를 청하니, 진실로 무슨 마음인가. 만일 이처럼 정직한 사람을 국문하였다가 사책(史冊)에 기록되면 후세에 나를 어떤 임금이라 하겠는가?"[6]

---

6   한국고전번역원, 『면암선생 문집』 부록 제1권 연보.

결국 면암은 이 상소로 인하여 제주도로 귀양살이를 떠나야 했다. 해남 이진에서 소안도를 거쳐 1873년 12월 4일 제주 조천포구에 도착한 그는 제주성 안에 위리 안치되었는데 지금의 칠성통 부근이었다. 1875년 3월 16일 해배 관문(解配關文 귀양을 풀어 주는 관문)이 도착하여 유배생활을 끝내게 된다. 이때 제주도의 유배생활 중에 안달삼과의 교류는 면암에게 노사 기정진이라는 큰 선비를 만나게 되는 계기가 되었다. 그리고 노사의 만남은 훗날 1906년 전북 태인의 칠보에서 의병창의때 호남의 의병장들과 연대하게 하는 배경이 되었다. 유배에서 풀려나온 면암에게 1875년은 또다른 시련속으로 빠져들게 하였다. 일본을 개항시킨 미국의 사주를 받은 일제의 침략의 서막이 시작되었기 때문이었다. 운요호 사건과 그 다음해 맺어진 강화도 조약은 면암을 또다시 흑산도 유배길에 오르게 했다. 제주 유배의 아픔이 채 가시기도 전에 이번에는 흑산도로 향하는 면암 최익현의 길은 그 유명한 지부상소(持斧

제주시 중앙로 부근 면암 최익현 유배지 앞에 선 전북교과통합체험학습연구회 교원연수단　2017-01-14

上疏)로 강화도 조약의 문제점을 조목조목 비판하며 화친을 반대했기 때문이었다.

첫째, 우리의 힘은 약하고 저들은 강하니 일방적으로 끊임없이 저들에게 필요한 것을 요구할 것이다. 둘째, 통상 조약을 맺으면 생산의 한계가 있는 우리의 농산물과 무한하게 생산할 수 있는 저들의 공산품을 교역하게 될 것이니 우리 경제가 지탱할 길이 없다. 셋째, 왜인은 이미 서양 오랑캐와 일체가 되어 있으니 이들을 통하여 사악한 서양 문화가 들어올 때 인륜이 무너져서 조선 백성은 금수(禽獸)가 될 것이다. 넷째, 저들이 우리 땅을 자유 왕래하고 살면서 우리의 재물과 부녀자를 마음대로 약탈할 때 막을 수가 없다. 다섯째, 저들은 재물과 여색만 탐하는 금수이므로 우리와 화친하여 어울릴 수가 없다.

가지고 간 도끼로 자신을 베어 금수의 노예가 되지 아니하고 옳은 귀신이 되게 해달라고 하였다. 이 강화도 조약 이후 35년이 흘러 조선은 경술국치를 당했다. 강화도 조약으로 조선 침략의 발판을 마련한 일제는 그 뒤로 임오군란, 갑신정변을 거쳐 갑오년 6월 경복궁을 침략·점령했고, 청나라와 전쟁을 벌여 승리한 뒤 우금치 고개에서 우리 동학농민혁명군을 짓밟았고 다음 해에 조선의 국모를 처참하게 살해했다.

동학농민혁명군의 공주 우금치의 처절한 전투 못지않게 이 상황을 맞기까지 조선의 운명을 돌아보고 그렇게 되었던 역사의 배경을 되새겨보는 것이 더 중요하다. 이 고개 위에서 혁명군을 가로막고 선 일제 침략군과 조선정부에서 내려보낸 관군의 모습에서 조선 위정자들이 어떤 위치에 서 있었는지 쉽게 상상할 수 있다. 면암 최익현의 모덕사를 찾기 위해 이 우금치에서 1894년 당시의 상황을 살펴보고 이 역사의 흐름 속에서 최익현은 어떤 역할을 담당하였는지 잠시 살펴보았다.

모덕사 일월고충 춘추대의 삶

우금치를 넘어선 연수단은 공산성을 우측으로 두고 금강교를 넘어서 36번 도로를 타고 청양 정산면 송암리 모덕사로 향했다. 내가 처음 모덕사를 찾은 것은 올 2월 12일이었다. 전날 충북 괴산 화양구곡에서 청주 낭성면 신채호 사당을 거쳐 저녁 7시가 넘어서 공주 금강변에 도착하여 하룻밤을 자고 이른 아침 이곳 모덕사를 찾았다. 청양에서 넘어온 오덕환 해설사의 도움을 받아 모덕사 안으로 들어가 촛불을 피우고 향 3개를 꽂아 재배하였다. 모덕사 뒷산에 연중 푸른 잣나무가 무성하다. 마침 까치가 아침 인사를 한다. 모덕사 안에는 면암 최 선생 위패가 모셔져 있다. 그 좌우에 목판에 새긴 춘추대의(春秋大義) 일월고충(日月孤忠)이 면암을 대신하여 당당하게 걸려있다. 병자년 지부지소로 흑산도로 유배갔던 면암은 1879년 해배되어 장성의 담대헌을 찾아 노사 기정

모덕사 마당에서 지리를 안내하고 있는 모습 2015-11-07

진을 예방하고 고향으로 돌아왔다. 면암의 올곧은 선비정신이 자칫 죽음으로 이어질까 염려하던 같은 화서학파 중암 김평묵은 해배되어 돌아온 면암에게 칠언 율시(七言律詩) 3수를 보냈는데 그 중에 마지막 부분을 만나본다.

亭亭一柱峙洪河	꿋꿋한 지주가 큰 강에 우뚝했는데
河決魚爛可奈何	하수가 터져 어육이 되면 어찌하랴
喜見天心生螺蝎	하늘이 하찮은 우리 살려 준 것 기쁜데
愁聽人語動龍蛇	사람들이 떠들어 변란낼까 시름이 되네
程遷虬戶終緘默	정자는 용문으로 옮겼어도 끝내 입 다물었고
朱遯夷山只寢歌	주자는 무이산에 은둔하여 홀로 읊조렸네
剛怕生前多少事	생전의 허다한 일이
或緣意氣竟蹉蛇	의기로 인연하여 실패할까 두렵네[7]

김평묵이 면암에게 시를 보낸 것은 이로부터 굳게 은거하고 다시 시사를 말하지 않기를 바란 것이었다. 자신보다 14년 선배인 중암의 간곡한 요구를 들어서인지 이후로 면암은 1906년 태인에서 의병을 거의 하기 전까지 다시 유배를 당하지 않았다. 다만 1881년 김홍집이 가지고 들어온 황준헌의 『사의조선책략(私擬朝鮮策略)』으로 야기된 영남만인소 사건이 일어났을 때 화서학파 홍재학이 윤7월에 서소문(西小門) 밖에서 능지처참(陵遲處斬)을 당하고, 김평묵은 대사간 이원일(李源逸)의 탄핵을 받아 지도(智島)로 유배를 당하는 일이 발생했다. 이때 면암은 놀라움을 견딜 수 없어 곧 큰아들 최영조(崔永祚) 및 종질 최영직(崔永稷)에게 명하

---

7   한국고전번역원, 『면암선생 문집』 부록 제2권 연보.

청양군 정산면 모덕사 전경 2015-02-12

여 홍재학의 영연(靈筵)에 가서 곡하게 하고 또 김평묵을 남문(南門) 밖
에 나가서 전송하게 하였다. 그렇지만 자신은 특별히 나서지는 않았다.
1882년 임오군란이 일어났을 때도 그 소식을 들었으나 병으로 분문(奔
問)하지 못하였고, 1884년 10월 갑신정변(甲申政變)이 일어났음을 듣고
도보로 입성(入城)하여 궐문 밖에 가서 분문(奔問)하였는데 얼마 뒤에 난
리가 평정되자 돌아왔다. 동학농민혁명이 발발한 1894년 그해 6월에
일본이 경복궁을 침략하자 그 소식을 듣고 동대문 밖에서 통곡하고 돌
아왔다. 이해 7월 자헌대부(資憲大夫) 공조 판서에 제수되었지만 나가지
않았다. 우리가 넘어왔던 우금치에서 1894년 11월 일본군과의 전투를
벌인 혁명군은 후퇴하기 시작했고 일본군은 동학혁명군의 긴존세력을
잔인하게 학살하였다. 그리고 1895년 을미년(고종 32) 면암이 63세가 되

모덕사 2015-02-12

모덕사 사당 안의 춘추대의 일월고와 면암의 위패 2015-02-12

던 해 6월에 상소하여 역적을 토죄하고 의복 제도의 복구를 청하기도
하였다. 8월에 왕비가 살해되고 11월에는 단발령이 선포되자 고을선비
들과 의병을 일으키려다가 그만두고 집으로 돌아왔는데, 성묘(聖廟)에

서 통곡하고 단발령을 따르지 않았다고 하여 유길준이 순검(巡檢) 10여 명을 보내 체포하여 서울 전동(典洞)의 사관(私館)에 가두었다. 12월 28 일 이범진(李範晉)이 그사이에 일을 주선하여, 주상 및 동궁(東宮)을 모시고 아관(俄館)으로 파천(播遷)하여 경무관(警務官) 안환(安桓)에게 밀지(密旨)를 내려 여러 적들을 베고 또 윤음(綸音)을 내려 특별히 단발령을 정지하였다. 이때 각 군의 인사가 모두 의병을 일으켜 적을 토벌하였는데, 유인석(柳麟錫)은 제천에서, 이소응(李昭應)은 춘천에서, 홍건(洪楗)·이설(李偰)·김복한(金福漢)은 홍주에서 일어났다. 1896년 1월 초순 풀려난 면암에게 고종은 선유사로 임명하여 의병을 해산시키는 역할을 주자 거부하였다. 1898년 9월에 의정부 찬정(議政府贊政)에 임명되니, 상소하여 사직하고 겸하여 상소를 올렸다. 고종은 이때부터 면암을 조정에 줄기차게 불렀으나 면암은 그때마다 상소를 올리고 나아가지 않았다. 10월 재차 상소하고 시무12조를 건의하였다.

이후 1900년 4월에 이곳 청양 정산으로 이사하여 가족을 옮긴 뒤 면암은 포천에서 강원도를 거쳐 죽령을 넘고 영주, 안동 도산서원을 찾은 뒤 경주를 두루 돌아보고 8월에 정산으로 돌아왔다. 그리고 10월에 많은 선비를 거느리고 자신의 집인 구동정사(龜洞精舍)에서 강하였다. 1901년 4월에는 군산 임피의 낙영당에서 연재 송병선이 강회를 열어 면암을 보기를 청하자 임피로 향하는 길에 남포(藍浦)에서 승지 김복한(金福漢)을 만나고 옥구의 자천대를 들렀다가 낙영당에서 연재를 만났다. 1902년 3월 면암의 나이 70세에 고종은 그를 불러들이기 위해 다시 궁내부 특진관(宮內府特進官)으로 제배(除拜)하였으나, 상소하여 사직하였다. 그러고는 남행하여 두류산 즉 지리산 여행을 떠난다. 동쪽으로 옥천에서 연재 송병선을 만난 뒤 백두대간을 넘어 안의(安義) 수승대(搜勝臺)와 광풍루(光風樓)에 오르고 함양을 지나면서 남계서원(藍溪書院)

에 배례하였다. 지리산 천왕봉을 오른 뒤에 하산하여 산청의 산천재(山天齋)를 지나면서 남명 조식(曺植)의 묘소에 배알하였다. 합천 가야산을 찾은 뒤 하동의 쌍계사와 구례 석주관성 및 화엄사 그리고 당시 남원의 천은사를 유람한 뒤 8월 초순 정산의 구동정사로 돌아왔다. 면암의 일생에서 어찌 보면 이때가 가장 행복했을 것이다. 면암의 흔적을 찾아 곳곳을 누비며 그의 삶을 돌아본 나에게도 이 시기의 면암의 행적에서는 편안함을 느낄 수 있었다. 그의 생애에서 서울을 멀리 두고 잠시나마 자연 속으로 돌아가서 전국을 유람하며 지친 심신을 쉬게 해주었던 1902년은 참으로 평화로웠다.

다시 살아 돌아오지 못한 구동정사(龜洞精舍)

1833년 12월 5일 포천현(抱川縣) 내북면(內北面) 가채리(嘉菜里)에서 태어난 면암은 4세 때 아버지 지헌공(芝軒公 이름은 대(岱))을 따라 단양으로 이사하였고 9세 때 김기현(金琦鉉)에게 배웠다. 14세 때 화서 이항로를 찾아가 학문을 연마하기 시작하였는데 이때 화서는 그가 범상한 인물이 아님을 알고 성심으로 교도(教導)하여 돌보고 사랑함이 특별하여서 '낙경 민직(洛敬閩直)' 네 글자를 대자(大字)로 써주어 권면하였다. 벽계에서 수학하던 최익현이 15세가 되던 1846년에 화서는 '면암(勉菴)' 두 자를 대자로 써서 주었다. 면암이 22세가 되던 1854년 아버지의 고향 포천 가채리로 돌아왔다. 그리고 23세에 관직에 나간 뒤 30세에는 신창 현감으로 고을 수령의 역할을 하기도 하였다. 면암의 나이 68세인 1900년에 이곳 청양 정산에 정착하였다. 정산의 구동정사에서 후학을 양성하던 면암에게 1904년이 다가왔다. 이해 선생의 나이는 72세의 고

청양 정산의 면암의 고택 구동정사 2015-11-07

화서 이항로가 1847년에 써준 면암(15세). 모덕사 유물전시관에 보관되어 있다. 2015-02-12

령이었다. 1904년 2월 8일 일본함대가 뤼순군항을 기습공격함으로써 시작된 러 · 일전쟁과 1905년 을사늑약으로 대한제국의 운명이 마지막을 향해 곤두박질칠 때의 상황이었다. 1904년 6월 고종은 면암에게 밀유(密諭)를 내려서 속히 조정으로 돌아오기를 간곡하게 요청하였다. 이때의 밀지가 모덕사의 유물전시관에 전시되어 있다.

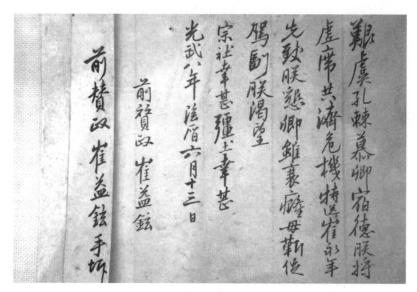

고종이 면암 최익현에게 보낸 밀지. 艱虞孔棘 慕卿宿德에서 모덕사를 지었다. 모덕사 유물전시관,
2015-02-12

　　매우 심하게 어려운 근심이 있으니 경의 노숙한 덕을 사모한
다. 짐(朕)이 자리를 비워 두고 경을 맞이해서 함께 위기를 구제
하고 싶어 특별히 최영년(崔永年)을 보내 짐의 간절한 뜻을 알리
니, 경이 비록 노쇠하지만 빨리 와서 짐의 애타게 바라는 마음에
부응(副應)하면 종사(宗社)와 강토(疆土)에 매우 다행이겠다.[8]

　　이에 면암은 "임금 사랑하기를 아비같이 사랑하고, 나라 걱정하기
를 집 일 걱정하듯 하라〔愛君如父 愛國如家〕."고 했던 스승 화서의 가르침
을 인용하면서 고종의 부름에 나아가야 하나 병든 몸이어서 길을 떠나
기가 어렵다고 하였다. 그러면서 지금의 상황을 비관적으로 바라보며

8　　한국고전번역원, 『면암선생 문집』 부록 제3권 연보, 1904.

마지막 희망을 피력하였는데 다음과 같다.

> 오늘날 정사는 지금의 풍속을 변하지 않으면 비록 공자·맹자
> 가 앞에 있고, 관자(管子)·제갈량(諸葛亮)이 뒤에 있더라도 결코
> 손쓸 곳이 없습니다. 폐하께서는 한두 사람의 능숙한 인물을 친
> 근과 소원을 가리지 말고 선발하여 호령을 크게 발해서 우레같
> 이 엄하고 바람같이 빠른 형세를 가지시면 어찌 천의(天意)와 인
> 심을 변동시킬 도리가 없겠습니까?[9]

1904년 6월 고종의 밀지로 시작하여 면암의 상소로 이어진 두 사
람의 교류는 상상을 초월한 것이었다. 이미 2월에 한일의정서가 맺어
지고 일본은 러시아와 전쟁을 벌이며 조선과 만주를 집어삼키고자 하
였다. 그리고 8월 22일에 제1차 한일협약을 맺어 고문정치를 통해 실질
적으로 조선은 일본의 속국으로 전락했다. 재정고문에 메가다, 외교고
문에 스티븐스(Stevens), 군사고문에 노즈, 경무고문에 마루야마, 학정참
여관에 시데하라 등이 취임하기에 이르렀다. 이러한 상황 속에서 고종
과 면암의 만남은 어떤 해결책을 내어줄 수 있었을까. 고종은 지푸라기
라도 잡는 심정으로 면암을 만나고자 했을 것이다. 7월 12일 고종은 면
암에게 의정부 찬정을 제수하며 올라오라고 하였으나 면암은 사직상소
를 올리며 거부했다. 계속된 고종의 요구에 면암은 8월 13일 서강에 이
르러 두 번째 사직 상소를 올렸다. 이러기를 반복해서 하는 동안 면암
이 건강이 악화되어 포천 옛집으로 이동하였고, 8월 23일 네 번째 상소
와 고종의 비답이 이어졌다. 11월 26일 다시 고종의 밀지가 도착하였고

---

9   한국고전번역원, 『면암선생 문집』 부록 제3권 연보, 1904.

드디어 12월 2일 면암은 고종의 면전에 나아갔다. 5조목의 수차를 올린 면암은 고종과 얼굴을 마주 보며 흉금을 터놓고 시국상황에 대한 해결책을 주고 받았다. 그리고 궐문 밖에서 그가 제시한 해결책에 대한 고종의 답을 기다렸다. 이때 면암은 고종에게 나라 안의 경찰권을 저들이 담당하는데 이르렀으니 위로는 조정이 없어졌고 아래는 인민이 없어졌다고 한탄했다.

12월 24일 면암은 궐밖에서 두 번째 상소를 올려 일본 화폐를 차관하여 외국에 의지하는 잘못을 지적하며 시정하기를 요구하였다. 고종은 비답을 내려 집에 돌아가서 조리하라고 하였다. 면암은 물러나지 않았다. 12월 28일 세 번째 상소를 올렸고 해를 넘기며 1월 14일 고종이 면암을 경기도관찰사에 임명하자 이를 신랄하게 비판하며 1월 26일 다시 상소를 올려 고종의 결단을 요구하였다. 이때 상소에 나라의 적신 5~6명을 죽이라고 한 내용이 들어있음을 이유로 삼아 2월 6일 왜적 장곡천호도(長谷川好道)에 의해 체포되어 명동에 있었던 일본헌병대에 갇히게 된다. 면암은 일본헌병대장 고산일명(高山逸明)을 호되게 꾸짖었다. 그리고 남문안 사령부에 구금되었는데 옛 선혜청 자리였다. 이틀 뒤 풀려나와 포천 옛집으로 압송되자 2월 15일 다시 서울에 들어와 서강에서 소장을 지었으나 일본인 소산삼기(小山三己)에 체포되어 명동 헌병대에 구금되었고 이틀 뒤인 2월 20일 윤차에 강제로 태워진 채 정산의 집으로 돌아와야 했다. 73세의 고령의 면암은 망해가는 나라를 바라보며 그의 육신을 태우고 또 태웠다. 대한의 선비 면암 최익현은 비록 몸은 노쇠했으나 정신은 소나무와 같았다. 정산에 압송된 면암은 이때 정산 고을 수령으로 온 채용신에게 부탁을 하여 화상을 그리게 했다. 모덕사 영당에 걸려있는 면암의 화상이 바로 그것이다. 을사년 10월 21일(양력 11월 17일) 을사늑약이 맺어지자 5적 토포((討捕))의 상소를 올렸고 11월 14일 두 번째 상소를 올리고 상경하려 했으나 왜병이 막아 뜻을 이루지 못했다. 이때 포고팔도사민의 글을 썼으며 12월 30일 자결한 연재 송병선의 소식이 전해지자 1906년 2월 21일 가묘에 하직하고 가솔들과 작별한 뒤 호남을 향해 의병항쟁의 길로 나섰다. 그 길이 바로 1906년 6월 4일 74세에 태인 무성서원에서의 창의이다. 의병에 나서면서 면암은 창의토적소(倡義討賊疏)와 신의를 배반한 일본에 대하여 16개 항의 성토문인 기일본정부서(奇日本政府書)[10]를 발표하였다. 특히 기일본정부서 글에서 일제의 야만적이고 금수만도 못한 비윤리적인 행태를 16가지 죄목을 들어 통렬하게 힐책하였다. 태인의병에 관한 자세한 내용은 하권에서도 다루어지니 여기서는 생략한다.

성충대의 면암의 영정 앞에서

2015년 11월 7일 28명의 교원연수단은 성충대의(聖忠大義) 영당에 모셔져 있는 면암의 영정 앞에 섰다. 우리는 그동안 면암 최익현을 좇아 진안 도통리 목동마을의 삼우당, 마이산 이산묘의 영광사, 정읍 산내 종성리 임병찬 의병창의유적지, 태인 무성서원, 순창객사, 장성 진원 고산서원, 양평 청화정사, 제주시 중앙로 유배지 등에서 그의 삶을 단편적으로 만나왔다. 순창 객사에서 체포된 면암은 서울로 압송된 뒤 일제의 심문을 받고 대마도로 유배되어 1906년 11월 17(음) 그곳에서 순국하였다.

부산 초량에서 출발하여 대마도 이즈하라 항구에 도착하여 대마 경비보병대대에 갖히었을 때 일본 경비 대장이 병정 4, 5명을 거느리고

---

10   한국고전번역원, 『면암선생 문집』 부록 제4권 연보, 1906 참조.

1905년 채용신이 그린
면암 최익현 화상
2015-02-12

와서 감금된 사람들을 줄 세우고, "어째서 장관(長官)에게 경례를 하지 않느냐"고 말하면서 갓을 벗게 하였으나 사람들은 모두 따르지 않았다. 이에 일본 경비대장이 "여러분은 일본의 음식을 먹으니, 마땅히 일본의 명령을 따라야 한다. 갓을 벗으라고 하면 벗고, 머리를 깎으라고 하면 깎아서 오직 명령에 따라야 하는데 어찌하여 감히 거역하는가." 하였다. 한 왜가 선생의 갓과 탕건을 벗기려고 하자, 선생이 큰소리로 꾸짖으매 왜가 칼을 쳐들고 찌르려고 하자 선생은 가슴을 헤치고 큰 소리로 "빨리 찌르라"고 호통쳤다. 대장이 갈 때에도 선생에게 일어서도록 명하니 선생은 일부러 앉아서 일어서지 않았다. 왜가 손으로 선생을 위협하니, 여러 사람들이 급히 구해 내었다. 선생은 기식(氣息)이 엄엄(奄奄)하여 임병찬을 돌아보고 말하기를, "내가 저 왜와 30년 동안 서로 버티어온 혐의가 있으니, 저들이 나를 해치는 것은 조금도 괴이하지 않다. 또한 나는 나라가 위태하여도 부지(扶持)하지 못하고 임금이 욕을 당하

364

여도 죽지 못하였으니, 내 죄는 마땅히 죽어야 한다. 그러나 오늘까지 살아 있는 것은, 헛되이 죽는 것이 국가에 무익하니 대의(大義)를 천하에 외치고자 한 것이나, 일이 성공하지 못할 것은 의병을 일으키던 날에 이미 알고 있었으니, 오늘의 흉액(凶厄)은 오히려 늦다고 하겠다. 차라리 목을 자르고 죽을지언정 머리를 깎고는 살지 못한다는 의(義)는 이미 을미년(1895, 고종 32) 겨울에 유길준(兪吉濬)에게 잡혔을 때 정해졌고, 지금 이미 이 지경에 이르러 그들의 음식을 먹고 그들의 명령에 따르지 않는 것도 의(義)가 아니니, 지금부터는 다만 단식(斷食)하고 먹지 않는 것이 좋겠다. 전쟁에서 죽지 않고, 먹지 않고 굶어 죽는 것도 또한 명(命)이니, 내가 죽은 뒤에 그대는 뼈를 거두어서 우리 아이에게 보내라. 그러나 이것도 어찌 기필할 수 있겠는가."[11]

마지막 죽음 앞에서도 의연하고 청사에 빛나는 선비정신을 보여준 면암 최익현은 대마도에서 숨을 거두기 전에 임병찬에게 유소(遺疏)를 불렀다. 그중에서 일부를 소개한다.

> 신의 나이 74세이니, 죽어도 무엇이 애석하겠습니까. 다만 역적을 토벌하지 못하고 원수를 멸망시키지 못하였으며, 국권(國權)을 회복하지 못하고 강토를 도로 찾지 못하였습니다. 4천 년 동안의 화하(華夏)의 정도(正道)가 더럽혀져도 부지(扶持)하지 못하고, 삼천리 강토의 선왕의 적자(赤子)가 어육(魚肉)이 되어도 구원하지 못하였으니, 이것이 신이 죽더라도 눈을 감지 못하는 것입니다. 그러나 신이 생각건대, 왜적은 꼭 망할 징조가 있으니, 멀어도 4, 5년에 지나지 않을 것이나, 다만 우리가 대응하는 방

---

11   한국고전번역원, 『면암선생 문집』 부록 제4권 연보, 1906.

법이 그 도리를 다하지 못할 것이 염려됩니다. 지금 청국과 러시아는 주야로 왜적에게 이를 갈고, 영국과 미국 등 여러 나라도 매우 왜적과 서로 좋지 못하니, 머지않아서 반드시 서로 침공이 있을 것입니다. 또한 그 나라가 함부로 전쟁을 한 나머지 백성은 궁핍하고 재정은 바닥이 나서 민중이 위정자를 원망할 것입니다. 대체로 밖에서 틈을 엿보는 적이 있고 안에는 윗사람을 원망하는 백성이 있으면, 나라가 망하는 것은 멀지 않을 것입니다.[12]

1906년 11월 17일 순국한 면암의 영구가 20일 대마도를 출발하여 부산 초량에 21일 도착하였다. 부두의 남녀 노소 수만 명이 모두 선생을 부르니 곡성이 땅을 뒤흔들었고, 대여를 뒤따르는 사람이 5리에 이르렀다고 하였다. 23일 발인하여 부산을 떠난 면암의 영구는 15일이 걸려서 청양 정산에 도착하였다.

대한제국의 표상이었던 최익현은 74세의 고령임에도 불구하고 죽음 앞에서 빛을 내는 의로운 꽃이었다. 면암의 영정을 바라보았다. 어느 방향에서 바라보아도 우리들을 향하는 그의 눈빛은 똑같다. 교원연수단 모두 숙연하게 머리를 숙인다. 109년의 세월이 흘렀어도 그의 눈빛은 살아서 우리를 응시하고 있다. 면암과 함께 호흡하는 이 시간 각자의 가슴이 살아 꿈틀대며 끓어오른다. 면암 그의 삶은 백세청풍의 향기로 피어나 길이 되어 영원히 흐를 것이다.

면암 순국 후 약 3년 뒤 대한제국은 역사에서 사라졌다. 519년 조선왕조의 종말이었다. 그 종말과 함께 조선왕조를 대신해서 또 한 선비가 미풍에 흔들리는 촛불 앞에서 눈물을 흘리며 절명시를 썼다. 그리

---

12   한국고전번역원, 『면암선생 문집』 부록 제4권 연보, 1906.

고 그는 꺼진 초에서 꿈틀대며 올라가는 연기와 함께 순절의 꽃이 되었다. 매천 황현이다. 매천은 1905년 을사늑약 때 오애시를 쓰면서 판서 최익현을 포함시키고는 살아있는 면암에게 순절의 고명한 절의를 요구했다. 면암에게 죽음을 당당하게 요구한 매천 그 역시 앞날을 예고하고 있었다.

......

宋有江古心	송나라에는 강고심이 있었고
楚有屈正則	초나라에는 굴정칙이 있었으니
不待國亡日	나라가 망하도록 기다리지 않아
千載凜顏色	천년토록 그 안색이 늠름하였네
人物何眇少	인물이 어쩌면 이리도 적은지
正氣日蕭索	정대한 기상이 날마다 사그라드네
願公早自愛	원컨대, 공께서는 어서 자애하시어
少解小子惑	소자의 의혹을 조금이나마 풀어 주소서[13]

매천의 바람처럼 면암은 대마도에서 순국했고 대한제국의 강토를 울음바다로 만들며 춘추대의 일월고충이 되어 그의 나라 그의 땅 조선으로 돌아왔다. 매천은 면암을 순정한 마음으로 추모했다. 면암은 1년 전 매천이 원했던 의혹을 기대를 저버리지 않고 풀어주었다. 그리고 매천은 시로써 면암의 순국을 존경했고 위로했다. 그리고 매천 황현도 스스로 목숨을 끊어 일제에 저항했다.

---

13   고전번역서 매천집 제4권 시(詩) ○ 을사고(乙巳稿) 오애시(伍哀詩) 중에서.

성충대의 면암의 영당에서 참배를 하고 있는 전북교과통합체험학습연구회 교원연수단 2015-11-07

예산군 광시면 면암 최익현의 묘소 2022-04-21

......

魚龍嗚咽鬼神愁	어룡도 오열하고 귀신도 시름터라
獵獵紅旌海上浮	붉은 명정 펄럭이며 바다 위에 떠왔네
巷哭相連三百郡	거리마다 곡하는 소리 삼백 고을에 이어지고
國華滿載一孤舟	외로운 배 한 척에 국화가 가득 실렸네
握拳豈待還丹力	단력을 되돌리려 주먹 불끈 쥐었으랴
藏血翻驚化碧秋	장혈이 놀랍게도 벽옥이 되는 때라네
酒盡西臺寒日暮	술 다한 서대에는 찬 해가 저무는데
謝參軍亦雪盈頭	사 참군도 백발이 머리에 가득하네[14]

대마도 순국지에서 면암을 다시 만날 것을 기약하며 모덕사를 떠
난다. 우금치에도 어김없이 비는 내리고 있을 것이다.

---

14 고전번역서 매천집 제4권 시(詩) ○병오고(丙吾稿) 면암 선생을 곡하다〔哭勉菴先生〕 중
에서.

의병의 꽃 홍주의병의 넋을 기리며

- 청양, 홍성, 예산

홍주의병의 사상적 뿌리

'학파 따라가는 항일의병전쟁' 기행을 기획하고 진행해오면서 충청도
에는 홍주의병이 자리하고 있음을 알게 되었다. 의병은 신념을 가슴에
담아야 가능하다. 승패를 떠나 목숨을 내놓지 않으면 그것은 의병이 될
수 없다. 의병의 사전적 의미는 '외적의 침입을 물리치기 위해 백성들
이 자발적으로 조직한 군대 또는 그 군대의 병사'를 말한다. 자발적으
로 참여하기 위해서는 신념이 요구되는데 그 신념은 사상적 무장 없이
는 불가능하다. 우리의 근대사는 동학사상을 바탕으로 타오른 동학농
민혁명에서 시작해 약 16년 동안의 항일의병전쟁을 거쳐 일제강점기
독립투쟁으로 전개된 역사라 할 수 있다. 의병전쟁을 이끌었던 지도자
들은 그 계층이 다양했다. 그중에서 유생이 중심이 된 의병진에는 어김
없이 사상적으로 이끌어간 선비가 자리했다. 면암 최익현과 의암 유인
석의 뒤에는 화서 이항로가 있었고, 송사 기우만과 성재 기삼연 뒤에는
노사 기정진이 있었다. 지금 나의 발길을 향하고 있는 홍성에는 남당(南
塘) 한원진(韓元震)이 자리하고 있으며 그의 사상을 이어간 김복한과 이

설 등이 홍주의병을 이끌었다. 홍주의병은 을미의병에 이어 을사의병
으로 이어졌는데 두 의병진을 같은 선비들이 주도한 특징을 가진다.

내가 홍주의병에 애착을 가지고 관심을 가지는 것은 항일의병사에
서 홍주성 전투만큼 치열하게 저항한 사례가 흔하지 않기 때문이다. 구
한말 항일의병전투에서 비교적 많은 의병들이 순국한 전투를 살펴보
면, 남한산성, 홍주성, 구례 연곡사, 무주 안성 칠연계곡, 임실 운현 전
투 등을 들 수 있다. 동학농민혁명이후 항일의병항쟁에서 우리 의병진
이 지방의 성을 점령하고 일시적지지만 일본군을 격퇴시킨 경우는 흔
치 않았다. 특히 홍주성 전투의 경우 서울에 주둔하고 있던 일본군의
정예부대가 남하하여 우리의 의병을 공격할 정도였으니 의병진의 규
모와 그 전투력이 어땠는지 짐작할 수 있다. 홍주의병의 중심에 있었던
선비들은 안창식, 안병찬, 이설, 김복한, 민종식 등이다. 김상기는 "홍주
의병의 사상적 특성을 주자학의 의리관과 척사론에 입각한 화이론"으
로 보았는데, 특히 한원진의 사상이 의병 주도자들에게 영향을 끼쳐 의
병투쟁의 사상적 연원이 되었다고 보았다. 그리고 홍주의병을 주도한
김복한이나 이설 등의 유생집단을 남당학파라고 분류하였다.[15]

남당 한원진은 홍주의병의 중심인물들에게 어떠한 사상적 영향을
끼쳤을까. 우리는 한원진 하면 인물성동이론을 두고 이간과 학문적 논
쟁을 벌인 인물로 기억하고 있다. "16세기의 사단칠정론은 대체로 퇴계
와 율곡 학파의 대비로 분별된 것과 달리 18세기 인성물성동이론(人性
物性同異論)은 논변의 출발이 주로 기호지방의 율곡학파 내부에서 비롯
된 것으로 보고 있다."[16] 남당 한원진은 호론의 주창자인데 인물성이론

---

15   김상기, 『한말전기의병』(서울: 경인문화사, 2009), 65쪽.
16   윤사순, 『한국유학사 상』(서울: 지식산업사, 2013), 499쪽.

홍성의 지리적 위치 출처: 국토정보맵

을 중심으로 한다. 홍주의병에 중심에 섰던 김복한(金福漢)은 1860년에 홍성에서 태어났다. 병자호란 당시 강화도와 남한산성에 들어갔던 김상용과 김상헌 형제들의 12대손으로 가문에 내려온 절의정신과 척화정신이 그의 의병정신으로 이어졌을 것으로 보고 있다. 김상기는 "김복한의 의병봉기의 주요 이념인 존화양이론의 기반을 한원진의 성리론에서 찾아야 할 것"이라고 했고, 그를 가르친 이돈필이나 이설과 같은 유학자들의 가르침을 전수받은 것으로 보고 있다. 실제로 이돈필의 증조부 이건운이 한원진의 문인이었음을 그 증거로 삼았다. 한편 1850년에 태어난 이설(李㮦)은 김복한의 외삼촌 아들이다. 이설 역시 한원진의 학통을 계승한 것으로 보고 있는데 그의 선대 이도중이 한원진의 문인이었음을 그 배경으로 보고 있다. 따라서 한원진의 화이론을 이설이 계승하고 있으며, 이설 자신은 왜양일체론을 통해 왜는 양의 앞잡이고 우리의 원수임을 통해 왜와 수호하는 것은 매국행위라는 철저한 척사론을

372

계승하고 있다고 보았다.[17]

> 한원진은 주리론으로써 만물의 근원을 논하면 인(人)과 물(物)의 성(性)이 고루 갖추어져 성은 이(理)만으로 되어있지 않고 약간의 기(氣)가 배합된 것이며 기의 제약으로 인과 물의 성이 같을 수 없다고 주장하였다. 더 나아가 그는 인간의 지혜로움과 어리석음, 어짊과 못남의 구별이 있는 것도 기의 청탁(淸濁)·미악(美惡)의 구분이 있는 때문이라 하였다. 이와 같은 인물성이론은 한원진의 사상을 유교와 불교, 사람과 짐승, 중화와 오랑캐의 구별을 엄격하게 하는 이단론으로 발전케 하였다.[18]

한원진의 이러한 인물성이론을 바탕으로 하는 존화양이론은 김복한과 이설 등이 이끌어간 홍주의병 봉기의 주요 이념으로 작동한 것으로 보고 있다. 서양이나 일본은 모두 오랑캐이기 때문에 그들의 침략에 대항하여 목숨을 내놓고 의를 들어 창의의 깃발을 드높이는 것은 배운 대로 또 신념에 따라 행해야 할 선비의 길이었다.

홍주의 의義는 동학농민혁명으로부터

광복 70주년이던 2015년 2월 12일, 청양의 정산면에서 출발하여 약 1시간이 지난 12시 10분경에 나는 처음으로 홍성 땅을 밟았다. 홍주성

---

17   김상기, 앞의 책, 61-65쪽.

18   위의 책, 60쪽.

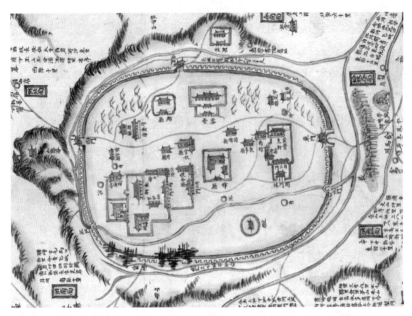

1872년 홍주성 지도, 성문은 동문(우), 북문(위), 서문(좌) 세 개가 있고 남문은 보이지 않는다. 동문 앞 숲에는 몽학정란비(夢鶴靖亂碑)와 승전비가 보인다. 출처: 규장각 원문검색서비스

전투의 역사현장 답사와 홍주의사총 참배를 위해서였다. 복원된 홍주성 안에 자리한 홍주성 역사관을 돌아보던 중 전시물을 통해 이곳 홍성이 동학농민혁명의 중요한 역사 현장이었음을 알게 되었다. 금강과 만경강 남쪽의 호남평야에서 혁명의 불길이 타올라 전주화약을 맺고 혁명군이 각 고을로 돌아가 중앙의 정세를 관망하던 시기, 1894년 7월에 동학혁명군은 홍주에 들어와 재봉기하였으며 이로 말미암아 읍내와 인근 지역이 동학 주문 외는 소리로 넘쳐났다고 한다.

> 홍주성의 관군과 대치하고 있던 동학군은 향교에 들어가 장부를 불사르고 7명의 선비를 죽이고는 홍주성문 밖 향교촌 뒤편에 진을 치며 성을 포위하였다. 하지만 해미군에서 동학군을 토

홍주성의 동문에서 남문에 이르는 성벽 2015-02-12

벌하던 일본군이 관군과 합류하면서 동학군은 치열한 전투 끝에 패퇴하게 되었다. 이 전투에 참여한 동학농민군은 약 3만에서 5만 명이었고 그중 전사자는 200여 명이었으며 동학군의 시체는 동문 밖과 숲속에 쌓일 정도로 참혹하였다. 그리고 생포된 동학군 수백 명은 홍주성의 북문인 망화문에서 처형되었다. 이 홍주성에서의 패배로 홍성과 내포지역의 동학혁명은 큰 타격을 입었다. 하지만 외세에 대한 저항정신은 후대에 전달되어 홍주의병에 영향을 주게 된다.[19]

동학농민혁명으로부터 을미의병과 을사의병의 한복판에 있었던 홍성은 서울과의 거리가 345리 위치에 있다. 주변의 주요 도시로는 동

---

19   홍주성 역사관, 전시물 내용 중에서, 2015. 2. 12.

북으로 예산군, 북으로 당진시, 북서쪽에 서산시, 서쪽으로 서해, 남서쪽에 보령, 남동쪽에 청양군이 자리하고 청양 동쪽으로 공주시와 오늘의 세종특별자치시가 위치한다. 홍주에 대한『신증동국여지승람』의 기록을 만나본다.

> 본래 고려의 운주(運州)로 성종(成宗) 14년에 도단련사(都團練使)를 두었고, 현종(顯宗) 3년에 지주사(知州事)로 고쳤다가 뒤에 다시 지금의 이름으로 고쳤으며, 공민왕(恭愍王) 7년에 왕사(王師) 보우(普愚)의 고향이라 하여 목(牧)으로 승격시켰다가 17년에 지주사로 강등되고, 20년에 다시 목으로 하였는데, 본조에서도 그대로 인습하였고, 세조(世祖) 때에 진(鎭)을 두었다.[20]

1872년 홍주지방지도에 의하면 지금의 충남 홍성군 홍성읍, 홍북면, 홍동면, 금마면, 장곡면, 화성면, 갈산면, 보령시 천북면, 안면도 일부 지역이 홍주에 해당되었으며, 서해안의 대읍으로서 당시 27개의 면을 관할하였다고 하였다. 홍주성은 고려시대 백월산 중턱에 위치했던 해풍현이 현재 위치로 옮겼다는 기록으로 보아 이때 성을 축조한 것으로 추측되며 규모는 1,300척의 토성으로 400개의 성첩으로 이루어졌다고 한다.

홍주성 안내문에는 홍주성[21]이 고종 7년(1870) 홍주목사 한응필이 석성을 개축하였고 동서에 수문을 두어 서문천의 물을 끌어 동편 수문

---

20 민족문화추진회,『신증동국여지승람 7권』(서울: 민족문화문고간행회, 1989), 100쪽.

21 한편『신증동국여지승람』홍주목의 내용 중『대동지지(大東地志)』를 빌어 "읍성(邑城)이 옛 주류성(周留城)인데 둘레가 5천 8백 50척이고 샘이 셋, 문이 네 개, 곡성(曲城)이 여덟 개다."라고 추가 기술하고 있다.

을 거쳐 남문천과 금마천으로 흐르게
하고 동·서·북에 문을 세우고 남문
은 문루가 없는 홍예문으로 하였다고
하였다. 그리고 이 해에 흥선대원군이
휘호한 문액을 받았는데 동문은 조양
문(朝陽門), 서문은 경의문(景義文), 북
문은 망화문(望華文)이라고 하였다. 일
제강점기인 1913년에 서문이, 1915년
에 북문이 철폐되었고 다행히 동문인
조양문은 홍성읍민들이 끝까지 지켜
내어 오늘에 이르고 있다.

홍주동학농민혁명군이 일본군과 첫 전투를
벌인 빙고치에 세워진 홍주동학기념비
2022-04-22

　　홍주성을 공격하고자 했던 동학
농민혁명군은 홍주성에 도착하기
전에 면천군, 덕산군을 지나 예산
군 금평면 신례원 후평에서 유숙하
고 있었는데, 10월 26일 아침 홍주의병(유회장 김덕경) 1천여 명이
동학군을 선제공격하였다. 예산, 대흥, 홍주 세 고을에서 민정을
동원한 유회군(儒會軍)은 동학군의 포위공격에 패배하였고 뒤따
르던 일본군도 철수하였다. (중략) 10월 28일 2만의 동학군은 홍
주성 외각에 당도하였고 이때 일본군 일부는 성 밖으로 나와 방
어선을 쳤다. 첫 전투는 빙고치(氷庫峙)[22] 언덕 밭에서 벌어졌는데
동학군의 맹렬한 공격에 밀린 일본군은 성안으로 철수하였다.

22　　홍성군 홍성읍 월계천길 171-8.

동학군이 북문으로 접근하자 일본군은 8백 미터 밖에서 사격을 가했다. 동학군은 동문 앞 6백 미터 밖에 있는 숲을 의지하여 접근하였고 어두워지자 민가에 불을 질렀다. 연기가 나는 틈을 타서 남문 밖 1백 미터까지 접근하였고 여기서 피아간에 맹렬한 사격전이 벌어졌다. 동학군이 북쪽에 있는 향교에 들어갔는데 유생들이 막고 나서자 동학군은 이들 유생 7명을 처단하였다. 동학군은 어둠 속에서 총공격을 가하였다. 한 무리는 동문을 공격하고 한 무리는 성을 넘기도 하였다. 조양문 앞 4십 미터까지 접근하여 대포로 공격했다. 이때 일본군의 역공으로 엄청난 희생자를 내고 물러나야 했다.[23]

동학농민혁명군이 유생 7명을 처단했던 홍주향교, 홍살문 뒤 우측에 칠의비가 세워져 있다. 2022-04-22

---

23 표영삼(신영우 감수), 『표영삼의 동학 이야기』(서울: 모시는사람들, 2018), 417-420쪽.

홍주성 전투가 벌어졌던 당시에 홍주에는 일본군 1개 소대가 수비하고 있었다. 이들은 동학농민군을 토벌하겠다고 여미(餘美)와 해미(海美) 방면으로 나갔다가 동학농민군에게 포위당하여 쫓겨서 홍주성 안으로 도망해 들어와 30명의 관군 및 약 1,000명의 민보군과 함께 홍주성을 수비하고 있었다. "홍주성을 공격하였던 동학농민군은 박덕칠(朴德七) 등이 지휘하는 홍주·예산·덕산 지방 사람들이었다."[24] 홍주목사 한응필이 1870년에 수축하였던 홍주성은 그 뒤로 24년이 흐른 뒤 이 땅을 침략해온 일본군과 전투를 벌인 역사의 현장이 되었다. 침략군인 일본군이 성안에 있고 외적을 몰아내려 한 동학농민혁명군은 성 밖에 있었다. 10월 29일 아침 동학군은 빙고치 언덕에 있는 병력을 남겨두고 1,500미터 떨어진 매봉으로 물러났다. 홍주성을 공격하려다가 희생된 동학군이 얼마나 되는지는 확실하게 알 수 없다.

『양호우선봉일기』에는 동문 밖 "백여 보 사이의 길가에 적의 시체가 산처럼 쌓였고 숲처럼 깔려 있었다"고 했다. 『주한 일본 공사관기록』에는 2백여 명이라 했으나 적어도 3백 명은 넘었을 것이다.[25]

동학농민혁명군이 홍주성을 공격하였던 10월 28일은 전봉준 장군과 손병희 장군의 남북접 연합혁명군이 제1차로 공주를 공격했던 10월 22일에서 10월 25일부터 3일 지난 뒤로 이때 혁명군은 경천점으로 철수하여 제2차 공주전투를 위한 준비를 하고 있을 때였다. 반면 김개남

---

24   신용하, 「갑오농민전쟁의 제2차 농민전쟁」, 『한국문화』 14, 1993, 418쪽.

25   표영삼, 앞의 책, 420쪽.

장군의 휘하 부대는 전주를 떠나 금산 지역으로 북상하고 있었다. 경복궁을 침략한 일본군을 몰아내기 위하여 2차 봉기에 나섰던 혁명군은 일본군의 선진 무기 앞에 속수무책으로 쓰러져 갔다. 홍주성을 공격하였던 동학농민혁명군은 공주 남쪽 이인에서처럼 유생들이 중심이 되어 구성된 유회군의 공격을 받았다. 당대 지식인들의 한계와 반역사적인 행동은 곳곳에서 벌어지고 있었다. 그들을 자신들의 표현처럼 의병이라 할 수 있는가?

> 동학군이 패했다는 소식이 전해지자 양반 세력들은 유회소 등을 세우고 동학군을 잡아들이는데 혈안이 되었고 이들에게 잡혀 죽은 이가 얼마인지 헤아릴 수 없다. 저들은 나라의 주권을 지키기 위해 항일전에 나섰던 동학군을 반역으로 몰아 마구 학살하였다.[26]

조양문 밖 백여 보 사이에 산더미처럼 쌓이고 숲처럼 깔려 있었던 혁명군의 안타까운 주검들을 상상해 본다. 조양문은 지금도 그 자리에 세월을 이겨내며 당당하게 동쪽의 해를 맞이하고 있다. 그 주검들의 혼이 서려 있는 조양문 동쪽 거리에서 희생자의 넋을 기리며 묵념을 올리자. 동학농민혁명군에게 통한의 성이 되었던 홍주성은 이제 주축 세력들이 유생으로 바뀌며 일 년 뒤 을미의병과 다시 십 년 뒤 을사의병의 한복판이 되어가고 있었다. 동학농민혁명이 좌절되고 고작 반년의 시간이 흐른 뒤 나라의 국모가 일제에 의해 살해되었다. 일본군을 물아내고자 했던 의로운 동학군을 거꾸로 토벌하고자 유생들과 관군이 하나

---

26   표영삼, 앞의 책, 420쪽.

동학농민혁명군의 피맺힌 한이 서려 있는 홍주성 동문 2015-02-12

되어 도왔던 그 일본이 나라의 국모를 살해한 것이다. 당대 지식인들이
혁명군과 함께 힘을 모아 총칼의 방향을 일본군에게 향했다면 역사는
어떻게 되었을까. 성리학적 한계를 극복하는 것은 그렇게 어려운 것이
었다. 불과 반년의 앞날도 내다보지 못하는 지식인들이었으니 더 말해
서 뭐하겠는가.

을미사변 뒤의 홍주의병

1894년 6월 21일 경복궁을 침략했던 일본군은 자기들의 입맛에 맞는
관리들을 조선정부에 들어 앉히고는 청·일 전쟁을 승리로 이끈 뒤 동
학농민군을 학살하였다. 일제는 1895년 8월 20일 조선의 왕비를 참혹
하게 살해하고 시신은 근처의 숲속으로 옮겨 장작더미에 올려놓고 석

유를 부어 불태웠다. 그리고 3개월 뒤인 11월 15일 김홍집 내각은 단발령을 선포하였다. 이에 전국에서 유생들을 중심으로 한 의병들이 들고 일어났다.

홍주 지역에서 을미의병을 창의한 주도적인 인물이 앞서 살펴보았던 한원진의 사상적 영향을 받은 지산(志山) 김복한이다. 1892년 문과에 급제하여 대사성에서 형조참의까지 올랐던 김복한은 1894년 승지에 제수되었으나 그해 6월에 갑오개혁이 시작되며 일본식의 신제도가 도입되자 관직을 버리고 고향 홍주로 귀향하였다. 고향에서 을미사변과 단발령 소식을 들은 김복한은 자신을 가르쳤던 내종형 전승지 이설과 함께 의병을 창의하고자 하였다. 공훈전자사료관의『독립유공자 공훈록』속의 김복한의 기록을 통해 그 시대 상황 속으로 들어가 본다.

김복한은 이대로 수수방관(袖手傍觀)할 수 없다고 판단하고 그의 내종형이 되는 전 승지 이설(李偰)과 함께 동학농민운동을 수습하는데 공이 컸으므로 관찰사로 임용된 이승우(李勝宇)를 설득하여 창의할 것을 권유하였다. 그러나 승우는 의병 일으키는 일에 대하여 미온적인 태도를 보였다. 국정 개혁을 반대하는 일은 동학농민운동을 수습하는 일과는 다른 일일 뿐더러 자신의 이해관계에 상반된다고 여겼기 때문이다. 한편 같은 홍주 땅에 살고 있던 안병찬(安炳瓚)과 임한주(林翰周), 그리고 임피현령(臨陂縣令) 오영석(吳榮錫)도 거병할 생각을 갖고 이승우에게 의향을 떠보았으나 역시 실패하였다. 이때에 홍주 남쪽에 살고 있던 안병찬의 부친 안창식(安昌植)은 박창로(朴昌魯)·이봉학(李鳳學)·이세영(李世永)·정제기(鄭濟驥)·송병직(宋秉稷)·조병고(趙秉皐)·김정하(金正河) 등과 의논하여 민병 180명을 소집하여 채광묵(蔡光默)으로

을미사변 뒤 1895년 12월 초 홍주의 을미의병이 점령했던 홍주성 안의 관아 2022-04-22

하여금 거느려 아들과 함께 거사할 준비를 마쳤다. 이에 대중들의 뜻을 확인한 김복한은 홍주 입성 날짜를 1895년 12월 1일로 확정하고 성내에 있던 홍건(洪楗)을 통하여 관찰사의 의중을 재차 확인하였다. 홍건은 관찰사 이승우가 자진하여 먼저 군사를 발동할 인물이 아니니 의진의 뜻대로 일을 추진할 것을 촉구하였다. 그러나 홍건 역시 일이 닥치자 마음이 흔들려 믿을 만 하지 못하였다. 이렇게 규합되지 못하고 있을 때 박창로, 청양 현감 정인희(鄭寅羲) 등이 의병 수백 명씩을 보내어 후원하였다. 이에 용기 백배하여 송병직(宋秉稷)·이세영(李世永) 등이 관문으로 들어가 새로이 설치한 경무청을 부수고 참서관 함인학(咸仁鶴)·경무관 강인선(姜仁善)을 포박하고 죽이고자 하였다.

  일이 이쯤 발전되자 이승우가 마루하면서 창의하는 데에 협조할 것을 약조하였다. 스스로 관찰사라는 일본식의 관명을 버리고 홍주목사 겸 창의대장이 되어 각 포구와 열읍에 창의한 것을 알렸다. 12월 3일 각 의병진의 대표들이 김복한을 수석으로 삼고, 홍주 관하의 각 고을과 공주부(公州府)의 각 면으로 통문을 보내어 독자·노약자를 제외하고 집마다 군정 한 명씩을 징집케 하였다. 이 일을 추진하기 위하여 송병직을 서면 소모관으로, 채광묵·이창서를 남면 소모관으로, 그리고 이세영·이봉학·이병승을 공주로 파견하였으며, 박창로·정제기는 임존산성을 수비하도록 내보냈다. 오직 성안에는 김복한·홍건·안병찬·이상린이 남아서 창의소 일을 관장하고 있었다. 거의한 지 며칠이 되지도 않았는데 홍건과 이승우는 내외의 명망가의 호응이 없음을 초조히 여겨서 김복한을 힐문하였다. 한편 청양현감 정인희는 창의소를 본읍에 설치하고 포군 5백 명과 화포 천 자루를 보내 달라고 요청해 왔다. 그러나 홍주의진의 본부에는 그만한 준비가 되어 있지 않아 보내주지 못하였다.

12월 4일 김복한과 이 설이 성중 본부에 있는데 관찰사 이승우의 초청을 받았다. 수상하게 여겨 여러 사람이 구하려고 하는데 강호선(姜浩善)이 순검들을 데리고 와서 체포하여 구금하였다. 안병찬·이상린 등이 관문을 부수고 구하고자 하였으나 그들 역시 체포당하였다. 이리하여 의진의 수뇌격 인사들이 차례로 구금되었다. 그후에 홍주의진의 기치 아래에 의거를 일으키고자 서산군수 성하영(聖夏永)·남양부사 남백희(南百熙)·대흥군수 이창세(李昌世)·전 승지 김병억(金炳億)·정인희 등이 군사를 발동하여 홍주 근처까지 이르렀을 때 이 소식을 듣고 모두 돌아가 버렸다. 그중에 정인희는 이웃 고을과 연합하여 관군과 접전하였으나 경무관 강호선에게 패하였다.

김복한은 체포되자 함께 수감된 안병찬에게 "일이 이미 실패되었으니 죽을 따름이다" 하고 죽음을 각오하고 장례 및 후사까지 유언하였다. 그리고 절조없는 이승우에게 기대하였던 자신을 자책하였다. 끝내 이승우도 경무관 강호선의 모함에 빠지고 말았다. 을미 홍주의병에 관련되어 체포된 23명 중 6명이 서울로 압송되어 갔다. 즉 김복한을 위시하여 이설·안병찬·송병직·이상린·홍건 등이었다. 이들은 1896년 2월 고등재판소 재판장 이범진(李範晉)에게 문초를 받았다.[27]

홍주에서 을사의병을 일으켰던 김복한은 10년 유형을 받았고 홍건, 이상린, 송병직, 안병찬은 3년 유형을 그리고 이설은 곤장 80대를 선고받았으나 고종은 그날 밤으로 모두 석방했고 홍주성에 수감된 17인도 모두 석방하도록 특지를 내렸다. 홍주성에서 안타깝게 끝나버린 홍주의병의 출발을 좀 더 깊이 들여다보자. 김복한과 이설이 중심이 되었던 을미의병에서 홍주의병의 출발은 민비 살해와 단발령 이전에 이미 보령 광천에서 시작되고 있었다. 1895년 3월 29일에 정부에서 변복령을 내려 관민 모두 두루마기의 색깔을 흑색으로 통일하게 하였다. 이 사건이 벌어진 한 달 뒤 4월 보령의 광천에서 안창식의 거의 시도에서부터 홍주의병이 시작되었다. 이후 을미사변과 단발령 공포로 홍주의병은 격화 확대되었고 종국에는 홍주성의 김복한과 이설로 연결되었다.

그러나 창의소를 설치한 후 하루 만인 12월 4일 관찰사 이승우의 배반으로 홍주의병의 운명은 거기서 끝나고 말았다. 내가 이승우라는 인물을 처음 만난 것은 동학농민혁명 2차 봉기지인 삼례에서였다. '관

---

27   〔공훈전자사료관〕, 『독립유공자 공훈록』 1권(1986).

찰사 이공승우영세불망비'라고 새긴 비석이 옛 삼례역참 자리에서 옮겨와 삼례도서관 동편에 세워져 있다. 그는 을미의병에 반강제로 참여하였다가 변절하여 홍주의병의 수뇌부를 체포하였고, 끝내 창의의 깃발을 꺾어버린 반역사적인 인물의 상징이 되었다. 똑같은 경우가 1906년 태인에서 창의한 면암 최익현의 의병진이 순창을 점령했을 때 순창군수 이건용의 의병진 참여와 이어 배반한 경우가 여기에 해당한다. 을미사변과 단발령으로 촉발된 홍주 지역의 을미의병은 내부의 배반으로 일본군과 싸워보지도 못하고 창의의 깃발이 내려졌다. 홍주의진의 정신적 사상적 배경이 되었던 중심인물 김복한과 이설의 존재뿐만 아니라 홍주군 화성에서 제일 먼저 의병을 창의하고 나선 부자지간인 안창식과 안병찬은 물론, 박창로 그리고 이세영 등의 선비들을 기억해주어야 한다. 10년 뒤 이들은 을사의병에서 다시 중심에 서기 때문이다.

을사늑약 뒤의 홍주의병

을사의병 10년 전 조선의 지배권을 두고 이 땅에서 청·일전쟁이 벌어졌다면 1904년 이번에는 남하하려고 끊임없이 기회를 노리고 있는 러시아와 대한제국 및 만주 지역의 지배권을 확보하려는 일본과의 충돌이 또다시 이 땅에서 벌어졌다. 러·일전쟁이었다. 고구려의 영토였던 요동반도 남동쪽 끝자락에 위치하는 대련의 뤼순군항을 1904년 2월 8일에 일본 함대가 기습공격함으로써 전쟁은 시작되었다. 러·일전쟁이 일어나자 일제는 1904년 2월 23일 한·일의정서를 강제로 체결하고, 그해 5월 각의에서 대한방침·대한시설강령 등 한국을 일본의 식민지로 편성하기 위한 새로운 대한정책을 결정하였다. 그리고 8월 22

1904년 9월 19일~12월5일까지 러·일전쟁이 벌어졌던 대련 여순의 203고지에서 남원여고 학생과 교원 연수단 2014-07-29

일에는 제1차 한·일협약(한·일외국인고문용빙에 관한 협정서)을 체결, 재정·외교의 실권을 박탈하여 우리의 국정 전반을 장악하였다. 조선을 보호국으로 삼고자 했던 일본은 당시 대한제국과 외교관계를 맺고 있던 주변 열강들로부터 묵인을 받고자 노력하였는데 특히 러·일전쟁에서 일본을 지원하였던 미국과 영국으로부터 이해를 구하고자 하였다.

　　일본은 1905년 7월 27일, 미국과 가쓰라·태프트 밀약을 체결하였고, 8월 12일에는 영국과 제2차 영일동맹을 체결하여 양해를 받았다. 이어 일본은 러·일전쟁을 승리로 이끈 뒤 그해 9월 5일 미국의 포츠머스에서 러시아와 강화조약을 체결하였다.

　　제2조에서 명시적으로 "일본은 한국에 대한 지배적인 권리가 있음을 인정한다"고 규정했다. 이 조약으로 여순·대련의 조

> 차권과 장춘 이남의 철도 부설권, 북위 50도 이남의 사할린 섬을
> 일본이 가져갔다. 동해와 오호츠크해·베링해의 러시아령 연안
> 어업권도 일본이 가져갔다.[28]

　조약이 체결된 포츠머스의 회담 장소는 평화빌딩으로 불렸고, 빌딩의 입구에는 "포츠머스회담은 역사상 가장 위대한 평화회담이라고 새겨졌다. 그리고 회담을 중재한 루스벨트는 1906년 노벨평화상을 수상하였다. 러시아, 일본, 영국, 미국 등의 당시 강대국의 세력다툼 속에서 미국은 자신들과 통상수교를 맺은 대한제국을 제물삼아 평화회담이라는 미명하에 제국주의 힘을 유감없이 발휘한 것이었다. 우리가 아는 20세기초의 위대한 정치적 인물 루스벨트는 기울어가는 조국을 지키기 위하여 전근대적 무기로 제국주의 야욕에 맞서 피로 항전한 대한제국의 의병들에게 있어 과연 세계평화의 상을 받을만한 인물이었을까. 대한제국은 그렇게 농락당하고 있었다.

　1875년 운요호로 강화도를 침략한 뒤로부터 30년의 세월이 흐른 1905년 11월 17일 대한제국이 사실상 패망했음을 의미하는 을사늑약이 강제로 체결되었다. 이토는 주한일군사령관 하세가와(長谷川好道)와 헌병의 호위를 받으며 회의장에 들어왔다. 이날 회의에 참석한 대신은 참정대신 한규설(韓圭卨), 탁지부대신 민영기(閔泳綺), 법부대신 이하영(李夏榮), 학부대신 이완용(李完用), 군부대신 이근택(李根澤), 내부대신 이지용(李址鎔), 외부대신 박제순(朴齊純), 농상공부대신 권중현(權重顯) 등이었다. 이들 중에 박제순·이지용·이근택·이완용·권중현 5명이 조약체결에 찬성한 대신들로서 이들이 '을사오적(乙巳五賊)'이다. 1906

28　강준만, 『전쟁이 만든 나라, 미국』(서울: 인물과사상사, 2016), 126쪽.

년 2월에는 서울에 통감부가 설치되었고, 이토가 초대통감으로 취임하였다. 을사늑약에 의한 을사의병의 절박함과 위기감은 10년 전의 을미사변에 의한 을미의병과는 비교할 수 없을 정도였다. 민영환, 조병세, 홍만식 등이 자결하였고 연재 송병선도 목숨을 끊으며 일제에 저항하였다. 동학농민혁명 정신이 살아있는 고을 홍주성이 다시 뜨겁게 달구어지고 있었다. 1906년 3월 15일경 예산군 광시면에서 1차 의병이 편성되면서 홍주의병이 닻을 올렸다.

전기의병 해산 이후 은둔해 있던 이설은 을사조약 늑결 직후 김복한과 함께 상경하여 조약을 성토하고 그 폐기를 주장하는 상소를 올렸으나 오히려 경무국에 수감되어 옥고를 치루었다. 1906년 2월 석방된 이들은 홍주로 돌아와 의병 재거를 계획하고 동지 안병찬과 을미사변 이후 청양군 정산에 낙향해 있던 전참판 민종식 등과 연락하여 의진 편성에 착수하였다. 이설은 안병찬, 임승주와 함께 민종식에게 항일대열에 참여해 선도해 줄 것을 요구하였다. 민종식이 의병에 참여하게 되자 1906년 2월 하순 정산 천장리(天庄里)에 있는 민종식의 집[29]에서 모여 거사 절차를 논의한 뒤 3월 15일 청양군 광시장터에서 거의 하였다. 이때 모인 의병의 규모는 300~600명 정도로 추정된다. 창의대장 민종식, 종사관 홍순대, 중군사마 박윤식, 참모관 박창로, 군사마 안병찬, 유회장 유준근, 운량관 성재한 등으로 갖추어져 있었다. 을사 홍주의병은 을미 홍주의병과 밀접한 관련을 가지고 있으며 그 전통을 계승한 것으로 이해할 수 있다. 박창로·안병찬·채광

---

29   청양군 정산읍 천장리 148번지(천장호길 182-12).

홍주의병의 출발지 예산군 광시면의 병오의병출정기념비 2022-04-21

묵·이세영 등의 핵심 인물들이 역시 을미 홍주의병을 주도했던 인물들이기 때문이다.[30]

한편 56세였던 이설은 이때 병으로 누워있었기 때문에 의진에 합류할 수 없었고 안타깝게도 홍주의병이 기세를 올리던 무렵인 5월 22일 세상을 떠난다. 청양 광시[31]에서 일어난 홍주의병은 일제의 국권침탈을 성토하며 거의의 정당성을 천명하는 통문을 각처로 발송하였고, 서울에 주재한 각국 공사관에도 호소문을 보내 항일전의 명분을 밝히면서 국권회복과 일제 구축에 협조와 지원을 요청하였다. 홍주성을 점거하기 위해 광시를 떠난 의진은 홍주군수 이교석에게 의병 측에 동참

30   박민영, 『한말 중기의병』(서울: 경인문화사, 2009), 55-57쪽.

31   청양 광시는 예산 광시를 말하는 것으로 보인다.

해 주기를 요청하였지만 그가 거절하고 성문을 굳게 닫아버리자 광시로 후퇴하였다. 이후 홍주대신 공주를 점거하기 위해 선발대를 공주로 출발시켰지만 이미 공주와 서울에서 출동한 2백 명의 군대가 청양에 도착해있어서 공주진출은 좌절되었고 청양군 화성면 합천에 머물던 의병진은 3월 17일 새벽 일제 헌병 경찰의 공격을 받아 안병찬, 박창로, 윤자홍, 최선재 등 26명이 체포되고 홍주의진은 해산되고 말았다.[32]

을사의병의 1차 홍주의병이 청양 화성의 합천전투에서 와해된 뒤 다시 전열을 가다듬고 제2차 홍주의병진을 편성하게 된다. 2차 홍주의병진이 5월 20일 홍주성을 점령하는 과정을 간략하게 살펴보면 다음과 같다.

합천전투에서 간신히 탈출한 민종식의병장은 전주의 친척 민진석 집에서 은신하며 조상수 · 이용구 · 이세영 · 이상구 · 이봉학 등과 재기를 협의하였고, 이후 민종식의 처남 이용구는 전주 · 진안 · 용담 · 장수 · 무주 등지에서 의병을 모집하여 여산에서 의진을 결성하고 지치로 와서 민종식을 대장에 재추대하였다. 민종식 의병장은 의진을 편성한 뒤 홍산관아를 점령하고 이어 5월 13일(음력 4월 20일) 서천관아에서 무기를 보충하였다. 비인을 지나 남포에서는 공주부 관군과 연합한 남포의 관군과 5일간이나 전투를 벌여 승리를 거둔 뒤 광천으로 들어갔다. 이곳에서 군량미를 확보한 민종식 의병진은 5월 19일 홍주의 삼신당리에서 일본군과 전투를 벌여 승리한 뒤 홍주성을 포위하였다. 의병진은 남문에서 일본 헌병과 총격전을 벌였고 오후에 서문으로 부대를 진격시키자 일본 헌병들이 동문을 통해 덕산방면으로 도주하였다. 5월 20

---

32   박민영, 앞의 책, 57-59쪽.

홍성군 정산면 천장리 의병대장 민종식 유허비 2015-02-12

을미사변 이후 2차 홍주의병이 1906년 5월 19일 홍주성을 점령했을 때 통과한 남문 2022-04-22

일 민종식의병진이 드디어 홍주성을 점령하였다.[33]

　홍주성을 점령한 민종식 의병부대의 규모는 얼마나 되었을까. 홍주성을 점령했다는 소식이 전해지자 주변지역에서 많은 의병들이 합세하여 총포로 무장한 의병이 600명, 창을 가진 의병 300명, 유회군 300명 등 모두 1,200명에 달하였다. 2차 의진에 참여한 주요 인물들은 의병장 민종식을 포함하여 홍순대, 박윤식, 안병찬, 유준근, 정재호, 최상집, 이상구, 이세영, 채광묵, 이용규 등으로 이들은 1차 홍주의병 봉기 때 참여했던 인물들이었다. 그러므로 홍주의병은 1차와 2차 의진이 상호 연속상에 놓여있었다는 것을 알 수 있다.

　홍주성을 점령한 의병부대는 5월 20일부터 서울에서 일본군 정예부대가 내려오기 전인 29일까지 일본 헌병이나 경찰들의 공격을 네 차례 이상이나 막아냈다. 이렇게 되자 이토히로부미는 군대를 동원하여 홍주의병을 진압하라고 명령을 내리게 된다.

> 　5월 20일 공주의 암전(岩田, 이와다) 경부가 이끄는 고문부 경찰과 수원의 헌병부대를 동원하여 성안의 의병을 공격하였으나 의병진은 효과적으로 방어하였다. 5월 21일 일제경찰대에서 경부와 순검 13명이 성을 향해 사격을 가하면서 공격을 재개했지만 의병측에서 대포를 쏘아 공격을 물리쳤다. 수세에 몰린 일제 경찰들은 대흥 방면으로 퇴각, 부상당한 순사 좌죽(佐竹, 사다케)은 서울로 후송하였다. 5월 22일 서울 경무고문부의 동원(桐原, 키리하라)경시를 비롯 21명의 경찰이 홍주로 증파되었다. 5월 24일 공주진위대에서 파견된 관군 57명과 함께 의병을 공격하였지

33　김상기, 『한말홍주의병』(홍성: 선우, 2020), 106-112쪽.

만 패퇴하였다(공주진위대 약 30명과 일헌병 30명인데 세력이 적을 당하지 못해 잠시 퇴각하였더라 - 경무관 장우근이 상부에 보고한 전투상황). 5월 25일 통감부 경무고문 환산중준(丸山重俊, 마루야마)이 홍주로 내려와 의병의 형세를 살피고 27일 상경하였다. 5월 27일 일제경찰들과 교전을 벌여 토방원지조(土方源之助, 히지카타) 경부와 송규석 총순 등을 포로로 잡았고 5월 29일 밤에 토방원지조 경부 등 일제 경찰 3명과 일진회원 2명을 처단하였다. 5월 27일 이등방문은 한국주차군사령관 장곡천호도(長谷川好道, 하세가와 요시미치)에게 직접 군대를 동원해서 홍주의병을 탄압해산시킬 것을 명령하였다. 5월 29일 곽한일과 남규진[34]이 의병 400명을 거느리고 홍주성에 입성하였다. 5월 30일 밤 11시 일본군은 동문으로부터 약 5백미터 지점의 숲속에 잠복하여 31일 오전 2시 30분에 공격을 개시하여 3시경에 기마병 폭파반이 폭약을 사용해 동문을 폭파시켰다. 일본군 보병과 헌병·경찰대가 기관포를 쏘며 성문 안으로 진입하였다. 제2중대 1소대와 제4중대 1소대는 각각 갈매지 남쪽 고지와 교동 서쪽 장애물 도로 입구에서 잠복하여 의병들의 퇴로를 차단하였다. 이때 의병측에서는 성루에서 대포를 쏘면서 대항하였으나 북문도 폭파되어 일본군이 들어왔다. 의병은 치열한 시가전을 결행하면서 방어했으나 결국 일본군의 화력에 밀려 많은 사상자를 내고 처참하게 죽어갔다.[35]

일본군은 홍주성을 점령한 직후부터 의병들을 처참하게 살육하며

---

34 곽한일과 남규진은 1906년 초에 호남으로 내려간 면암 최익현을 찾아가 의병계획에 대한 조언을 듣기도 하였다(『면암선생 문집』 부록 제4권).

35 박민영, 앞의 책, 60-72쪽.

을사 홍주의병을 진압하기 위해 일본군이 폭파했던 홍주성 북문 2022-04-22

성안을 초토화시키는 만행을 저질렀다. 6월 7일~9일경까지 무자비한
탄압을 가했는데 6월 14일 추차군 참모장의 최종보고에는 희생자 83
명, 피체 154명으로 정리되어 있고, 구식 총 9정, 포 75문, 화승총 259
정, 촌전총 1정, 양총 9정, 엽총 3정 등의 구식 혹은 신식 무기류를 노획
한 것으로 보고하였다. 유병장 유준근은 그의 일기에 의병 300명이 순
국한 것으로 기록하였다. 이 전투에서 최후까지 남아서 의병들을 독려
하면서 분전하였던 참모장 채광묵 부자와 운량관 성재평과 전태진, 서
기환, 선경호 등을 비롯하여 300명 이상이 희생된 것으로 추정된다.[36]

　홍주성 전투 직후 부임한 군수 윤시영이 기록한 일기에 홍주의병
의 처참한 참상이 나타나 있다.

36　김상기, 「1906년 홍주의병의 홍주성 전투」, 『한국근현대사연구』 37(2006)144쪽; 박민영,
　　『한말중기의병』, 75쪽 재인용.

(윤4월) 초9일(양 5. 31.) 새벽에 홍주성이 함락되었다는 소식을 처음 들었는데 사상자가 몇백 명인지 알 수 없으며 4방 수십 리 지경 이내는 인적이 끊기고 잡힌 사람이 160명인데 모두 차례로 죽임을 당했다는 것을 들으니 심히 참혹하였다. 12일, (중략) 성에 수십 보 가까이 가니 일본 헌병이 서서 막고 물리친다. 명함을 보이고 입성하니 안팎에 우리 백성은 하나도 없고 첩혈모인(踥血冒刃)이라. 먼저 객사를 봉심한즉 일본군이 잡스럽게 거처하고 양초를 쌓아두고 또 형을 틀고 포살하는 등 더럽기 이를 데 없었다. (중략) 길옆에 서서 거처를 알지 못하고 수서기에 명하여 겨우 빈집 하나를 얻었다. 촛불을 들고 방에 들어가니 피비린내가 코를 찌르고 창과 벽 사이에 핏자국이 난자하니 이곳이 사람을 작살(斫殺)한 곳임을 알겠더라.[37]

홍주성 함락 시 의병장 민종식을 비롯해 일부 참모들은 탈출한 뒤 사방으로 흩어졌다. 윤석봉, 유준근 등 간부 78명은 피체 후 서울로 압송되어 심문을 받았다. 윤석봉 이하 69명은 석방되고 나머지 남규진, 유준근, 이식, 신현두, 이상구, 문석환, 신보균, 최상집, 안항식 등 9명은 일본 대마도로 끌려가 유폐당하였다. 또 중군장 이세영도 그해 6월에 체포된 뒤 서울 경무청으로 압송되어 심문을 받은 후 그해 겨울에 종신형을 선고받고 황해도 황주의 철도로 유배되었다.[38]

우리 민족의 구한말 항일의병사에서 이렇게 가슴이 아프고 처참

---

37 윤시영, 「홍양일기」, 『향토연구』 11(충남향토연구회, 1992), 22쪽; 김상기, 『한말홍주의병』, 123-124쪽 재인용.

38 정운경 편, 「동유록」, 『독립운동사자료집』 1, 566-567쪽 재인용; 박민영, 『한말중기의병』, 77쪽 재인용.

홍주성 안에 있는 홍주성역사관에서 홍주의병의 전개과정을 듣고 있는 교원연수단 2015-11-07

한 전투를 만난 적이 있는가. 홍주의병을 꼭 만나야 하는 이유는 두말할 필요가 없다. 희생된 의병들의 넋을 위로하지 않고 이 믿기지 않은 역사를 어떻게 받아들일 수 있겠는가. 그런데 더 놀랍고 경이로운 것은 일본 정예 군대에게 학살을 당하는 경험을 한 의병들이 홍주성을 탈출한 뒤 또다시 의진을 다시 편성하고 항일전에 들어갔다는 것이다. 죽음에 대한 공포와 두려움을 극복하고 또다시 일본군에게 저항할 수 있었던 용기는 도대체 어디서 나왔을까. 홍주성을 탈출했던 홍주의병들의 불굴의 정신을 만나본다.

민종식의 처남 이용구는 7월 청양군 유치에서 군사 400명을 모은 뒤 부여 노성을 지나 연산 부흥리에서 일본군을 만나 교전을 벌였다가 패전하였고 간부들은 피체·순국하고 말았다. 조병두는 중상을 입고 체포되어 내선역에서 순국하였다. 채경도, 오상준 등이 참모들은 체포된 뒤 공주부에 감금되었고 나머지 의병들은 뿔뿔이 흩어졌다. 1906년

예산군 대부면 수당 이남규 고택 2022-04-21

10월 이남규(李南珪)의 집에 이용규를 비롯하여 곽한일 등의 의사들이
집결하여 예산 관아를 공격하여 활동의 근거지로 삼기로 하고 11월 20
일을 거사일로 하여 민종식을 다시 대장으로 추대하기로 뜻을 모았다.
하지만 일진회원의 밀고로 이남규, 이충구 부자를 비롯하여 중심인물
들이 모두 체포되어 수포로 돌아갔다.[39]

민종식을 숨겨주고 의병들의 재기를 도왔던 예산의 수당 이남규와
그의 아들 이충구는 일군경에게 체포되어 고초를 겪고 풀려났지만 끝
내 다시 체포되어 무참하게 살해되었다. 일본은 수당이 충청의병의 근
원이라고 생각해 8월 19일 백여 명의 기병을 거느리고 와서 평원정(平
遠亭)[40]을 둘러싸고 머리를 깎으라고 하다가 듣지 않자 그를 체포했다.

---

39   박민영, 앞의 책, 77-82쪽.

40   예산군 대부면에 있는 수당 고택의 사랑채로 정조가 내려준 당호이다.

수당은 "사대부는 죽이기는 해도 욕보일 수는 없다"(士可殺 不可辱)고 하면서 가마에 올라 집을 나섰다. 일군들은 고의로 느릿느릿 걸어서 날이 저문 뒤에 온양 평촌마을 점촌에 이르자 수당에게 조천(朝川) 통역을 통해 "공은 본래부터 일본을 원수처럼 보고 있으니 정차 의병장이 될 것이 틀림없다. 그러므로 만약 머리를 깎고 귀순한다면 살 수 있겠지만 그렇지 못하면 죽을 것이다"라고 했다. 수당은 "의병을 일으키는 일은 참으로 장차 기대하는 바가 있어서다. 그러나 죽으면 죽을 것이지 굽일 것 같으냐" 하면서 꾸짖었다. 이에 일병은 수당의 마음을 돌릴 수 없다는 것을 알고 칼로 내리쳤다. 이때 수당의 아들 충구(忠求)가 막으려다가 두 손이 잘린 채 먼저 죽고, 이어서 김응길(金應吉)·가수복(賈壽福) 등 두 명의 종이 가마채를 빼 가지고 달려들었으나 역시 칼을 맞아 김응길은 즉사하고, 가수복은 칼을 20군데나 맞고도 살아났다. 그래서 당시의 살인현장을 낱낱이 알 수 있게 되었다.[41]

치열하고 처참했던 1906년 5월 31일의 홍주성 전투에서 탈출하여 살아남아 재기를 도모했던 민종식 의병장은 그 뒤로 어떻게 되었을까.

홍주의병의 주장 민종식도 1906년 11월 20일 체포되어 1907년 7월 3일 교수형을 선고받았으나 종신형으로 감형되어 진도로 유배되었고 그해 12월 융희황제 즉위 기념으로 특별사면을 받아 석방되었다. 청양의 안병찬과 박창로, 면천의 이만식, 서산의 맹

---

41 수당이남규선생기념사업회, 「이남규의 학문과 사상」, 『수당절세100주년기념학술회의』, 2007, 12쪽.

홍성군 서부면 추양사. 김복한의 사당과 묘가 있다. 2022-04-22

달섭, 강재천 등은 홍주성 실함 후 정산의 칠갑산 방면으로 들어
가 항쟁을 계속하였다. 안병찬과 박창로는 1907년 12월 일제 헌
병에 체포되었는데 이때 박창로는 300명의 의병을 인솔하고 있
었다고 한다.[42]

홍주의병의 정신적 지도자였던 지산 김복한은 을사의병 당시 홍주
에서 의병이 일어났다는 소식을 듣고 참여하고자 가던 도중에 성이 함
락되었음을 알고 되돌아왔다. 일제는 김복한을 체포하여 공주에서 서
울로 압송하여 민종식의병장과의 연관성을 조사하였으나 찾지 못하자
석방했다. 이후 김복한은 양손이 중풍에 걸리고 다리도 병이 나서 거동
에 어려움을 겪었다. 경술국치를 당하자 통곡하였으며 1919년 5월에

---

42 박민영, 앞의 책, 83-84쪽.

파리장서에 참여하였다. 이 일로 윤7월 11일에 홍성경찰서에 갇혔다가 공주감옥으로 이감된 뒤 10월 21일에 풀려났다. 1924년 3월 65세에 채용신에게 진상을 그리게 한 뒤 세상을 내려놓았다.[43] 복암 이설과 함께 홍주의병을 이끌었던 김복한은 1906년 먼저 세상을 떠난 이설의 뒤를 따라갔다.

홍주의병과 태인의병은 거의 같은 시기에 이루어졌다. 홍주의병이 5월 31일 새벽에 일본군 정예부대에게 진압되었다면 그 뒤로 4일 후에 창의의 깃발을 올린 태인의병은 6월 12일 일본군이 보낸 전주진위대와 남원진위대에 의해 진압되었다. 호남과 호서에서 그리고 영남과 강원에서 의병을 일으켜 서울로 진격하려던 면암 최익현의 계획은 수포로 돌아갔다. 홍주의병의 중심인물 중의 한 명인 안병찬은 충청도 유신들이 의병을 일으키려고 하는데 맹주 역할을 해달라고 면암 최익현을 찾아왔다. 면암은 이를 승낙했지만 민종식이 홍주에서 의기를 들었다는 말을 듣고 중지하였다. 홍주의병이 홍주성을 점령했을 때에 400명의 의진을 이끌고 합류했던 곽한일과 남규진은 거의 전에 면암 최익현을 찾아와 조언을 듣고 면암으로부터 이름이 새겨진 도장과 격문을 받기도 하였다. 면암의 태인의병 핵심인물 13명이 체포되어 서울로 압송되어 일본군 사령부에 구금되었을 때 홍주의병의 지도부 80명이 먼저 끌려와 구금되어 면암 의병진의 의사들과 만날 수 있었다.

또한 7월 8일 면암 최익현과 돈헌 임병찬이 대마도 엄원에 도착해 위수영 경비대 안에 구금되었을 때 이곳에 먼저 유배와있던 홍주 9의사들과 또다시 만날 수 있었다. 면암 최익현이 단식투쟁을 선언했을 때 홍주 9의사 중에 일부도 여기에 동참하며 함께 투쟁하였다. 『면암선

---

43   홍성군 홍주향토문화연구회, 『지산학보』(홍성: 조양인쇄사, 2005), 111-155쪽.

생 문집』에 "이날 저녁에 선생을 따라서 먹지 않은 사람은 임병찬(林炳瓚)·이칙(李侙)·유준근(柳濬根)·안항식(安恒植)·남규진(南奎振)이었고, 그 나머지 5인은 억지로 두어 숟가락을 들고는 그쳤다."[44]는 기록이 이를 말해주고 있다. 면암 최익현이 대마도에서 순국하자 홍주 9의사는 장례위원들이 되어서 면암 최익현과 함께 하였다. 집사(執事)는 임병찬(林炳瓚)·신보균(申輔均)·남규진(南奎振), 집례(執禮)는 이칙(李侙)[45], 호상(護喪)은 노병희(魯炳熹), 사서(司書)는 문석환(文奭煥), 사화(司貨)는 신현두(申鉉斗)였다. 살아서 연합하여 서울을 공격하려 했던 호남의 태인의병과 호서의 홍주의병은 머나먼 땅 대마도에서 못다 한 꿈을 그리며 면암 최익현의 순국을 함께 했다. 그들은 그렇게라도 적의 감옥에서 같이 할 수 있었다. 한말 의병전쟁에서 홍주의병은 의병의 꽃이었다. 홍주의병을 빼놓고 의병사를 말할 수는 없다. 홍주성에 올라 1906년 5월 31일 새벽, 그 역사 현장으로 돌아가 순절의 꽃으로 피어난 의병들의 고귀한 향기를 맡아보자. 한말 홍주의병의 의의에 대해 김상기는 다음과 같이 정리하였다.

첫째, 홍주의병은 성패를 떠나 불굴의 정신으로 한민족의 주권을 회복하고 자유를 회복하기 위해 투쟁하였다.

둘째, 홍주의병은 홍주 일대의 유생과 민중들이 연합하여 조직되었으며 노론과 소론, 남인 등 당색의 차이와 남당학파, 화서학파 등 학파의 차이, 그리고 신분의 차이를 극복하고 투쟁한 민족통합적인 항일전쟁이었다.

---

44   한국고전번역원, 『면암선생 문집』 부록 제4권, 1906.

45   공훈전자사료관에는 이식으로 기록하고 있다.

셋째, 홍주의병은 각지에 통문과 격문을 발표하여 의병을 모집함은 물론, 각국 공사에게도 독립요구서를 제출하여 대한의 독립을 국제적으로 요구한 독립전쟁이었다.

넷째, 홍주의병은 전국적인 항일의병을 선도해 간 대규모 무장투쟁이며, 경술국치 이후 독립의군부와 광복회 활동, 그리고 3.1운동과 파리장서운동으로 계승되었다.[46]

홍주의사총 앞에 서다

2015년 11월 7일 아침 정산의 모덕사에서 면암 최익현을 참배했던 교원연수단은 정산향교를 지나 천장리에서 민종식 의병장을 만난 뒤 청양읍을 거쳐 64km를 달려 홍주성이 있는 홍성에 도착하였다. 홍성은 가히 의향(義香)의 고을이다. 이른 아침부터 답사 일정을 소화해내느라 지친 연수단은 먼저 점심 식사를 한 뒤 홍주성을 돌아보며 치열하고 처절했던 홍주의병들의 죽음을 불사한 투혼을 기리며 그날의 함성도 상상해보았다.

해동의 땅 조선의 밖에 있던 중국과 일본은 세상의 변화를 강제적 교류를 통해 감지하고 나름대로 자국의 상황에 맞게 변화시키고 있었다. 하지만 조선은 달랐다. 우물 안의 개구리 그 자체였다. 성리학의 나라 조선은 삼면이 바다로 둘러쳐진 장벽보다 더 높고 넘을 수 없는 사상의 벽에 갇혀 있었다. 제국주의의 먹이를 찾고 있던 중국과 일본, 그리고 두 나라를 그렇게 만들어간 서구의 영국, 프랑스와 미국, 러시아

---

46   김상기, 『한눈에 읽는 홍주의병사』(홍성: 선우, 2020), 84-85쪽.

청양군 화성면 청대사. 애국지사 안창식, 안항식, 안병찬, 안병림 등 네 분의 위패를 모신 사당과 생가터가 자리하고 있다. 2022-04-22

등이 모두 조선을 노리고 있었다. 이 시기 우리의 역사는 근대와 전근대의 문명의 차이 앞에 꼬꾸라지고 짓밟히고 작살(斫殺)당하는 참혹함 그 자체였다. 그럼에도 피를 뿌리며 산화해간 우리의 동학농민혁명군과 의병들은 비록 육신은 침략과 약탈의 문명에 찢기었어도 그들의 아름답다 못해 순결한 정신은 오늘 대한민국의 고결한 국혼이 되어 인간의 존엄을 더욱더 고귀하게 피어오르게 하고 있다.

　　문명의 거대한 파고 속에서 1894년 홍주 지역의 동학농민혁명군은 홍주성을 점거하기 위하여 성안에서 방어하고 있는 일본군과 조선의 관군을 공격하였다. 그곳이 바로 우리가 거닐고 있는 이 홍주성이었다. 특히 동쪽의 조양문 일대에서 수많은 혁명군이 쓰러져 갔다. 그리고 그다음 해 1895년 유생들이 중심이 된 을미의병들이 홍주성 안에 지도부를 차리고 항쟁을 벌이다가 내부의 배반으로 꿈을 접어야 했다. 십년의 세월 뒤 나라의 국권이 일본에게 넘어가자 그 홍주성은 또다시 항일의병들의 중심이 되었고 일시적으로 점령했던 홍주성은 의병들의 저항으로 일본군의 공격을 여러 차례 막아내는 혁혁한 전과를 올렸다. 그러나 러·일전쟁에서 승리를 이끈 서울 주둔 일본군 정예부대의 막강한 군사력을 전근대적인 의병의 전력으로 막아낸다는 것은 불가능한 것이었다. 의병들은 마지막까지 저항하며 성에서 쓰러져갔다. 홍주성이 일본군에 진압된 뒤 수많은 의병들이 잔악한 일본군에 의해 처참하게 학살되었다.

윤시영의 일기에는 위의 기록[47] 외에도 의병 시신 83구를 매장한 사실과 또 목이 잘린 시신 15구를 찾아내어 6월 8일 매장했다는 내용이 포함되어 있기도 하다.[48]

위 기록을 통해 일본군이 우리 의병들을 얼마나 처참하게 학살했는지를 똑똑히 확인할 수 있다. 홍주의병을 기억하고 그들의 넋을 위로해야 하는 것은 우리의 도리이다. 그리고 일제의 야만적이고도 잔학무도한 만행을 결코 잊어서는 아니 될 것이다.

아름다운 꽃으로 산화해간 의병들의 고귀한 순절 뒤로 세월은 흘러 어언 109년이 되었다. 어찌 이들을 우리가 잊을 수 있겠는가. 홍주성의 의병항쟁을 기억하고 순백의 꽃처럼 아름다운 의병들의 희생을 그 전투현장에서 추모하는 일은 가슴 벅찬 일임에 틀림없다. 전주를 출발할 때부터 내리던 가랑비는 홍주의사총에 연수단이 도착했을 때도 계속되고 있었다. 오늘 우리가 걷고 있는 길에 하루 종일 비가 내리는 것은 기울어가는 나라를 구하고자 목숨을 바친 의병들의 눈물을 대신하고자 함일 것이다. 홍주의병들의 희생 속에서 더 깊은 애정으로 바라보

---

47   396쪽에 인용한 윤시영의 홍양일기 내용을 말한다.

48   박민영, 앞의 책, 76쪽.

홍주의사총에 잠들어 계신 홍주의병들의 의로운 희생에 마음으로 참배하였다. 2015-11-07

아주기를 바라는 인물들이 있다. 안창식과 그의 아들 안병찬 · 안병림, 홍주성에서 최후까지 남아 지휘하며 순국했던 채광묵 · 채규대 부자, 압송 도중 잔혹하게 살해된 예산의 이남규 · 이충구 부자[49] 등이 그들이다. 자식의 죽음 앞에 똑바로 서 있을 수 있는 부모가 어디 있겠는가? 이들 부자들은 천륜의 피와 사랑을 극복하고 일본군을 몰아내기 위하여 함께 싸웠고, 학살되었으며, 일부는 같이 전사하였다.

> 님들이 지키고자 했던 그 조국, 망해가는 나라의 국권을 회복하고자 기꺼이 목숨을 내놓고 산화하신 뒤로 백여 년의 세월이 흐른 후 그 땅의 후손들이 오늘 당신들 앞에 섰습니다. 선진 무기의 공포에도 아랑곳하지 않고 마지막까지 죽음으로 맞선 님들

---

49   충남 아산시 송악면 평촌리에 이남규 부자 순절기념비가 세워져 있다.

의 숭고한 용기와 정신에 머리 숙여 감사합니다. 이제 그 뜻을 우리가 계승하여 그 조국을 통일한국으로 완성하여 당신들의 제단 앞에 바치겠습니다. 평안히 영면하소서.

홍주의사총 앞에서 머리를 숙이고 참배하는 교원들의 가슴에 뭉클한 감동이 몰려온다. 이 시대 지식인들로서 시대를 앞서 가져야 할 사상이 무엇인지 고민해본다. 연수단은 홍주의사총을 나와서 지난 여름에 중국 흑룡강성 해림시 산시진에 만났던 김좌진 장군이 태어난 홍성군 갈산면 생가로 향했다. 남당 한원진에서 복암 이설과 지산 김복한으로 이어졌던 선비정신이 김좌진으로 이어지며 결국에는 일제강점기 무장독립투쟁으로 연결되는 불굴의 항일정신을 계승하고자 한 것이다.

2021년 가을 『길 위의 향기』를 세상에 내놓고 난 뒤 나는 늘 마음 한 켠에 자리 잡은 미안함을 떨쳐버릴 수가 없었다. 체력의 한계로 인

홍주의병 넘어 만주로 간 독립지사 김좌진 동상 앞에서. 중국 흑룡강성 해림시 산시진, 대한민국자연생태체험연구회와 전북교과통합체험학습연구회 연합 교원연수단 2015-08-02

해 초판에서 다루지 못했던 홍주의병들이 나를 따라다녔기 때문이다. 그래서 2022년 4월 21일 김개남 장군의 청주성 전투 현장 답사를 마친 후 오후 늦게 다시 홍성으로 향했다. 홍주의병에 대하여 세 번째 답사를 하기 위함이었다. 2015년 11월 7일에 진행했던 홍주의병 관련 교원 연수는 내용 면에서 만족할 만한 것이 못되었기 때문에 7년의 세월 뒤로 다시 자료조사와 현장답사를 통해 보완하고자 하였고, 이를 『길 위의 향기』 제2판에 싣고자 하는 의도였다. 4월 22일 이른 아침부터 홍주의 동학농민혁명 유적지와 의병전투지 답사를 진행했고 자료조사를 위해 홍성문화원에 들러 조남민 사무국장의 친절한 안내를 받았다. 청운대학교 내에 있는 내포문화관광진흥원의 한건택 원장은 김상기의 『한말홍주의병』을 포함해 학술대회 자료 등 십여 권이 넘는 홍주의병 자료를 흔쾌히 내어주었다. 여기에 홍주의병을 소개할 수 있었던 것은 조남민 사무국장과 한건택 원장의 친절한 안내와 제공해준 자료 덕분이었다. 두 분에게 깊은 감사를 드린다.

　　국내의 대표적 항일의병전쟁 현장을 다니면서 늘 고마움을 가졌던 것이 의병사를 세상에 알리기 위해 발로 뛰고 열정을 다해 연구한 학자들이었다. 동학, 의병, 독립운동 관련 연구자들이 수없이 많지만 특히 이곳을 빌려 감사함을 전하고 싶은 분들이 있다. 내가 의병사와 독립운동사를 공부하는 데 길잡이가 되어준 귀한 책이 한국독립운동사편찬위원회와 독립기념관 한국독립운동연구소가 2009년에 펴낸 『한국독립운동역사』이다. 이 중에서 김상기의 『한말전기의병』, 박민영의 『한말중기의병』, 홍영기의 『한말후기의병』 등은 의병들의 항일전투 현장을 찾게 하고 의병들의 숭고한 정신을 가슴에 담을 수 있게 해준 소중한 안내서가 되어주었다. 또한 경기도와 강원도 지역의 화서학파를 찾아가는 데 의암학회에서 발행한『윤희순 의사 항일독립투쟁사』[50] 외 여러 책자와 전 요녕대 교수 김양과 하동이 쓴『불굴의 항일투사 윤희순』이 큰 도움이 되었다. 영남지역의 안동혁신유림을 연구하는 데는 김희곤의『안동 내앞마을』외 다수 책들이 길을 열어주었다. 노사학파와 호남의 의병과 관련해서는 홍영기의『대한제국기 호남의병 연구』가 길잡이가 되어주었다. 그리고 이 책에서는 본격적으로 다루지는 않았지만 간접적으로 나타나는 만주 지역에서 전개한 독립운동과 관련된 것은 서중석의『신흥무관학교와 망명자들』책이 독립운동사를 따라가는 데 빛과 같은 역할을 해주었다. 우리 민족의 불굴의 정신을 다시 회복하고 계승하는 데 노둣돌을 놓아준 수많은 연구자들께 깊이 감사드린다. 아울러 이 책을 통해 의병사와 독립운동사를 연구한 많은 학자들의 노고가 세상에 널리 알려지기를 바란다.

---

50   의암학회,『윤희순 의사 항일독립투쟁사』(춘천: 산책, 2005).

백마강에 흐르는 사비 백제

백마강에 흐르는 사비 백제를 만나며 부여에서 온전한 가을 하루를 보냈다. 국보 정림사지 오층석탑의 탑신부에 오만방자하게 백제를 평정했다는 기록을 남긴 당나라 소정방은 영생을 꿈꾸었을까.

부처님의 사리를 모시고 예를 올리며 한없는 불도의 세상을 널리 알리고자 하는 성스러운 탑에 인간의 욕심과 침략군의 승리를 기념하기 위해 남긴 대당평백제국비명(大唐平百濟國碑銘)은 백제의 진수라 불리는 오층석탑과 함께 역사로 남아 있다.

당나라를 끌어들인 김춘추도 백제 멸망 후 다음 해에 세상을 떠났고, 당나라는 망해서 역사 속으로 사라졌다. 천 년의 역사를 자랑하는 신라도 망했고 고려도, 조선도 인류의 역사 속으로 사라져갔다.

그리고 오늘 우리는 대한민국에 살고 있다. 앞으로 500년 뒤는 어떤 이름의 나라로 이어져갈까. 백제의 마지막 왕도로 여겨지는 부여는 오늘 그 땅에서 사라져간 백제인이 남겨놓은 아름다운 유산들을 재산으로 살아가고 있다. 그들은 망했으나 세계문화유산으로 다시 태어나 우리의 삶과 함께한다.

백마강이 휘돌아가는 부여는 조용하고 고즈넉하다. 부소산 북편 암벽에 부딪혀 돌아나가는 금강의 물길과 금남정맥을 넘어 남쪽으로

부여 산직리 고인돌. 안구상 편마암 석재를 활용했다. 2016-09-26

펼쳐진 논산평야의 넉넉함으로 함께하는 사비성에서 풍겨나오는 고풍
스러움과 소박한 분위기는 백제의 분위기와 너무도 닮았다.

중국과 백제 그리고 백제와 가야 및 바다 건너 왜까지 고대 시기
문화의 교류와 전파 측면에서, 특히 그러면서도 백제만의 독창적인 문
화를 이룩한 위대함은 세계문화유산이 되기에 충분하고도 탁월한 보편
적 가치를 가졌다.

연수단은 이른 아침 7시를 조금 넘겨 전주를 출발하여 서논산을
나와 석성천을 건너고, 철기시대 이전 이곳 부여를 가꾼 청동기인의 숨
결을 만나기 위해 초촌면 산직리와 송국리를 찾았다. 산직리에서 안구
상 편마암으로 만든 고인돌과 그 덮개돌에 새긴 바윗구멍의 흔적을 살
피고 바로 옆에 있는 국내 최초의 비파형 동검 출토지로 옮겨서 우리나
라 청동기시대의 대표인 송국리 문화를 있게 한 송국리 청동기시대 집
자리 유적지를 돌아보았다.

3일 전 사전연수에서 만난 중국 현 요서 요하문명의 시대별 문화

송국리 청동기 집 자리 유적지 앞에선 김제교육지원청 교원연수단 2016-10-22

구분을 접하고 우리나라에서 청동기문화와 연계하여 이 유적지의 중요
성을 익혔다. 원형 집 자리 복원 움집에 직접 들어가 체험해보고 서쪽
으로 향하여 사비성의 나성을 넘기 전에 능산리 백제 고분과 능산리사
지(陵山里寺址)를 찾아 백제의 고분 형태와 사찰방식을 만났다.

　　백제왕릉원에서 사신도가 그려진 백제왕의 무덤 안에 들어가 세
세하게 살폈다. 비록 실물은 아니었지만 생생하게 다가선다. 세계를 놀
라게 한 백제금동대향로(百濟金銅大香爐), 창왕명석조사리감(昌王銘石造舍
利龕) 등 국보 두 점을 우리에게 선사한 능산리사지의 발굴 현장을 찾아
그 현장감을 맛보았다.

　　이제 사비성, 남부여의 왕성에 들어가기 위해 세계문화유산이 된
부여나성을 통과한다. 서동식당에서 점심을 먹고 관북리 왕성의 유구
들로 여겨지는 옛 도로, 연지, 곡식 창고, 대형건물터 등의 발굴유적지
를 살피고 부소산성과 그 안의 백제 역사를 하나씩 밟아간다.

　　서복사터, 낙화암, 테뫼식 산성과 포곡식 산성, 고란사와 고란정,

정림사 오층석탑 앞에서 김제교육지원청 교원들 2016-10-22

그리고 암벽에 아슬아슬하게 남아 있는 고란초도 함께했다. 토축산성의 성벽을 밟아가며 홍수, 성충, 계백 장군의 삼충신을 모신 사당도 돌아보았다. 백제의 마지막 538년부터 660년까지 123년의 역사를 펼친 곳이 사비(泗沘)였고, 국호는 남부여(南夫餘)였다.[51]

시간은 해를 따라 서쪽으로 빠르게도 내려간다. 지는 해를 맞으며 우리를 기다리는 정림사지 오층탑을 만나 대화를 나눈다. 탑의 구조를 하나씩 써가며 원형성 접근에 충실한 뒤 그곳에 담긴 역사를 돌아보았다. 정림사지 강당 터에 세워진 고려시대의 석불은 다양한 추론을 가능케 한다. 온종일 걸으며 만난 부여 속의 백제문화와 역사, 발이 아플 정도로 1만 5천 보를 옮기며 함께한 속살과의 대면은 우리를 겸손하게 한다.

연수단은 마지막 정림사지 박물관에서 하루를 정리했다. 돌아갈 길이 멀지만, 박물관에서는 오늘 종일 만난 그들의 실체 또는 모습이

---

51 김부식(이병도 역주), 『삼국사기』 하(서울: 을유문화사, 2002), 79쪽.

우리를 계속 잡아당긴다. 더 이야기하고 싶어 한다. 다들 아쉬워하며 박물관에서 나가기를 꺼리는 모습이다.

김제교육지원청 특수분야「문화 속 역사 이야기」교원연수는 이렇게 마무리되었다. 돌아오는 버스에서 교원들은 이곳을 학교에서 현장 체험학습으로 활용하겠다는 다짐을 했다.

백마강에 흐르는 사비 백제를 자연과 지리를 바탕으로 문화·역사 등 교과통합적으로 접근한 이번 연수는 자연과학과 인문학의 통합적 만남이 역사를 만나고 해석하는 데 대단히 중요하다는 것을 실감했다.

백두대간 추풍령과 괘방령

구름도 자고 가고 바람도 쉬어가는 한많은 추풍령 고개에 올라섰다. 낙동강과 금강의 분수령인 추풍령은 백두대간이 지나가는 고개이나 해발 220m밖에 되지 않는다.

경상북도 김천시와 충청북도 영동군 추풍령면의 경계에 있는 추풍령 고개는 노랫말로도 사람들에게 익히 알려진 명성과 달리 큰 강 두 개를 나누는 분수령치고는 나지막한 언덕 느낌을 준다.

추풍령의 이름값으로 인해 백두대간의 거대 산줄기에 있을 것으로 생각하고 고개를 찾다가 분수령을 넘었는지도 모르고 충청북도 영동에서 경상북도 김천시로 넘어서 버렸다. 고갯마루 사연을 듣고자 들른 김천민속박물관, 문 닫은 학교를 이용하여 5만 점이 넘는 진귀한 보물을 전시하고 있는 개인 소장 박물관이다. 박물관장에게 추풍령의 명성에 비해 고개가 너무 작아 보인다고 했더니 비가 내리다가 바람이 불면 낙동강 비가 금강 비가 되어 넘어가고 금강 비가 낙동강 비로 넘어와 버리는 데가 추풍령 고개란다. 멋진 비유가 아닐 수 없다.

대한해협을 건너 부산에 상륙한 왜군이 서울을 향해 진격하며 넘어가야 할 고개가 백부내산의 문경새재, 추풍령, 죽령 등이었다 1592년 5월 1일과 2일, 추풍령 고개를 넘은 구로다(黑田)와 모리(毛利)가 이

석주 이상룡이 중국 망명길에 넘은 백두대간 추풍령 2019-01-04

끄는 왜군 5만 여를 맞아 2천여 의병을 이끌고 마지막까지 장렬하게 전장에서 산화[52]한 장지현 의병장과 그의 사촌 동생 장호현의 순절지인 사부리에 사당이 세워졌다. 내가 추풍령을 찾은 것은 무주에서 만난 장지현 장군을 만나기 위함이었다.

치열한 전장이었던 이곳 사부리에서 숨겨간 의병들의 위패와 부장 장호현 위패, 그리고 의병장 장지현 장군의 위패를 모신 사당 안은 기나긴 세월의 역사가 흘렀으나 어제 일처럼 생생한 기운이 감돌았다. 삼괴(三槐) 장지현 장군의 신위, 순종절사 부장 장공호현신위, 순종병사 제공신위 등 3개의 위패함을 열고 조용히 고개를 숙였다. 그리고 추풍령 고개를 생각했다.

백두대간, 금남호남정맥, 호남정맥 등에 셀 수 없이 많은 고갯마루, 그 고개는 넘어가야 할 길이고 지름길이었기에 그만큼의 이야기가 있

---

52   영동문화원, 『鄉土誌: 人物篇』(영동: 삼양사, 1992), 95쪽.

장지현 장군을 모신 충절사 2019-01-04

무주군 적상면 장지현 의병장 묘역 앞에서 무주교육지원청 교원연수단 2019-06-15

다. 우금치가 그랬고 망우리고개가 그랬다. 또 만주의 청석령 고개 역시 봉림대군의 「호풍음우가」를 남긴 사연 깊은 고갯마루다. 길을 기디가 큰 고개 부근에 사당이 있다면 이는 국란 시기 외침에 저항하며 순절한 의로운 이가 있다고 해도 과언은 아니다.

영남지역의 과거 응시자가 이 고개를 넘으면 추풍낙엽이 되어 낙방한다는 이유로 추풍령을 피하여 남쪽의 괘방령을 넘어갔다고 하니 고개를 넘기도 벅찬데 고개 이름마저 재수 없게 하여 설움을 받은 추풍령이었다.

일제 침략의 상징인 경부선철도는 부산 초량에서 서울의 영등포까지 1904년 12월 27일 전 구간이 완통됐고, 다음 해 1월 1일 개통했다. 조정래 소설『아리랑』에서 지삼출이 장칠문을 폭행하고 감옥생활 대신 철도공사장으로 끌려갔을 때 그가 투입된 곳이 바로 공사가 가장 힘들었다는 이곳 영동부터 추풍령 구간이었다.

우리 독립운동사에 한 획을 그은 상해임시정부 초대 국무령, 임청각의 석주(石洲) 이상룡 선생이 1911년 초 고향 땅 안동을 떠나 남서쪽 상주를 통과하여 이곳 추풍령을 넘고 경부선[53] 기차를 타고 신의주에서 만주로 망명했을 때[54]도 추풍령은 그렇게 역사의 고개가 되었다. 석주는 살아생전 다시 이 추풍령을 넘지 못했다.

백두대간 등줄기의 높이가 해발 200여 m밖에 되지 않으니 실로 주변 높은 봉우리에 비교하면 언덕이라 해도 지나치지 않다. 과거 응시자 기분으로 추풍령 고개 북쪽 영동군 영역에서 점심을 먹고 괘방령으로 향했다. 추풍령을 넘나드는 관원들을 피해 상인들이 주로 넘나들었다는 괘방령. 장원급제하여 방이 붙는다고 해서 '괘방령'이라고 했다니 추풍낙엽의 추풍령을 피해 이 고개를 넘을 수밖에 없지 않았을까. 바람

---

53 경부선은 1905년 1월 1일 개통했고, 서울에서 신의주를 잇는 경의선이 1906년, 신의주에서 압록강을 넘어 안동(단동)에서 봉천(심양)으로 이어지는 철로는 1911년 11월 1일 개통되었다.

54 채영국, 『서간도 독립군의 개척자 이상용의 독립정신』(서울: 역사공간, 2007), 90-97쪽.

추풍령역 2019-01-04

이 매섭다. 소한(小寒) 근방인 데다가 고갯마루라서 더 그렇다. 추풍령과 달리 괘방령은 제법 고개답다.

　이 고개를 거점으로 삼아 스스로 '황의장(黃義將)'이라 칭한 박이룡(朴以龍, 1533~1595) 장군이 1,500여 의병을 모아 김천, 지례, 개령, 선산 등지에서 200여 회에 걸쳐 수많은 왜적을 무찔러 공을 세웠다.[55] 고개와 사당이 어김없이 세트로 존재하는 괘방령 북쪽 1km 지점에 박이룡 의병장을 모신 사당 황의사(黃義詞)가 있다.

　전주 동편 웅치전투와 운주의 이치전투, 금산의 칠백의총, 남원을 비롯한 담양, 장성, 광주 등지에서 올라간 고경명, 유팽로, 안영 의병장들이 금산벌에서 순국하기 두 달여 전에 금산 동편 영동의 추풍령에서 순절한 수천의 의병과 장지현 장군, 장호현 부장 등 앞선 희생이 있었다. 영동과 금산은 금강 유역에 자리하며 온몸으로 왜적을 막아낸 셈이

55　영동문화원, 앞의 책, 96-97쪽.

박이롱 의병장을 모신 황의사 2019-01-04

다. 마치 강화도처럼 말이다.

그제 아침 임실 소충사에서 출발하여 산서 아침재를 넘으면서 맞이한 산서면의 운무에 덮인 장관은 고개들이 담고 있는 역사를 덮은 운무를 걷어내고 그 아래 잠자고 있는 앞서 살다간 이들의 삶을 뒤돌아보라는 복선이었다.

추풍령을 뒤로하고 황간면 노근리로 향한다. 6.25전쟁 발발 직후인 1950년 7월 미군이 노근리의 경부선철도 아래와 터널, 속칭 '쌍굴다리' 속에 피신하고 있던 인근 마을 주민 수백 명을 무차별 사격하여 300여 명이 살해당한 현장이다.

아침재에서 바라본 장수군 산서면 소재지 2019-01-03

영동 노근리 쌍굴다리(대한민국근대문화유산 등록문화재 59호). 1950년 7월 26~29일까지 4일간 한국전쟁 중 후퇴하던 미군이 영동읍 주곡리, 임계리 주민과 피난민들을 굴다리 안에 모아 놓고 집단 학살한 곳이다. 콘크리트벽에 총탄자국이 선명하게 남아 있다. 2018-03-23

금산과 진산의 향기 1

– 이치, 탄현, 진산성지

모르고 넘나들 뿐 고개마다 사연 없는 곳이 어디일까. 홍제에서 독립문으로 넘어오는 무악재가 그렇고, 영주에서 단양으로 넘어가는 죽령이 하나의 예이며, 상주를 지나 문경에서 충주로 넘어가는 문경새재, 즉 조령이 또 그렇다. 성주를 지나 김천 너머 영동으로 넘어서는 추풍령도 그렇고, 거창을 지나 장수로 넘어서는 육십령 또한 수많은 사람을 끌어들여 함께 넘나들어야 하는 사연들을 각기 가지고 있다. 백두대간을 넘어설 때 아래에서 위로는 영남에서 충청으로 들어서는 것이고, 위에서 아래로는 충청에서 영남으로 향하는 것이다.

바위와 산 그리고 비경이 어우러진 대둔산의 허리 자락을 넘어서는 고개는 예부터 '배티', '이치(梨峙)'라고 불려왔다. 전라도 수부 전주를 향하는 곳 중에서 전주의 동북에서 남동으로 이어지는 긴 산줄기는 백두대간의 새끼 산줄기인 금남정맥과 호남정맥 2개로 이루어져 있다. 전주를 떠나 완주 고산을 지나고 경천을 넘어 운주면으로 들어서면 행정구역은 완주군이지만 수계로는 만경강 유역을 넘어 금강유역이다.

2014년부터 시작한 「강 따라 떠나는 인문학 기행」이 올해로 7년 차에 접어들어 금강을 따라 천 리 기행을 하고 있다. 전북교과통합체험학습연구회(이하 전교연)와 남원교과통합체험학습연구회(이하 남교연)가 공동으로 주최하여 북원태학이 기획ㆍ진행하고 있는 금강 편 제3부 금산의 자연과 문화ㆍ역사 현장답사가 시작되었다. 2020년은 코로나와 함께하는 일상이 되어 1박 2일의 계획을 변경하여 당일로 2회 진행하기로 했고, 30명의 연수단을 관광버스 2대로 나누어서 밀집도를 낮추기로 했다.

금산 여정의 첫 번째 답사지 이치 고개를 오르는 길에 좌측으로 보이는 대둔산의 모습은 감탄사를 절로 내어놓게 한다. 마치 제주도 현무암의 바위에 솟아 있는 바위손의 모습처럼 대둔산의 비경은 그렇게 솟아서 일행을 압도한다. 규장각 원문검색서비스를 이용하여 1872년 제작된 전라도 진산군(현재의 충남 금산군 진산면) 고지도를 통해 이곳 이치를 찾아 오래전부터 이 고개가 대로(大路) 기능을 해왔음을 확인했다. 그리고 카카오톡의 지도 기능을 이용하여 이곳의 전체 지형을 읽고 이 고개가 군사상 중요한 거점이 될 수밖에 없음도 확인했다.

이치에서 임진왜란 개전 초부터 1593년(계사년) 6월까지의 전쟁 상황 전체를 안내한 뒤 일본군이 거꾸로 서울에서 남하하여 이곳 금산을 점령하고 전라도를 점령하기 위한 전략을 세우기까지의 과정을 지도를 그려가며 살펴보았다.

1592년 7월 20일경(많은 자료에서는 7월 10일로 기술) 이곳 이치에서 벌어진 조선군과 일본군의 전투 전개 상황을 안내한 뒤 이 전투가 갖는 의의를 되새겼다. 권율, 황진, 황박 등의 장수 그리고 관군과 의병 1,500명이 왜군의 6군단 고바야카와 다카카게 군대와 맞서 격렬한 전투 끝에 임진왜란 육전의 첫 승리를 장식한 이치전투는 곡창지대인 전라도를 1596년까지 지켜내는 데 결정적인 역할을 했다. 물론 같은 산줄기로 이어지는 호남정맥의 웅치전투와 함께 말이다.

전북 완주와 충남 금산의 경계 이치 2020-11-21

1872년 진산군 지방지도. 좌측 대로에 이치가, 우측 대로에 방현이 있다. 자료: 규장각 원문검색서비스

　　당시 전라도 금산은 의병 활동의 중심지였다. 6월부터 8월 말까지 다섯 차례 관군과 의병의 집중적인 공격을 받은 일본군은 9월에 들어서 금산을 떠나 백두대간을 넘어 영남 지역으로 철수할 수밖에 없었다.

이치 고갯마루에 세워진 황진 장군 이치대첩전적비와 임란순국 무명사 백의병비[56] 속의 전투를 만난 뒤 대둔산 정상을 바라보았다.

아름다운 절경이 펼쳐진 정상의 바로 아래 남쪽에는 임진년의 전투에서 303년이 흘러 또다시 일본군의 공격을 받은 의병들의 순국지가 자리한다. 동학농민혁명군의 최후 저항지가 바로 이곳 대둔산에 있다. 1895년 2월 18일 접주 이상의 간부 25명이 최후까지 저항하다가 순절했다.

이치를 따라 북으로 고개를 내려가면 당시 전투가 벌어졌던 지역에 세운 이치전적비와 충장사 사당이 위치한다. 이곳 충장사에는 권율 장군의 영정이 모셔져 있다. 45세 나이로 과거에 급제하여 55세에 임진왜란을 맞아 광주 목사에서 전라도 관찰사, 다시 도원수에 이르기까지 혁혁한 전공을 올리고 1599년 세상을 떠난 권율 장군의 영정이 모셔져 있는 사당에서 30여 교원이 머리를 숙였다.

진산면 행정리 옛 방고개를 넘어서서 백제 멸망 시기 중요한 전략 거점이던 탄현(炭峴)을 찾아 나섰다. 역사학계에서 주장하는 탄현은 현재 네 곳 정도가 거론되고 있다. 나는 탄현의 '탄(炭)'[57] 자에 실마리가 있다고 생각하여 탄현은 검은색을 띠는 암석이 고갯마루 주변에 노출되어 있어서 당시 그 지역 사람들이 숯 탄(炭) 자를 가져다가 지명으로 썼다는 가정을 세우고 역사학계에서 현재 거론하고 있는 네 곳의 고개 주변에 분포하는 암석을 지질도와 현지답사를 통해 접근했다. 암석이

---

56 익산 선비 지평공 이보(持平公 李寶)와 소행진(蘇行震)이 의병을 이끌고 손수 마련한 병장기를 들고 이치를 지켰는데, 1592년 8월 27일 아침부터 한낮에 이르기까지 맞서 싸우다가 화살이 다하고 힘이 다하여 모두 함께 순국한 전투를 말한다. 이 비는 전 원광대학교 교수 나종우가 짓고 전북역사문화학회가 주관하여 2015년 10월 2일 세웠다.

57 炭은 숯, 재, 석탄 등의 사전적 의미가 있다. 명사로 '석탄'의 준말로도 사용한다.

금산기행에 참여한 전북교과통합체험학습연구회, 남원교과통합체험학습연구회, 책따라길따라연구회
소속 교원들 2020-11-21

이치대첩전적비각과 충장사 사당 2010-11-21

흑색을 띠는 셰일층이거나 이 층이 변성작용을 받아 생성되는 점판암
(슬레이트) 등이 고개를 중심으로 분포하고 있는지를 조사한 결과 대전
동부와 옥천 경계에 있는 식장산 마도령, 진산면 교촌리 숯고개, 완주군
운주면 삼거리 북편 쑥고개, 진산면 두지리와 행정리 사이에 있는 방고

개 등 4곳 중 진산 교촌리 숯고개와 진산 방고개 두 곳이 조건에 맞았다.

백제 당시 부여의 위치와 황산벌전투 상황을 고려할 때 『삼국사기』에 등장하는 탄현은 두지리와 행정리 사이의 방고개[58]일 가능성이 크다고 생각한다. 한편 임진왜란의 격전지 이치도 남쪽에서 바라볼 때 고개 좌측에는 점판암층이 보이고 우측에는 규암층이 분포하고 있어 가능성이 있다고 하겠다.

행정리에서 내린 연수단은 고개가 시작되는 행정1교 다리 부근에서 산기슭에 노출된 흑색 점판암을 확인하고 다시 두지리로 넘어가서 지방리에 있는 진산성지로 향했다. 지방리로 향하는 깊은 산속, 북쪽의 대전으로 흘러가는 하천을 타고 내려간 연수단은 우리 역사에서 중요한 자리를 차지하는 한국 천주교 역사의 한 획을 그은 일대 사건인 진산사건의 현장을 앞두고 사뭇 긴장되면서도 기대감을 느낄 수 있었다. 윤지충과 그의 고종사촌 형 권상연은 조선의 거대한 성리학적 세계에 균열을 가져오게 한 사람들이다.

1783년 이벽은 북경의 동지사(冬至使) 사신단으로 가는 이승훈에게 천주교 관련 서적을 구해오고 세례도 받고 오라는 임무를 부여한다. 한국 천주교사에서 이벽은 중요한 위치에 있다. 사실 이 두 사람은 정약용을 기준으로 서로 연결되어 있다. 이벽은 정약현의 처남인데, 정약현은 정약용의 이복형이므로 사돈지간이다. 이승훈은 정약용에게는 매부가 된다. 한편 윤지충은 정약용의 외삼촌 아들이므로 외종 사촌지간이다. 이렇듯 한국 천주교사에서 중요한 위치를 차지하는 해남 윤씨와 나주 정씨, 안동 권씨 그리고 유항검과 유중철로 연결되는 전주 유씨는

---

58   방고개는 1872년 진산군 지방지도에서 진산관아 좌측 대로에 있는 이치의 반대편 우측에 있는 대로에 방현으로 표기되어 있다.

백제 멸망 시기 탄현을 찾아 나선 연수단. 방현의 남쪽 마을이다. 2020-11-21

청림골, 서낭당으로 불리는 방고개. 북쪽에서 남쪽을 바라보는 모습이다. 고지도에서는 방현으로 표기되어 있다. 2020-03-12

서로 혼맥으로 연결되어 있다. 호남의 사도 유항검은 윤지충과 이종 사촌지간이다.

1791년 5월 윤지충의 어머니가 죽었다. 전염병이 돌아 8월에 장례

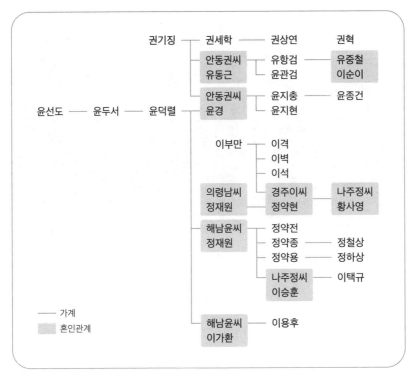

```
                         권기징 ── 권세학 ──── 권상연      권혁
                                ┌ 안동권씨 ── 유항검 ─── 유중철
                                └ 유동근    └ 유관검     이순이

                                ┌ 안동권씨 ── 윤지충 ─── 윤종건
윤선도 ── 윤두서 ── 윤덕렬 ─┤  윤경    └ 윤지현

                         이부만 ┌ 이격
                               ├ 이벽
                               └ 이석

                         ┌ 의령남씨 ── 경주이씨 ─── 나주정씨
                         │  정재원      정약현      황사영

                         │  해남윤씨 ┌ 정약전
                         │  정재원   ├ 정약종 ─── 정철상
                         ┤          └ 정약용 ─── 정하상
                         │          ┌ 나주정씨 ─── 이택규
                         │          └ 이승훈

── 가계             └ 해남윤씨 ── 이용후
▓ 혼인관계             이가환
```

윤지충의 가계도. 진산역사문화관 전시자료를 재작성함 2020-02-02

를 치르면서 제사를 지내지 않고 신주를 태워 마당에 묻은 것으로 시작
되는 진산사건은 성리학적 위계를 근간으로 하여 충효를 사회 유지의
윤리적 규범으로 삼는 조선에 엄청난 파문을 일으켰다.

중국에서 세례를 받고 돌아온 이승훈을 기다리던 이벽은 이승훈으
로부터 세례를 받은 뒤 주변으로 천주교를 확산시켜나갔다. 1783년 진
사시험에 합격한 윤지충이 1784년 중인 출신 김범우[59]의 서울 명례동

---

59 1785년(정조 9) 봄 당시 명례방에 있던 김범우의 집에서 초기 신자들이 형조에 적발된
    이른바 '을사추조적발사건(乙巳秋曹摘發事件)'이 벌어졌는데, 양반의 자제들이 연루되
    어 중인이던 김범우만 유배형을 받고 사건 자체는 일단락되었다. 김범우는 유배지로 가

신해박해의 출발지 진산성지 2020-11-21

집에서 『천주실의(天主實義)』와 『칠극(七克)』 두 권의 교리를 빌려와 필
사한 뒤 독학으로 천주교를 터득했고, 고종사촌 형 권상연은 신해박해
수년 전 윤지충 집에서 두 책을 얻어보게 되었다.[60]

　　진산 군수에서 전라도 관찰사에게 넘어간 윤지충과 권상연은 매
30대를 맞으며 심문을 받았고, 형문을 당할 때 피를 흘리고 살이 터지
면서도 찡그리거나 신음하는 기색을 얼굴이나 말에 보이지 않았으며,
말끝마다 "천주의 가르침이었다"[61]라고 응답한 것으로 볼 때 그들의 신
앙심의 깊이를 가히 짐작해볼 수 있다.

　　윤지충, 권상연 두 사람은 1791년 11월 8일 참형으로 세상을 떠났
다. 성리학 사상과 조선 통치의 근간을 거부하며 천주교의 교리를 가슴
에 새기고 신앙심 하나로 순교한 것이다.

는 도중 숨짐으로써 한국 최초의 순교자가 되었다.

60　『정조실록』 33권, 정조 15년(1791) 11월 7일 무인 두 번째 기사.

61　위의 기사.

2021년 3월 11일 완주 초남이성지 바우배기에서 윤지충과 권상연의 묘가 발굴되었다.
전주 덕진성당의 유해순회기도 전시물, 2021-11-12

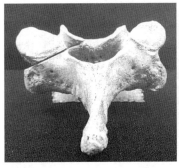

5호 묘소에서 수습된 윤지충의 목뼈 유해,
다섯째 목뼈가 절단되어 있다.

5호 묘 윤지충과 3호 묘 권상연 묘소에서 발굴된
백자사발지석의 명문. 좌측이 기묘(1759)생인 윤지충,
우측이 신미(1751)생인 권상연의 사발지석이다.

진산성지 내의 성당. 1927년 세워졌다. 2020-11-21

　　우리는 신해박해로부터 천주교가 공식적으로 공인된[62] 1899년까
지 100년 동안 신유박해, 기해박해, 병인박해 등 천주교인들이 목숨을
걸고 신앙을 지켜나간 역사를 알고 있다. 그들의 희생은 폐쇄적인 성리
학을 근간으로 한 봉건적 조선 사회가 천주님 아래 만민이 평등하다는
평등사상의 근대국가로 나아가는 데 커다란 기여를 했음을 기억해야
한다. 또 하나의 축이 바로 민족종교이자 사상이며 도인 동학이다. 세상
모든 사람에게는 하늘님이 내재되어 있으며 만인이 평등하다는 시천주
사상이 그것이다.

62　교민조약은 1899년(고종 36) 조선교구장인 주교 뮈텔(Mutel, G.)과 내부 지방국장 정준
　　시(鄭駿時) 사이에 체결되어 비로소 한국인에게도 신교의 자유가 공식으로 인정되었다.
　　그리고 5년 후에는 프랑스 공사와 외부대신 사이에 선교조약이 체결됨으로써 지방 본당
　　에서 선교사들의 정착권도 법적으로 인정받게 되었다(한민족문화대백과).

금산과 진산의 향기 2
- 태조 태실, 이현상 생가, 칠백의총

진산역사문화관과 진산성당을 둘러본 연수단은 윤지충과 권상연이 연루된 진산사건 현장을 가슴 가득 감동으로 채우고 추부터널을 통과하여 대전 동구 끝자락에 있는 옛터민속박물관 식당에서 점심을 먹었다. 다시 식장지맥 만인산의 산줄기 아래 추부터널을 통과하여 태조대왕 태실을 찾았다. 519년이라는 그 긴 기간만으로도 의미가 있는 나라 조선왕조 창업주 태조대왕의 태를 묻은 곳이 1393년 전라도 진산군 마전리 태실이었다. 태어나서 왕이 되기까지 그는 왕자도 아니었다. 그런데 어떻게 그의 태를 보관하고 있었을까. 아마도 그가 태어날 때부터 어떤 징후가 있었기에 태를 은밀하게 보관했을 것이다. 그리고 한양으로 천도할 때 이성계의 태실부터 만들었다[63]고 하니 조선왕조에서 이후 왕자들의 태를 대하는 자세는 특별했다고 할 수 있다. 전 세계적으로도 장태(藏胎)문화는 우리나라밖에 없다고 하니 세계유산으로 가치가 있다

---

[63] 『조선왕조실록』을 보면 1392년 11월 27일 권중화를 보내 양광도, 전라도, 경상도에 안태할 땅을 살펴보게 했고, 1393년 1월 7일 태실을 완산부 진동현에 안치하고 승격시켜 진주로 삼았다는 기록이 있다. 조선왕조의 수도를 개경에서 한양으로 천도한 것은 1394년 10월이었다.

금산군 추부면 만인산 자락에 위치한 태조대왕 태실 2020-11-21

고 여겨진다.

　　한양에서 멀리 떨어진 이곳 진산 추부에 태조대왕의 태실을 설치
한 것은 어떤 이유가 있을까. 그 속에는 풍수비보사상이 자리하고 있는
것으로 알려진다. 형국론에 따르면 차령산맥 이남과 금강 밖에 위치한
지역은 산의 형상이나 물의 흐름이 나란히 왕도에 반기를 들 지세로 알
려져 있다. 이러한 지세를 일러 이익은 『성호사설』에서 '반궁수'로 풀이
했다. 즉, 왕도가 있는 한양을 향해 활시위를 겨누는 형국이라는 것이
다.[64] 그 세를 누르기 위해서는 활시위에 해당하는 금남호남정맥 상에
있는 마이산의 기운을 눌러야 한다고 보았다. 그래서 태조대왕의 태를
진안 마이산을 누를 수 있는 이곳 만인산 자락에 배치했다는 것이고,
음양오행의 상생상극 이치를 적용하여 나무 목(木)이 들어 있는 전주이

64　　금산문화원, 『만인산 마을 이야기』(금산: 제일인쇄사, 2017), 130쪽.

태조대왕 태실 2020-02-14

전주 경기전 안에 있는 예종대왕 태실. 완주군 원덕리 태실마을에 있었다. 1928년 일제가
태항아리를 가져가면서 파괴되었고 1970년 현 위치로 옮겼다. 2016-01-26

씨(全州李氏)를 누르는 금(金) 기운을 띠는 마이산을 불기운이 깃든 만인
산으로 진압하기 위한 장치가 내재해 있다고 보고 있다.

　1392년 조선왕조의 출발과 함께해온 태조대왕의 태실이 519년 왕
조의 가장 이른 초기 건축물이라니 그 어마어마한 역사에 놀라움을 금

할 수 없다. 일제강점기에 훼손되고 원위치마저 옮겨진 상태가 되었는데, 근처에 있는 본래의 위치로 되돌아가길 바란다. 태조대왕 태실비는 이수와 비신 그리고 귀부 등 세 부분으로 구성되어 있는데, 비신의 몸이 세 토막으로 잘린 뒤 이어진 형태다. 중간에 파괴되어 보완했는데, 맨 하부의 암석이 위 두 부분과 다른 암석이다. 또한 귀부의 거북은 이빨을 드러내놓고 머리가 45도 방향으로 틀어져 있는데, 옮겨오기 전 자리에서는 머리 방향이 진안 마이산을 향했다고 한다.

전주의 조경묘, 조경단, 경기전의 태조 어진, 오목대와 이목대, 풍패지관 전주객사 그리고 금산의 태조대왕 태실, 아울러 어진과 위패를 지키기 위해 축조한 완주 위봉 산성에 이르기까지 조선왕조의 상징성을 갖는 건축물들이 잘 보전되기를 바란다. 특히 태조대왕 태실이 하루 속히 세계문화유산에 등재되기를 소망해본다. 전주 경기전 안으로 옮겨와 자리하고 있는 예종대왕 태실의 구조와 똑같은 형태인 태조대왕의 태실을 눈앞에서 확인한 연수단은 새롭게 인식하게 된 태실의 문화유산 가치를 되새기며 군북면 외부리 이현상 생가로 발길을 돌렸다.

올 2월 이곳 외부리 이현상의 생가를 찾아와 마을 어른 세 분을 취재하며 알게 된 내용과 『이현상 평전』[65] 그리고 황풍리 반남박씨 어른의 증언을 토대로 마을회관 쉼터에 앉아서 이현상의 생애를 돌아보았다. 남부군 총사령관으로 익히 알려진 이현상은 1904년 대한제국 시기 부유한 가정에서 태어나 금산보통학교, 고창고보, 서울의 중앙고보, 보성전문학교 등을 다녔다. 1926년 6.10만세운동을 주도하여 일제에 체포되기 시작하여 1942년 보석으로 가석방될 때까지 13년 동안 일제의 감옥에서 살아야 했다.

---

65   안재성, 『이현상 평전』(서울: 실천문학사, 2007).

이현상 생가 마을인 외부리 구 마을회관 2020-02-14

금산 군북면 외부리 이현상 생가 마을 앞에서 2020-11-21

　해방 후 남조선노동당에 가입하여 1948년 북한으로 들어간 뒤 다시 남하하여 여수·순천 10.19 사건의 피의계열 잔존세력을 규합하여 지리산으로 들어가면서 그의 빨치산 활동이 시작된다. 그리고 1953년

9월 18일 지리산 빗점골에서 시체로 발견되어 섬진강 모래사장에서 차일혁에 의해 화장되고[66] 한 줌 재가 되어 광양을 거쳐 남해로 흘러갔다.

소설 『아리랑』 속 주인공 송수익의 큰아들 송중원의 아들인 송준혁이 해방되기 전 일제의 학도병을 피해 지리산으로 숨어들어 이현상으로부터 사상학습을 받는 부분을 인용하여 당대 지식인들과 사회주의 관계를 돌아보았다. 해방 이전 민족주의 계열과 사회주의 계열, 그리고 아나키즘을 받아들인 사람들로 나뉘어 조국의 독립이라는 목표 아래 독립운동을 전개한 독립지사 모두의 공을 기억하자고 했다. 화산 이현상의 생가는 그의 어머니가 둘째 며느리와 함께 살았다고 전해진다. 연수단 일행 중에서 이현상의 어머니가 자신의 할머니의 어머니였다는 분이 계셔서 역사의 현장이 더욱 실감 나게 다가왔다.

금산의 문화와 역사 첫날 일정의 마지막 답사지는 칠백의총이었다. 학창 시절부터 들어온 금산 칠백의총을 찾아 아침에 넘은 이치전투와 연결하여 이곳 금산에서 벌어진 여섯 차례의 의병전쟁을 지도상에서 위치를 찾아가며 살펴보았다. 권종의 천내강 개티전투, 고경명과 유팽로의 눈벌전투, 황진과 권율의 이치전투, 조헌과 영규의 연곤평전투, 변응정의 횡당촌전투, 다시 이치에서 무명 400 용사의 전투 등이 그것이다. 금산은 의병전쟁의 성지다.

의병의 전투 과정에 접근한 뒤 종용사 사당 앞에 모였다. 대표가 나서서 향을 피운다. 의병들의 숭고한 향기는 의로운 길을 내어 오늘 우리 앞에 놓여 있다. 묵념 음악을 준비해줘서 경건하면서도 가슴 뭉클한 참배를 할 수 있었다. 참배 후 사당 뒤에 있는 봉분으로 올라가 한 바퀴 돌면서 의로운 분들의 넋을 위로했다. 1909년 매천 황현이 이곳 종

---

66   차길진, 『빨치산 토벌대장 차일혁의 수기』(서울: 후아이엠, 2011), 324쪽.

금산 칠백의총 종용사 앞에서 금산지역 의병전투 전체 개요 안내 2020-11-21

칠백의총 종용사를 참배하는 연수단 2020-11-21

용당(從容堂)에서 남긴 시를 통해 순절 의인들의 고귀한 희생을 마음으로 덮어드리다.

秋山寒擁兩峯祠　가을 산은 차갑게 양봉의 사당을 감쌌는데
秋草平沈義塚碑　가을 풀 우거진 속 의총비가 묻혀 있네
報國豈徐投轄後　보국을 어찌 투할한 뒤로 늦추리오
喪元早決批鱗時　목숨 걸고 조기에 비린할 때를 결정했지
角殘野戍愁雲黯　화각 끊긴 들판 진터에는 슬픈 구름이 어둑하고
鴉亂荒壇落日遲　까마귀 떼 요란한 거친 단에는 지는 해가 더디네
眼見東氛吹轉急　동쪽의 요기가 점점 급히 불어오건만
何人爲報九原知　뉘라서 구천에 전해줄 수 있으리[67]

칠백의총 정문 앞에 원을 만들고 서서 금산의 하루를 마감했다. 전주와 남원으로 복귀한 뒤 다음날 아침 금산 조종산 아래 금산소방서에서 만나기로 했다.

2020-11-21

67　〔한국고전종합DB〕,『매천집 제5권』「시(詩) 기유고(己酉稿)」.

금산과 진산의 향기 3

― 조종산, 적벽강, 눌재비

코로나가 아니었으면 전날 금산에서 숙박하고 여유 있게 하루 일정을 시작했을 텐데 전주와 남원으로 복귀했다가 이른 아침 전주에서 출발하는 버스는 8시에, 남원에서 출발하는 버스는 7시 30분에 각각 출발하여 9시 30분경 금산소방서 앞에서 합류했다.

전교연과 남교연이 주최하고 책따라길따라연구회가 합류하여 북원 태학이 기획·진행하는 「강 따라 떠나는 인문학 기행」 금강 편 제3부 금산의 자연과 문화·역사 기행이 이틀째 진행되고 있다.

그리 높지 않은 산이라 상큼한 아침 기운을 느끼며 산행을 시작했다. 특유의 산 내음이 코끝을 스친다. 습기를 머금은 아침 공기, 새소리, 그리고 풀과 나무들의 향이 뒤섞여 산속은 그야말로 천연의 공간이 되어 우리를 흡수해버린다. 아침 산행을 싫어할 자가 누가 있으랴. 더욱이 금강을 따라가는 인문학 기행인데 말이다. 절로 탄성을 자아내며 꼬리를 이어 만든 긴 행렬의 선두가 조종산 정상에 다다랐다.

1872년 금산군 지방지도를 찾아 금산 객사와 조종산을 확인하는 것으로 연수를 시작했다. 서에서 동으로 금산읍을 빠져나가는 금산천을 경계로 북쪽에는 관아, 그리고 남쪽 조종산 아래 동편으로 금산 객

금산읍 남서쪽 조종산 홍범식 군수 순절지 2020-11-22

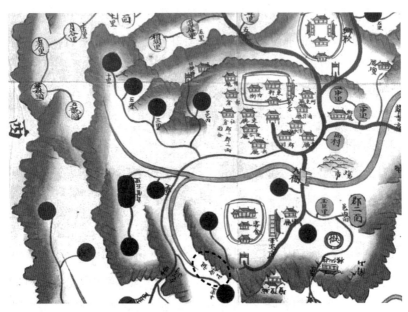

1872년 금산군 지방지도. 금산천 남쪽 객사 남서쪽에 조종산(祖宗山)이 보인다. 자료: 규장각
원문검색서비스

사가 자리했다. 다른 고을의 건물배치와는 다른 구조였다. 보통 객사는 고을 관아의 중심에 함께하는데, 금산의 경우 객사가 따로 분리되어 관아의 남서쪽 금산천을 건너 조종산 아래에 배치되어 있다. 고지도에서 조종산을 찾은 다음 이곳의 주인공 홍범식 선생의 삶의 이야기로 시공간을 이동했다.

> 벽초(碧初) 홍명희[68]의 부친인 홍범식은 1907년 태인 군수를 역임했다. 그는 태인에서 목민관을 할 때 다양한 선행활동을 했다. 당시 태인군에서는 아전들의 탐학이 심했을 뿐 아니라 일반 백성들이 의병전쟁과 관련하여 무고하게 잡혀 죽는 일이 비일비재했다. 군수로 부임한 선생은 의병부대를 진압하려 출동한 일본군 수비대를 설득하여 무고한 백성들이 피해를 보는 일이 없도록 힘썼다. 나아가 군수로 재직하는 동안 일체 백성들을 수탈하지 않음은 물론, 황무지 개척과 관개 수리사업을 시행하는 등 선정을 베풀었다. 그리하여 이에 감동한 군민들이 마을마다 송덕비를 세워 그 수가 38개에 이르렀다고 하니, 선생의 인격을 짐작하고도 남음이 있겠다. 그 가운데 하나가 지금도 정읍시 산외면 오공리 야정 마을에 남아 있는 '군수 홍범식 선정비'이다.[69]

1909년 금산 군수로 옮긴 뒤 1년 있다가 경술국치 소식이 전해오자 유서를 써놓고 관아에서 자결을 시도했다. 하지만 시종의 방해로 뜻

---

68 장편소설 『임꺽정』을 저술한 소설가. 언론인, 사회운동가, 정치인이었다. 1930년 신간회 주최 제1차 민중대회사건의 주모자로 잡혀 옥고를 치렀다. 1945년 광복 직후에는 좌익 운동에 가담하고, 조선문학가동맹 중앙집행위원장이 되기도 했으나, 곧바로 월북하여 북한 공산당 정권 수립을 도우면서 부수상 등 요직을 거친 것으로 알려져 있다.

69 네이버캐스트, https://terms.naver.com(2018. 11. 6).

금산 조종산에 세워진 홍범식 군수 순절비와 순절지비 2019-01-05

을 이루지 못하자 이곳 조종산에 올라 소나무에 목을 매었다. 유서 10여
통을 써서 당시 금산법원 서기였던 김지섭을 통해 가족들에게 전했다.
특히 아들에게 보낸 유서 내용은 가슴을 아리게 한다.

> 기울어진 국운을 바로잡기엔 내 힘이 무력하기 그지없고 망국
> 노의 수치와 설움을 감추려니 비분을 금할 수 없어 스스로 순국
> 의 길을 택하지 않을 수 없구나. 피치 못해 가는 길이니 내 아들
> 아 너희들은 어떻게 하던지 조선 사람으로 의무와 도리를 다하
> 여 빼앗긴 나라를 기어이 되찾아야 한다. 죽을지언정 친일을 하
> 지 말고 먼 훗날에라도 나를 욕되게 하지 말아라.[70]

그의 아들 벽초 홍명희는 아버지의 유언대로 친일하지 않았고, 우

70   네이버캐스트, https://terms.naver.com(2018. 11. 6).

리에게 소설 『임꺽정』을 남겼다. 그리고 김지섭에게도 "나라가 망했구나. 나는 죽음으로써 충성을 다하련다. 그대도 빨리 관직을 떠나 다른 일에 종사하라"라고 전했다. 이에 김지섭은 공직을 떠나 약산 김원봉을 만나 의열단원이 되어 상해에서 수류탄을 휴대하고 일본 동경으로 가서 궁궐에 폭탄을 투척했고, 체포되어 옥살이하다가 순국했다. 이는 자신이 모시던 홍범식 군수의 향기를 이어받은 것이라고 할 수 있다. "대한제국에는 360여 명의 군수가 있었으나 정충대절(精忠大節)의 절개를 지킨 군수는 금산 군수 한 사람뿐이었다"[71]라는 기록에서 당시 홍범식이 보여준 절개가 얼마나 고귀한 것이었는지 알 수 있다. 나라를 잃은 신하가 그 나라를 강탈한 일제에 목숨을 내놓고 저항했으니 그의 순절이 당시 세상 사람들에게 던진 파문은 컸을 것이다.

금산 읍내가 한눈에 내려다보이는 곳에서 홍범식도 그날 우리처럼 이렇게 관아를 내려다보며 망한 나라의 현실을 한탄했을 것이다. 혼자 힘으로 어찌할 수도 없는 짓누르는 자괴감을 극복하지 못하고 선비로서 자신의 길을 갔다.

그동안 여러 곳을 옮겨 다니던 순절지비와 순절비가 이제 모두 이곳 조종산 정상의 제자리에 안착했다. 그의 호인 '일완(一阮)'이라는 편액이 걸려 있는 일완정 옆에는 절개를 상징하는 소나무 두 그루가 서 있고, 그 옆에 순절비가 함께하고 있다.

백세청풍의 맑음으로 유방백세의 삶을 살다간 홍범식 선생의 의로운 넋을 다 함께 기리며 참배했다. 새소리와 아침 숲의 향기 그리고 약하게 내려앉은 안개 등이 머리를 숙인 연수단과 하나가 되었다. 10여 분 만에 내려온 일행은 일요일인데도 친절하게 화장실을 개방해준 금

---

71   금산 군수, 『금산문화유산』(금산: 주 타오기획, 2010), 122-123쪽.

순절한 홍범식 선생을 참배하는 연수단 2020-11-22

산소방서 소방관의 친절함에 감사드리고 적벽강으로 향했다.

부안 격포의 적벽강, 화순의 적벽강, 그리고 이곳 금산 땅 금강의 적벽강 등은 송나라 시인 동파(東坡) 소식(蘇軾)과 관련이 있다. 금강의 지류인 봉황천의 황풍교를 건너 부리면으로 접어들어 무주 외도리와 내도리에서 내려오는 금강을 좌측으로 보내면서 수통리로 향했다. 수통대교 서편마을에는 청계사가 있다. 이 마을 집들의 도로명 주소에는 '도파길'이라는 이름을 쓰고 있는데, 이는 적벽강 마을 서편 금강이 돌아가며 쌓아놓은 퇴적층 안쪽에 있는 대늪 저수지[72]와 관련이 있다. 조선시대에는 대늪을 '도파연(道波淵)'이라고 했으며, 이곳에는 굳개와 그의 남편 왕언호의 이야기가 담겨 있다. 우리는 굳개의 절개 현장을 찾았다. 굳개는 금산군 사람인데, 임진왜란이 일어나자 남편에게 "당신이 싸움에 가게 되면 나 홀로 의지할 데가 없는지라 왜군이 만약 나를

---

72   충남 금산군 부리면 수통리 806-22번지.

범한다면 마땅히 물에 몸을 던져 죽을 것이니 만약 살아 돌아온다면 내 시신은 도파연에서 찾으라" 했는데 그 후 왜적이 욕보이려 하자 과연 약속대로 도파연에 몸을 던져 죽었다. 이에 임금이 정려문을 세워주었다. 이 이야기는 광해군 9년(1617)에 간행된 『동국신속삼강행실도』에 실려 있다.[73]

한편 이곳 대늪은 민속학적으로 의미 있는 공간이기도 하다. 이곳 사람들은 대늪에 돌을 던지는 행위와 '약꿔'라는 붉은 열매를 돌에 찧어 물에 풀고 용머리를 때리는 민속 행위를 했다고 하는데, 이는 인근 어제리에서 행하는 농바우 끄시기와 같이 기우제의 성격이 있다[74]고 한다.

지난번 폭우로 용담댐을 열어 이 지역이 수해를 입어서 그런지 곳곳에 그 흔적이 남아 있었다. 대늪을 떠나 금강을 우측에 두고 적벽대교를 건너 적벽강에서 풍광이 가장 돋보이는 적벽의 암벽 앞에 멈춰 금강을 바라보며 모두 둥글넓적하게 마모된 강돌 위에 앉았다.

대둔산과 같은 석영반암으로 이루어진 적벽은 강물에 차단되어 가까이 가서 만져볼 수 없지만, 강 건너에서 바라보기에도 약간은 붉은 기운이 감도는 것을 느낄 수 있다. 석영반암 속 주성분 중의 하나인 장석이 붉은 기운을 뿜어내고 있기 때문이다. 동파 소식의 적벽강에서 그 이름을 따온 것이라면 이곳에도 그와 관련된 요소가 있지 않을까. 아니 도도하게 흐르는 금강의 물길과 기암괴석으로 한 몸 되어 흐르는 곳에 그와 관련된 흔적이 없어서야 되겠는가. 이곳 적벽에는 청풍서원에서 만나게 될 야은 길재의 후손인 해평길씨 송천파 사람들이 1922년 송

---

73   금산문화원, 『적벽강 마을 이야기』(대전: 디오, 2007), 100쪽.

74   위의 책, 101-105쪽.

굳개가 순절한 대늪. 용머리 때리기 등의 민속 행위가 행해졌다. 2020-11-22

천재를 짓고 적벽에서 뱃놀이하면서 남겨놓은 암각서[75]가 있다. 강 건너여서 거리가 멀어 눈으로 확인할 수 없지만, '泛舟遊於赤壁之下(범주유어적벽지하)'가 그것이다. 泛舟遊於赤壁之下는 소동파가 호북성 황주에 유배되어 있던 47세 때 지은 '壬戌之秋七月旣望(임술지추칠월기망)'에 "蘇子與客(소자여객)으로 泛舟遊於赤壁之下(범주유어적벽지하)할새"로 시작되는 「전적벽부(前赤壁賦)」에 나오는 글귀다.

　붉은 적벽을 마주하고 앉은 연수단은 소동파의 「전적벽부」를 5명이 낭송하며 비단과도 같은 금강의 고운 물결을 타고 배에 올라 함께 노닐며 1082년 임술년으로 머나먼 여행을 다녀왔다.

> 壬戌之秋七月旣望에 蘇子與客으로 泛舟遊於赤壁之下할새
> 淸風은 徐來하고 水波는 不興이라.

75　위의 책, 92-99쪽.

금산 적벽강에서 소동파의 「전적벽부(前赤壁賦)」를 낭송했다. 2020-11-22

적벽강에서 「전적벽부」를 낭송하는 연수단 2020-11-22

擧酒屬客하고 誦明月之詩하며 歌窈窕之章이러니
少焉에 月出於東山之上하여 徘徊於斗牛之間하니
白露는 橫江하고 水光은 接天이라.

縱一葦之所如하여 凌萬頃之茫然하니

浩浩乎如馮虛御風而不知其所止하고

飄飄乎如遺世獨立하여 羽化而登仙이라.

　　임술년(壬戌年) 가을 7월 16일에 소(蘇) 선생이 손님과 함께 배를 띄우고 적벽(赤壁) 아래에서 노니는데, 맑은 바람은 천천히 불어오고 파도는 일지 않았다. 술잔을 들어 손님에게 권하고 명월(明月) 시를 읊으면서 요조(窈窕) 장을 노래하는데, 잠시 후에 달이 동산 위로 솟아 남두성(南斗星)과 견우성(牽牛星)의 사이에서 배회하니, 흰 이슬은 강에 가로질러 있고 물빛은 하늘과 맞닿아 있다. 조각배가 가는 대로 맡겨 만경의 아득한 물결을 타니, 드넓게 허공을 타고 바람을 몰아 그칠 곳을 알지 못하는 듯하고, 너울너울 세상을 버리고 홀로 솟아 날개가 돋아 신선이 되어 오르는 듯했다.[76]

　　다시 적벽대교와 수통대교를 지나 문양공 눌재 양성지 선생을 배향한 구암사(龜巖祠)[77]로 향했다. 세조가 '해동의 제갈량(諸葛亮)'이라고 칭한 눌재는 발해만요기행 제2부 '청석령 디나거냐 초하구 어드매오'의 만주 봉황성에서 만나게 되는 인물이다.

　　고대 요순(堯舜)만을 이상적 군주로 떠받드는 시기에 단군을 국조로 모셔 받들기를 주장했으며 중국의 역사만을 일반 교과서

76　「전적벽부(前赤壁賦)」〔중국의 명문장 감상, 2011. 9. 18, 김창환〕.

77　금산군 부리면 평촌1길 2(평촌리 422번지).

로 사용하던 시절 우리의 동국사(東國史)를 배울 것을 역설했다. 文廟에 대하여 武廟를 세워 역대 명장을 모시자고 했고, 고구려의 유속을 받아 3월 3일과 9월 9일에 사격대회를 열고 무풍(武風)을 장려하자고 했다. 비변10책(備邊十策) 같은 국방에 관한 근본방침을 상술했고, 팔도지리지와 연변방술도(沿邊防戍圖)의 지도를 만들었으며, 개간사업을 하여 해변과 강·육지에도 방축을 세워 수전(水田)을 만들자고 주장하기도 했다. 직업이 없이 떠돌아다니는 사람들을 모아서 농사짓게 하고 여가에 무예를 익히게 하여 일거양득을 꾀하자 했으며 각도 군현에 의료기관을 설치하자고 제안하기도 했다. 이외에도 혼례나 연찬 그리고 과거제도 등에 개혁적인 대안을 제시했고, 우리의 아악 보호는 물론 중국의 악부 외에 번악부(藩樂部)를 두어 일본악과 여진악을 채용하자고 주장했으며, 우리 서적을 여러 권 만들어 사고에 보관하여 유실되는 것을 막자고 했다.

조선 500년을 통해 학자와 문인이 많았고 정략가(政略家)와 모신(謀臣)도 적지 않았다. 그러나 대개는 정주(程朱)의 학설과 반고(班固)·사마천(司馬遷)의 문장을 모방했다. 그렇지 않으면 대의명분을 구실로 강경 외교를 부르짖거나 인의(仁義)만으로 국방의 근본을 삼으려고 하는 사람도 매우 많았다. 그러나 자국의 현실을 바로 보고 백년대계는 세우지 못할망정 한 나라의 정치를 마음 굳게 먹고 잘해가자는 실제적 경륜가는 매우 드물었다. 양성지는 조선이 한창 번성할 때 배출한 인물 중 현실적 경륜가로서 색다른 존재라 하겠다.[78]

---

[78] 『한민족문화대백과』(검색일: 2020. 11. 21).

눌재 양성지 선생을 모신 구암사와 성혈을 품은 거북바위 2020-11-22

눌재 양선생 묘비 2020-11-22

눌재 양성지는 과연 세조가 칭한 대로 해동의 제갈량이라고 할 만했다. 오늘날에 정착된 여러 제도를 이미 조선 시기에 주창한 것을 보면 그가 얼마나 대단한 경세치용가였는지를 알 수 있다.

452

구암사 앞에는 거북바위가 자리하고 있는데, 바위의 상면과 측면
에는 성혈들이 새겨져 있다. 오래전 선사시대 때부터 이곳에 사람의 흔
적이 남아 있는 곳에 눌재의 후손이 그를 기리기 위해 구암사를 세웠
다. 선견지명으로 앞선 세상을 바라본 선각자 양성지 선생의 높은 덕망
을 돌아보고, 1481년 올린 국경 인식에 대한 상소문[79]을 통해 오늘날 우
리 영토와 국방에 대한 현주소를 돌아보았다.

---

79 『성종실록』 134권, 성종 12년(1481) 10월 17일 무오 첫 번째 기사[성화(成化) 17년].

금산과 진산의 향기 4

- 청풍사, 금산 충렬사, 고경명 순절비

오후 1시가 되어서야 남일면 무금로에 있는 삼원식당에서 점심을 먹고 다시 부리면으로 향하여 불이마을에 있는 청풍서원(淸風書院)[80]의 지주 중류(砥柱中流)와 백세청풍(百世淸風)비 앞에 섰다. 고대 시기 고죽국의 왕자 백이와 숙제 두 형제로부터 시작되는 백세청풍의 선비정신은 고려와 조선시대를 거치면서 지식인들의 절의(節義)을 상징하게 되었다. 청풍서원은 야은 길재(吉再)의 청절(淸節)을 추모하기 위해 창건하여 위패를 모시고 있다. 이곳에 길재를 모시는 서원이 세워져 있는 것은 경북 구미의 선산(善山)에서 태어난 그의 아버지가 금주지사로 부임했을 때 따라왔다가 이곳의 신씨 가문에 장가들어 살았기 때문이다. '불이(不二)'라는 지명은 고려가 멸망하고 조선이 건국될 때 함께 참여하지 않았으므로 후인들이 그의 절의를 사모하여 불사이군(不事二君)의 문구를 따서 '불이리'라고 부르기 시작한 데서 유래한다.[81]

은나라의 고죽국이 주나라를 거부했을 때, 고려에서 조선으로 역성혁명이 이루어졌을 때, 수양대군이 단종의 왕위를 찬탈했을 때, 임진

---

80   금산군 부리면 불이리 246-1.

81   한상우, 『조선 선비의 길을 열고 숲을 일구다』(서울: 학지사, 2015), 411쪽.

불이마을 지주중류(좌)와 백세청풍(우, 비각) 2017-12-19

야은 길재의 후손인 청풍사 관리인의 설명 2020-11-22

애란이 발발하자 전국에서 의병들이 무기를 들었을 때, 청나라가 조선을 침략했을 때, 동학농민혁명의 깃발을 들어 장의했을 때, 을미사변과 을사늑약의 일제 침략 시기에, 경술국치를 당하여 해외에 망명하여 무장독립전쟁을 전개했을 때, 그리고 대한민국 정부수립 이후 현대사에서 군부독재에 항거하여 민주주의를 위해 목숨을 내놓고 투쟁했던 때, 그때마다 앞에서 길을 낸 선비정신은 시대를 뛰어넘으며 면면히 살아 숨 쉬고 있다.

야은(冶隱) 길재는 '삼은(三隱)'이라는 용어를 만들어내게 한 분이다. 조선 선비들이 야은을 자신들의 학문적·사상적 근본으로 삼았을 만큼 그는 큰 영향력을 끼쳤다.[82] 청풍서원의 지주중류와 백세청풍비에서 오늘을 살아가는 이 시대의 선비인 지식인들이 덕으로 품고 향으로 내어야 할 지주중류와 백세청풍은 무엇이 되어야 하는지를 묻는다.

「금강을 따라가는 인문학 기행 금산 편」의 이틀째 여정도 서편으로 기우는 하루 해만큼 마무리되어가고 있다. 금산 읍내로 진입하기 전에 만난 황풍교에서 이곳에 머물러 있는 역사의 한 조각을 꺼내본다. 1936년생인 반남(潘南) 박 옹이 열네 살 때인 1950년 이곳 황풍리 봉황천을 이현상이 지프차로 건너다가 빠졌을 때 나무에 밧줄을 걸어 빼내준 기억과 이현상이 쓰고 있던 모자를 선물로 주어서 받았다고 하는 증언이 그것이다.[83] 일행은 금산 읍내를 통과하여 금성면사무소 동편에 자리한 금산 충렬사[84]에 도착했다. 날씨가 약간 쌀쌀한 기운이 돌았다. 이곳에는 삼세오충비(三世五忠碑)가 세워져 있다. 용어에서 풍기듯 3대에 걸쳐 5명의 충신을 배출한 해주오씨 다섯 분을 모신 사당이 금산 충렬사다.

이곳의 주인공들은 1597년 정유재란 당시 남원성전투에서 순절한

---

82   한상우, 앞의 책, 7쪽.

83   2019년 12월 19일 황풍리 마을에 사는 81세 반남박씨의 증언.

84   금산군 금성면 진산로 356-10(금성면 상가리 10).

금산 충렬사 2019-10-16

삼세오충신을 모신 금산 충렬사 2020-11-22

3부자인 순천부사 겸 전라도 우방어사 오응정(吳應鼎), 그의 첫째 아들
충무위 부사정 오욱(吳稶), 셋째 아들 상의원 주부 오동량(吳東亮) 3인과
1619년 강홍립 등과 함께 명나라 지원군이 되어 후금정벌 당시 사르후

전투에 참전하여 순절한 우영천총 오직(吳稷), 병자호란을 당하여 선전
관으로 남한산성 전투에 참전하고 인조가 삼전도에서 항복하는 굴욕을
당하자 나라의 수치를 씻지 못하고 부친(오직)의 원수를 갚지 못했으니
어찌 하늘 아래 살겠느냐고 통분한 끝에 1637년 2월 1일 한강에서 투
신자살한 오방언(吳邦彦)[85]이다.

임진왜란, 명과 후금의 전쟁, 병자호란 등 나라가 위난에 처했을
때 목숨을 내놓고 3대가 함께 순절한 고귀하고 의로운 가문 앞에서 숙
연해지고 존경심이 우러나왔다. 이들 3세 오충신 외에도 장수 번암의
사암리에는 정유재란 당시 남원성에서 순절한 6부자가 있는데 시호공
정원길(詩湖號 鄭元吉)과 그의 다섯 아들[86]이 그들이며, 구한말 항일의병
전쟁에서 순절한 완주의 일문구의사(一門九義士)[87] 또한 기억해야 할 소
중한 분들이다.

3세 5충의 금산 충렬사의 의로운 향기를 뒤로하고 금산 기행의 마
지막 답사지 고경명선생비[88]가 세워진 양전리로 향했다. 금산은 의병들
의 순절지였다. 당시 전라도 진산과 금산에 해당한 이곳은 임진왜란 시
기 전라도 수부 전주를 지켜내기 위해 온몸으로 저항한 곳이다. 고경명
의병장은 담양에서 6천여 의병을 모아 거병하여 유팽로, 안영, 양대박,

---

85   익산문화원, 『익산의 충·효·열』(익산: 예림아트, 2006), 207-215쪽. 인조는 불쌍하게
     생각하여 군졸을 시켜 시신을 찾아내어 고향 땅에 안장하게 했다. 부인 정씨(鄭氏)도 남
     편의 시신을 건져 장례를 치른 뒤 목숨을 끊었다. 나라에서는 정려의 은전을 내려 부부의
     충렬을 포상했다. 금산의 충렬사(忠烈祠)에 제향되고, 뒤에 좌승지에 추증되었다(한국민
     족문화대백과).

86   장수군, 『장수군지』 제2권(전주: 피앤, 2010), 693-694쪽.

87   완주군 비봉면 내월리 도로변에 일문구의사비가 세워져 있다. 고흥유씨인 이들은 유중
     화, 유현석, 유영석, 유준석, 유태석, 유병석, 유연청, 유연풍, 유연봉 등 한 집안 사람 9인
     으로 을사늑약 이후 전북과 충청지역 일대에서 의병항쟁을 이끌었다.

88   금산군 금성면 양전리 522-15번지.

고경명순절비 2020-11-22

임진왜란 시 금산지역 전투도 자료: 금산칠백의총기념관 전시물, 2017-12-19

최상중, 양사형, 양희적 등을 부장으로 임명하여 태인, 전주, 은진, 연산, 진산을 거쳐 7월 9일 전라도 방어사 곽영과 함께 금산성을 공격했다.

권충민공 순절비. 임진왜란 때인 1592년 6월 24일 영동을 거쳐 금산으로 넘어오는 일본군과 이곳 갯터에서 전투가 벌어졌고, 금산군수 권종(權悰)이 순절했다. 권종은 권율 장군의 사촌형이다. 2017-12-19

10일 아침 고경명[89]의 의병군은 금산성의 서문을, 곽영의 방어사군은 북문을 공격했지만, 관군이 궤멸되자 의병도 무너졌다. 남원을 출발한 의병진은 이곳 금산의 눈벌에서 최후를 맞이했다. 당시 금산과 진산 지역에서 벌어진 여섯 차례 의병들의 항전은 1597년 정유재란이 발발하기 전까지 전라도 곡창지대를 온전하게 보전함으로써 그곳에서 생산된 곡물과 인적자원은 훗날 정유재란 전쟁 수행에 전략적 자산이 되었다.

금산의 천내강변 개티, 눈벌, 이치, 연곤평, 횡당촌 등지에서 나라를 지키기 위해 온몸으로 막아낸 의로운 의병들의 숭고한 희생에 머리 숙여 감사드린다. 인삼의 향기와 의병의 의향(義香)이 맴도는 금산에서 이틀째 여정을 내려놓는다.

89　고경명의 큰아들 고종후는 1593년 진주성전투에서 순절했고, 둘째아들 고인후는 아버지와 함께 금산전투에서 순절했다. 구한말 항일의병장으로 연곡사에서 순국한 고광순 의병장이 고경명의 후손이다.

제7부

동학을 넘어 통일까지

만석보에서 전봉준 동상까지

간절하게 바라고 눈물겹도록 원한다면
통일 한국이라는 넉 자의 그 간단한 말은
눈앞에 우리 눈앞에 현실로 펼쳐 있으리라.

보라, 저 동편 호남정맥으로부터
아리랑의 땅 동진강 유역을
만석보가 막은 권력과 수탈의 역사
그 또한 민초의 함성으로
걷어내버린 혁명을

푸르디푸른 하늘과
배들 너른 땅 논배미의 녹색 생명들을 바라보며
정읍교육지원청 초 · 중등 교감연수단의
통일을 향한 장정이 둥둥둥 북소리와 함께 힘차다.

만석보를 더 넓게 그리고 더 높은 곳에서 바라보고
오늘을 내려다보라고

동진강과 정읍천이 만나는 두물머리에 쌓아 올린 인공조망대에서
사방을 돌며 혁명군을 불러 모으니
산도 물도 산속의 화산활동마저
동학농민혁명의 함성에 참여한다.

모악산, 두승산, 백산, 화호리, 계화산
그리고 남쪽 내장산과 노령까지도 가슴에 품고
「동학을 넘어 통일까지」 연수단은
혁명의 강 동진강의 만석보를 내려왔다.

공주에서 논산을 거쳐 전주성을 지나 원평 구미란에서 재기전을 치르고
혁명군이 최후의 전투를 벌인 태인의 성황산을 바라보며
피향정에 서 있는 조규순의 영세불망비와 홍범식의 애민선정비에서
유방백세와 유취만년의 향기를 맡아본다.

그뿐이랴, 편액으로 달아놓은 조병식의 시 역시 향을 뿜어내고 있으나
그 향이 겨운 것은 그가 담아놓은 삶의 길이 의롭지 못했음이다.

버스 2대에 몸을 싣고
태인을 지나 금구, 원평을 통과하며 우측으로 밀려나는 모악산을
바라보며 일본을 몰아내려 2차 혁명의 길을 떠나는
녹두꽃과 대동의 물결을 이루어 함께 진군한다.

원평은 교조신원운동의 복판이요
혁명군의 둥지나 다름없는 곳

464

만경강을 건너며 삼례 비비정 아래에서 혁명군이 도하(渡河)하여
삼례 역참으로 향하는 거대한 물결을 그려낸다.
역참 주변으로 즐비하게 늘어선 주막들에 빼곡하게 들어선
출정을 앞둔 혁명군의 의기가 하늘을 찌르고 서 있다.

원두표, 이도재, 이승우의 비가 이곳 삼례의 지나온 역사를 펼쳐놓는다.
동학농민혁명 2차 봉기 광장에서 1차 봉기의 과정을
동진강과 황룡강 그리고 만경강과 함께 돌아보았다.
한 달의 출정 준비를 마친 혁명군은 이제 서울로 진격이다.

갑오년 10월 11일 삼례를 출발하여 12일 논산에 도착하고
다시 10일을 머무르며 북접의 손병희 장군과 연합부대를 구성하고
10월 21일 논산을 출발하여 이인과 노성 그리고 무너미 판치를 넘어
초전의 승리를 드높이며 드디어 우금치 앞에 당당하게 진을 쳤다.

푸른 하늘은 부시고 아름다워
눈물이 날 정도다.
우금치 남쪽 좌측 변의 팽나무 제단 앞에서 연수단은 멈췄다.

백제로부터 후백제의 멸망 순간을 담고 있는 황산벌과 연산
조선시대 서인이 노론과 소론으로 분당하여 폐쇄적 사회로 끌고간
중심지 노성과 회덕의 회니시비 심장부에
땅을 갈아엎듯 그곳에 새 세상의 꿈을 펼쳐 진을 친 혁명군
드디어 우금치 그곳에서
서울로 가는 전봉준을 바라본 팽나무가 증언하는 역사가

공주 우금치에서 「동학을 넘어 통일까지」 정읍교육지원청 교감연수단 2019-05-21

뜨겁게 뜨겁게 담겨온다.

우리는 푸른 혁명의 하늘을 가슴에 품고
자주통일 혁명의 깃발 휘날리며 우금치 고개를 당당히 넘어간다.
그 누가 이 혁명의 울림을 막을 수 있으랴!

장엄한 행렬에 진동하는 포효에
좌우로 꼬꾸라지는 외세, 이념, 분단, 불신, 혐오, 무식, 무지
미국, 중국, 일본, 러시아 저들이 막아놓은 군사분계선조차
일순간에 무너지고 마는 통쾌한 역사에
녹두꽃이 활짝활짝 피어나고 천지가 개벽한다.

공주를 떠나 서울로 가는 전봉준을 앞세우고
「동학을 넘어 통일까지」 연수단은 이제 3.1독립만세

466

탑골공원 손병희 선생 동상 앞에 선 연수단 2019-05-21

혁명의 독립선언서가 낭독된 탑골공원 팔각정을 향한다.

삼일문을 통과하고 석판에 새긴 독립선언서를 동으로 바라보며
의암 손병희 선생의 동상 앞에 섰다.
태인 성황산에서 녹두장군과 함께 일본군을 맞아 전투를 치르고
무주, 충주를 거쳐 훗날을 기약하며 몸을 피한 그가 다시 나타나
1919년 기미년에 민족의 대표로 우뚝 섰다.

만해 한용운의 비를 지나 팔도의 독립만세 기념물을 하나씩 안아내며
남원을 지나 제주까지 학생으로부터 기생까지
만세 혁명의 들불을 활활 피어나게 한 그날
팔각정에 모여 압록강, 두만강 너머
간도 용정으로 이어간 독립만세의 물결을 만나보며
이제 통일의 촛불을 들어 올릴 때라며

종각 맞은편에 세워진 전봉준 장군 동상 앞에서 2019-05-21

새로운 독립선언서를 낭독하고 있다.

종각 건너편 옛 서림방 전옥서 터에서
뜨거운 눈빛으로 행인을 바라보며 오늘을 질타하고 있는 녹두꽃
전봉준 장군의 마지막 여정에서 그 강렬한 혁명의 함성이
한 맺힌 피눈물이 되어 주르륵주르륵 흘러내린다.

그곳에서 혁명을 내려놓고 떠나는
전봉준 장군의 마지막 시를 함께 낭송한다.
서울로 가는 전봉준이 아닌
서울에 온 전봉준의 남은 혁명의 대업을
이제는 이 땅의 지식인들이 이어갈 차례다.

동학농민혁명을 막아선 백여 년 전 당대 지식인들을
오늘 우리가 신랄하게 비판하듯
백 년 뒤 후손들은 분단을 끊어내지 못하고
남북 모두 외세에 의존하고 있는 이 시대 지식인들을
혹독하게 꾸짖을 터
저세상에서 우린 유취만년의 멍에를 쓰고
역사에 길이길이 남게 될 것이 두렵다.

우금치를 넘으며

북풍을 타고 금강을 넘어
공산성 마루에서 숨을 고르는
저 혹독한 반역(反歷)의 세월을 맞는다.

민중을 짓밟아 달라
청군을 부른 저 조정의 쓰레기들
기회를 엿보다가
잽싸게 쳐들어온 남쪽 바다 건너 왜놈들

우금치 너머 넘실대는
백의(白衣)의 열사들을 전멸코자
일제의 선진 총포 앞세운 조선의 관군

산마루 좋은 자리 펼쳐놓고

누구나 인간인 세상
누구나 똑같은 평등의 세상

공주 우금치를 넘고 있는 정읍교육지원청 연수단 2019-05-21

간악(奸惡)한 일제를 몰아내는 자주의 세상을 드높이
치켜세워 든 백의의 물결을 향해

비웃듯 쏟아붓는 저 가엾은 역사 앞에서
부러 울고 싶었다.
아니 이 통곡의 우금치에서 목 놓아 울어야 한다.
아, 적셔오는 눈물로 어찌 이들의 피를
어찌 저들의 스러짐을 위로할 수 있단 말인가

메마른 가슴이어도
닳고 닳아 눈물샘이 바닥났어도
눈물 없이라도 울어야 한다.

우금치를 넘는다.

공주 우금치, 동학을 넘어 통일까지 정읍교육지원청 교사연수단 2018-11-30

역사를 만나고
스러져 남긴 혼들의 터를 매만진다.

백십팔 년 지난 그 우금치에 서니
남쪽 바람이 드세고 북풍이 사납다
태평양 너머 저 먼바다에도 파도가 일렁인다.

오늘 내가 진정으로 살아있는 것이
비로소 눈물보다 더 큰 분노임을
알겠다.

2012-11-17

탑골공원

세상이 참 편리해졌다는 것을 실감하는 하루였다. 서울에 일이 있어 올라온 김에 꼭 들러보고 싶은 곳이 있었는데, 바로 탑골공원이다. 지난 2월 19일 효창운동장공원에 있는 백범김구기념관에서 열린 대한역사 광복전진대회에 참석하여 우리 민족의 뿌리 역사를 회복하기 위한 염원을 간직하고 돌아왔다. 그리고 2월 28일에는 남원지역 교사들과 3.1 독립만세 투쟁의 현장을 찾아가는 체험학습을 진행했다. 임실 오수에서 출발하여 남원시 덕과면과 사매면에 있는 만세투쟁의 현장을 밟았고, 이어 천황지맥 춘향터널을 넘어 남원의 남문시장과 북문시장에서 일어난 3.1독립만세 투쟁을 발생 시간 순서대로 찾아가서 만세운동을 재현한 의미 있는 체험학습이었다.

1919년 3월 1일 탑골공원과 태화관은 나라를 되찾겠다는 독립만세 투쟁의 출발지였다. 그 탑골공원을 찾아 그날의 장엄했던 선언문 낭독의 메아리를 100년이 흐른 뒤 듣고자 한 것이다. 이곳에서 쩌렁쩌렁하게 울려 퍼진 독립선언은 독립의 물결을 타고 넘실넘실 한강, 금강, 만경강을 건너 관촌 오원역을 지나 섬진강을 넘어선 뒤 임실에 전해지고, 급기야 남원 땅에도 도달할 수 있었나. 남원성 안에서 거대한 합성과 함께 하늘을 찌를 듯한 울림으로 퍼져나간 독립만세의 그 한복판에서 남원 삼절이 발생했다. 방극용 애국지사와 그의 아내 그리고 그의 어머니까지 현장에서 순국한 안타깝지만 숭고한 희생이 바로 그것이다.

탑골공원 북동쪽 담장을 타고 전국에서 일어난 3.1독립만세 투쟁의 역사를 조형물과 함께 설명을 붙여놓은 기념물 총 10개가 조성되어 있다. 그중 아홉 번째가 남원 삼절에 관한 내용을 담고 있다. 기념 조각물 아래 쓰인 내용은 이렇다.

> 1919년 4월 3일 남원에서 일어난 일이었다. 수천 명의 군민들이 질서정연하게 만세를 부르다가 방모 씨 등 십여 명이 일본 경찰의 칼 아래 쓰러지자 그의 아내와 어머니마저 달려와 거기서 자결하며 독립을 이루라는 말을 남기고는 눈을 감았다.

탑골공원은 우리나라 최초의 서양식 공원으로 대한제국 시기 조성되었다. 이곳에는 원래 고려시대 흥복사라는 절이 있었는데, 태종의 억불정책으로 사라지고 터만 남아 있었다. 조선 세조 때 그 자리에 원각사가 창건되었는데, 연산군 때 폐사되고 중종 때 모든 건물이 철거되어 빈터로 있다가 영국인 고문 브라운이 설계하여 공원이 되었다. 삼일문을 통과하면 바로 우측에 한문과 한글로 대한독립선언서가 조성되어 있다. 이 조형물 바로 좌측에는 의암 손병희 선생의 동상이 자리한다.

동학의 3대 교주였던 손병희 선생은 전봉준 장군과 함께 정읍 태인의 성황산 전투를 마지막으로 금구 원평에서 해산한 뒤 북상하여 원산, 강계에서 운둔했고 1906년 동학을 천도교로 개칭한 뒤 3대 교주에 오른 동학농민혁명 때 북접의 장군이었다. 1919년 3.1독립만세 민족대표 33인의 대표로 체포되어 3년 형을 선고받고 복역 중 병보석으로 출감 치료하다가 유명을 달리했다. 이곳 탑골공원에 손병희 선생의 동상

탑골공원 내 팔각정. 1919년 3월 1일 오후 2시 정재용 학생이 독립선언서를 낭독했던 곳이다.
2019-03-05

과 만해 한용운 선생의 기념비가 세워진 배경을 이해할 수 있다. 그러므로 탑골공원은 동학농민혁명으로부터 의병을 거쳐 3.1독립만세 투쟁까지 불굴의 항일투쟁이 연속되었음을 알 수 있는 소중한 공간이다.

공원은 아담한 규모로 그리 크지는 않다. 중앙에 팔각정이 있는데, 바로 이곳에서 정재용 학생의 선언서 낭독이 있었다. 우측에는 원각사비가 세워져 있다. 원각사지 10층탑이 바로 이곳에 세워져 있는데, 국보 2호다. 보호막을 세워 자세히 볼 수는 없으나 하단부의 조각들을 보니 그 정교함에 감탄사가 나온다. 조선시대에 세운 석탑이 이렇게 정교하다니 믿기지 않을 정도였다. 고려시대의 경천사지 10층석탑과 재료나 모습이 유사하여 탑골에 있는 석탑이 조선시대가 아닌 그보다 더 오래전에 세워졌을 것으로 오해를 받기도 했다.

3.1독립만세운동 100주년을 맞이하여 이곳 탑골공원에 조각된 10개의 기념물을 하나하나 꼼꼼하게 읽어보았다.

첫 번째는 이곳 공원의 팔각정에서 정재용 학생이 독립선언서를 낭독하는 장면을 나타내고 있다.

두 번째는 함경도 함흥 고을 민중의 만세투쟁으로, 조영신 학생의 입을 찢는 왜경의 모습과 더욱 강한 열기로 만세 투쟁하는 모습이다.

세 번째는 평양의 기독교 신자들이 장댓재 예배당에서 고종황제의 추도제를 마치고 거리로 나와 천도교인과 합세하여 만세투쟁을 벌이는 모습을 담았다.

네 번째는 황해도 해주에서 문월선 등 기생들이 선봉이 되어 만세 운동을 벌이고 있으며, 여자의 머리채를 말꼬리에 매단 채 끌고 가는 일제 경찰의 잔인한 탄압 모습을 담고 있다.

다섯 번째는 강원도 철원 고을 민중이 일제 경찰과 헌병의 총칼을 딛고 만세 투쟁에 함께하는 모습이다.

여섯 번째는 일본군 1개 소대가 수원 제암리에 와서 예수교인과 천도교인을 교회당에 몰아넣고 총으로 난사한 뒤 불을 지르고 불을 피해 나오는 여자들을 칼로 잔인하게 죽이고 창문으로 내보내는 아기들마저 잔인하게 죽이는 모습을 담고 있다.

일곱 번째는 천안 고을 병천시장에 수천 명의 군중 중에서 주모자 유중천 등 20여 명은 현장에서 참살되고 유관순은 감옥에 갇힌 뒤 혹독한 고문에 항쟁하다가 옥사하는 내용이다.

여덟 번째는 경남 진주에서 기생 수백 명이 만세를 부르며 남강 변을 행진하다가 일본 경찰과 헌병이 총칼로 찌르려고 하자 "우리는 논개의 후신이라" 하고 애국가를 부르며 용감하게 달려나가는 장면이다.

아홉 번째는 남원의 삼절을 묘사했다.

열 번째는 제주도에서 남녀 군중과 학생들이 함께 일어나 만세를 부르는 장면이다. 한라산 정기를 타고난 그들은 맨손으로 달려나가 일

탑골공원의 의암 손병희 선생 동상 앞에서 정읍교육지원청 교감연수단 2019-05-21

본 경찰의 무서운 총칼과 싸워 피를 흘리면서도 행진을 계속하여 한 사람도 굽힘이 없는 모습을 담고 있다.

 탑골공원의 역사적인 순간, 한 사람 또 한 사람 그렇게 그 자리에 있던 사람들은 우리 민족의 독립을 이끈 위대한 애국자들이었고 그들의 숭고한 희생은 오늘 우리 대한민국의 자존심이다. 탑골공원에서 종로3가역으로 이동하는 골목 곳곳에는 미세먼지가 가득한 하늘임에도 아랑곳하지 않고 많은 사람으로 북적였다. 오늘을 사는 평범한 사람들의 일상 모습이 이토록 아름다운 것은 내 땅 내 나라에서 숨 쉬고 발 디디고 살아갈 수 있는 극히 자연스러운 작은 자유이리라. 이 땅의 독립을 위해 숨겨간 항일 의병과 독립군, 학살당한 민초, 그리고 망국에서 피울음과 함께 살아낸 선조들께 가슴 절절한 사랑과 감사를 올린다.

2019-03-07

서울로 올라온 전봉준

1894년 혁명군이 그토록 갈망한 서울 입성은 동학농민혁명군 구성원 모두가 절절하게 원했던 일이다. 1894년 1월 10일 정읍 이평의 말목장 터를 출발하는 농민군이 고부관아를 향한 마음처럼, 다시 3월 20일 고창의 무장에서 포고문을 발표하고 고부로 북상했던 그 함성으로, 그리고 4월 27일 전주부성을 점령하고 집강소를 설치하며 꿈에 부푼 희망을 안고 고향으로 각자 발길을 돌렸던 아쉬움으로, 그리고 일제의 경복궁 침략에 맞서 그들을 몰아내고 개혁된 세상을 눈앞에 그리며 삼례를 떠나 공주로 향했던 그 간절했던 혁명군은 공주 너머 금강을 넘지 못하고 물러나야 했다.

그런데 2018년 4월 24일 전봉준 장군이 서울에 나타났다. 장군이 피체되어 갇힌 전옥서 터에 앉은 모습으로 동상이 되어 서울에 올라온 것이다. 전옥서 터에 갇힌 전봉준 장군은 20일간의 공초를 받고 다시 20일이 지난 1895년 3월 29일 일본공사관에서 최종판결을 받았다. 판결 내용은 군복을 입고 말을 탄 채 관문에서 변을 일으킨 자는 대전회통에 따라 지체없이 참형에 처한다는 것이었다. 판결이 끝나자 그날로 왕의 재가를 얻어 3월 30일 새벽 2시 무악재 아래서 손화중·최경선·성두한·김덕명 등과 함께 교수형으로 세상을 떠났다. 단두대에 선 전

478

전봉준 장군 동상. 서울 종각 앞에 있다. 2018-11-30

봉준에게 법관이 가족에게 전할 유언을 묻자 "나는 다른 할 말이 없다. 나를 죽일진대 종로 네거리에서 목을 베고 오고 가는 사람들에게 내 피를 뿌려주기를 바란다"[1]라고 했다. 전봉준 장군의 죽음이 참형에 의한 것인지 교수형에 의한 것인지는 논란이 있는데, 매천 황현은 다음과 같이 기록하고 있다.

> 호남의 적당 전봉준, 손화중, 최경선, 성두한, 김덕명 등을 처형했다. 그러나 참형으로 다스리지 않고 교수형으로 다스려 사람들이 제대로 처형하지 않은 것을 한스러워했다. 전봉준은 처형될 때 박영효와 서광범 두 역적을 크게 꾸짖고 죽었다.[2]

1   신복룡, 『전봉준 평전』(서울: 지식산업사, 2006), 295-300쪽.
2   황현(허경진 역), 『매천야록』(파주: 서해문집, 2014), 228쪽.

그토록 바라던 서울에 전봉준 장군이 입성했으니 이제 다음 차례
는 군사분계선을 넘어 북녘땅을 향해야 한다. 그 몫은 126년 뒤 이 시대
를 살아가는 우리의 몫이다. 파주로 달려가서 분단의 현장 앞에서 또다
시 혁명을 이어가자. 그 혁명은 반외세 자주통일이다. 오늘 우리에게 필
요한 전봉준은 126년 전 그때의 전봉준과 하나도 다르지 않다. 우리를
내려다보며 꾸짖고 있는 전봉준의 눈길을 제대로 바라볼 수 있는 자가
몇이나 되겠는가. 혁명을 완수하지 못하고 떠나가는 한 영웅의 담담한
모습. 그의 마지막을 그가 남긴 유시와 함께 소개한다.

> 時來天地皆同力
> 때를 만나서는 천지가 모두 힘을 합치더니
> 運去英雄不自謀
> 운이 다하매 영웅도 스스로 도모할 길이 없구나
> 愛人正義我無失
> 백성을 사랑하고 의를 세움에 나 또한 잘못이 없건마는
> 愛國丹心誰有知
> 나라를 위한 붉은 마음을 그 누가 알까[3]

　　미완의 꿈을 접고 죽음 앞에서 읊었던 전봉준 장군의 마지막 마음
을 가슴에 담아본다. 나라를 향한 그의 붉은 마음을 우리는 제대로 받
아들이고 있을까. 전봉준 장군은 처형되기 전에 향리에게 다음과 같은
절명시(絶命詩)를 남겼다.

3　　신복룡, 앞의 책, 295쪽.

箕封禮義三千里

기자가 세운 예의의 나라 삼천리에

誤國南方人有檜

남방의 송을 망친 진회와 같은 사람이 있고

明制衣冠五百年

명나라의 풍속이 오백 년을 이어왔건만

却兵東海士無連

진병을 물리친 동해의 노중련 같은 선비가 없구나[4]

전봉준 장군이 유명을 달리하기 전에 향리에게 남겼다는 절명시에는 두 인물이 등장하는데, 하나는 남송 때 금나라의 침입에 대응하여 중국을 남북으로 나누어 영유하기로 한 진회(秦檜)이고, 또 다른 하나는 전국시대 제나라 사람으로 높은 절개를 지녔던 선비 노중련(魯仲連)이다. 전봉준 장군이 진회와 노중련을 언급한 것은 나라에 역적들은 많으나 제나라를 구해낸 노중련처럼 일본의 침략을 막아내고 몰아낼 장수가 없음을 한탄한 것이다.

서울에 온 전봉준 장군을 기리며 1894년의 여정을 하루에 담아 동학농민혁명군이 되어보았다. 그들의 길이 얼마나 가슴 벅찬 여정이었는지, 또한 개벽의 새로운 세상을 열겠다는 열망이 얼마나 간절했는지도 느낄 수 있었다.

동상을 에워싸고 가까이 모여 안도현의 「서울로 가는 전봉준」 시를 강사 한 줄, 연수단 한 줄 힘차게 낭송했다. 그리고 오늘 「동학을 넘어 통일까지」 연수 주제에 맞게 자주통일로 방점을 찍었다. 산경표를

---

4   위의 책, 300쪽.

「동학을 넘어 통일까지」 정읍교육지원청 교원연수단 2018-11-30

기준으로 제작된 대한민국전도 세 부분을 장군 앞에서 하나로 연결하
여 통일 한반도를 올렸다.

파주 DMZ에서 압록강, 두만강을 넘겨본다

서울 종각 옆 서림방 전옥서 터에 세워진 전봉준 장군 동상에서 자주통일을 외친 연수단은 다음 날 아침 8시에 분단의 현장을 돌아보고 통일의 절박함을 느끼기 위해 한강을 타고 북으로 올라가 국경도시 파주시로 향했다.

남한강과 북한강이 양수리에서 만나 한강으로 흘러 강화도로 흘러가는 하류 지점에 위치하는 파주에 오두산이 있다. 오두산은 임진강과 한강이 만나는 두물머리에 위치한다. 첫날의 동학을 넘고 둘째 날 통일로 가는 길의 장정은 임진각으로 들어가서 민통선 내의 도라산 전망대, 제3땅굴, 도라산역 등의 현장을 돌기 위한 절차를 밟아야 한다.

1954년 군사분계선 남쪽 남방한계선 철책으로부터 5~20km 후방으로 설정한 민간인 통제선 구역은 쉽게 그 모습을 보여주지 않는다. 통일로 가는 여정에 첫 번째 넘어서야 할 벽은 민통선이다. 곳곳에 설치된 장애물과 철조망 등이 풍겨내는 분위기는 후방의 그것과는 사뭇 다르다. 고지도에는 '도라산 봉수'로 표기된 지역에 2018년 가을 도라산 통일전망대가 세워졌다. 그곳에 올라서니 개성공단이 눈앞에 스크린처럼 펼쳐져 있다. 좌측으로 개성 가는 노로와 신의주로 가는 경의선 철로가 들어온다.

개성시 뒷산 송악산은 뿌옇게 흐려져 있고 우리 측 남방한계선 부근 대성동에는 태극기가, 북측 북방한계선 부근 기정동에는 인공기가 뒤질세라 같은 높이로 키 재기를 하며 펄럭이고 있다. 두 번째 넘어서야 할 벽이 남방한계선이다. 그것을 넘어서면 드디어 만석보처럼 군사분계선이 155마일 선을 긋듯 민족의 소통을 막고서 숨통을 조이고 있다. 전망대 3층에서 내려다보이는 저 앞 DMZ[5]의 모습은 무엇이란 말인가. 차라리 고대 시기 고분에 나오는 벽화의 한쪽 그림이었으면 싶다.

두만강 하구 방천에서, 그리고 남양과 맞닿은 도문 조·중 국경 다리에서, 또한 단동의 압록강 단교에서 북녘땅을 바라본 지 10년의 세월이 흘렀다. 북녘땅을 에둘러 타국의 국경에서만 바라보아야 하는 아리고 한스러운 현실에 한숨조차 아파서 몸서리친다.

남북이 극한적으로 대립하던 시기 북한에서 남침하기 위해 파고 내려온 땅굴들이 발견되었다. 그중 제3땅굴이 도라산전망대 동편 아래에 있다. 작년 12월 1일에 이곳을 찾았을 때, 그리고 오늘도 수없이 많은 외국인 관광객이 줄을 잇는 이곳은 세계 사람들에게 구경거리다.

누가 그어서 막아 세우고
그것을 구경하러 온단 말인가!

저들도 이 믿기지 않는 분단의 장면들에서 한반도 분단이 끝나기를 바라면서 가슴앓이를 하고 있을까. 전망대 영상관에 들어서니 일본어로 눈앞의 DMZ를 설명하고 있다. 그다음에 중국어로 영상이 반복되고 드디어 우리말 차례다. 통일 연수단이 자리를 뜨려 하자 이번에는

---

5   DMZ는 demilitarized zone으로, '비무장지대'를 의미한다.

파주 제3땅굴 DMZ 전시관 앞에 선 연수단 2019-05-22

DMZ 조형물 앞에 선 외국인들 2019-05-22

영어방송으로 계속 안내된다. 이 언어들을 사용하는 나라가 우리 분단
에 관여한 나라들이나. 그들 나라 사람들이 이곳을 찾아 관광한다. 이
꼴이 참으로 아이러니하다.

1970년대 후반 우리 측 남방한계선을 지하 70m 깊이로 뚫고 넘어 들어오다가 발견된 남침용 땅굴. 분단이 가져온 대결과 불신 그리고 침략이라는 의도로 뚫은 저 섬뜩한 구조물 앞에 통일보다 안보를, 민족보다 적으로 다가서게 하는 위축된 심장을 달래는 데는 어느 정도 시간을 들여야 한다. 남북 화해와 교류를 통해 공동 번영을 가져다줄 경의선 철로가 바로 옆에 공존하고 있는 이곳 도라산 민통선 안에는 희비가 교차하고 있다.

땅굴전시관 앞 DMZ 조형물 앞에서 외국인들이 경쟁하듯 기념 사진을 남기는 모습과 맞은편 땅굴로 들어가는 입구에 늘어선 외국인들의 행렬을 바라보며 비통한 마음이 든다. 2019년 봄의 끝 달, 이곳에서 멀지 않은 도라산역에서는 땅굴이 아닌 철로로 북한의 개성과 연결되어 있다. 2002년 김대중 정부 시절에 연결하여 미국 부시와 함께 섰던 그곳에 2018년부터 다시 더 발전된 상태로 남북교류를 시도하고 있다. 남북 철로 공동조사와 점검을 위해 북으로 떠나려던 열차가 유엔사의 제동으로 가지 못한 적이 있다. 우리 민족의 미래를 위한 설계와 준비를 위한 시범 운행조차 우리 땅이건만 뜻대로 할 수 없다. 통일로 가는 그 길에서 맞닥뜨리게 되는 이 벽은 이제부터 더 큰 숨 고르기를 필요로 한다.

일제강점기 조선 침략의 상징물인 철로. 1904년 건설된 경부선에 이은 1906년 신의주로 가는 경의선 철로가 바로 눈앞에 보이는 이 철로다. 제국주의 침략의 상징물인 그 철로가 오랜 시간 멈춰 섰으나 이제 우리 민족의 희망 철로가 되어 대륙으로 향하려고 무던히도 애쓰고 있다. '평양'과 '개성'이라는 이정표를 바라보며 금세 달려나갈듯한 플랫폼에 입장권을 끊고 들어갔다. 평양행이 곧 출발하려는지 저 멀리 용산에서 출발하는 기차의 기적소리가 들려오는 듯하다. 나는 평양에서 내

인조가 잠들어 있는 파주 장릉 2019-05-22

리지 않고 청천강을 건너 신의주를 지나 압록강 철교를 넘어 심양의 서
탑 한인타운에 가까운 역에서 내릴 것이다.

　　두 대의 버스가 도라산역을 뒤로하고 다시 민통선 밖으로 나가기
위해 임진강을 건너 파주 시가지로 향한다. 다음 목적지는 오두산을 지
나서 인조가 잠들어 있는 장릉이다. 정묘호란과 병자호란을 자초한 그
는 집권세력 서인과 함께 국제외교의 실패로 조선 땅에 참혹한 전쟁의
피해를 남겨놓았다. 강화도와 남한산성에서 살펴보았듯이 그의 무능은
오늘 국제관계 속에서 우리 지도자들이 역사에서 교훈으로 삼아야 할
반면교사(反面敎師)다.

　　선조, 광해군, 인조, 효종, 그 속의 서인들
　　이승만, 박성희, 진두환, 노대우, 김영산,
　　김대중, 노무현, 이명박, 박근혜, 문재인

그리고 이들 중 누가 인조와 서인의 역할을 하고 있는지
우리는 볼 수 있어야 한다.

「동학을 넘어 통일까지」 연수는
이렇게 통일의 길이 쉽지 않음을 깨닫게 해준다.
그러나 그 길을 가야 한다.

분단의 국경에서
일상으로 고개를 돌린 지금
우리가 떠나온 임진강은 흐르고 있다.
그리고 압록강과 두만강도 유유히 흐른다.

국경선에서 바라본 북녘땅의 봄은 언제 오려나
동학을 넘어 통일까지 가는 길에 민통선, 남방한계선, 군사분계선,
다시 북방한계선을 넘는 것보다 더한 장벽이 우리 앞에 놓여 있음에 한
탄스럽다.

동학농민혁명이 넘어서야 할 벽이 그렇게 높았듯이
통일로 가는 길을 막아선 장벽은 한두 겹이 아니다.
그렇다고 그 벽 앞에서 멈춰 설 한민족(韓民族)이 아니다.
수천 년 민족의 역사가 그러듯이 말이다.

DMZ를 나서며, 2019-05-22

공주 우금치에서 강화 제적봉 평화전망대까지

미국 대선이 끝났다. 우리에게는 남북관계의 진로에 영향을 주는 미국의 대통령이 누가 되는가가 중차대한 사안이다. 앞서 닦아놓은 남북의 화해 분위기가 다시 얼어붙지 않게 하면서 미래로 나아가기 위한 진일보한 걸음이 되어야 한다. 교착상태에 놓인 현 상황이 하루빨리 풀리고 남북의 교류가 더한층 발전해나가야 한다. 미국의 차기 정권도 한반도 평화를 위해 생태주의적 사고로 나서주기를 희망해본다.

군산교육지원청이 주최하는 「동학을 넘어 통일까지」라는 주제로 교원연수가 진행되고 있다. 오후 1시 교육청에서 출발한 31명의 교원연수단은 첫 답사지로 공주 이인면에 도착하여 1894년 10월 22일 전봉준 장군이 이끈 이인전투의 승전소식을 만났다. 일본군의 경복궁 침략과 이어진 동학농민혁명 2차 봉기로 삼례에 집결하여 한 달간 전투준비를 하며 고산, 여산, 전주, 위봉산성 등의 무기를 접수하여 서울로 진격할 준비를 마쳤다.[6]

북접의 손병희·손천민 부대와 10월 16일경 논산에서 합류한 뒤 10월 21일 노성과 경천점에 부대를 배치하고 3로의 공격 방향을 설정

---

6   이진영, 「김개남과 동학농민전쟁」, 『한국근현대사 연구』 제2집(1995), 90-91쪽.

하여 제1대는 전봉준 장군이 이인으로, 제2대는 공주 남동쪽 판치 넘어 효포로, 제3대는 손병희 장군이 공주 북동쪽 대교로 진격해 들어갔다. 이인을 점령한 혁명군은 23일 충청도 관찰사의 명령으로 관군과 일본군의 탈환전에 대응하여 이인역 부근 산으로 올라 대포로 공격하여 격퇴시키며 승리를 거뒀다.[7]

이인면사무소 앞에 세워진 박제순의 거사비 앞에서 을사 5적, 정미 7적, 경술 8적을 일일이 열거하며 두고두고 기억하자고 했다. 세종대왕의 이름과 음이 같아 이도역이 1419년 이인역으로 바뀐 역사를 간직한 땅, 이인에서 혁명군의 전투는 우금치로 가기 위한 전초전이었다. 옛 이인역 자리에 이인초등학교가 들어서 있는데, 이곳 운동장에서 동진강의 만석보에서 출발한 동학농민혁명의 전주 집강소 통치까지의 과정을 지도를 통해 살펴보았다.

이인을 떠나 우금치로 향하던 연수단은 초봉리에 우뚝 세워진 유림의병정란사적비(儒林義兵靖亂事蹟碑)에서 혁명군을 막아선 유림의 치적을 알리기 위해 세운 정란(靖亂)의 의미를 살펴보았다. 동학농민혁명을 일부 지역의 집단난동과 만용이라고 평가하면서 자신들을 유림의병이라 칭하며 동학도들을 공격하고 나라의 위기를 바로잡았다고 자평하며 새긴 비가 유림의병정란사적비다.

오늘 이 시대 나라의 위기는 무엇일까. 광화문에서 '애국'이라는 이름으로 정제되지 않은 방식으로 표출되는 구호들, 그 현장에서 펄럭이는 태극기와 미국 성조기를 바라보며 유림의병정란사적비가 겹쳐지는 것은 왜일까. 이 시대 한복판에 서 있는 이 땅의 지식인들은 동학농민혁명을 막아선 유림처럼 통일 혁명을 이루어야 할 시대적 사명을 외

7   신용하, 「갑오농민전쟁의 제2차 농민전쟁」, 『한국문화』 14(1993), 414-415쪽.

이인초등학교 운동장에서 1894년 10월 22~23에 있었던 동학농민혁명군과 관군의 이인전투를 안내하고 있다. 군산교육지원청 「동학을 넘어 통일까지」 연수단. 2020-11-13

공주 이인면 초봉리 유림의병정란사적비에서 군산교육지원청교원연수단 2020-11-13

면한 채 초봉리에 세워진 정란사적비가 되고 있는 것은 아닌지 돌아보고자 했다. 분단과 민족의 상처를 치유하는 치료제는 남북의 교류와 평화의 정착이며, 전쟁이 없는 한반도가 되어야 한다.

10월 23일 이인을 떠난 혁명군은 24일 공주 감영 뒤 봉황산까지 점령했고, 동쪽은 효포와 대교까지 승전을 거두며 파죽지세로 몰아붙였다. 10월 25일 공주 동쪽 산줄기인 능암산, 능치, 월성산에서 벌어진 양측의 전투는 치열했다. 능암산의 일본군, 능치와 월성산의 관군 등 3로로 공격한 혁명군은 이 전선을 넘지 못하고 일진일퇴의 공방을 벌이다가 오후 들어 판치 넘어 경천점으로 철수했다.[8] 이후 10일간 전력 보충을 마친 혁명군은 다시 11월 3일 이인과 판치에 배치된 관군을 11월 8일 공격을 개시하여 격퇴하면서 공주의 동남서 방향을 빙 둘러 포위하며 진을 쳤다. 계속 증원된 일본군은 19대대와 바다에서 증파된 부대까지 1천 명이 되었고, 경군을 포함한 관군은 2천 명이나 되었다. 이에 반해 혁명군은 김개남 장군에게 8천의 병력을 이끌고 오라고 지원 요청을 했으나 10월 25일 전주성에 들어간 김개남 부대는 공주로 향하지 않고 금산을 거쳐 진잠, 회덕과 신탄진을 경유하여 청주성으로 향했다. 11월 9일 우금치전투가 치열하게 전개되었다. 북접 손병희 부대와 남접 전봉준 부대의 다방면에 걸친 공격이 시도되었으나 일본의 선진기관포 앞에 혁명군은 스러져갔다. 40~50여 차례 반복된 전투에서 혁명군은 1차전 이후 1만 명에서 3천 명으로 줄어 있었고, 다시 2차전을 치렀을 때는 3천 명이 500명으로 줄어 있었다.[9]

---

8   위의 글, 417-418쪽.

9   신복룡, 앞의 책, 323쪽.

효포초에서 바라본 월성산(우측)과 능치고개(중앙), 능암산(좌측 끝) 2019-12-18

우금치 고개에서 자주통일을 외치고 있는 군산교육지원청 교원연수단 2020-11-13

아, 우금치

이 고개를 넘어서고자 한 혁명군

시천주 조화정 영세불망만사지를 읊조리며

하나둘 그리고 또 하나둘

그렇게 스러져갔다.

우금치 고개 남서쪽, 세월의 무게를 안고 선 노거수는 혁명군과 함께 그날의 피울음을 들었을까. 연수단은 이제 그 우금치를 당당히 오른다.

126년이 흐른 그날의 함성을 품어내며

자주! 독립!

자주! 통일! 쿵쿵 힘찬 발걸음을 내디디며 우렁찬 함성이

우금치 고개로 울려 퍼져 하늘로 힘차게 솟아오른다.

그날 숨져간 영혼들의 머리 위에서

응원군이 되고 지원군이 되어 함께 넘어간다.

통일의 아리랑을 부르면서 말이다.

우금치를 넘은 연수단은 우금치동학농민혁명기념비 앞에 모여 시를 낭송하고 다 함께 참배했다. 「동학을 넘어 통일까지」 연수의 첫날 일정을 마무리하고 분단의 현장을 찾아가기 위해 북으로 행진한다. 한강을 건너 강화도로 향하는 길 서쪽 하늘 아래로 빨갛게 익은 하루가 지고 있다.

강화도 프레시아호텔에서 하룻밤을 묵은 연수단은 아침 8시 7분 호텔을 출발하여 갑곶으로 향했다. 몽골의 침략으로부터 시작되는 고려 정부의 강화도 천도와 강화해협의 요새 기능을 살피고, 정묘호란과

동학농민혁명기념탑에서 참배하는 연수단 2020-11-13

강화도 제적봉 강화평화전망대 망배단에서 통일을 염원하는 군산교육지원청 교원연수단 2020-11-14

병자호란 당시 만주족의 침략과 강화해협의 전투를 만나보며 갑곶의
중요성을 확인했다. 이후에도 병인양요의 구한말 항일의병의 항쟁지로
서 갑곶의 역할도 살펴보았다. 연미정에서 맺은 정묘화약의 과정을 돌

아보고, 광해군의 유배지였던 강화성 동문을 지나 오늘 연수의 주 목적지인 제적봉 평화전망대에 도착했다.

전망대에서 제공하는 영상물을 시청한 연수단은 망배단에 모여서 「동학을 넘어 통일까지」 연수의 목적을 다시 새겼다. 동학농민혁명으로부터 126년이 흐른 오늘 우리는 이 민족의 비극적인 분단의 현실 앞에 똑바로 섰다. 눈앞에 펼쳐진 조강(祖江) 너머 북녘땅이 손에 잡힐 듯 가까이 있다. 그러나 우리의 발길은 여기까지다. 하늘을 나는 새들에게는 국경이 없다. 저 새들처럼 넘나들 수는 없는 것일까. 이 참담한 가슴앓이를 해결할 방법은 없는 것인가. 이렇게 또 얼마의 세월을 보내야 남과 북이 하나가 되고 저 멀리 보이는 개성의 송악산을 오를 수 있단 말인가.

분단이 생긴 근원적인 원인을 대한제국과 일제강점기로부터 출발하여 태평양전쟁까지 확대하여 살펴보고, 해방 이후 한국전쟁을 거치고 분단이 고착화된 배경을 돌아보며 오늘까지도 분단인 이유를 국내의 내적인 부분과 국외의 외적인 부분으로 나누어 접근해보았다. 우리는 학교 현장에서 자라나는 청소년들을 가르치는 교원들임을 되새기며 통일교육을 한다고 하면서 분단교육을 해온 지난 70여 년의 교육활동을 선배 교육자들과 함께 돌아보자고 했으며, 이제부터라도 진정한 통일교육을 위해 깨어나자고 다짐했다.

2020-11-13

김개남 장군 따라가는 동학농민혁명

- 남원, 임실, 전주, 삼례, 금산, 진잠, 회현, 문의, 청주

내게 5월은 동학의 달(동학농민혁명기념일은 5월 11일이다)이 되었다. 전북교육연수원 행정연수부의 맞춤형 연수로 '생태주의로 바라보는 동학과 동학농민혁명' 주제로 관련 현장답사와 실내강연 등을 여러 차례 진행해왔다. 그러는 와중에 남원 지역 교원들과는 청주로 향하는 동학농민혁명 역사 기행을 떠나고 있다.

대한민국의 식량창고 동진강과 원평천의 호남평야가 동학농민혁명의 1차 봉기 주 무대이다. 이곳을 떠나 삼례에서 논산을 거쳐 공주와 청주로 북상한 것이 2차 봉기이다. 작년부터 실행하기로 했던 '김개남 장군 따라가는 동학농민혁명'을 이번에 첫 적용하게 되었다.

아침 7시 남원 교룡산의 기운이 잔잔하게 깔리는 동학의 성지에서 동경대전의 4대경전(포덕문, 동학론, 수덕문, 불연기연)을 간략하게 살펴본 뒤, 갑오년 개남장이 이끄는 혁명군을 따라 임실을 거쳐 전라감영의 전주를 지나 삼례 봉기광장에 도착한 연수단은 김밥으로 아침 식사를 대신했다. 일명 '동학군의 밥'이라 했다. 간단하게 아침을 역사의 현장에서 해결한 연수단은 제1차 봉기과정을 동진강 유역의 물로부터 접근하여 전라감영이 있는 전주성 입성과 전주화약을 맺는 과정을 청군과 일

남원 교룡산 동학공원에서 동경대전을 만나고 있는 남원교육지원청 교원연수단 2022-05-21

본군의 조선 상륙의 외적 요인까지 통합하여 만났다.

　남원을 출발한 김개남 동학농민혁명군을 따라 북상하고 있는 연수단은 1894년 10월 21일 경 이곳 삼례에 도착한 김개남 혁명군과 조우했다. 그리고 원 삼례역참에서 옮겨와 조성된 동학농민혁명 삼례봉기 역사광장에서 '자주'와 '독립'을 외치며 금산을 향해 힘차게 출발하였다. 청주성에서는 '자주 통일'을 외치자고 하였다.

　문명의 교류가 아닌 문명의 충돌, 더 솔직하게 말하면 파괴력이 엄청난 야만적인 침략문명과의 만남이었다. 그것이 지금으로부터 150여 년 전에 있었던 프랑스와 미국 그리고 일본이 조선의 강화도를 침략했을 때의 상황이었다. 학문과 도로써 동학을 만나는 것이 먼저다. 1818년 태어난 칼 막스는 산업혁명이 진행된 유럽에서 자본과 노동을 바라보며 공산주의 사상을 인류문화에 남겼다.

　한편 아시아 동쪽에서는 정조 사후 순조시기의 세도정치와 타락한

동학농민혁명 삼례봉기 역사광장에서 1차 봉기 전개과정을 안내하고 있다. 2022-05-21

관료들에 의해 신음하는 백성들의 처참한 삶을 바라보며, 또한 중국이 서양 침략자들에게 유린 당하는 나라 밖의 상황을 맞으며 순망치한의 처지에 몰린 나라의 위기 속에서 수운 최제우는 1824년 경주에서 태어났고 성장했다. 1860년 4월 5일 그는 득도했고, 각자위심(各自爲心)으로 썩어가는 해동의 나라에서 세상을 구해낼 도를 열었다.[10]

수운의 포덕문은 이렇게 세상에 나왔다. 1862년 『동학론』이 이곳 남원의 교룡산성에서 잠을 깨고 눈을 떴다. 다시 2년이 흐른 뒤 수운은 순교하였고 이후 30년의 세월동안 그 세를 확산한 동학도인들은 세상의 개벽을 위해 세상을 열고 나섰다. 연수단은 대둔산 고갯길을 거의 다 오르는 부근에서 차를 세우고 1895년 2월 18일(양력)에 있었던 동학농민혁명군의 최후 저항이었던 대둔산 전투를 돌아보았다. 최후의 일

---

10   윤석산 역주, 『동경대전』(서울: 모시는사람들, 2016), 17-18쪽.

각까지 일본군에 항거한 동학지도자들의 순절을 마음에 담았다.

전주를 떠난 김개남 부대가 진잠현에 도착하기 전의 행군로를 신영우는 삼례에서 금산으로 진행한 것으로 보지 않고 은진으로 올라가서 연산을 지나 진잠과 회덕을 통해 신탄진으로 가서 청주성으로 들어가는 길이라고 하였다.[11] 반면 표영삼은 김개남 부대의 일부 병력이 1894년 10월 21일경 지역의 동학농민혁명군과 합세한 뒤 진산과 금산의 경계인 소리니재 일대에서 10월 22일부터 3일간 관군과 민보군 연합세력들과 치열한 전투를 벌인 것으로 보았다.[12]

태조 이성계의 태실이 있는 금산, 천주교 박해의 서막에 당당하게 섰던 진산의 선비이자 천주교 신자였던 윤지충과 권상연이 살았던 곳이 금산이다. 남부군 총사령관 이현상의 고향이기도 한 금산은 임진왜란 당시 의병의 성지였고 다시 동학농민혁명군의 성지가 되었다. 그 대상은 같은 일본이었다.

금산군청 안에 있는 정자에 앉아 조선시대 금산관아 터의 위치를 고지도와 현재의 지형을 비교하여 가늠하고 지역에서 활동하였던 금산동학농민혁명군의 상황을 돌아본 뒤, 이곳에서 군수물자를 확보하여 대전 유성구에 있는 옛 진잠현 관아로 떠나는 김개남 장군의 뒤를 쫓아 연수단도 100리 길을 떠났다.

진잠현 당시 흔적으로는 기성관 건물과 느티나무만이 남아 있다. 작년까지 있었던 진잠동행정복지센터는 철거되고 신축공사 중이어서 기성관도 느티나무도 가까이 볼 수 없었다. 혁명군은 이곳 진잠현에서 관아의 행정서류를 불태우고 아전들을 잡아들였다. 사창의 환곡을 군

---

11   동학학회, 『충청도 청주동학농민혁명』(서울: 모시는사람들, 2017), 157쪽.

12   표영삼(신영우 감수), 『표영삼의 동학혁명운동사』(서울: 모시는사람들, 2018), 101쪽.

금산군청 앞의 정자에서 금산 지역 동학농민혁명군을 만나고 있다. 2022-05-21

량미로 끌어갔다. 아전들은 피해 상황을 상부에 보고 했다. 세상을 뒤바꾸려는 혁명군의 식량과 무기들이었고 노비문서를 불태워버린 것이었다. 금산에서 진잠으로 출발한 혁명군은 11월 10일 신시에 진잠현에 도착하여 하루를 머문 뒤 11일 오시에 회덕현으로 떠났다. 운명의 청주성이 이제 코앞이다. 이들에게 다가올 먹구름을 혁명군은 알고 있었을까. 아침 7시에 남원을 출발한 연수단은 12시 40분경 회덕현 관아가 있었던 회덕동 행정복지센터에 도착해서 이곳을 통과한 혁명군이 무기고와 사창을 접수하였을 상황을 그려보았다.

옛 관아의 모습은 사라졌지만 터가 있었던 곳엔 오늘의 관공서가 대신하고 있다. 이곳에 세워진 비석 중에 조이숙 현감의 불망비가 눈에 들어왔다. 효종 임금의 마지막 해인 1659년 찾아온 흉년으로 사람들이 죽어나가사 사신의 녹봉을 내어 구휼한 조이숙은 홑옷을 입고 공무수행하다 추위가 극심했던 1660년에 순직한 목민관이었다.

옛 진잠현의 흔적을 간직한 진잠동행정복지센터. 좌측에 기성관이 보인다. 2021-10-30

회덕관아터에 자리한 회덕동 행정복지센터 앞의 비석군 2022-05-21

신탄진을 지나 금강을 넘는다. 공주로 진격한 전봉준과 손병희 부
대에게 통한의 강이 되었던 금강을 김개남 부대는 넘었다. 우리 일행은
금강을 넘고 다리 바로 근처에 있는 누리마루에서 늦은 점심을 먹은 다

김개남 혁명군이 넘어갔던 신탄진 부근의 금강. 산 너머에 대청댐이 있다. 2022-05-21

음 충청 동북 지역의 지역 농민군 1만여 명이 집결하여 김개남 부대와 합류했던 문의를 지나 청주성이 있는 시가지로 진입했다.

김개남 부대가 1894년 11월 12일경 공주 북동쪽의 신탄진 부근에서 금강을 넘어섰을 시기에 남서쪽 아래 공주의 전봉준과 손병희 부대는 11월 8일부터 11월 11일까지의 전투에서 일본군과 관군에게 처참하게 패한 뒤 논산으로 퇴각해 있었다.

김개남 혁명군은 11월 12일 청주 남쪽까지 이르렀고 11월 13일 새벽에 출발하여 오전 7시경 청주성 남쪽의 남석교에 이르렀다. 이때 일본군은 동학토벌군이 아닌 경부선 군로실측대를 호위하는 호위병들이었다. 이들은 1개 소대 규모보다 적은 병력이었다. 근대 병법으로 훈련되었고, 스나이더 신식무기로 무장한 그들의 전투력은 혁명군의 수백 배에서 천 배를 능가하는 규모였다. 청주성 안에서 2만 5천에 이르는 혁명군을 방어하는 것이 불리하다 판단한 일본군 구와라 에이지로

(桑原榮次郎) 소위는 성안을 내려다 볼 수 있는 무심천 바로 건너편 남서쪽의 언덕 위에 매복하고 혁명군을 기다렸다. 남문으로부터 약 400미터 떨어진 성을 내려다 볼 수 있는 지형을 선점한 것이었다.[13]

연수 전에 현장답사를 실시해 본 결과 지금의 서원대학교, 정확하게는 충북여고가 자리하고 있는 곳이 일본군의 매복 장소였을 것으로 보였다. 연수단은 청주성을 들어가기 전에 먼저 일본군이 매복하여 기습공격을 감행했던 충북여고로 올라갔다.

1개 소대보다 적은 규모의 병력으로 2만 5천여의 혁명군을 와해시킨 안타까운 전투현장에 서니 씁쓸했다. 사거리가 600미터에 이르는 영국산 스나이더 소총으로 무장하고 성을 환히 내려다보고 있는 일본군의 사거리 안에 김개남의 혁명군이 시야에 들어왔다. 드디어 청주성 남문 밖 남석교에 혁명군이 들이닥친 것이다.

청주성에서 나와서 남석교까지 전진해서 방어하던 50~60명의 청주병영군이 패하고 성안으로 들어가자 혁명군이 성을 둘러싸기 시작했다.[14] 그때 청남문에서 남서쪽으로 산이 끝나는 언덕에 매복했던 일본군의 근대식 소총의 총구에서 탄환이 청남문을 향했다. 1개 소대가 채 안되는 병력이 가진 그 문명의 위력, 일본군의 근대 무기 앞에 수만의 동학농민혁명군의 전열은 운명의 장난인 듯 일순간 무너졌다. 그리고 10리 밖으로 물러나 다시 전투가 벌어졌지만 후퇴할 수밖에 없었다.

충북여고 자리에서 그날 매복하고 있었던 일본군을 상상해보았다. 지금은 그 당시 산의 형상과는 다르겠지만 높은 고지대에서 청주시가지가 내려다 보이는 것은 변함이 없었다. 바로 앞의 무심천 건너 옛 청

---

13   동학학회, 앞의 책, 159-164쪽.

14   김삼웅, 『개남, 새 세상을 열다』(서울: 모시는사람들, 2020), 277쪽.

1894년 11월 13일 김개남 혁명군을 공격했던 일본군의 매복지. 서원대학교 내에 있다. 2022-05-21

청주성 안에 있는 망선루 2022-05-21

주성은 사라지고 없으나 언덕에서 청주시가지를 바라보았다. 그 운명
의 순간 4~5분이 청주성을 내려나보는 연수단의 가슴에 부딪히다.

　　일본군의 매복지를 내려와 무심천을 건너 청주성 안으로 들어갔다. 청주성 안의 중앙공원을 찾아 일부 구간을 복원한 서쪽 성벽을 만난 뒤 공원 안에 자리한 역사문화유적을 접했다. 이곳은 서울의 탑골공원의 분위기와 매우 흡사한 풍경이다. 평화롭고 평온한 공원 안에 많은 시민들이 휴식을 취하고 있고, 노인들은 곳곳에서 집단을 이루어 큰 나무 윷을 던지지기도 하고 다른 놀이를 하기도 한다. 청주성 안에 가장 오래된 목조 건물인 망선루(望仙樓)를 향했다. 망선루는 고려시대 청주 관아의 객사 동쪽에 있었던 누각 건물로 취경루(聚景樓)라 하였다. 안내문에는 1361년 고려 공민왕 10년에 홍건적이 침입해왔을 때 그들을 물리치고 궁궐로 돌아가다가 청주에 머무른 기념으로 과거시험을 치르고, 그때 합격했던 합격자들의 방을 취경루에 붙였다는 기록이 있다고 하니 망선루가 더 가까이 다가왔다. 망선루 바로 동편에는 병자년에 짓고 신미년에 세웠던 척화비가 윗부분을 잃어버리고 상처를 입은 채 서 있다.

병자년 남한산성에서의 척화와 개화기 대원군의 척화를 비교해 보았다. 우리는 그 척화 이면에 있어야 할 유연성 부재와 세상 밖의 새로운 문명, 즉 산업혁명에 대한 대한 포용성이 결여된 경직성이 조선을 망하게 했음을 통찰해야 한다.

이곳 청주성 안에 있는 중앙공원에는 임진왜란 때 일본군이 점령했던 청주성을 탈환하였던 조헌과 영규대사 그리고 화천당 박순무 선생의 전장기적비가 나란히 서있다. 그 청주성이 갑오년 서울로 진격하는 혁명군의 목표가 된 것이었다. 공원에는 한말 강원도와 충청도 일대에서 일본군과 싸워 연전연승한 의병장 한공수송공비가 있으며 충청병영의 영문이었던 정곡루도 있다. 또한 고려 때 청주목의 객사 앞에 있었던 압각수로 불리는 은행나무가 위풍당당하게 서 있다.

청주에 온 김에 중앙공원 북동쪽 지근 거리에 있는 국보 철당간을 만나러 갔다. 원형 철통 표면에 철당기 명문이 양각으로 기록되어 있는데, 그것으로 건립연대가 준풍 3년, 곧 고려 광종 13년(962) 3월 29일이라는 것을 명확히 알 수 있게 해준다. 고려 때 세운 철 당간이다.

청주성의 남문에서 북문으로 이어지는 작은 도로인 성안길을 따라 김개남 부대가 전투를 벌였던 남문 터와 그 앞에 있었던 남석교 터를 찾아 연수단은 바쁜 걸음을 재촉하였다. 청주약국 부근에 큰 바위의 얼굴에 새겨진 청주성 남문 터, 그 표지석 앞에서 연수단은 삼례봉기광장에서 외쳤던 '자주독립'에 이어서 '자주통일'을 힘차게 외쳤다. 성안의 거리를 거니는 사람들과 시장 상인들이 깜짝 놀랐을 터이다.

이 남문터는 1894년 11월 13일 오전 7시경 북진하는 혁명군이 포위했던 바로 그 청주성의 청남문이 있었던 곳이다. 혁명군의 진격은 여기까지였다. 여기 남문이 있었던 곳에서 멈추고 만 것이다. 남서쪽 언덕에 매복했던 일본군의 기습사격에 20여 명의 사망자가 발생하자 퇴각

청주성 남문인 청남문 터 2022-05-21

할 수밖에 없었다. 그나마 다행이었다. 저 산 넘어 공주 우금치에서 전봉군 장군의 1만여 혁명군이 50차례의 공격으로 5백 명을 남기고 9천 명 이상이 순절한 가슴 아픈 역사를 생각하면 이곳에서의 상황은 그나마 위안이 되었다. 김개남 부대의 혁명군이 첫 전투를 벌였던 남석교를 찾아갔다. 지난 4월 21일에 사전 답사왔을 때 무심천 변에 있는 남석교와 금석교 자리가 그때의 남석교로 알고 안내를 준비해오던 내게 그 당시 남석교는 육거리시장 안에 지하에 매몰되어있다는 새로운 정보를 접하고 알아보니 사실이었다. 일제강점기인 1930년대 하천의 방향이 바뀌고 퇴적물이 덮어버려 그 역사적인 남석교는 땅 아래 묻혀버린 것이다. 시장 안으로 들어가 상인들에게 물으니 남석교가 묻힌 곳을 알려주었다. 그 자리에서 우리는 다시 현수막을 펼치고 한 번 더 구호를 외쳤다. 자주! 통일!

　　오후 5시 7분의 시각, 십 년 넘게 나와 함께 해주는 남신광광 최명

청주성 남문인 청남문 앞쪽에 있었던 남석교 터 2022-05-21

규 기사에게 전화를 걸어 무심천변으로 버스를 이동해 달라고 하였다. 버스에 올라 연수단에게 이곳에서 무심천 건너 바라보이는 서원대학교 언덕을 바라보게 하였다. 매복한 일본군이 저 언덕에 있었음을 다시 한 번 확인하였다.

호남평야가 있는 동진강 유역을 지나 삼례와 이인 그리고 공주를 거쳐 한강을 건너 탑골공원에서 손병희 선생의 동상을 만나고, 종각 앞에 세워진 전봉준 장군 동상을 만난 뒤, 파주로 옮겨 임진강을 건너고 도라산역과 도라산전망대 그리고 제3땅굴 등지에서 진행되는 '동학을 넘어 통일까지' 답사 프로그램을 진행해왔던 나는 비로소 '김개남 장군을 따라가는 동학농민혁명' 답사 프로그램을 기획하고 개발하여 현장 적용까지 마무리 하였다. 이번 동학농민혁명 역사기행은 남원교과통합 체험학습연구회 김종길 회장과 행정업무를 맡아준 총무 기유라 선생님 그리고 연구회 소속 교원들과 함께 이룩한 소중한 성과였다.

청주 시가지를 빠져나와 청주 IC로 진입하여 죽암 휴게소까지 이르는 동안 참가 교원들의 차내 평가회가 이어졌다. 교사들은 앞으로 학교에서 동학과 동학농민혁명을 학생들에게 어떻게 전달해야 할지 그 방향을 잡을 수 있게 되었다고 하였다. 마지막으로 진행자의 정리 순서가 되어 나는 이 시대 계승할 동학의 사상은 시천주, 생명존중, 배려·나눔·공존의 생태주의 사상이 되어야 함을 강조했다. 개인적으로 또 사회적으로 그리고 국가와 민족적인 관점에서 나가 전 지구적 관점에서 우리가 스스로 혁신을 이루고 편견과 차별을 제거해 나가는 것이 동학의 사상을 계승하는 것이라 했다. 그리고 동학농민혁명으로부터 계승할 정신과 사명은 두말할 필요 없이 자주와 통일임을 가슴으로 전했다. 아침 7시에 동학론이 탄생한 교룡산성 주차장에서 출발했던 연수단은 저녁 7시 50분이 되어서야 그 자리에 돌아왔다. 1875년 일본의 운

동학론이 테어난 남원교룡산 동학공원에서 김개남 장군 따라는 동학농민혁명 역사기행을 출발하며,
남원교육지원청 교원연수단 2022-05-21

요호가 침략한 이래 2022년 오늘까지 147년의 역사 속에 살다간 선조
들의 삶, 그 근현대사 속에서 조국의 독립과 민주를 위하여 목숨을 내
놓고 의로운 길을 가신 동학혁명군, 항일의병, 독립지사, 민주투사들을
잊지 않겠다고 다짐을 한다. 화승총과 죽창으로 잔악한 침략자 일본군
에게 맞섰던 선조들께 당당하게 고했다.

　　오늘 우리 대한민국은 근현대사를 지나며 문명의 차이를 극복하고
세계 6위의 국방력으로 굳건하게 서 있음을, 우리 해안과 영공은 그 어
떤 침략자들도 막아낼 수 있는 군대와 무기가 있음을. 그리고 남은 것
은 이제 분단된 나라를 하나로 만드는 것이라고.

　　청주성에서 김개남 장군과 혁명군을 만나고 내려온 교원들은 '통
일독립군'이 되어있었다.

제8부

한민족 문화의
꽃을 피우는 사람들

재중동포 모국체험학습

나는 일제강점기에는 세상에 없었다. 나의 선친은 1924년 일제강점기에 태어나 1944년 9월 14일 일제에 의해 강제 동원되어 히로시마에서 군인으로 복무하고 1945년 8월 25일 이후 제대하고 귀환했다. 해방 이후 귀환했기에 지금 내가 존재한다. 일제강점기는 나의 선친과 조부의 삶 속에 자리하고 있다. 다른 나라 다른 집의 이야기가 아닌 우리 집의 이야기 속에 존재하는 엄연한 역사다. 선친의 생존 시 특히 일본에 강제 징병되어 그곳에서의 군대 생활에 관한 더 많은 이야기를 들었어야 하고 녹음도 해놓았어야 했는데, 그렇게 하지 못한 것에 대해 뒤늦은 후회를 했다. 일제강점기가 시작되고 토지조사사업이 전개되면서 많은 사람이 조선을 떠나 만주로 이주했다. 내가 이 땅에서 태어난 것은 할아버지와 선친이 그 당시 만주나 다른 나라로 떠나지 않았기 때문이다.

이 글에서 내가 하고자 하는 말은 일제강점기를 제대로 아는 것에서부터 역사를 이해하고 이를 바탕으로 미래로 나아가자고 하고 싶다. 나는 2021년 2월 현재 한민족문화공동체후원회의 2대 회장을 맡고 있다. 공식적으로 어디에 등록된 단체가 아닌 비공식적인 단체다. 이 단체에서는 만주지역에 거주하고 있는 우리 동포, 다시 말해 재중동포를 후원하는 일을 하고 있다. 만주지역에 있는 한글을 사용하는 동포 고등학교 학생과 교원을 국내로 초청하여 소정의 교육과정을 통해 한민족의 정체성 및 민족 동질감을 회복하기 위해 우리 민족의 문화와 역사를 공유하게 하고자 하는 것을 주목적으로 하고 있다.

우리에게 재일동포, 재미동포, 재독동포는 익숙하지만 재중동포는 익숙하지 않고 오히려 '조선족'이라는 용어가 더 익숙한 게 사실이다. 결론적으로 말하자면 그들은 조선족이 아닌 우리 동포다. 즉, 재중동포다. 조금만 과거로 시간을 돌려서 일제강점기로 돌아가 보자. 지금 재중동포는 그 당시 이 땅을 떠난 조선인이었다. 그들의 후손이 지금 만주 땅에 사는 우리의 동포다. 1910년부터 2000년까지 재중동포의 인구 추세를 살펴보면 1910년 22만 명에서 1920년 45만 9,427명으로 2배 이상 증가했고, 1930년 60만 7,119명에서 1940년에는 145만 384명으로 급격하게 증가했다가 해방 전인 1944년 167만 8,572명으로 변화했다. 해방 이후 1946년 자료가 없지만 1953년 112만 400명으로 줄어들었다가 2000년 현재 192만 3,842명으로 보고 있다.[1] 이 자료에서 인구 추세에는 1910년 경술국치 이후 시작된 토지조사사업이 완료되는 1918년 이후 많은 조선인이 만주로 이동한 배경이 자리하고, 또한 1931년 만주침략 이후 일제가 만주이민 정책을 펼친 것이 반영되었음을 알 수 있다. 즉. 중국 땅에 사는 재중동포의 연원(淵源)을 살펴보면 전적으로 일제강점기가 자리하고 있음을 알 수 있다.

이제 내가 재중동포를 후원하고자 한 배경과 진행 과정을 소개하고자 한다. 2011년 5월 7일 중국 요녕성 금주시 해안가에 자리 잡은 조그만 식당에서 나는 중요한 결심을 했다. 그 시기 2009년부터 발해만요하기행을 기획하고 개발하여 영재학생들을 대상으로 1차 적용을 했고,

---

1   권태환 편저, 『중국 조선족사회의 변화』(서울: 서울대학교출판부, 2005), 17쪽.

다시 발해만요하기행 3부와 4부를 개발하고 있었다. 그때가 제5차 답사를 진행하는 중이었는데, 현지 안내원으로 2010년 전주의 모 영재학급을 대상으로 발해만요하기행 제2부를 진행하면서 만나게 된 동포 가이드 ㅂ씨가 안내를 맡았다.

보통 차량을 빌리면 중국 한족 기사에 우리 동포 가이드가 오기 마련인데, 이번에는 단동에서 사업을 하는 동포 이(李) 사장이 운전을 맡아주기로 했다. 심양에서 산해관을 통과하여 북경으로 들어가고 다시 고북구 만리장성을 넘어 피서산장이 있는 승덕을 방문한 뒤 능원 우하량을 거쳐 조양에서 마무리되는 일정이었다. 승용차로 답사를 다니면서 셋이서 우리말로 대화가 되니 차 안이 한결 훈훈했다. 주간에는 답사지를 찾아 길을 묻고 현장을 조사하며 강행군이 이어지지만, 저녁에 숙소를 잡고 난 뒤부터는 어김없이 셋이서 다음날 여정에 대한 협의를 마치고 나면 자연스럽게 민족 이야기와 중국, 한국 그리고 중국 내에서 동포의 삶에 대한 이야기를 나누었다.

5월 초순 5일 동안 답사를 하면서 금주, 풍윤, 조양 등 세 곳에서 저녁에 나눈 대화는 내게 중국 내에 있는 우리 동포사회를 가슴으로 바라볼 수 있는 계기가 되었다. 특히 금주에서 두 사람에게 전해 들은 동포사회의 경제, 자녀교육, 중국 내에서의 입지 등은 그동안 동포사회를 깊게 생각해본 적이 없던 내게 충격으로 다가왔다. 한·중 수교 이후 만주에 살고 있던 동포가 중국 현지의 토지사용권을 타인에게 팔아버리거나 잠시 맡기고 한국으로 발길을 옮기기 시작하면서 많은 문제점이 나타나기 시작했다. 동포가 집단을 이루며 살았던 시골의 마을은 비어가기 시작했고, 한국에서와 마찬가지로 나이 든 노인들만 남게 되었다. 중국에 남겨진 어린 학생들은 어렸을 때부터 부모와 떨어져 기숙사 생활을 하면서 부모의 사랑을 받을 기회가 줄어들었다. 동포사회에서 그

연변 화룡시 청산리 가는 길 도로변 동포마을의 텅빈 가옥들 2018-01-27

래도 능력 있는 사람들이 한국으로 올 수 있었다. 이들은 자녀의 교육과 더 나은 삶을 위한 고단한 외국 생활을 견뎌내야 했다. 모국이라고 하지만 한국 사람들은 그들을 같은 민족으로 여기며 받아들이기보다는 중국의 조선족으로 인식하며 색안경을 끼고 보고 있었다. 매체의 영향으로 중국 연변조선족자치주에서는 한국의 생활과 문화를 실시간으로 접하면서 중국 내에 존재하는 작은 한국의 분위기가 형성되어갔다. 동포가 한국과 중국 내륙으로 떠나기 시작하면서 조선족학교가 점점 줄어들기 시작했고, 학교 내에서 민족어인 조선어를 배울 기회와 노출 시간도 감소하면서 동포사회의 중국 한족화 속도가 급속도로 진행되었다.

지금 나와 함께하고 있는 두 사람은 동포 3세로 자녀들이 학교에 다니고 있는데, 집에서 조선어를 쓰는 빈도가 자꾸 줄어든다고 했다. 이러다가는 머지않아 민족의 언어를 잃어버릴 것이라는 한탄마저 듣게 되었다. 또한 민족학교인 조선족학교를 보내지 않고 한족학교에 보내

516

는 경우도 많다고 했다. 한·중 수교 이후 중국 내 동포사회의 와해는 심각한 상태에 이르렀다. 돈을 더 벌기 위해 모국인 한국행을 택하는 동포가 많아질수록 만주지역에서 그들의 권리는 점점 더 약해져가고 있다.

지금까지 언급한 것은 동포사회의 인구 급감에 따라 나타나는 제반 문제점 중 극히 제한적인 것에 불과할 것이다. 운전을 맡았던 이 사장은 중국 사람의 국적을 가지고 북한으로 들어가 무역업을 하고 있다고 했다. 핏줄이야 한민족이지만 국적은 중국이기에 북한 출입이 가능하다. 동시에 대한민국 출입도 물론 가능하다. 장점도 있겠지만 국가와 민족의 정체성에서 가슴앓이를 하고 있었다. 북한 내에 있는 동포의 삶과 대한민국의 삶을 다 겪어볼 수 있는 위치에서 같은 민족으로 바라보면 가슴이 아플 수밖에 없단다. 나를 안내한 가이드는 관광업을 하기 전에 교사를 했다. 시골 지역의 교사로 있다가 관광 가이드로 직업을 바꾼 경우인데, 전직이 교사여서인지 동포사회의 과거의 삶과 지금

우리 동포들이 거주했던 단동시 탕산성진의 탕산성촌, 동포 김만기 씨가 운영하는
단동김해토산품가공유한공사 작업장에서 전북교과통합체험학습연구회 교원연수단 2017-08-08

의 현실도 깊이 있는 시각으로 바라보고 있었고, 동포사회의 지도자층 빈곤도 역사적인 부분에서 그 원인을 찾아 설명해주었다. 이미 나도 발해만요하기행 제2부의 여정로 중 단동에서 그리 멀지 않은 탕산성에서 우리 동포사회의 안타까운 현실을 보아온 터였다.

2011년 5월 두 사람과의 만남은 나를 동포사회 속으로 끌어들이게 했고, 또한 내가 그 사회에 무언가 힘을 보태야겠다는 다짐을 하게 된 계기가 되었다. 그것이 재중국동포후원사업이다. 동포학생들과 교사들에게 민족 동질감 회복과 모국에 대한 인식을 새롭게 하여 한민족 구성원으로 아픈 역사의 산물인 해외동포, 특히 만주지역의 우리 동포에게 모국의 사랑을 느끼게 해주고 싶었다. 그들에게 한글을 계속 사용하게 하여 통일 한국시대 이후 만주의 동포사회가 모국인 한국과 따뜻한 민족애를 바탕으로 중국과의 선린우호 관계를 유지하는 데 가교 역할을 해주기를 바라는 마음도 포함되어 있었다. 더 쉽게 말해 "모국인 대한민국은 만주에 있는 우리 동포를 잊지 않았고, 당신들의 선조였던 만주 조선인의 삶을 기억하고 있다"라고 말하고 싶었다. 이것은 상대적으로 국내의 한국인이 그동안 망각하고 방치한 재중동포에 대한 인식을 바꾸게 하고, 통일한국 이후 그들의 중요성을 깨닫게 하여 한민족이라는 의식을 새롭게 할 수 있게 하는 일석이조의 효과를 거둘 수 있기도 했다.

중국 만주 땅에 남아 있는 우리 동포사회의 뿌리를 찾아가면 어떤 결론을 얻게 될까? 이들은 왜 이곳 중국 땅에서 중국인으로 살아가야 할까? 무엇이 이들을 이렇게 만들었을까? 그리고 이들은 왜 조선족이라고 불릴까? 조선족은 우리와 어떤 관계인가?

앞에서 인용한 재중동포의 인구 추세에서 보면 알 수 있듯이 1945년 8월 해방과 함께 중국 땅에서 살던 조선인은 많은 수가 국내로 돌아

제3회 재중국동포 학생 및 교사 모국체험학습에 함께한 한민족문화공동체후원회 2015-01-21

왔다. 돌아오지 못한 사람들은 선조들의 땅에 남아서 정착했다. 조선 후기 압록강과 두만강을 건너가 간도를 개척한 조선인은 우리가 아는 것처럼 그리 많은 수가 아니었다. 만주에 있는 우리 동포의 출발이 대부분 일제강점기와 관련이 있다는 것을 의미한다. 나라 잃은 망국의 설움을 품고 살았던 민초의 삶, 그 처절한 삶의 모습이 오늘 중국에 사는 우리 동포의 출발이다. 일제강점기 이들이 살았던 만주는 피바람이 불었던 공간이다. 우리 독립운동의 물적 · 인적 밑바탕이었고, 이 중 일부는 독립지사로 참여하여 항일전쟁을 치른 사람들이었다. 일제의 만행인 경신참변으로 비참하게 죽어 나간 조선인이 셀 수 없이 많았고, 중국인에게 차별을 받아가며 황무지를 개척하여 논농사를 뿌리내리게 한 불굴의 투사 역시 조선 사람들이었다. 해방이 되었으나 조국은 남과 북 2개의 나라로 분열되었으며, 그리던 조국의 독립은 반 토막이 되어버렸다. 그리고 해방 후 두 세대가 지나면서 재중동포나 대한민국은 만주 조선인의 역사를 잊어버렸다. 그들이 누구인지 깊게 알려고 하지도 않았다.

단지 우리 동포라는 것만 알 뿐 가슴으로, 마음으로 느끼는 것은 없었다. 이것은 오늘 우리가 항일의병투쟁이나 독립운동을 제대로 가르치지 않았고 배우지 못한 무지의 결과다. 즉, 역사를 잊은 민족이 되어버린 것이다.

이러한 참담한 현실을 극복하기 위해 2011년 5월 제5차 답사를 다녀와서 7월부터 내가 속해 있는 연구회 교사들과 함께 동포사회를 후원하는 일을 하자고 설득했다. 후원하자면 돈이 있어야 한다. 후원금을 모금하는 일은 마음이 움직이지 않으면 할 수 없는 일이다. 아무리 작은 금액이라도 말이다. 그동안 중국을 다니면서 동포사회의 애환을 가슴으로 느끼고 있었기에 내가 움직이는 것은 자연스럽지만, 이런 의도를 다른 사람들에게 말로 설명하고 설득하는 작업은 보통 일이 아니었다. 당장 경기도 일대에 집중적으로 거주하는 재중국 동포사회에 대한 편견과 그들이 우리 민족 구성원이라는 인식을 하지 못하고 있는 상황에서 그들을 후원하자는 제안은 어쩌면 공허한 울림일 수밖에 없었다.

그해 7월 4명의 후원자로 시작했고, 7월 25일부터 8월 1일까지 만주를 다녀온 연구회 교사들이 참여하기 시작하여 8월 말에는 13명으로 늘어났다. 2012년을 지나고 2013년 1월 후원자 수가 30여 명에 이르렀고, 700여만 원의 후원금이 적립되어 드디어 제1회 재중국 동포학생 모국체험학습을 실행에 옮길 수 있게 되었다. 감격스러운 일이 아닐 수 없었다. 정부기관도 아니고 기업체도 아니며 순수하게 교사들이 주축이 되어 민족을 함께 염려하고 사랑하는 마음들이 모여서 일구어낸 성과였다. 작은 마음을 매달 정기적으로 자동이체 방식으로 모아가며 적립해간 결과였다. 그때 나는 "나라가 못한다면 나라도 하겠다"라는 심정으로 동지들을 규합해나갔다. 이 사업이 자리를 잡고 성공적으로 운영되고 있는 것은 100여 명의 후원자가 작은 밀알들을 뿌려 열매를 맺

광복 70주년 기념 「아직 끝나지 않은 독립운동」 만주 4천 km 대장정 교직원연수. 재중국동포 모국체험학습을 다녀간 동포학교 학생 및 교사들과 함께. 2015-07-29

게 하는 밑거름이 되어주고 있기 때문이다. 두 번째는 각종 행정업무를 맡아 수고를 아끼지 않고 솔선수범하며 큰돈을 후원해준 제1대 최영희 회장이 자리하고 있다. 그리고 세 번째는 모국체험학습의 교육과정과 강사를 지원하고 있는 대한민국자연생태체험연구회, 전북교과통합체험학습연구회 그리고 남원교과통합체험학습연구회 소속 교원들이다. 그리고 마지막으로 지역에서 뜨거운 사랑으로 함께해주며 후원자 역할도 하는 남원지역의 학부모 역사모임 회원들의 뜨거운 사랑이 있었기에 가능한 일이었다. 이 글에 구체적으로 언급할 수 없지만, 나를 도와 이 사업을 존재하게 하는 중요한 인물이 있는데 중국 현지의 동포 3세다. 그는 연수단을 조직하고 국내로 인솔해오는 책임을 맡고 있다. 나와는 십년지기인 ㄱ가 없으면 이 사업 자체가 불가능하다.

재중동포후원사업은 2013년 제1회를 시작으로 2019년까지 7회째 계속해왔고, 작년과 올해는 코로나19 확산으로 일시적으로 중단되고 있다. 앞에서 언급한 세 연구회 소속 교원들은 나의 동지다. 그들은 이 시대의 사회적 병폐를 극복하고 새로운 세상을 위해 자신으로부터 혁신을 이루고 학교에서 새바람을 일으키며 실학운동을 펼쳐나가고 있다. 그동안 이들은 내가 진행하는 국내의 「교과통합체험학습」 연수는 물론 중국에서 진행하는 「발해만요하기행」과 「아직 끝나지 않은 독립운동」 만주 대장정 등의 연수에 대부분 참여한 사람들이다. 그런 그들이 한민족문화공동체후원회 사업의 모체가 되어주고 있다. 현장에서 깨닫고, 깨달았으면 실천에 옮기는 지행합일(知行合一)의 정신을 보여주고 있다.

통일도 요원한데 통일 이후를 바라보고 압록강, 두만강 너머의 동포사회를 후원한다는 것이 어떻게 들릴지 모르겠지만, 그 언젠가 미래에 올 통일한국을 염두에 두고 통일한국과 맞닿아 있을 재중동포사회와 미래관계를 위해 조용히 갈 길을 가고 있는 이들의 길 역시 작은 향기를 피워내고 있다. 이 일은 내가 항일의병전쟁과 독립운동의 현장을 찾는 일과 맞닿아 있다. 세계 여러 나라에 흩어져 있는 동포 중에서 특히 만주지역의 재중동포를 후원하는 일은 진정으로 일제강점기를 극복해내는 의미를 포함하고 있기 때문이다.

2016년 제4회 모국체험학습에 참여하고 귀국한 뒤 한 동포교사가 보내온 소감문의 일부를 만나본다.

가족도 친인도 아닌 우리를 단지 한민족이라는 이름하에 아무 대가도 바라지 않고 위할 수 있었던 것은 대체 얼마만큼의 신념이 있어야 가능할까? 그 신념이란 과연 얼마나 큰 마음이 필요할까? 이 외에 한국엔 내가 마음에 드는 요소가 많았다. 깨끗한 주

거환경, 특히 화장실, 빵빵 경적소리 내지 않고 조용하게 운전하는 차들, 담백하면서도 야채 위주인 식단, 어디든 부드러운 표정 짓는 사람들, 부드럽고 예의 바른 말씨, 귀에 정겨운 우리말…….

아름다운 향기는 길을 만들어낸다. 우리는 앞에서 수없이 많은 선각자와 지식인, 그리고 나라를 구하고자 자신의 몸을 던져 희생한 선비들을 만나왔다. 세상의 변화와 시대의 흐름에 따른 당대 지식인들의 솔선수범은 우리의 가슴을 아리게 하면서도 뭉클하게 한다. 그들은 미래를 내다보며 꺼져가는 나라를 살리기 위해, 또한 빼앗긴 나라를 되찾기 위해 다양한 방법으로 지식인의 길을 걸어갔다. 심양 남쪽 혼하 건너편에 자리한 발해 요녕학원 뒤뜰에 세워진 삼학사(三學士)의 삼한산두비(三韓山斗碑)에서 다짐한 것처럼 우리는 현실에 안주하는 지식인이 아니라 미래 세상을 예측하고 내일을 준비하는 현명한 지식인들로 살아가야 한다. 유방백세(流芳百世)의 삶을 살다간 사람들의 향기가 아름다운 길을 남겼다. 그 길을 따라 걸으며 향기를 남기는 사람으로 살아간다면 잠시 들렀다가 떠나가는 인생이 조금은 빛나지 않을까.

구소련동포 한민족문화역사 체험학습

고구려 고선지 장군에 의해 알려졌다는 타슈켄트 지명을 인천 연수구 함박마을에 있는 원고려인문화원 교실 벽면에 붙어있는 교사들 소개란에서 만났다. 2022년 6월 7일 내가 인천 연수구 함박마을을 찾은 것은 이곳에 새 둥지를 틀고 할아버지들의 조국으로 돌아와 살을 내리느라 무던히도 애를 쓰고 있는 고려인들을 돕고자 하는 한민족문화공동체후원회의 뜻을 전달하는 것과 한민족문화역사체험학습 지원에 대한 구체적인 사업을 협의하기 위해서였다.

구소련동포와 재중동포 역시 가국지수 즉 가족과 국가의 원수인 일본과 떼놓을 수 없다. 경술국치 전후에 많은 조선인들이 연해주로 넘어갔다. 이곳 인천 연수구 함박마을에 있는 원고려인문화원 원장을 맡고 있는 차이고리 선생의 아버지는 1937년 스탈린에 의해 수많은 조선인들이 일본 첩자로 몰리며 우즈베키스탄 황무지에 강제 추방되었을 때 8살이었다. 구소련동포 3세인 차이고리 선생과 두 시간 동안 함께 동포들의 생활상을 들으면서 나는 또다시 우리의 역사를 안타까운 마음으로 돌아보았다. 그 질긴 일본이 또다시 내 가슴을 헤집어 놓았다. 구소련동포들 즉 우즈베키스탄, 카자흐스탄, 키르기스스탄, 우크라이나 등에 살던 동포들은 15년 전부터 국내로 들어오기 시작하였는

원고려인문화원 차인호 원장과 함께 2022-06-07

데, 5년 전인 2017년에 가장 많이 들어왔단다. 최근에 러시아의 침공으로 전쟁을 치르고 있는 우크라이나 동포들이 많이 입국하고 있다고 하였다. 우즈베키스탄에서 러시아어와 한국어를 전공했던 차이고리 원장도 이때 들어왔다. 그는 자신이 한민족임에 대한 자긍심이 대단했고, 단군조선의 역사를 연구할 정도로 역사에 깊은 관심을 가지고 있고 또 해박했다. 자신의 뿌리의 역사를 알기 위해 우즈베키스탄 대학에서 러시아어와 한국어를 전공했다고 했다.

경술국치 후 110년의 역사 속에서 돌고 돌아 할아버지 땅으로 되돌아온 이들의 삶, 그곳을 떠날 수밖에 없었던 동포들이 국내에 돌아왔을 때 그들이 그리던 그 땅의 정서는 할아버지가 살아내던 한국이 아니었다. 역사를 잊고 눈앞에 현실만 중시하는 고국의 한국인들에게 꿈에 그리던 모국을 갈망해온 동포들은 ㅗ서 외국인, ㅇㅈ베키스탄 사람, 카자흐스탄 사람일 뿐이었다. 동포들의 가슴은 시렸고 서러움이 북받쳐

구소련동포들이 거주하는 인천시 연수구 함박마을 2022-06-07

올라왔다. 아직도 일제강점기를 진정으로 극복하지 못하고 있는 역사 의식의 부재가 가져온, 역사를 잊은 슬픈 우리들의 자화상이다.

동포 3세인 차이고리(한국명 차인호) 원장은 네 식구의 가장이다. 생 계를 위해 안산까지 가서 주 3회 강의를 하고 이곳 인천 연수구 원고려 인문화원에서 동포 4세와 3세 심지어 2세들에게까지도 한국말과 역사 를 가르치고 있다. 동포 3세와 4세들은 러시아가 모국어이다. 재중동 포들과는 구소련의 환경이 다른 이유였다. 이곳 연수구 함박마을에 자 리를 잡은 동포들의 부모들은 원룸 형태의 좁은 집에 세 들어 살며 힘 든 막노동의 현장에서 늦은 저녁까지 생계를 위해 사투를 벌어야 한단 다. 그들의 자녀들은 한국말이 서툴기에 학교 교육과정을 따라가기가 버겁지만 부모들이 그들과 함께 해줄 시간과 능력이 되지 않는다. 무엇 보다도 재정적으로 그들 자녀들에게 넉넉하게 지원해 줄 수 있는 환경 이 되지 못하고 있다. 이 아이들을 고려인 3세 교사들이 동병상련의 심정으로 방과 후의 시간을 돌보고 있는 것이다. 원고려인문화원에서 헌신하는 이들 7명의 동포 교사들이 내게 독립군으로 다가왔다. 동포 4세가 성장해 청년이 되고 시집과 장가를 들어 5세를 나으면 그들은 더 빨리 적응해나갈 것이고 백여 년의 역사의 단절을 좀더 쉽게 극복해나갈 것이다. 그 과정에 우리들의 사랑과 지원이 제공된다면 더 빨리 뿌리를 내릴 수 있게 하지 않을까…. 우리들이 아린 역사의 시선을 가슴에 담고 따뜻한 마음으로 보듬어내고, 사랑의 눈길로 동포들을 대할 때 그들은 좀 더 빨리 이 땅에서 선하게 정착할 수 있다.

국가적으로 민족적으로 접근해서 생태주의적 시각으로 우리 사회가 나서주어야 한다. 못 따라 온다고 그들을 멸시하고 타박하고 구박하기 전에 우리 모두가 한 발 다가가서 먼저 보살피고 도와주어야 한다. 그래야 우리말부터 익혀나갈 수 있다. 재중동포들에게 향하는 시선도 그래야 하듯이 말이다. 왜 우리 민족인데 우리말을 못하냐고 질책하기 전에 왜 그들이 우리말을 배울 수 없었는지부터 이해해보려는 배려가 필요하다.

작가 조정래는 소설 『아리랑』에서 조강섭과 윤선숙을 등장시켜 강제로 추방당하는 20만 명의 조선인을 태운 열차를 유형 열차로 묘사하며 우즈베키스탄의 타슈켄트에 버려지는 조선인들의 참상을 그려냈다. 민족의 아픈 역사를 잊지 말고 고려인들을 기억해주기를 바라는 간절함을 소설로 호소하고 있는 것이다. 그 타슈켄트에서 대학을 나온 방따찌아노와 리빅토리아 등 고려인 후손이 지금 이곳 인천 연수구 함박마을의 원고려인문화원의 교사로 활동하고 있다. 디아스포라의 고통스런 여정이 선대로부터 전해져 온몸에 배어있는 이들 고려인 교사들은 차이고리 원장과 함께 이곳에 정착하려고 애를 쓰는 4천 여의 구소련동포사회를 위해 상록수가 되고 있다.

방치된 고려인 자녀들이 탈선하지 않고 좀 더 빨리 한국 사회에 뿌리를 내리도록 그리고 이곳이 그들의 쉼터와 둥지가 되도록 헌신하는 차 원장과 동포 교사들을 바라보며 존경하지 않을 수가 없었다.

"고맙습니다. 동포 교사 여러분! 여러분이 진정 선구자들입니다."

나는 마음속으로 외치고 있었다. 차이고리 원장과 서로 눈을 바라보며 민족과 우리나라의 미래 그리고 뿌리의 역사의 중요성에 교감을 나누고 있을 때 이곳 원고려인문화원을 설립한 원불교 측 교무이며 문화원 대표를 맡고 있는 이군도 교무가 들어왔다. 인천에 올라오기 전에 이미 전화로 후원사업에 관한 이야기를 나눈 터라 첫 만남이었지만 따뜻함이 전해왔다. 원불교 측에 감사한 마음이 들었다. 이렇게 교육공간을 제공하고 아낌없이 후원하고 있으니 얼마나 감사한 일인가!

내가 회장을 맡고 있는 한민족문화공동체후원회에서도 올해 8월 광복절을 즈음하여 4일간 구소련동포들을 위한 한민족 문화역사 체험학습을 제공하기로 했다. 5월 초에 인천시 연수구의 함박마을에 있는 원고려인문화원의 어려운 사정이 원불교 박청수 전 교무로부터 우리 후원회 김양오 운영위원에게 전해지고 이를 접수한 회장이 운영위원회 회의를 소집하여 지난 5월 23일 만장일치로 후원사업을 진행하기로 결의하였다. 내가 이곳의 원고려인문화원을 찾은 것은 민족사업을 성사시키고 구체적으로 진행 방법을 상의하기 위해서였다. 한민족문화공동체후원회는 2011년도에 조직된 교원들을 중심으로 일반 시민이 함께 참여하는 후원단체로 창립 이후 10년의 세월이 흘렀다.

그동안 한민족문화공동체후원회는 민족의 동질감을 회복하고 통일한국 이후를 내다보며 압록강과 두만강 너머 만주 지역에 거주하는

한민족문화공동체후원회 운영회의. 좌측으로부터 장현근, 최경용, 김옥란, 김양오, 기유라, 김경아, 김종길 운영위원. 남원시 산동면 만행산천문체험관. 2022-05-23

구소련동포들의 한민족문화역사체험학습을 협의하고 있는 이군도 대표(중앙)와 차인호원장(우측) 2022-06-07

재중동포 학생과 교사들을 국내로 초청하여 모국체험학습을 진행해왔다. 우리말과 우리 역사를 공유하여 민족공동체의 정체성을 잃지 않게 하고자 함이었다. 이제 재중동포들뿐만 아니라 구소련동포들에게도 민족사업을 하게 된 것이다. 처음으로 열리는 3박 4일의 한민족문화역사 체험학습을 협의하며 이군도 대표와 차인호 원장을 만난 나는 뜨거운 동지애를 느낄 수 있었다. 살아생전에 우리 동포들을 위해 무엇인가를 할 수 있는 기회를 내게 준 것만으로 나는 축복을 받은 것이다. 한민족 문화공동체후원회 후원자들께 마음으로 감사드린다. 혼자는 어려우나 여럿이 작은 힘을 보태면 뜨거운 사랑을 실천할 수 있다.

후원회 가족들인 초 · 중 · 고 전 현직 선생님들이 한글을 가르치고, 문화와 역사를 안내하며, 전통놀이로 하나가 되고 또한 천문과학을 접하게 해줄 것이다. 무엇보다도 문화와 역사가 풍부한 남원과 전주의 현장체험학습을 통해 민족의 동질감을 회복해 나갈 것이다. 또한 일본에 의해 찢겨진 지난 역사의 상처를 하나씩 치유해갈 것이다. 그것은 저 잔혹했던 일제강점기를 비로소 온전하게 극복하는 일이요, 우리 민족을 갈기갈기 찢어놓고 이간질시켜 놓은 침략자 일본에게 보란듯이 복수하는 길이기도 하다.

제1회 구)소련동포한민족문화역사체험학습은 지난 8월 12일부터 15일까지 진행하기로 되어 있었으나 코로라 확산이 절정을 이루고 있었고 체험학습에 강사로 나서야 할 교사들이 확진자가 나타나면서 안타깝게도 연기할 수밖에 없었다. 그동안 원고려인문화원과 협의과정을 거쳐 참가인원 30명도 확정하였고 강사진들의 소중한 원고들이 모여 체험학습교재도 완성된 상태였다. 또한 동포들이 머물면서 많은 활동을 하게 되는 남원시 산동면의 만행산천문체험관도 새롭게 단장을 마무리하고 숙박 준비와 식단까지 짜놓고 기다리고 있었는데 참으로 아쉽게 되었다.

체험학습의 원활한 진행을 위해 한글과 우리말 겨루기를 맡은 강사진들이 7월 12일 남원 시내에서 함께 모여 내용 구성과 진행방법에

한글과 우리말 겨루기 학습을 진행하기 위해 사전협의 중인 강사들. 좌측으로부터 송미란, 김경아, 기유라 선생님 2022-07-12

대한 토의를 하였다. 재중동포모국체험학습에서 우리말 겨루기 강사를 맡았던 송미란 선생님과 이번 구)소련동포체험학습에서 같은 분야 강사를 맡은 김경아, 기유라 두 선생님, 그리고 후원회장이 함께 모여 우리말 겨루기를 통해 동포들의 언어구사 능력을 향상시킬 수 있는 방안을 마련하였다.

　한편 체험학습이 진행되는 동안에 러시아어로 통역을 해야 하는 관계로 통역을 맡게 되는 원고려인문화원 차인호 원장을 위하여 체험학습 전에 남원과 전주지역의 문화·역사 현장을 미리 안내해주자는 제안이 나왔다. 대한민국자연생태체험연구회 회장을 맡고 있는 서신종 선생님의 생각이었는데, 통역을 맡은 차원장이 미리 문화와 역사 현장을 사전답사를 통해 내용과 전개과정을 미리 숙지하면 통역하는 데 도움이 될 것이라고 여겼기 때문이었다. 7월 29일 어렵게 시간을 낸 차인호 원장이 인천에서 전주를 거쳐 남원으로 내려왔다. 현장 답사를 맡은

원고려인문화원 차인호 원장에서 만인의총을 안내하고 있는 김양오 선생님 2022-07-29

원고려인문화원 차인호 원장에서 광한루를 안내하고 있는 서신종 선생님 2022-07-29

김양오 선생님과 서신종 선생님 두 분의 수고로 남원의 광한루, 만인의 총, 남원성 등지와 전주의 전주향교, 전주전통문화연수원의 고택, 경기전과 전동성당 등지를 돌며 사전답사를 마무리하였다.

이렇게 준비를 마친 제1회 구)소련동포한민족문화역사체험학습
은 입소식을 5일 앞둔 8월 8일 연기 결정을 내렸다. 상황이 좋아지면 동
포들을 위한 체험학습은 진행될 것이다.

　　한민족문화역사체험학습을 기다리는 이군도 대표와 차이고리 원
장 그리고 7명의 동포교사들과 동포 4세 자녀들 또 일부 3세 부모들에
게 전하고 싶다. 비록 우리가 국적은 다르지만 모국에는 여러분의 할아
버지를 잊지 않고 기억하고 있으며, 여러분과 같은 피를 가진 따뜻한
민족애를 가진 사람들이 많이 있으니 힘들지만 잘 이겨내 주고 부디 행
복하게 정착해주라고 말이다.

한민족문화공동체후원회 후원자들을
위한 역사기행

– 소설 『아리랑』을 따라가는 인문학 기행

압록강과 두만강 건너 만주에 살고 있는 우리 동포들 다시 말해 재중동
포들을 대상으로 민족동질감 회복을 위한 동포후원사업을 시작한 지
도 어언 10년을 넘어서고 12년째가 되었다. 2011년부터 동포후원사업
을 위한 모금을 시작하고 2013년 제1회 재중국동포모국체험학습을 실
천에 옮긴 뒤 코로나가 세상을 뒤바꾸기 전인 2019년까지 7회째 국내
와 중국 현지에서 동포후원사업을 진행해왔다. 2020년 2월 제8회 재중
동포모국체험학습 실행을 앞두고 이해 2월 코로나가 확산되면서 후원
사업은 잠시 멈췄다. 국내에서 진행해왔던 모국체험학습이 중국 당국
의 제재로 동포학생들과 교사들이 대한민국에 들어오는 것이 어려워지
자 후원회 집행부는 중국 현지에서 선조들의 독립운동을 공통 관심사
로 현장 답사를 통해 민족동질감회복의 목표를 이루고자 하였다.

　　2020년 2월 중국 만주 현지로 강사진과 운영위원 일부가 이동하
여 독립운동사를 진행하고자 모든 준비를 마쳤지만 코로나 확산으로
아쉽게도 뜻을 접어야 했다. 그리고 3년이 흘러가고 있다. 사실 해외동
포들을 위한 한민족문화공동체후원회의 후원사업은 현 단계에서는 재

중동포들을 후원하는 것이 그 핵심이었다. 그런데 3년이라는 시간이 실질적 후원사업의 성과가 없이 흐르다 보니 후원자들의 절실함과 열기가 식어갔다. 다행히 2022년 6월 이후 인천 지역에 사는 구소련동포를 위한 '한민족문화역사체험학습'을 8월에 하기로 하고 모든 준비를 마쳤으나 이 또한 코로나 확산으로 연기해야만 했다. 후원자들의 감소와 식어가는 후원의식은 한민족문화공동체후원회의 위기로 다가오기 시작했다.

그래서 생각해낸 것이 후원자들의 역사의식 함양을 위한 역사기행이었고, 운영위원회에서 결정해 작년부터 역사기행을 하고 있다. 2021년도에는 전주 지역을 중심으로 하는 「동학과 동학농민혁명」을, 올해는 「소설 『아리랑』을 따라가는 인문학 기행」이라는 주제로 후원자들을 위해 역사기행을 실시하였다. 사실 어떤 형태로든지 역사기행은 그 최종 목적지가 남북분단을 극복하고 통일로 향해야 한다. 그런 의미에서 후원자들의 민족의식 함양과 한민족문화공동체후원회의 역할이 평화의 시기에 절대적으로 필요함을 인식하게 하는 데 기여할 수 있는 역사기행으로 소설 『아리랑』을 활용하는 것은 안성맞춤이라고 할 수 있다.

후원회의 후원자들을 위한 역사기행을 후원회장이 진행하는 것은 더욱 의미 있는 일이었다. 코로나가 염려가 되기는 하였지만 참가자를 공개 모집하고 전화를 통해 참여를 독려한 결과 43명 정도가 꾸려졌다. 작년에 비해 비교할 수 없는 참가 열기가 일었다. 8월 6일 현장기행을 앞두고 답사를 진행해야 할 후원회장이 코로나에 확진되고 격리해재된 지 겨우 4일이 지나지 않았음에도 역사기행은 실천에 옮겨졌다. 신청자들의 확진이 늘어나면서 애초 계획과 달리 34명이 최종적으로 참가하였다.

소설 『아리랑』은 우리의 근대역사를 가슴으로 받아들일 수 있게

전주 북부 만경강 부근의 평야지대. 호남평야의 일부이다. 2022-09-03

하는 데 적합한 문학작품이다. 후원회 회장이 후원자들을 위한 역사기
행을 마무리하고 남긴 후기를 통해 그날의 현장으로 들어가본다.

　　한 해의 절반을 넘어선 8월 초순, 익산 미륵산과 전주 모악산 사이
의 드넓은 평야에 초록 물결이 넘실댄다. 그 사이를 동에서 서로 평화
로이 흐르는 만경강은 호남평야의 북편을 차지하는 전주와 익산 그리
고 군산 사이의 끝없이 펼쳐지는 곡창지대의 생명수이다.

　　살아오면서 인연이 되어준 소중한 분들, 보는 것만으로 또 함께 있
는 것만으로도 의지가 되고 흐뭇한 미소가 절로 나오게 하는 편안하고
친숙한 사람들, 각자가 모여 거대한 긍정에너지를 내어주는 좋은 사람
들, 그들이 버스 안에 함께 모여 길을 떠난다. 전염병의 극성스러움에
위축도 되지만 모처럼 사는 맛을 느낄 수 있는 나들이다. 가끔은 살면
서 인문학적 소양을 풍부하게 할 수 있는 여행도 떠나볼 수 있다면 얼
마나 좋을까. 하루하루 버겁고 때론 힘이 드는 삶이고 지치는 일상이지

만 차창 밖으로 펼쳐지는 저 녹색의 넉넉한 물결이 가슴에 평화로이 와 닿는 느낌은 말로 표현되지 않는다. 어느덧 저렇게 튼실하게 자랐을까. 내리쬐는 햇살과 동쪽 숲에서 내려온 만경강 물이 합작하여 이룩한 자연의 경이다. 순천에서, 광주에서, 강원도 원주에서 그리고 서울에서 아침 8시 전주월드컵경기장으로 모여든 사람들, 이른 새벽에 출발하여 이곳에 왔을 터이다. 도내 부안과 전주 그리고 남원 또 저 멀리 무주에서도 함께들 모였다. 나와 함께 인연이 되어준 사람들, 어떤 이는 「발해만요하기행」으로 북경과 열하의 여정에서 같이 걸었고, 어떤 이는 만주 벌판에서 독립군들의 넋을 찾아 「아직 끝나지 않은 독립운동」 만리의 대장정을 소화해냈던 길 위의 동지들이다. 화산섬 제주에서, 지붕 없는 역사박물관 강화도에서, 병자호란의 남한산성에서, 세종이 잠든 여주에서 그리고 강원도 춘천과 영남의 안동에서 또한 오늘 우리가 향하는 혁명의 땅 호남평야에서 같은 곳을 향하며 하루의 여행을 떠나 서편으로 돌아가는 해를 보내고 다시 이곳으로 돌아오게 하는 길이다.

평야를 달리며 만경강을 따라 서쪽으로 서쪽으로 향한다. 물길이 그렇게 소통을 위해 서해바다로 향하듯이 말이다. 차창으로 밀려나는 자연의 풍광과 지형 그 공간 속에 담긴 우리의 역사도 영화의 장면처럼 한해 한해가 뒤로 밀려난다. 그리고 1920년이라는 시간, 어느 과거의 역사의 한 곳에 멈춰 섰다. 군산시 옥구읍 어은리에 광활하게 펼쳐진 백만 평의 거대한 인공저수지인 옥구저수지다.

수탈을 위한 수로
침략과 약탈을 위한 철로

두 개의 성격이 다른 길이 나란하게 이곳 옥구저수지 양수장을 향

옥구저수지에 물을 공급하는 대야대간선수로. 수로 뒤 산 아래 군산자양중학교가 보인다. 1922년 이후 완주 대아저수지의 수자원이 이곳 군산 옥구저수지에 저장되었다. 지금은 금강의 물이 대신한다. 2022-08-06

해 달려온다. 조정래 소설 『아리랑』을 따라 떠나는 인문학기행 첫 답사지로 군산 서부 간척지의 상징을 담고 있는 옥구저수지와 그 남쪽의 옥구농장, 그 북쪽의 불이농장의 현장을 찾았다. 옥구저수지 양수장 앞에 도착한 연수단은 곧바로 소설 『아리랑』 속으로 빠져 들어갔다. 간석지가 그리고 바다가 사라지고 논으로 상전벽해된 곳, 750만 평의 거대한 농토가 눈앞에 펼쳐진 광활함 앞에서 이곳에서 지난한 삶을 살아냈던 3천여 명의 조선 농민들의 신음소리를 듣는다.

경술국치 이전 궁장토나 역둔토 등 나라의 땅을 주인이 되어 일구던 조선인들은 생명줄인 그 땅을 빼앗겼다. 경술국치 뒤 일제의 토지조사사업으로 가지고 있던 그나마 얼마 안 되는 땅을 빼앗긴 김제 죽산면 외리와 내촌마을 사람들은 불이흥업주식회사가 진행한 군산 서부 간척사업에 참여한다. 불이흥업의 상무 모리야마, 지배인 요시다, 요시다의 앞잡이 이동만 등이 소설 『아리랑』에서 이곳을 일제의 수탈의 중심

일제강점기와 일본제국주의의 특징을 만나고 있다. 2022-08-06

지로 이끌어간다. 김춘배의 아들 김장섭, 남상명, 한기팔 그들이 이곳의 간척지에서 『아리랑』의 민초들의 주인공들이다. 옥구저수지는 일제강점기 식민지 조선 전체에서 진행된 수탈의 총체적 전모를 읽을 수 있는 곳이다. 약 백만 평의 넓고 넓은 인공저수지, 그 남북으로 광활하게 펼쳐진 간석지를 간척한 650만 평의 거대한 농토를 눈으로 바라보는 연수단, 옥구저수지 남쪽 제방에 올라 하얀 옷을 입고 논에서 땀을 흘리는 조선농민들을 떠올려본다. 그리고 남으로 향해 선 채 좌측 끝의 영병산, 우측 끝의 화산을 찾는다. 상제, 중제, 하제 마을이 평야 끝으로 야트막하게 그려진다. 미군비행장이 되어버린 상제와 중제, 텅비어버린 하제마을의 약 600년 수령의 당산나무를 떠올린다. 밀고 내려오는 미군비행장의 확장에 하제마을은 사라졌고 사람들이 떠난 빈 마을에 당산나무 혼자 외롭다. 그 아래 폐선들이 즐비한 하제포구 주변에 죽어가는 바닷물을 떠올리며 새만금노 돌아본다. 간척에 참여했던 남상명은 전염병으로 죽고 대홍수에 의해 움막에 살던 조선인들이 떠내려가

더위에도 열정적으로 아리랑 기행에 참여하는 연수단 2022-08-06

고 아이들이 죽어나갔던 참혹했던 아리랑 속의 상황을 돌아본다. 이곳에 살아가던 김장섭은 일제 말 강제 징용되어 일본으로 끌려간다. 하제 좌측에 간척사업에 잘리어 나간 알산의 옆구리를 먼발치서 바라보며 일본인들이 지배했던 땅, 그들이 떠난 이곳 저 서편에 지금은 미군비행장이 들어선 현실을 바라보았다.

8월 초의 무더위가 온통 주변을 삼키듯 강렬함으로 길 위에 선 기행단을 맥없게 만들고 있음에도 참여 열기는 더더욱 뜨거워져간다. 이열치열은 이를 두고 한 말일 것이다.

지금 우리 민족에게 남겨진 과제가 통일이고 통일이 우리 민족 전체에게 지워진 짐이라는 것은 어린아이들까지 다 알고 있는 사실이다. 언제인가 통일이 이루어지는 시대에 가서 민족사를 제대로 기록하지 않은 분단대립의 편파성은 어떻게 평가될까.

소설 『아리랑』을 우리에게 던진 작가 조정래의 말이다. 그는 『아리랑』을 세상에 내놓은 작가의 변을 깊고 무겁게 열었다. 분단의 출발을 일제강점기에 두고 그 일제강점기의 역사를 제대로 보는 것으로부터 분단의 핵심을 잡고 통일에 방점을 찍었다. 내가 소설 『아리랑』을 안내하기로 마음먹은 배경에도 작가가 바라는 바와 같은 맥락이다. 생명의 땅, 혁명의 땅, 의향의 땅 위에 호남평야의 역사성을 앉히면 그것은 『아리랑』이 된다. 아리랑의 물결이 넘실대는 방향은 종국은 분단을 넘고 통일로 향해야 하기 때문이다. 일제강점기 조선의 상징인 민초들의 삶은 수탈에 동원되는 노예적 삶이었다. 그러나 그 삶 이전 이 땅의 민초들은 수천 년의 역사에서 용을 섬겼고 미륵을 기다렸으며 그러는 와중에 동학농민혁명의 불꽃이 되었다. 그들은 또 다시 항일의병들이 되어 순절의 꽃이 되었다. 그리고 일제에 그 땅을 송두리째 빼앗겼다. 옥구저수지는 호남평야의 자연지리와 일제강점기 수탈의 역사성을 통합적으로 담고 있는 곳이다. 작가 조정래는 이 옥구저수지를 놓치지 않았다. 실재했던 불이흥업주식회사와 조선수리왕으로 불렸던 후지이간타로의 식민지 조선에서의 수탈의 전략을 입체적으로 조망할 수 있도록 옥구저수지의 간척사업과 이후 일본 이주민들의 정착지가 되었던 불이농촌의 상황을 담아냈다.

기행단은 일본인 이주민들이 살았던 옥구저수지 북편의 불이농촌의 현장을 찾아갔다. 저수지 동편 마산마을에서 서편 외성산마을로 돌아 저수지 북편 제방도로에 잠시 멈춰서서 북편 불이농장과 군산지방산업단지와 국가산업지를 조망하였다. 해방 후 우리가 간척사업을 하여 늘린 땅에 세운 산업단지들이다. 열대자 마을 근처 국제문화마을(아메리카타운) 입구에 차를 세우고 이곳 국제문화마을의 역사를 통해 힘없는 나라의 가엾은 처지를 한탄하며 멀리는 병자호란의 환향녀를, 일제강점기 일본군의 성노예를, 한국전쟁 뒤 일본이 아닌 미군들을 상대했던 윤락여성들의 삶도 소환해보았다. 일본인들이 정착했던 곳, 일본인을 위한 학교였던 심상소학교 자리에 들어선 문창초등학교를 지나 열대자 마을로 향했다. 기행단은 열대자 마을에 들러 일제강점기 일인들의 거주지에 지었던 가옥의 흔적을 찾아보았다. 세월은 많은 것들을 씻어가고 잊게 하고 기억 저편으로 보내주기도 한다.

일본인들이 떵떵거리며 살았던 불이농촌, 그들은 진즉에 떠나고 없다. 웅본, 복도, 산본, 광도, 산형 등 일본 지명을 가져다 썼던 그 마을이 지금은 금성, 신창 등 우리 지명이 되었고 이곳을 열대자 마을이라고 한다. 1923년 완성되었던 군산서부 간척지의 해안가 제방을 따라 확장 포장된 도로를 타고 해방 이후 우리가 간척해서 산업단지로 조성한 군산지방산업단지와 군산국가산업단지를 좌측에 두고서 저 멀리 점방산 아래까지 이어진 도로를 타고 금동의 수덕공원에 올라섰다. 대한제국 마지막 숨결을 지녔던 군산진과 군산창의 옛터를 조망하고 그 자리에 들어선 한국전력 군산지사, 오늘의 군산해양경찰서 자리에는 과거 군산창이 있었는데, 그곳에 세워졌던 자혜의원이 도립병원으로 변하고 해방 후 군산의료원이 되어 자리했었다. 그리고 서편 산 자락에 군산신사가 있었다. 군산진에 있었던 건물들은 일제의 통치기관인 목포영사관 군산분관과 우편국, 그리고 군산경찰서로 변했다. 작가 조정래는 군산의 옛 역사의 상징인 옥구군 북면을 놓치지 않고 군산진을 소설 속에 그려냈다. 군산진과 군산창 그것은 망한 대한제국의 모습이었고 목포영사관 군산분관과 우편국 그리고 경찰서는 다름 아닌 조선총독부를 상징하는 것이었다. 이곳 수군진인 군산진에 이순신장군의 조선해군들도 등장시켰다. 작가의 작품에 대한 정성을 엿볼 수 있는 부분이다. 일제에 의해 조성된 군산이라는 신도시 이전에 이곳이 옥구의 북면의 역

불이농촌주택. 일본인 이주자들이 살았던 옛 가옥이다. 2022-08-06

수덕공원에 올라 옛 군산진, 군산창, 일제강점기 군산신사의 위치를 확인하고 있는 연수단 2022-08-06

사가 서린 곳이며, 일제이전 조선 성종 때부터 군산창이 있었고 뒷날 7읍해창이 자리했던 쌀의 고을이있음을 기억해야 한다. 그것이 군산이 놓치지 말아야 할 정신이다.

감골댁과 그녀의 큰아들 방영근 그리고 그들의 수호천사가 되어 지켜주고 든든한 버팀목이 되어주는 지삼출 등 세 사람이 50리 길 징게 맹갱외에밋들을 걸어와 하와이로 방영근을 떠나보내는 곳으로 설정한 금강 하구, 내가 기획한 『아리랑』기행에서는 이곳에 있었던 도선장 자리를 소설의 첫 출발의 장소로 설정하였다.

　　아리랑의 주 무대 군산 내항 장미동은 과거 구영리와 강변리가 있었던 곳이다. 네 차례 축항공사를 통해 오늘의 모습을 갖게 된 군산내항의 역사와 쌀의 도시 군산 장미동과 아리랑의 주인공들을 만나본다. 쓰지무라, 하야가와, 백종두와 백남일, 장덕풍과 창칠문, 양치성, 서무룡 이들은 식민지 조선을 통치하고 소설 『아리랑』의 사건을 끌고가는 스토리 전개의 주인공들이다. 이들은 조선총독부의 역할과 친일파와 밀정의 역할이다. 이들에 맞서 둥지인 김제 죽산을 떠나 이곳으로 이사한 지삼출, 손판석, 감골댁, 무주댁, 부안댁, 방수국, 방보름, 방대근 등

작가가 방영근을 하와이로 떠나보내는 공간으로 설정한 금강 하구, 옛 도선장 자리 2022-08-06

이 군산 장미동에서 삶을 살아가는 수탈로서의 식민지 백성들의 모습을 펼쳐내는 주인공들이다. 작가는 이곳을 지게꾼, 미선공, 낙미쓸이, 거지, 미두꾼, 막노동에 처절한 삶을 사는 민초들의 땀의 현장으로 그려냈다. 부두, 증기선, 은행, 정미소, 미선소, 공장, 신식건물, 미두장, 기차, 고무신, 석유, 자전거, 인력거 등이 등장하며 일제강점기 시대 상황을 생생하게 복원하며 공간을 꾸려낸다. 소설 『아리랑』의 주 무대가 군산일 수밖에 없음을 작가는 예리하게 읽어낸 것이다. 34명의 기행단이 금강 하구에서 강을 거슬러 올라와 장미동 앞에 있는 장미공원에서 녹슨 철로의 의미와 오늘의 쓰임새를 살피고 오전을 마무리한 뒤 야외 도시락으로 점심을 해결했다. 뜨거운 여름 시원한 실내에서 식사를 하지 못하고 더운 야외에서 감염 위험을 줄이기 위해 택한 고육지책이었다.

식사 후 '문학과 인문학'이라는 주제로 문학이 인문학으로서 가야할 방향을 여러 문학작품을 예를 들어 접근하였다. 제주의 「순이삼촌」, 남도의 「태백산맥」, 회문산과 지리산의 「남부군」, 「총과백합꽃」, 그외에도 만경강의 「1938 춘포」와 「기억 속의 들꽃」, 군산의 「탁류」 등을 예로 하였다. 그리고 그러한 문학을 접하는 독자로서 우리들은 인문학으로 문학을 어떻게 소화해야 하는지도 고민해보았다. 소설 『아리랑』에서 우리는 동학농민혁명과 항일의병 그리고 일제강점기 수탈과 항쟁 등을 읽어내야 하고 작가의 의도처럼 통일로 승화시켜나가야 한다. 장미공원에 조성된 채만식의 『탁류』 속 등장인물들의 특징과 『아리랑』과의 연관되는 부분을 미두장과 관련하여 『아리랑』의 정재규와 『탁류』의 정주사를 호출해 만나보았다.

전국에서 참여한 기행단의 소통시간을 가졌다. 이번 『아리랑』을 통한 역사기행은 재중농포와 구소딘동포를 후인하고 있는 한민족문화공동체후원회가 주최하고 북원태학이 진행하는 답사이다. 대한민국자

장미공원에서 문학이 인문학으로서 가야 할 방향에 대해 토의하고 있다. 2022-08-06

대한민국자연생태체험연구회 김혜숙 교사

전북교과통합체험학습연구회 손영란 교사

연생태체험연구회 소속 교원들이 광주, 전주, 남원, 원주 등지에서 참여하였다. 전북교과통합체험학습연구회와 남원교과통합체험학습연구회, 그리고 책따라 길따라 연구회 선생님들이 후원회의 후원자들이다. 순천에 올라온 선생님도 있고 아울러 나의 벗들인 육송회의 친구들도 이번 여정에 함께 참여하였다. 군산내항을 떠난 기행단은 개정과 대야를 지나 김제 청하로 넘어가기 위하여 새창이 다리에서 도보로 다리를

일제강점기 호남평야의 수탈의 상징인 새창이 다리. 2022-08-06

건너간다. 1931년 기공하여 1933년 7월 준공한 새창이다리(만경대교)는 호남평야를 존재하게 하는 강들의 연결로이고 수탈의 상징성을 함유하고 있는 다리이다. 감골댁이 큰아들 방영근 및 지삼출과 걷고 또 걸어서 군산 장미동으로 향했던 그 길이다. 그들이 소설 속에서 걸었던 시기는 1904년이니까 역사적으로는 이 다리가 존재하기 전이다.

　　호남평야의 동편에 자리한 금남정맥과 호남정맥의 산줄기가 내어주는 물과 모악산의 여러 지류하천들을 합해서 이곳 신창진을 통과하면 만경강은 군산 하제포구를 거쳐 서해로 흘러간다. 준공된 이후 89년의 세월 속에 새창이다리는 수탈이 아닌 기억의 공간 그리고 쉼과 생각의 공간으로 바뀌었다. 오늘 우리가 걷는 길은 역사를 만나는 길이다. 우리가 새창이 다리를 건너면서 꼭 만나고 가야 할 만경강의 선비, 아니 호남평야의 선비가 있다. 이곳 만경강에 몸을 던져 자결을 시도했던 춘우정 김영상 선생이 그이다. 은사금을 통해 회유하는 일제의 이간

질에 목숨을 내놓고 저항했던 춘우정은 끝내 군산감옥에서 단식을 통한 자정순국투쟁을 벌였다. 동진강 유역에서 태어나 1906년 면암의 태인의병에 가담했던 춘우정은 1911년 만경강에 몸을 던졌고 끝내는 금강 유역의 군산에서 의로운 길을 갔다. 춘우정은 망한 대한제국을 상징하는 선비였다. 이 호남평야는 춘우정 순국 뒤 일제의 수탈의 한복판이 되었다.

춘우정 김영상 선생의 추모비 앞에서 넋을 기리고 의향을 추모한 기행단은 본격적으로 김제 지역에서 전개되는 『아리랑』 속으로 스며들어갔다. 새창이다리를 건넌 연수단이 단체로 현수막을 펼치고 사진기록을 남겼다. 후인들도 우리처럼 이 길을 따라 역사의 여정을 밟아주기를 바라면서 말이다.

작가 조정래는 『아리랑』 속에서 그 시대의 다양한 형태의 삶을 살아간 지식인들을 대거 등장시킨다. 역사 속의 실존인물을 포함하여 소설 속의 가상의 인물까지 말이다. 특히 지식인들의 대표격인 송수익, 공허, 신세호, 임병서 등이 비밀리에 회동을 가지며 기울어가는 나라를 구하고자 방책과 전략을 세우는 곳으로 김제향교를 공간적 배경으로 설정한다. 또 송수익이 만주로 망명한 뒤로는 신세호, 공허, 임병서 등 세 사람이 독립운동에 대한 방식을 두고 대립하는 공간으로 김제향교를 재등장시킨다. 나라가 망해가는 1905년 그리고 1906년 6월 태인의병이 일어나기 전까지의 시간적 배경을 바탕으로 향교를 설정하여 지식인들의 고뇌의 장소로 설정한 것은 작가 조정래가 역사를 깊게 통찰해 낸 관찰의 결과이다. 세상의 변화 즉 산업혁명과 제국주의 침략이라는 거대한 파도 앞에 섬이 되어 전근대의 우물 안 개구리가 된 조선이라는 나라의 미래를 책임지고 있는 학교인 향교가 망해가는 시기에 행한 우둔한 처사를 송곳으로 찌르듯 비판하고있는 것이다. 근대 시기 향교라

호남평야 및 태인 무성서원의 항일의병 선비 춘우정 김영상 선생 추모비에서의 참배 2022-08-06

미래를 내다보지 못한 향교와 서원이 조선 멸망의 중심에 있었다. 2022-08-06

는 교육기관의 역할을 되돌아보게 하여 오늘의 학교의 기능이 미래를
위한 것인지 새삼 반성하게 한다. 『이리랑』 기행단은 대부분 교원들이
기에 역사의 뒤로 물러난 조선시대의 향교를 통해 현대의 학교가 죽은

공간이 아닌 미래 문제를 다루어 살아있는 공간이 되어야 함도 깨달아 보기를 바라면서 작가 조정래의 의도를 가늠해보았다.

『아리랑』의 둥지, 요람, 출발지, 원점 김제 죽산면 홍산리 외리와 내촌마을 찾아 불볕더위의 날씨를 뚫고 지평선의 고을로 이동하였다. 조정래는 왜『아리랑』의 출발지를 이곳 외리와 내촌마을로 설정했을까? 외리에서 죽산면소재지를 바라보면 그리 멀지 않은 곳에 위치한다. 일제강점기 조선 농촌의 지배는 면 단위의 행정 권력이 담당했다. 면장, 우체국, 주재소 등이 그 역할을 한 것이다. 벽골제 아래 북서쪽에 위치한 외리·내촌마을은 죽산면사무소와 주재소, 호남평야의 상징 벽골제 등이 종합적으로 연결된 곳이다. 한민족문화공동체후원회의 후원자들인 육송회 회원들이 특별하게 준비해준 간식으로 출출해진 배를 달래고 마지막 고지를 향해 힘차게 달려본다. 내촌마을 북편 소나무 숲에 조성된 아리랑 문학마을로 이동하여 이곳에 꾸며놓은 하얼빈역, 기념관, 수탈기관, 구마모토 리헤이 공적비, 내촌마을의 손판석과 지삼출 가옥, 당산나무와 대나무 숲, 외리마을의 감골댁, 송수익 그리고 차득보의 집을 멀리서 살펴본 뒤 시간 관계상 외리마을의 감골댁과 송수익의 집만을 들어가보기로 하였다.

아리랑 문학마을에서 꼭 들러보아야 할 집이 감골댁과 송수익의 집이다. 망한 나라 조선의 어머니의 역할을 담당하는 여인들이 송수익의 어머니와 송수익의 부인, 그리고 감골댁 등이 대표적인 인물들이다. 감골댁과 자녀들인 방영근, 방보름, 방정분, 방수국, 방대근 등 6명의 가족 구성원들이 펼쳐나가는 이야기가 소설에서 중요한 역할을 맡고 있다. 동학농민혁명군에 참여했다가 부상으로 숨지는 아버지로 인해 한 가정을 날품팔이로 끌고가야 하는 감골댁의 기구한 운명이 바로 이 집에서 시작한다.

『아리랑』의 출발지 외리와 내촌마을을 찾아서, 외리마을 앞에서 지형을 안내한다. 2022-08-06

감골댁집. 감골댁 집안의 식구들이 소설 『아리랑』의 주인공들이다. 2022-08-06

　　하와이로 팔려간 방영근, 아름다운 미모로 인해 위기를 맞는 방보름이 무주로 시집을 갔다가 군산으로 이동해 살아가는 이야기, 마치 수국처럼 아름다운 수국이는 그 시대 지배자들의 희생양이 되어 성폭행

을 당하고 자살을 시도하다 화전민촌을 거쳐 만주로 이동하여 동북항
일연군의 여성독립군이 되어 전사를 하는 극적 전환을 보이는 인물이
다. 방대근은 스승 송수익을 따라 만주로 이동해 신흥무관학교를 졸업
하고 김좌진 장군의 부하 장교로 청산리 전투에 참여한다. 그는 독립군
이 걸어갔던 모든 경우의 수를 다 소화해내는 역할을 담당한다. 방대근
은 스승 송수익의 죽음 뒤에 그의 정신을 이어 마지막까지 살아남아 광
복군이 되는 것으로 소설에서 역할을 다한다. 보름이가 빈 솥뚜껑 소리
를 내며 찬물로 허기를 달래던 감골댁 집의 부엌을 응시한다. 그 시절
우리의 부모와 조부모들은 그렇게 살아야 했다. 소설이 아닌 삶이었다.

　오늘 『아리랑』 기행의 마지막은 송수익의 집이다. 작가가 끝까지
지켜내며 선각자와 민족의 지도자로 그려낸 송수익, 그는 외로운 길을
갔으나 의로운 길을 끝까지 갔다. 작가는 송수익을 통해 일제강점기 전
후의 근대사와 현대사 속에서 지식인들이 어떻게 살아가야 하는지 그
길을 제시한다. 작품 속의 정재규의 입을 통해 송수익은 전봉준 장군으
로 동일시되며, 스스로 혁신을 통해 인간존엄성과 평등사상을 가지고
민초가 나라의 주인임을 강조한다. 대한제국 시기 공화정의 통치체제
를 지지하며 여타 유생들이나 복벽주의자들과 차별화된 선각자로 성격
지어진다. 민족주의자였던 그가 신채호와 이회영을 만주에서 만난 뒤
아나키스트로 변모를 하고 실제 역사에서 우당 이회영이 그랬던 것처
럼 장춘의 관동군 사령부를 폭파시키려다가 체포된다. 이를 통해 작가
조정래는 소설 『아리랑』 속의 송수익을 우당 이회영과 일치시키고 있
음을 알 수 있다.

　한편 『아리랑』에 등장하는 지식인들인 안재한, 유승현, 최유강, 정
도규, 고서완, 신세호 등을 통해 만약 내가 그 시대 살았다면 어떤 인물
로 살았을지 생각해보게 한다. 특히 신세호의 역할은 잔잔하고 애잔하

송수익의 집. 송수익의 일대기를 통해 근대사와 현대사 속에 지식인의 길을 제시한 작가의 의도를 읽고 있다. 2022-08-06

다. 시간을 두고 진정한 지식인이 되어가는 그는 송수익을 대신하여 송수익의 집안 식구들의 울타리가 되어주는 따뜻한 인물이다. 그의 마을 사람들이 만주로 이민을 떠나는 모습에서 오늘날 만주에 거주하는 재중동포들을 되돌아보게 한다. 그뿐인가. 중앙아시아에 거주하는 고려인들의 뿌리를 소설 속에서 유형열차를 동원해 생생하게 그려내어 일제에 의해 산산이 찢긴 우리 민족의 아픔을 아리도록 그려냈다. 이것은 우리 한민족문화공동체후원회가 해외동포를 후원하는 목적과 같다.

송수익의 큰아들 송중원은 사회주의자로, 둘째 송가원은 의사가 되어 만주로 가서 봉천감옥에 갇힌 아버지의 뒷바라지를 하게 하였으며, 손자인 송준혁은 학도병을 피해 지리산으로 숨어들어가 훗날 남부군 사령관이 되는 이현상 밑에서 사상학습을 받는 것으로 역할을 부여한다. 지식인은 끊임없이 그가 처한 사회에서 고뇌하고 지도자로서 가야 할 방향을 찾아가도록 책임을 부여하고 있음도 알 수 있다.

작가는『아리랑』에서 송수익에게 고독함이나 외로움을 이겨내게 하고 심지어 지성인으로서 수양을 통한 종교적 삶을 살도록 무거운 책무를 부여하고 있다. 송수익을 향한 홍씨의 안타까운 사랑은 물론 끝까지 송수익을 사랑하는 필녀의 일편단심마저도 밀어내게 하였다. 작가가 송수익을 지켜내기 위해서 얼마나 고통스러울 정도로 참아내고 있는지도 엿볼 수 있다. 타인 앞에서의 강인함 뒤로 혼자 있을 때 새벽 만주벌판에서 무릎을 꿇고 우는 장면이나 의병장과 독립운동을 위해 집을 떠난 가장의 가슴앓이도 때로 그려낸다.

　　작가는 분명하게 밝힌다.『아리랑』을 집필했던 이유와 목적을 말이다. 통일을 향한 간절함으로 일제강점기 숨겨간 400만 명의 우리 선조들의 희생을 생각하며, 200자 원고지 2만 매를 쓴다 해도 그에 이를 수 없다고 했다. 내가『아리랑』을 안내하고자 하는 이유도 분명하다. 우리 근대사의 세 가지 축인 동학농민혁명과 항일의병 그리고 독립운동에서 숨겨간 수많은 선조들의 희생을 기억하고 그들의 희생 앞에 올려놓아야 할 제물이 다름 아닌 민족의통일이기 때문이다. 아울러 일제에 의해 찢겨진 역사, 일제에 의해 흩어진 해외동포들을 가슴으로 품고 사랑으로 상처를 치유해야 하는 이유도 분명하다.『아리랑』은 통일을 노래하고 염원하고 있다. 그리고 통일 뒤 세계에 흩어져 있는 우리 민족의 융합도 말이다. 송수익의 집 마당에서 마지막 구호를 외치며 통일 뒤를 대비하여 아름다운 길을 가고 있는 한민족문화공동체후원회 후원자들을 위한『아리랑』기행을 마무리한다.

　　자주! 통일!
　　민족! 통일!

송수익의 집에서 자주와 통일을 힘차게 외치고 있는 한민족문화공동체후원회 연수단 2022-08-06

따뜻한 덧붙임

소설 『아리랑』을 따라가는 인문학 기행 안내를 마치고 내가 썼던 후기를 보성의 지인 김성춘 선생님을 통해 작가 조정래 선생님이 읽게 되었다. 이어 8월 20일 저녁에 김초희 선생님으로부터 전화가 와서 조정래 선생님과 통화할 수 있었다.

　　글을 잘 썼고요. 아주 간단히 말하면 어떤 평론가가 쓴 글보다 투시력이 강해서 글 쓴 보람을 느낍니다.

　　그리고 『아리랑』 기행에 참여했던 모든 참가자들에게 작가가 직접 쓴 문장이 담긴 독서대를 선물로 보내주었다.

참고문헌 상권

강준만, 『전쟁이 만든 나라, 미국』, 서울: 인물과사상사, 2016.

경기농림진흥재단, 『숲과 역사가 살아있는 남한산성』, 성남: 북코리아, 2008.

국립고궁박물관, 『수자기(帥字旗)』, 서울: 신하기획, 2008.

국립민속박물관, 『한국민속신앙사전: 마을신앙 편』, 서울: 국립민속박물관, 2009.

국방부 보도자료, 「국과연(ADD) 잠수함발사탄도미사일(SLBM)참수함 최초발사시험 성공」, 2021. 9. 15.

권태환 편저, 『중국 조선족사회의 변화』, 서울: 서울대학교출판부, 2005.

금산군수, 『금산문화유산』, 금산: 주 타오기획, 2010.

금산문화원, 『만인산 마을 이야기』, 금산: 제일인쇄사, 2017.

_____, 『적벽강 마을 이야기』, 대전: 디오, 2007.

김부식(이병도 역주), 『삼국사기 상』, 서울: 을유문화사, 2002.

_____, 『삼국사기 하』, 서울: 을유문화사, 2002.

김삼웅, 『개남, 새 세상을 열다』, 서울: 모시는사람들, 2020.

김상기, 「1906년 홍주의병의 홍주성 전투」, 『한국근현대사연구』 37, 2006.

_____, 『한눈에 읽는 홍주의병사』, 홍성: 선우, 2020.

_____, 『한말전기의병』, 서울: 경인문화사, 2009.

_____, 『한말홍주의병』, 홍성: 선우, 2020.

김상혁 외, 『천문을 담은 그릇』, 서울: 한국학술정보, 2014.

김양·하동, 『불굴의 항일투사 윤희순』, 숭국 심앙. 묘녕민족출끤'ㅣ, 2003.

김인기·조왕호, 『한국근현대사』, 서울: 두리미디어, 2009.

김인덕 외,『한국 미의 재발견 2: 과학문화』, 서울: 솔출판사, 2004.

나만갑(서동인 역주),『병자년 남한산성 항전일기』, 서울: 주류성, 2017.

나만갑(유타루 편저),『남한산성의 눈물』, 서울: 알마출판사, 2009.

대야발(고동영 역주),『단기고사』, 서울: 한뿌리, 1999.

동학학회,『충청도 청주동학농민혁명』, 서울: 모시는사람들, 2017.

민족문화추진회,『신증동국여지승람 7권』, 서울: 민족문화문고간행회, 1989.

_____,『연려실기술 VI』, 서울: 민족문화문고간행회, 1982.

_____,『연려실기술 XI』, 서울: 민족문화문고간행회, 1982.

박민영,『한말 중기의병』, 서울: 경인문화사, 2009.

박병선,『병인년 프랑스가 조선을 침노하다』, 파주: 태학사, 2008.

박제가(안대회 역),『북학의』, 파주: 돌베개, 2008.

박창범,『하늘에 새긴 우리 역사』, 파주: 김영사, 2009.

서재정, "NLL 부정이 영토주권 포기라고",「프레시안」, 2012. 10. 26.

서호수 · 성주덕 · 김영 편저(이은희 · 문중양 역주),『국조역상고』, 서울: 소명출판, 2006.

세종대왕기념사업회,『국역 증보문헌비고』「상위고」1, 서울: 세종대왕기념사업회, 1980.

수당이남규선생기념사업회,「이남규의 학문과 사상」,『수당절세100주년기념학술회의』, 2007.

신복룡,『전봉준 평전』, 서울: 지식산업사, 2006.

신용하,「갑오농민전쟁의 제2차 농민전쟁」,『한국문화』14, 1993.

심옥주,『윤희순 연구』, 부산: 정언, 2013.

안재성,『이현상 평전』, 서울: 실천문학사, 2007.

영동문화원,『鄕土誌: 人物篇』, 영동: 삼양사, 1992.

오영섭,『유림의병의 선도자 유인석』, 서울: 역사공간, 2008.

윤사순,『한국유학사 상』, 서울: 지식산업사, 2013.

윤석산 역주,『동경대전』, 서울: 모시는사람들, 2016.

의암학회,『의암 유인석 장군의 삶』, 춘천: 산책, 2011.

_____,『윤희순 의사 자료집』, 춘천: 산책, 2008.

_____,『윤희순 의사 항일독립투쟁사』, 춘천: 산책, 2005.

이가원 감수,『書經』, 서울: 홍신문화사, 2009.

이기원,「세종 석각 천문도에 관한 재고」,『한국천문학회보』34(1), 2009.

이석호,『심양일기』, 서울: 대양서적, 1975.

이순지(김수길 · 윤상철 역),『천문류초』, 서울: 대유학당, 2006.

이중환(이익성 역),『택리지』, 서울: 을유문화사, 2008.

이진영,「김개남과 동학농민전쟁」,『한국근현대사 연구』 2, 1995.

이형구,『한국 고대문화의 비밀』, 서울: 새녘출판사, 2012.

익산문화원,『익산의 충 · 효 · 열』, 익산: 예림아트, 2006.

인명사전편찬위원회,『인명사전』, 민중서림, 2002.

임승국 번역 · 주해,『한단고기』, 서울: 정신세계사, 1986.

임중빈,『단재 신채호 그 생애와 사상』, 서울: 명지사, 1993.

장수군,『장수군지』 제2권, 전주: 피앤, 2010.

전상운,『한국과학사』, 서울: 사이언스북스, 2007.

정교(조광 편, 변주승 역주),『대한계년사 1』, 서울: 소명출판, 2004.

_____,『대한계년사 2』, 서울: 소명출판, 2004.

조지프 니덤(이성규 역),『조선의 서운관』, 파주: 살림출판사, 2010.

차길진,『빨치산 토벌대장 차일혁의 수기』, 서울: 후아이엠, 2011.

채영국,『서간도 독립군의 개척자 이상용의 독립정신』, 서울: 역사공간, 2007.

표영삼(신영우 감수),『표영삼의 동학 이야기』, 서울: 모시는사람들, 2018.

_____,『표영삼의 동학혁명운동사』, 서울: 모시는사람들, 2018.

한명기,『병자호란 1』, 서울: 푸른역사, 2017.

_____,『병자호란 2』, 서울: 푸른역사, 2017.

한상우,『조선 선비의 길을 열고 숲을 일구다』, 서울: 학지사, 2015.

홍성군 홍주향토문화연구회,『지산학보』, 홍성: 조양인쇄사, 2005.

홍영기,『한말후기의병』, 서울: 경인문화사, 2009.

황현(허경진 역),『매천야록』, 파주: 서해문집, 2014.

『선조실록』,『성종실록』,『세종실록』,『숙종실록』,『연려실기술』,

『영조실록』,『인조실록』,『정조실록』,『태종실록』,『현종실록』

공훈전자사료관, https://e-gonghun.mpva.go.kr/

국사편찬위원회,『조선왕조실록』, http://sillok.history.go.kr/

규장각 원문검색서비스, https://kyudb.snu.ac.kr/

국토지질정보, https://mgeo.kigam.re.kr/

네이버 지식백과, https://terms.naver.com/

두산백과, https://www.doopedia.co.kr/

문화재청 국가문화유산 포털, http://www.heritage.go.kr/

물리학백과, http://www.kps.or.kr

한국고전종합DB, https://db.itkc.or.kr/

한민족문화대백과, https://terms.naver.com/